Roger Gfrörer

Das Operationsteam

GABLER EDITION WISSENSCHAFT

Gesundheits- und Qualitätsmanagement

Herausgegeben von
Professor Dr. Günther E. Braun,
Universität der Bundeswehr München und
Professor Dr. Hans-Konrad Selbmann,
Universität Tübingen

Die gesetzlichen Änderungen seit 1993 und die knappen Kassen der Krankenversicherungen haben zu einem zunehmenden Wettbewerb unter den Einrichtungen im Gesundheitswesen geführt. Die wirtschaftliche Orientierung und die Managementausrichtung haben deutlich zugenommen. Gleichzeitig besitzt weiterhin die öffentliche Bindung der Leistungserbringung eine besondere Bedeutung.

Die bisher unter dem Namen „Gesundheitsmanagement" geführte Schriftenreihe trägt durch ihren neuen Titel und eine erweiterte Herausgeberschaft der zusätzlichen Bedeutung des Qualitätsmanagements im Gesundheitswesen verstärkt Rechnung. Die großen Erwartungen der Öffentlichkeit, der Leistungserbringer und der Kostenträger an die qualitätssichernden und kostendämpfenden Fähigkeiten des Qualitätsmanagements bei sich ständig verändernden Gesundheitssystemen eröffnen auch hier ein wichtiges und weites Feld für Versorgungsforscher aller Disziplinen. Aktuelle Forschungsergebnisse zur Management- und Qualitätsorientierung im Gesundheitswesen schlagen sich in der Schriftenreihe nieder.

Roger Gfrörer

Das Operationsteam

Eine Analyse der Verhältnisse der
Zusammenarbeit im Operationssaal

Deutscher Universitäts-Verlag

Bibliografische Information Der Deutschen Nationalbibliothek
Die Deutsche Nationalbibliothek verzeichnet diese Publikation in der
Deutschen Nationalbibliografie; detaillierte bibliografische Daten sind im Internet über
<http://dnb.d-nb.de> abrufbar.

Dissertation Universität Zürich, 2007

Die Wirtschaftswissenschaftliche Fakultät der Universität Zürich gestattet hierdurch die
Drucklegung der vorliegenden Dissertation, ohne damit zu den darin ausgesprochenen
Anschauungen Stellung zu nehmen.

Zürich, 7. Februar 2007

Der Dekan: Prof. Dr. H. P. Wehrli

1. Auflage November 2007

Alle Rechte vorbehalten
© Deutscher Universitäts-Verlag | GWV Fachverlage GmbH, Wiesbaden 2007

Lektorat: Frauke Schindler / Nicole Schweitzer

Der Deutsche Universitäts-Verlag ist ein Unternehmen von Springer Science+Business Media.
www.duv.de

Das Werk einschließlich aller seiner Teile ist urheberrechtlich geschützt.
Jede Verwertung außerhalb der engen Grenzen des Urheberrechtsgesetzes
ist ohne Zustimmung des Verlags unzulässig und strafbar. Das gilt insbesondere für Vervielfältigungen, Übersetzungen, Mikroverfilmungen und die
Einspeicherung und Verarbeitung in elektronischen Systemen.

Die Wiedergabe von Gebrauchsnamen, Handelsnamen, Warenbezeichnungen usw. in diesem
Werk berechtigt auch ohne besondere Kennzeichnung nicht zu der Annahme, dass solche
Namen im Sinne der Warenzeichen- und Markenschutz-Gesetzgebung als frei zu betrachten
wären und daher von jedermann benutzt werden dürften.

Umschlaggestaltung: Regine Zimmer, Dipl.-Designerin, Frankfurt/Main
Druck und Buchbinder: Rosch-Buch, Scheßlitz
Gedruckt auf säurefreiem und chlorfrei gebleichtem Papier

ISBN 978-3-8350-0921-9

Geleitwort

Deregulierungen, wachsender Kostendruck und das Auftreten neuer Akteure auf dem Gesundheitsmarkt verstärken die Dynamik für die Führung von Spitälern. Durch die Einführung von Wettbewerb zwischen den Krankenhäusern sollen deren Kosten gesenkt und deren Leistungsqualität erhöht werden. Der Anteil der Personalkosten an den Gesamtkosten beträgt im Krankenhaus allgemein wie im Operationssaal (OPS) im Besonderen – der bedeutendsten Kostenstelle im Spital – rund 70%. Aus dem ökonomischen Druck zur Steigerung der Effizienz und der Effektivität im OPS-Betrieb leitet sich die Notwendigkeit ab, Arbeitsbedingungen zu schaffen, die geeignet sind, die Leistungsfähigkeit und die Leistungsbereitschaft der Mitarbeiterinnen und Mitarbeiter im OPS zu sichern und zu erhöhen.

Im Krankenhaus können erhebliche Defizite bei der Kommunikation und der Kooperation zwischen den Berufsgruppen der Ärzte, der Pflege und der Verwaltung festgestellt werden. Die Auswirkungen mangelnder Kooperation und Kommunikation sind vielfältig und akzentuieren sich im OPS. Beeinträchtigte Leistungsergebnisse von vitaler Bedeutung, Demotivation und Fluktuation sind gravierende Folgen ungenügender Zusammenarbeit. Teamtheorien bieten sich zur Untersuchung der Zusammenarbeit im OPS deshalb an, weil die Organisations- und Arbeitsformen im OPS wesentliche Merkmale von Teamarbeit besitzen und weil sich deshalb die theoretischen Ansätze zum Team auf wesentliche Probleme im OPS anwenden lassen. Die Bedeutung von Teams für die Leistung im OPS wird denn auch in zahlreichen Quellen betont. Eine fundierte teamtheoretische Untersuchung findet sich in der Literatur bisher allerdings kaum.

Herr Gfrörer will in seiner Arbeit die Bedingungen und Ausprägungen von Teams und die Zusammenarbeit im OPS beschreiben und analysieren. Zu diesem Zweck entwickelt er ein eigenes Framework. Mit einer Befragung werden die einzelnen Faktoren des Frameworks hinsichtlich ihrer Relevanz gewichtet. Aus den angenommenen und erklärten Wirkungszusammenhängen werden Handlungsempfehlungen für das Management von OP-Teams abgeleitet.

Dem Autor ist es gelungen, das Operationssaalteam theoretisch zu erfassen, auf der Basis einer Analyse verschiedener wissenschaftlicher Disziplinen ein eigenes Framework von Bedingungen und Ausprägungen von Teamarbeit zu entwickeln und dieses mit empirischen Befunden in Verbindung zu bringen. Die Dissertation stellt einen eigenständigen konzeptionellen und empirischen Beitrag zu einem zentralen personalwirtschaftlichen Fragekomplex dar: der Arbeitsgestaltung im Allgemeinen und der Arbeitsorganisation im OPS im Besonderen. Ich wünsche der Publikation die gebührende Resonanz in der Planung und Führung in und von Krankenhäusern.

Prof. Dr. Bruno Staffelbach

Vorwort

Der Operationssaal ist wohl einer dieser Orte, in den Nicht-Mediziner nie hineinzugelangen wünschen. Die Auseinandersetzung mit den Menschen und führte mir eindrucksvoll vor Augen, welche Leistungen von den Teammitgliedern im OPS erbracht werden im Bestreben, dem Patienten zu helfen. Sollte diese Arbeit auch nur einen kleinen Beitrag zur Optimierung der Verhältnisse der Zusammenarbeit im OPS leisten, wäre mir viel gelungen.

Grosser Dank gebührt meinem akademischen Lehrer, didaktischen Vorbild und Vorgesetzten Prof. Dr. Bruno Staffelbach für die gewährten Freiheiten, den fachlichen Rat, die zur richtigen Zeit gesetzten Anreize sowie für die moralische und tatkräftige Unterstützung in den kritischen Phasen dieses Projekts. Genauso möchte ich Prof. Dr. Dr. h.c. Norbert Thom für seine Flexibilität und kurzfristige Bereitschaft danken, das zweite Gutachten zu übernehmen.

Den Kolleginnen und Kollegen des Lehrstuhls HRM danke ich für das freundschaftliche und kollegiale Arbeitsklima, die motivierenden Gespräche und die fachlichen Diskussionen.

Besonderen Dank möchte ich Dr. Guido Schüpfer vom Kantonsspital Luzern aussprechen dafür, dass er mir den Zugang zum Thema nicht nur theoretisch sondern auch real ermöglich hat. Ihm und Dr. Leo Boos vom Spital Limmattal in Urdorf habe ich auch zu verdanken, dass eine empirische Erhebung bei den OPS-Mitarbeitenden überhaupt möglich wurde.

Dr. Marco Enderlin danke ich für die vielen, teilweise hitzigen Diskussionen, in denen ich meine betriebswirtschaftlichen Ideen zum OPS-Management austesten durfte und dafür, dass unsere Freundschaft auch dem heftigsten Disput Stand gehalten hat. Ebenso danke ich Alexandra Heeb für die sprachliche und moralische Unterstützung in der turbulenten Schlussphase dieser Arbeit. Besonderer Dank gilt Dr. Verena Adam, die mit ihrer Motivationskraft massgeblich dafür verantwortlich war, dass diese Projekt zu einem Ende fand.

Meinen Eltern möchte ich von Herzen danken, dass sie mir ermöglicht haben, diesen Weg zu gehen, indem sie mir aufgezeigt haben, was wirklich von Bedeutung ist: Mit Rücksicht auf die anderen die eigenen Werte zu verfolgen. Ihnen ist diese Arbeit in Liebe und Dankbarkeit gewidmet.

Roger Gfrörer

Inhaltsverzeichnis

Abbildungsverzeichnis

Tabellenverzeichnis

Abkürzungsverzeichnis

OP   =   Operation

OPS =   Operationssaal

FMH =   Verbindung Schweizer Ärzte

VPOD   =   Verband des Personals Öffentlicher Dienste

GDK =   Schweizerische Konferenz der kantonalen Gesundheitsdirektorinnen und –direktoren

TOA =   Technische Operationsassistenz

1 Einleitung

1.1 Ausgangslage

Aufgrund der starken Regulierung des Gesundheitswesens und den damit verbundenen Vorgaben des Versorgungsauftrags beschränkte sich das unternehmerische Handeln der Krankenhäuser bisher weitgehend auf taktisch-operative Anpassungsmassnahmen. Durch Deregulierungen, wachsenden Kostendruck und das Auftreten neuer Akteure auf dem Gesundheitsmarkt verstärkt sich die Wettbewerbsdynamik für das Krankenhausmanagement, das zunehmend unter Druck gerät, sämtliche Leistungsprozesse den Ansprüchen des Umfelds entsprechend zu optimieren.[1]

1.1.1 Auswirkungen politisch-ökonomischer Entwicklungen auf den Spitalsektor

Verschiedene Entwicklungen (z.B. umfassenderes Leistungsangebot, Ausdehnung der Versicherungsdichte der Krankenkassen, Überalterung, neue Technologien, Anspruchshaltungen)[2] führen im Vergleich zum Bruttoinlandprodukt zu überproportional steigenden Kosten in der Gesundheitsversorgung (vgl. Tabelle 1)[3].

Jahr	Totalkosten Gesundheitswesen in Mio. CHF	Veränderung gegenüber Vorjahr in %	Kosten allgemeine Krankenhäuser in Mio. CHF	Veränderung gegenüber Vorjahr in %	Anteil der Kosten allgemeiner Krankenhäuser an Totalkosten in %	Veränderung gegenüber Vorjahr in %
1996	37'908		9'875		26.05	
1997	38'669	2.54	9'983	1.09	25.68	-1.41
1998	40'297	3.67	10'346	3.64	25.67	-0.04
1999	41'585	3.20	10'782	4.21	25.93	0.99
2000	43'365	4.28	11'401	5.74	26.29	1.40
2001	46'129	6.37	12'333	8.17	26.73	1.69
∅1996-2001		4.33		4.98		0.53

Tabelle 1: Kostenstatistik Gesundheitswesen und allgemeine Krankenhäuser 1996-2001[4]

Die Kosten für die allgemeinen Krankenhäuser stiegen verglichen mit den übrigen Kosten für Gesundheitsleistungen im Mittel der letzten Jahre (1996-2001) leicht überdurchschnittlich (4.98%) und betrugen 2001 26.73% der Gesamtkosten für Gesundheitsleistungen oder 12'333 Mio. CHF.[5] Diese Zahlen belegen den grossen Stellenwert der Spitäler in der Diskussion über eine Kostenreduktion im Gesundheitswesen. In der Folge werden neue Finanzierungs- und Steuerungsmechanismen eingeführt, die statt auf die Planung des Krankenhausangebots verstärkt auf Marktmechanismen zur Koordination von Angebot

---

1   Vgl. Braun von Reinersdorff (2002), S. 41.
2   Vgl. Schüpfer et al. (2000), S. 65 und Rossel (1999), S. 13-14.
3   Vgl. Rossel (2003), S. 28: Von 1996 bis 2001 erhöhte sich der Anteil der Gesundheitskosten am BIP von 10.4% auf 11.1%. Im Mittel der letzten 5 Jahre betrug der Kostenzuwachs 4%.
4   Vgl. Rossel (2003), Tab. 3.
5   Der Anteil der Kosten sämtlicher Krankenhäuser an den Gesundheitskosten betrug 2001 rund 35%.

und Nachfrage setzen.[6] Bisher öffentlich finanzierte Spitäler werden privatisiert oder in die Selbständigkeit entlassen. Ein Wettbewerb zwischen Krankenhäusern soll deren Effizienz (Kostensenkung) und Effektivität (Zunahme der Qualität der Leistungen) erhöhen.[7] Durch die Liberalisierung verschiebt sich somit die Dominanz des Gesundheitsmarktes von den Leistungserbringern (u. a. den Spitälern) zu den Leistungsfinanzierern und möglicherweise zu den Konsumenten.[8] Diese Veränderung der Markmacht führt zu einer Verknappung von Ressourcen und somit zu einer Erhöhung des Drucks für die Krankenhäuser, diese Ressourcen effizienter zu nutzen.

Das Gesundheitswesen im Allgemeinen und der Krankenhaussektor im Speziellen zeichnen sich durch eine hohe Personalintensität aus: Im Krankenhaus beträgt der Anteil der Personalkosten an den Gesamtkosten 70%.[9] Die Anzahl der Beschäftigten in den Schweizer Krankenhäusern stieg von 1998 bis 2001 jährlich um 2.4%.[10]

Die bedeutendste Kostenstelle in einem Krankenhaus ist der Operationssaal (OPS), wobei die Personalkosten den höchsten Anteil der OPS-Kosten stellen.[11] Aufgrund der speziellen Organisationsform des Krankenhauses (in fachspezifische Kliniken und inter- und überdisziplinäre Abteilungen, Bereiche und Institute) und kantonal divergierenden Finanzierungsformen (Bau- und Mietkosten werden oftmals nicht der Krankenhausrechnung angelastet) können exakte Daten mit finanzwirtschaftlicher Aussagekraft für den OPS jedoch nur schwierig ermittelt werden. So sind die Personalkosten der Operateure global in den Aufwendungen der Kliniken enthalten, zudem wird nicht zwischen operativen und nicht-operativen Tätigkeiten unterschieden. In der Kostenübersicht im OPS (vgl. Tabelle 2) muss demzufolge ein gewichtiger, doch bis anhin nicht exakt bezifferbarer Anteil an Personalkosten der Operateure hinzugefügt werden, wodurch sich die Anteile der übrigen Kosten (Infrastruktur und Verbrauchsmaterial) entsprechend reduzieren. Bei einem Spital der Grössenordnung der hier verwendeten Referenzspitäler mit ungefähr demselben Umfang operativer Leistungen ergeben sich bei einem Umsatz von ca. 280 Mio. CHF Personalkosten für den OPS-Betrieb von ca. 21 Mio. CHF – dies wie bereits erwähnt ohne die Berücksichtigung der Kosten für die Operateure.

---

6   Vgl. Boos (2001), S. 1.
7   Vgl. Schüpfer et al. (2000), S. 67.
8   Vgl. Amelung und Schumacher (2000), S. 6.
9   Vgl. Bijkerk (1999), S. 817, Braun (1999b), S. 13, Rühle (2000), S. 231 und Köhler (1988), S. 16.
10   Vgl. Rossel (2004), S. 4.
11   Vgl. Dexter (1999b), S. 7.

Kostenart	OP	Anästhesie
Anteil an den Gesamtkosten des Krankenhauses	7%	7%
Anteil der Personalkosten an den OP- und Anästhesiekosten	50%	75%
Infrastruktur	20%	10%
Verbrauchsmaterial	30%	15%

Tabelle 2: Kosten für Anästhesie und OP[12]

Der grosse Anteil der Personalkosten im OPS erfordert eine genauere Betrachtung der Akteure und ihrer Handlungen im OPS. Durch die sich verändernden Rahmenbedingungen entsteht ein ökonomischer Druck zur Steigerung der Effizienz und Effektivität im OPS-Betrieb. Dabei gilt es „Arbeitsbedingungen zu schaffen, die geeignet sind, Leistungsfähigkeit und Leistungsbereitschaft der Mitarbeiter zu sichern bzw. zu erhöhen."[13]

1.1.2 Stand der Literatur

1.1.2.1 Das Krankenhaus in der betriebswirtschaftlichen Literatur

Die zunehmende tagespolitische Bedeutung der Gesundheitspolitik führte in den letzten Jahren zu zahlreichen Beiträgen zur Entwicklung der gesundheitspolitischen Rahmenbedingungen und deren ökonomischen Indikationen für das Gesundheitswesen im Allgemeinen[14] wie auch für den Krankenhaussektor im Speziellen[15].

Das Krankenhaus ist im Rahmen der Krankenhausbetriebswirtschaftslehre Gegenstand allgemeiner betriebswirtschaftlicher[16] sowie institutionenökonomischer[17] Betrachtung, wird bezüglich möglicher strategischer Ausrichtungen analysiert[18], wobei Benchmarking[19], Umwelt-[20] und in grossem Masse die Einführung des Total Quality Management im Leistungserstellungsprozess des Krankenhauses[21] behandelt werden.

Nach betriebswirtschaftlichen Fachgebieten differenziert lässt sich die aktuelle Krankenhaus-Literatur vor allem in organisatorische, finanzwirtschaftliche sowie personalwirtschaftliche Schwerpunktsetzung gliedern. Die organisationsspezifische Literatur befasst sich dabei hauptsächlich mit der Organisations-

---

12 Vgl. Höchner H.-J., 2000. Referenzspitäler sind die Kantonsspitäler Luzern, Aarau und St. Gallen.
13 Greulich und Thiele (1999), S. 584.
14 Vgl. z.B. Amelung und Schumacher (2000), Huth und Longchamp (1999) und Steiner (1998).
15 Vgl. z.B. Schüpfer et al. (2000) und Morra (1996).
16 Vgl. z.B. Braun (1999a), Adam und Gorschlüter (1999), Köhler (1988) und Eichhorn (1979).
17 Vgl. Schwartz (1997).
18 Vgl. Saure (2004), Greiling und Jücker (2003), Behrends und Kuntz (1999) und Heberer (1999).
19 Vgl. Braun (1999c).
20 Vgl. Palme (1996) und Wettlauffer et al. (1999).
21 Vgl. z.B. Gorschlüter (1999), Adam und Gorschlüter (1999), Olandt und Benkenstein (1999) und Pira (2000).

entwicklung[22] und dem Change Management[23], der Prozessorientierung[24], verschiedenen organisatorischen Modellen für das Krankenhaus[25] oder dem Logistik-Controlling[26]. In der finanzwirtschaftlichen Optik wird das Krankenhaus bezüglich der finanziellen Planung[27], spezifischer Finanzierungsarten[28], der Wertorientierung (Valuation)[29] oder allgemeiner Kostenrechnungs[30]- und Controllingansätze[31] analysiert.

Personalwirtschaftliche Untersuchungsgegenstände der Krankenhaus-Literatur sind neben universellen Ansätzen der Mitarbeiterführung[32] die im Krankenhaus bestehenden, vor allem durch die unterschiedlichen Professionskulturen verursachten internen[33] und externen[34] Konflikte, die Kommunikation[35], die Mitarbeitermotivation[36], die Personalentwicklung[37], konkrete führungsspezifische Instrumente[38] und die Rolle unterschiedlicher Funktionsträger vor dem Hintergrund des sich vollziehenden Wandels der Anforderungen an das Krankenhaus und seinen Mitarbeitern wie den Ärzten[39] und leitenden Pflegekräften[40].

Führungs- und mitarbeiterorientierte Massnahmen werden auch in der Folge der übergeordneten Zielsetzungen wie Wertorientierung[41], TQM[42] und allgemeiner strategischer Ausrichtungen[43] explizit betrachtet, finden aber generell wenig Beachtung oder werden implizit abgeleitet.

1.1.2.2 Der OPS in der betriebswirtschaftlichen Betrachtung

Der OPS ist Gegenstand sowohl betriebswirtschaftlicher als auch medizinisch-arbeitstechnischer Betrachtungen, die das Ziel von Kostensenkung resp. Produktivitätssteigerung verfolgen. Dabei wird das Management des OPS (vornehmlich von Autoren mit medizinischem Hintergrund) einerseits als Ganzes (unter Berücksichtigung verschiedener Einflussfaktoren) untersucht.[44] Andererseits behandeln spezifizierte Beiträge Partiallösungen für im OPS auftretende Probleme vor allem nach organisatorischen Ge-

---

22   Vgl. Grossmann und Scala (2002a) und Boos (2001).
23   Vgl. z.B. Kirchner und Kirchner (2001), Lipshitz und Popper (2000) und Bijkerk (1999).
24   Vgl. z.B. Bieta (2000), Conrad (1999) und Pfaffenberger (1999).
25   Vgl. Gürkan (1999).
26   Vgl. Christiansen (2003).
27   Vgl. Goedereis (1999).
28   Vgl. Preuss (1996).
29   Vgl. Rühle (2000).
30   Vgl. Keun und Prott (2004).
31   Vgl. Prochazka (2002) und Kirchner und Kirchner (2002).
32   Vgl. Leuzinger und Luterbacher (1994).
33   Vgl. Grahmann und Gutwetter (2002)] und Szabo (2000).
34   Vgl. Daub (1999).
35   Vgl. Höflich (1984).
36   Vgl. Humburg (2001) und Eichhorn (1995).
37   Vgl. Bijkerk (1999) und Herrler (1999).
38   Vgl. Vogt (2003), Partecke et al. (1999) und Dussler und Michel-Glöckler (1999).
39   Vgl. Kuck (1999).
40   Vgl. Ulich (2003) und Mühlbauer (1999).
41   Vgl. Rühle (2000).
42   Vgl. Brunner (2002) und Gorschlüter (1999).
43   Vgl. Behrends und Kuntz (1999).
44   Vgl. z.B. Busse (2001), Alon und Schüpfer (1999), Ortega und Willock (1998), Harris und Zitzmann Jr. (1998a), Gabel et al. (1999) und DeRiso et al. (1995) .

sichtspunkten. Im Mittelpunkt des Interesses steht die aufgrund der schwierigen Vorhersehbarkeit der Operationsdauer hochkomplexe Planung der OPS-Verwendung, was durch eine grosse Anzahl von Beiträgen zu diesem Thema verdeutlicht wird.[45] Weitere Arbeiten fokussieren die Arbeitsabläufe im OPS[46], produktivitätssteigernde oder kostensenkende Innovationen[47] sowie die Bedeutung neuer OP-Technologien für die Abläufe[48]. Einerseits werden einzelne Teilprozesse untersucht[49], andererseits wird der Fokus auf den perioperativen Prozess ausgeweitet[50]. Weitere Beiträge ermitteln die Auswirkungen einer verstärkten Patienten-Orientierung des Datenmanagements im perioperativen Verlauf[51] und berichten von Reorganisationen von OPS nach personellen Wechseln in Schlüsselfunktionen[52] sowie unter der Berücksichtigung spezifischer Einflussfaktoren auf die Mitarbeiter[53]. Die Auswirkungen alternativer Arbeitszeitmodelle auf die Qualität der Patientenversorgung wurden ebenso empirisch untersucht[54] wie die Lernkurven bei Anästhesieärzten[55].

Wie die personalwirtschaftliche Betrachtung des Krankenhauses selbst ist der OPS als Forschungsgegenstand in zahlreiche weitere Publikationen mit übergeordneten Fragestellungen wie der prozessualen Betrachtung des globalen Leistungserstellungsprozesses im Krankenhaus[56] oder dem wirkungsorientierten Krankenhausmanagement[57] integriert. Die Bedeutung des Teams für die Arbeit im OPS wird in zahlreichen Quellen betont[58], eine fundierte teamtheoretische Untersuchung findet sich aber sowohl in der betriebswirtschaftlich als auch in der medizinisch-ökonomisch orientierten Literatur kaum[59].

1.1.3 Das Team als theoretische Grundlage zur Betrachtung der Arbeit im OPS

Eine Studie im Auftrag der Deutschen Gesellschaft für Personalführung entdeckte „erhebliche Defizite [...] bei der Kommunikation und der Kooperation der drei Berufsgruppen [Ärzte, Pflege, Verwaltung] in den Krankenhäusern"[60]. Diese Defizite können auch zwischen den im OPS zusammenarbeitenden An-

---

45 Vgl. z.B. Kuo et al. (2003), Weinbroum et al. (2003), Dexter (1996), Dexter (1999a), Dexter (1999b), Dexter et al. (1999), Dexter et al. (2000a), Dexter et al. (2000b), Dexter und Traub (2000), Johnstone (1996), Strum et al. (2000a), Strum et al. (2000b), Wright (1996) und Zhou Jinshi (1998).
46 Vgl. Beranek und Harmsen (1992) und Greulich und Thiele (1999).
47 Vgl. Brodsky (1998).
48 Vgl. Campell (1998) und Glance (2000).
49 Vgl. Donham (1998) und Strum et al. (2000b).
50 Vgl. Katz und Lagasse (2000), Martin (1999) und Pollard und Olson (1999).
51 Vgl. Weiss (1995) und Wagner (1994).
52 Vgl. Grossmann und Prammer (1995).
53 Vgl. Wigger (2001).
54 Vgl. Krings et al. (1999).
55 Vgl. Schüpfer (1996) und Schüpfer (2000).
56 Vgl. Bieta (1999) und Conrad (1999).
57 Vgl. Morra (1996).
58 Vgl. z.B. Morlock und Harris (1998), Vanchieri (1998), Overdyk et al. (1998), Szabo (2000) und Glance (2000).
59 Vgl. als Ausnahme Gfrörer und Schüpfer (2004).
60 o.A. (2000), S. 85.

gehörigen der erwähnten Professionen angenommen werden. Die Auswirkungen mangelnder Kooperation und Kommunikation sind vielfältig. So kann das Arbeitsergebnis sowohl quantitativ als auch qualitativ beeinträchtigt werden. Demotivierte Mitarbeiter und dadurch entstehende Reibungsverluste können sich negativ auf die Leistungen des Krankenhauses auswirken, die Fluktuation erhöhen und somit zu einer Personalknappheit führen.[61] Beeinträchtigte Arbeitsverhältnisse in Abteilungen und Teams verursachen dabei – ob sie zu Fluktuation führen oder nicht – Kosten. Die Besonderheit der Zusammenarbeit im OPS zeichnet sich durch folgende Merkmale aus:

- Im OPS arbeiten unterschiedliche Professionskulturen zusammen.[62]
- Die Vertreter der einzelnen Berufsgruppen führen einen ständigen Kampf um Ressourcen.[63]
- Den Operateuren und Anästhesisten werden ‚undisziplinierte' Verhaltensweisen im Hinblick auf Zeiten und Belegung vorgeworfen.[64]
- Den Menschen, die den OPS als Arbeitsort auswählen, wird eine stark ausgeprägte individualistische Natur attestiert.[65]
- Im OPS bestehen parallele Hierarchien[66] und tradierte implizite Leitungsstrukturen auch deshalb, weil die OP-Mitglieder ausserhalb des OPS unterschiedlichen organisatorischen Einheiten angehören.

Aufgrund der grossen Bedeutung von Konflikten im OPS und dessen Umfeld[67] besteht die Gefahr der Beeinträchtigung der durch Kooperation der Akteure angestrebten Leistung in qualitativer oder quantitativer Hinsicht. Aufgrund des grossen Personaleinsatzes und der teuren apparativen Ausstattung im OPS stellen Mängel im Ablaufprozess erhebliche Kosten dar und verringern die Produktivität massiv.[68]

Das Kooperationsproblem beschäftigt jedoch nicht nur die Krankenhausliteratur. Auch die Teamforschung setzt sich mit dem Phänomen der Kooperation und dem Problem der Defektion auseinander. Teamtheoretische Ansätze eignen sich aus folgenden Gründen zur Untersuchung der Vorgänge im OPS:

---

61   Vgl. Leuzinger und Luterbacher (1994), S. 74.
62   Vgl. Grossmann und Prammer (1995), S. 15-16, Mühlbauer (1999), S. 793 und Ortega und Willock (1998), S. 32.
63   Vgl. Grossmann und Prammer (1995), S. 16.
64   Vgl. Greulich und Thiele (1999), S. 586 und Alon und Schüpfer (1999), S. 691, Her. d. Verf..
65   Vgl. Ortega und Willock (1998), S. 33-34.
66   Vgl. Grossmann und Prammer (1995), S. 20.
67   Vgl. Ortega und Willock (1998), S. 39, Bijkerk (1999), S. 827, Grahmann (1996), S. 7 und Conrad (1999), S. 579.
68   Vgl. Martin (1999), S. 19.

- Die Arbeitsform im OPS besitzt die wesentlichen Merkmale von Teamarbeit.
- Die theoretischen Ansätze zum Team beschäftigen sich mit der Kooperation und damit mit einem wesentlichen Problem im OPS.
- Bereits jetzt finden sich in der Literatur zur Effizienzsteigerung für das Spital und den Operationssaal die Termini Operationssaal-, OP- oder OP-Team. Meistens bleibt es jedoch bei der blossen Bezeichnung der Arbeitsform im OPS durch diesen Begriff: Eine Analyse des OP-Teams fehlt. Ohne tieferes Team-Verständnis besteht jedoch die Gefahr, dass wesentliche Eigenheiten von Teams vernachlässigt werden und disfunktionale Rahmenbedingungen gesetzt oder kontraproduktive Anweisungen gegeben werden.

1.2   Zielsetzung der Arbeit

Das Hauptziel dieser Arbeit besteht darin, durch eine teamtheoretisch fundierte Analyse der Zusammenarbeit im OPS Handlungsempfehlungen zur Steigerung von Effizienz und Effektivität des OP-Teams zu gewinnen. Das Hauptziel gliedert sich in folgende Unterziele:

- Zuerst werden die Einflussfaktoren und deren Beziehungen auf das Teamverhalten in einem Framework beschrieben.
- Anschliessend werden die Verhältnisse der Zusammenarbeit im OPS anhand des Frameworks theoretisch und durch Untersuchungen empirisch erklärt .
- Aus den Ergebnissen der Erklärung werden für das Management von OP-Teams effizienz- und effektivitätssteigernde Handlungsempfehlungen abgeleitet.

Management wird in dieser Arbeit im funktionalen Sinn zur Beschreibung von Prozessen und Funktionen in arbeitsteiligen Organisationen verwendet.[69] Die Zielgruppe der Handlungsempfehlungen umfasst sämtliche Akteure innerhalb und ausserhalb des OP-Teams, welche die Möglichkeit besitzen, zur Steigerung von Effizienz und Effektivität im OPS die Einflussfaktoren auf das Teamverhalten zu steuern.

Der Nutzen dieser Arbeit lässt sich für verschiedene Anspruchsgruppen aufteilen:
- Die Wissenschaft erhält ein Framework zur Analyse der Teamarbeit, das über die blosse Aufarbeitung bereits veröffentlichter Beiträge zum Team hinausgeht. Durch die Verbindung von sozialpsychologischen und ökonomischen Merkmalen soll ein Beitrag

---

69   Vgl. Staehle (1999), S. 71.

zur Einheit der Gesellschaftswissenschaften, durch die Anwendung eines theoriegestützten Frameworks auf ein praktisches Erfahrungsobjekt zudem ein Beitrag für die
angewandte Ökonomie und die angewandte Psychologie geleistet werden.

- Der Krankenhauspraxis stehen verbesserte Handlungs-, Entscheidungs- und Füh-
  rungsgrundlagen für ein OP-Team zur Verfügung. Durch die Anpassung der Erkenntnisse der Teamforschung an die Rahmenbedingungen im OPS lassen sich spezifische
  Handlungsempfehlungen ableiten, die für das Tätigkeitsfeld des OPS Gültigkeit haben.

- Die OP-Teammitglieder selbst erhalten theoretisch und empirisch fundierte Erkenntnisse zur Verbesserung ihres Arbeitsalltags.

- Die Gesellschaft schliesslich soll davon profitieren, dass durch die Erkenntnisse dieser
  Arbeit im OPS Effizienzsteigerungen erzielt werden können. Damit leistet die Arbeit
  einen direkten Beitrag zur Kostenreduktion im Gesundheitswesen.

1.3   Vorgehen

1.3.1 BWL-Verständnis als Grundlage des methodischen und inhaltlichen Vorgehens

Für diese Arbeit ist das Verständnis der Betriebswirtschaftslehre als anwendungsorientierte Wissen-
schaft, wie es von Ulrich[70] propagiert wird, grundlegend. „[E]s ist der unmittelbare Zweck einer solchen
Wissenschaft, dem Menschen ein wissenschaftlich fundiertes Handeln in der Praxis zu ermöglichen."[71]
Die Betriebswirtschaftslehre soll in diesem Verständnis Gestaltungsmodelle für die Veränderung der sozialen Wirklichkeit entwickeln. Dabei steht die Frage im Mittelpunkt, „wie ein sinnvolles Handeln von
Einzelnen im Rahmen eines weitläufigen komplexen Systems geartet sein soll, wenn es zur Verbesserung dieses Systems, zumindest nicht zu dessen Verschlechterung beitragen soll"[72]. Betriebswirtschaftslehre als die „Lehre von der Führung zweckorientierter sozialer Institutionen"[73] versteht unter
Führung die gestaltenden und lenkenden Tätigkeiten zur Steuerung des Handelns der Individuen und
ist als angewandte Wissenschaft bestrebt, dem Einzelnen zur Durchführung vernünftigen Handelns das
erforderliche Wissen zur Verfügung zu stellen[74]. Um den Herausforderungen, denen sich Krankenhäuser gegenübersehen, gerecht zu werden, benötigen deren Führungskräfte solches Wissen nicht nur
während ihrer Ausbildung[75] sondern auch zur Bewältigung ihrer täglichen Führungsaufgaben.

---

70   Vgl. Ulrich (1981).
71   Ulrich (1981), S. 10.
72   Ulrich (1981), S. 11.
73   Ulrich (1981), S. 23.
74   Vgl. Ulrich (1981), S. 13.
75   Vgl. Siegfried Eichhorn im Geleitwort zu Haubrock und Schär (2002), S. 13.

Als Problem wird in dieser Arbeit die strukturelle und direkte Gestaltung und Lenkung des Verhaltens von Menschen betrachtet, die während einer OP im OPS mit dem Ziel zusammenarbeiten, einen Eingriff in einen lebenden menschlichen Organismus zu Heilzwecken unter Berücksichtigung ökonomischer Effizienz- und Effektivitätskriterien vorzunehmen. Dazu müssen neben den situativen Einflussfaktoren auf das Handeln und deren kooperationsspezifischen Wirkungen die individuellen Präferenzen bekannt sein. Zur Bereitstellung des relevanten Wissens werden Erkenntnisse verschiedener Wissenschaftsdisziplinen ausgewertet, die als geeignet erachtet werden, unterschiedliche Aspekte der Problemstellung zu erhellen.[76] Zur Analyse der Handlungssteuerung von Individuen im multipersonalen Kontext ökonomisch agierender Organisationen werden dazu hauptsächlich die Disziplinen Oekonomie, Psychologie und Soziologie herbeigezogen.

1.3.2 Methodisches Vorgehen

Die Arbeit versucht mittels explorativem Design die Verhältnisse der Teamarbeit im OPS zu ergründen. Damit wird der Forderung Rechnung getragen, wonach die im Allgemeinen bereits sehr ausführlich erfolgte Teamforschung den spezifischen Teamkontext stärker zu berücksichtigen hat.[77] Die verschiedenen mit dieser Arbeit verfolgten Ziele erfordern den Einsatz unterschiedlicher Methoden.

1.3.2.1 Beschreibung von Einflussfaktoren auf das Teamverhalten

Die Beschreibung der Einflussfaktoren auf das Teamverhalten und deren Beziehungen beruht auf einer Literaturanalyse. Dazu werden Erkenntnisse der ökonomischen, soziologischen und psychologischen Literatur zum Team oder allgemein zur Kooperation ausgewertet und zur systematischen Verwendung in einem Framework erfasst.

1.3.2.2 Erklärung der Verhältnisse der Zusammenarbeit im OPS

Explorative Untersuchungen mit dem Ziel, theoretische resp. begriffliche Voraussetzungen für Hypothesenformulierungen zu schaffen sind „relativ wenig normiert"[78]. Aufgrund der Vielzahl und Heterogenität der Merkmale der Zusammenarbeit im OPS wird ein gemischtes Untersuchungsdesign, bestehend aus Literaturanalyse und Handlungsforschung angewandt.

---

76 Vgl. Ulrich (1981), S. 19.
77 Vgl. Guzzo und Dickson (1996), S. 333.
78 Bortz und Döring (2003), S. 54.

1.3.2.2.1 Literaturanalyse

Einerseits werden die Ausprägungen der Merkmale im OPS anhand von Literaturstudien ermittelt. Dieses Vorgehen besitzt die Vorzüge, aus einer breiten Materialbasis zum Krankenhaus bereits (z.B. durch Peer-Review-Verfahren) geprüfte Aussagen zu einer Vielzahl von Merkmalen im OPS ermitteln zu können, zu denen dem Verfasser dieser Arbeit aufgrund seines fachlichen Hintergrunds der Zugang verwehrt bleibt. Der Beitrag der hier angewandten Literaturanalyse besteht darin, bereits vorhandene Informationen zum OP-Team zu sammeln und zu ordnen. Dabei besteht die Schwierigkeit, bei der Übertragung allgemeiner Aussagen zum Krankenhaus auf das OP-Team verzerrende Einflüsse zu identifizieren und separieren.

1.3.2.2.2 Handlungsforschung

Als zweites Element des Untersuchungsdesigns wird die Handlungsforschung verwendet.[79] Im Rahmen dieser Arbeit wird durch einen standardisierten, schriftlichen Fragebogen Faktenwissen und durch ein Beobachtungsprotokoll Ereigniswissen gewonnen.

a. Schriftlicher Fragebogen

Durch eine schriftliche Befragung mittels postalisch versandtem Fragebogen werden Einstellungen und Einschätzungen der Mitarbeiter im OPS erhoben. Auf diese Art der Befragung werden im Vergleich zum Interview folgende allgemeine Vorteile genutzt:[80]

- Schriftliche Befragungen sind in der Regel kostengünstiger.
- Es lässt sich eine grössere Anzahl Befragten erreichen.
- Interviewerfehler werden vermieden.

Für die Erhebung von Einschätzungen und Einstellungen des OP-Personals zu Kriterien der Zusammenarbeit eignet sich der gewählte Weg der Befragung zusätzlich, da die Befragten ihre persönlichen Einschätzungen zu zwischenmenschlich diffizilen Punkten anonym abgeben können, die Fragen zu einem selbstgewählten Zeitpunkt beantwortet werden können, die Zusicherung von Anonymität glaubwürdiger ist und eine Vollerhebung der Belegschaft durchgeführt werden kann.

Die Vorteile der schriftlichen postalischen Befragung werden gegenüber deren möglichen Nachteilen – z.B. nicht kontrollierbare Befragungssituation, Beeinflussung durch andere Personen beim Ausfüllen

---

79   Vgl. Mayring (2002), S. 50-51.
80   Vgl. Schnell et al. (2005), S. 358-359.

des Fragebogens, Verständnisprobleme, höhere Ausfallquoten und mögliche Stichprobenverzerrungen[81] -höher gewichtet.

Fragebogendesign

Der Fragebogen[82] berücksichtigt allgemeine Gestaltungsempfehlungen[83] und ist in vier Teile gegliedert. Im ersten Teil werden allgemeine Angaben zu persönlichen Daten erhoben. Dabei wird aus Gründen der Anonymisierung kein genaues Alter erfragt, sondern lediglich die Zugehörigkeit zu verschiedenen Alterskategorien. Dadurch soll eine Identifikation (durch Kombination exakten Alters, Tätigkeitsbereich und Geschlecht) der entsprechenden Person im Krankenhaus erschwert werden, wodurch wiederum eine höhere Rate der Beantwortung der allgemeinen demographischen Merkmale erhofft wird.

Die weitere Gestaltung des Fragebogens wird nach dem Prinzip von Richardson et al. vorgenommen: „Im Allgemeinen wird die Reihenfolge der Fragen in einem Fragebogen-Interview nach den folgenden Prinzipien zusammengestellt: Fragen, welche das Interesse des Befragten am ehesten zu wecken vermögen, werden zu Beginn gestellt. Wenn sein Interesse geweckt ist, und er sich am Interview zu beteiligen beginnt, wird er eher bereit sein, auf Fragen, welche ihn weniger interessieren, oder welche mehr Überlegungen und Anstrengungen verlangen, zu antworten."[84] Die ersten beiden offenen Fragen 1.4 und 1.5 sollen aufzeigen, dass die Zusammenarbeit im OPS fokussiert wird. Die Befragten erhalten dabei die Möglichkeit, in Stichwörtern diejenigen Faktoren darzulegen, die sich ihrer Meinung nach am stärksten positiv und negativ auf die Zusammenarbeit im OPS auswirken. Einerseits soll durch die offene Form ein emotionaler (partizipativer) Einstieg in den Fragebogen ermöglicht werden, andererseits eignen sich offene Fragen zur Exploration bei Problemstellungen, für die keine umfassenden Kenntnisse über das mögliche Antwortspektrum vorhanden sind[85].

Im zweiten Teil werden 30 geschlossene Einstellungsfragen[86] zur Zusammenarbeit im OPS gestellt, die garantieren sollen, dass Aussagen zu spezifischen Merkmalen erhoben werden können. Dabei äussern die Befragten ihre Einschätzung zu jedem Sachverhalt in einer fünfstufigen Skala von „lehne stark ab" bis „stimme stark zu". Die Fragen entstammen teilweise einem Fragebogen zur Erhebung der Mitarbeitermotivation im Krankenhaus von Humburg (2001)[87] und fokussieren spezifische Aspekte der Zusam-

---

81 Vgl. Atteslander (2000), S. 147.
82 Vgl. Anhang 1.
83 Vgl. Schnell et al. (2005), S. 361-362, Bortz und Döring (2003), S. 253-256 und Atteslander (2000), S. 171-176.
84 Richardson et al. 1965, zit. in Atteslander (2000), S. 172.
85 Vgl. Kromrey (2002), S. 365.
86 Vgl. Atteslander (2000), S. 166.
87 Vgl. Humburg (2001), S. 122-150.

menarbeit. Zur Erhebung von Teammerkmalen im OPS erfolgte eine sprachliche und inhaltliche Anpassung sowie eine Ergänzung mit Fragen zur Anreizgestaltung.

Im dritten Teil werden die Merkmale der professionsspezifischen Eigen- und Fremdbilder im OPS ermittelt. Die dabei verwendeten Items entstammen den Kurzformen zur Sozialperspektivischen Imagepositionierung (S-I-P), einer Weiterentwicklung von SYMLOG, einem Beobachtungsverfahren zur Beschreibung von Gruppenprozessen.[88] Die Ermittlung von Selbst- und Fremdbildern in Gruppen wird dabei von den Gruppenmitgliedern selbst vorgenommen.[89] Der verwendete SIP-Einwortkurzbogen EK2 weist neun positive Items (vgl. Tabelle 3) auf und eignet sich für unter Zeitdruck arbeitende oder wenig belastbare Gruppen und durch die positiven Konnotationen der Items für betriebliche Anwendungen.[90]

Dimension	Item
Einfluss	durchsetzungsfreudig
	tatkräftig
	zielbewusst
Sympathie	verständnisvoll
	tolerant
	rücksichtnehmend
Zielorientierung	sachlich
	lösungsorientiert
	fleissig

Tabelle 3: Dimensionen und Items des SIP-Einwortkurzbogens EK2[91]

Der Fragebogen ermittelt von jeder Person deren Einschätzung der Ausprägung von Verhaltensmerkmalen für jede Profession im OPS. Dabei wird hier das fünfstufige Vorgehen verwendet, bei dem die Befragten die Ausprägung der Häufigkeit der Verhaltensmerkmale für jede Profession mit „nie", „selten", „manchmal", „häufig" oder „immer" zu bewerten haben.[92] Für jede Profession lassen sich Durchschnittswerte der jeweiligen Eigen- und Fremdbilder ermitteln und in Relation zu den Werten der anderen Berufe vergleichen.[93]

Vorgehen

Für die vorliegende Erhebung wurden Mitarbeiter von zwei Spitälern – einem Regional- und einem Kantonsspital – befragt. Das Regionalspital beschäftigt im Akutspital rund 420 Mitarbeiter, hat 370 Betten und führt im Jahr ca. 8'200 stationäre und 1'400 ambulante Eingriffe durch. Das Kantonsspital hat unge-

---

88   Vgl. Marx (2000), S. 8.
89   Fassheber et al. (1995), S. 2.
90   Vgl. Fassheber et al. (1995), S. 30-31.
91   Darstellung in Anlehnung an Fassheber et al. (1995), S. 24.
92   Vgl. zur Benennung der Stufen Marx (2000), S. 36 und Fassheber et al. (1995), Anhang SIP-EK2.
93   Vgl. Anhang 3.

fähr 2'300 Mitarbeiter angestellt und weist rund 700 Betten sowie 25'000 stationäre Eingriffe auf. In beiden Spitälern wurden sämtliche Mitarbeiter mit Aufgabengebiet OPS befragt. Während im Regionalspital die Befragten durch die Verwaltung angeschrieben wurden, erfolgte der Versand bei den Angestellten des Kantonsspitals durch den Verfasser. Die Aussendung umfasste insgesamt 601 Fragebogen, denen ein informatives Begleitschreiben sowie ein frankiertes und adressiertes Rückantwortcouvert beigelegt wurden. Der Versand im Regionalspital wurde durch ein Schreiben des Spitaldirektors ergänzt, der Zustellung im Kantonsspital ging ein vorbereitendes E-Mail voraus. Nachfassaktionen wurden keine durchgeführt.

Von den 601 ausgesandten Fragebogen wurden 228 retourniert (vgl. Tabelle 4). Damit wurde eine Rücklaufquote von 37.9% erzielt.[94] 15 Fragebogen konnten nicht in die Auswertung miteinbezogen werden, womit der Nettorücklauf 213 Fragebogen oder 35.4% der Aussendung beträgt.

Aufgrund des geringen Rücklaufs von Antworten der technischen Assistenz, wird bei funktionsspezifischen Auswertungen auf die Berücksichtigung dieser Tätigkeitsgruppe verzichtet Bei diesen Auswertungen gilt n=210.

	Regional-spital	in %	Kantons-spital	in %	Total	in %
Versand	110	100.0	491	100.0	601	100.0
Rücklauf	46	41.8	182	37.1	228	37.9
ungültig	0	0.0	15	3.1	15	2.5
gültig	46	41.8	167	34.0	213	35.4
Jahrgänge						
zwischen 1940 und 1949	2	4.3	7	4.2	9	4.2
zwischen 1950 und 1959	9	19.6	28	16.8	37	17.4
zwischen 1960 und 1969	17	37.0	47	28.1	64	30.1
zwischen 1970 und 1979	16	34.8	82	49.1	98	46.0
jünger als 1979	2	4.3	3	1.8	5	2.3
Geschlecht						
weiblich	22	47.8	76	45.5	98	46.0
männlich	15	32.6	72	43.1	87	40.8
keine Angaben	9	19.6	19	11.4	28	13.1
Tätigkeit						
technische Assistenz	0	0.0	3	1.8	3	1.4
Pflege	9	19.6	21	12.6	30	14.1
Anästhesie	20	43.5	64	38.3	84	39.4
Operateure	17	37.0	79	47.3	96	45.1

Tabelle 4: Aufschlüsselung des Rücklaufs

---

94   Die Rücklaufquote kann als zufriedenstellend betrachtet werden. Vgl. Diekmann (2003), S. 441-443.

b. Beobachtung

Die Kommunikationsstrukturen im OPS wurden am Beispiel einer Bypass-Operation durch Beobachtung ermittelt. Die Aufzeichnung der beobachteten Kommunikation erfolgte anhand eines strukturierten Beobachtungsprotokolls, in das in chronologischer Reihenfolge eingetragen wurde, welche Teammitglieder im Verlaufe der Operation miteinander kommunizierten. Der Beobachter stand während der Operation hinter den Anästhesieapparaturen abseits des Geschehens und beschränkte sich auf die Rolle als forschender Beobachter. Aufgrund dieser Merkmale kann von einer strukturierten, offenen und passivteilnehmenden Beobachtung gesprochen werden.[95]

Die Bypass-Operation wird deshalb als geeignetes Beispiel betrachtet, da der Eingriff relativ stark standardisiert ist (womit persönliche Eigenschaften der Akteure etwas in den Hintergrund rücken), alle Tätigkeitsbereiche mit mehreren Personen beteiligt sind und mit der Kardiotechnik eine bedeutende weitere Funktion an der OP beteiligt ist.

Die Resultate der Beobachtung wurden auf dem Beobachtungsbogen festgehalten und in einer Graphik abgebildet.

1.3.3 Inhaltlicher Aufbau

Das inhaltliche Vorgehen lässt sich in die vier Hauptteile A Einleitender Teil, B Theoretischer Teil, C Empirischer Teil und D Abschliessender Teil untergliedern (vgl. Abbildung 1). Nach dem einleitenden Teil, der die Ausgangslage, Zielsetzung, Vorgehen und Abgrenzungen behandelt, folgt der theoretische Teil, in dem nach der Betrachtung der soziologischen Kleingruppe unter Berücksichtigung einer Vielzahl von Teambegriffen die für diese Arbeit gültige Teamdefinition hergeleitet wird. Nach einer Betrachtung von Teammodellen in der Literatur wird zuerst das in dieser Arbeit zur systematischen Erfassung der Teammerkmale verwendete Teamframework entwickelt, bevor vertieft die Einflussfaktoren auf das Teamverhalten beschrieben werden. Im empirischen Teil werden die Verhältnisse der Zusammenarbeit im OPS anhand des Frameworks theoretisch und durch Untersuchungen empirisch erklärt. Dazu wird zunächst der OPS als organisatorische Einheit und als Teil des Leistungserstellungsprozesses im Krankenhaus betrachtet. Anschliessend werden die Ausprägungen der Teammerkmale im OPS analysiert, wodurch ein Abbild eines OP-Teams entsteht. Aus den erklärten Wirkungszusammenhängen der Merkmale im OPS werden Handlungsempfehlungen für das Management von OP-Teams abgeleitet. Im abschliessenden Teil folgt eine Zusammenfassung, eine Diskussion, in der das Vorgehen, die angewendeten Methoden sowie die Resultate bezüglich ihrer Aussagekraft kritisch beleuchtet werden und ein Ausblick.

---

95   Vgl. Atteslander (2000), S. 88-98.

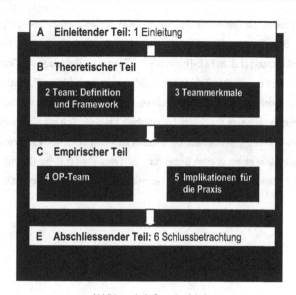

Abbildung 1: Aufbau der Arbeit

1.4 Abgrenzungen

Wie in Abbildung 2 dargestellt bestehen verschiedene Faktoren mit Einfluss auf die OP-Effizienz . Neben den strukturellen (Form der Spitalträgerschaft, Organisation), den inhaltlichen (patientenspezifische Anforderungen) und personellen (Ausbildungsstand, Art der Motivation) Rahmenbedingungen beeinflusst das OP-Team mit seinen gruppendynamischen Besonderheiten, seinen Merkmalen und seinem Verhalten die Effizienz der Tätigkeiten im OPS. Aus der Abbildung soll auch abgeleitet werden, dass der Fokus der Fragestellung auf das Team als Einflussfaktor auf die OP-Effizienz gelegt wird. Die anderen Einflussmöglichkeiten werden dabei lediglich soweit betrachtet, als sie über das Team wirken.

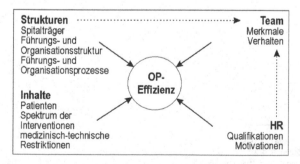

Abbildung 2: Einflussfaktoren auf die OP-Effizienz

Die bisherige Diskussion von Teams und Gruppen wurde in „wellenförmigen Bewegungen"[96] aus ständig wechselnden Blickwinkeln geführt. Die zunehmende Spezialisierung der aktuellen betriebswirtschaftlichen Teamforschung (z.B. zu F&E-Teams oder zu Teams zur Betreuung von Grosskunden[97]) erfüllt den Anspruch, den spezifischen Teamkontext stärker zu berücksichtigen[98], erschwert jedoch die Übertragbarkeit der jeweiligen Aussagen. Die Beschreibung der Einflussfaktoren auf das Teamverhalten und deren Beziehungen in einem Framework baut deshalb hauptsächlich auf allgemeiner, z. T. älterer Literatur zur Team- und Gruppenarbeit auf. Die aktuelle kontextspezifische Teamforschung wird dann berücksichtigt, wenn sie in einem direkten Bezug zum OP-Team steht (z.B. bei Command and Control-Teams[99]) oder auf Merkmalen beruht, die im Team ebenfalls ausgeprägt sind (z.B. multikulturelle Teams[100]).

---

96   Kauffeld und Grote (2001), S. 5
97   Vgl. Stock (2005), S. 972.
98   Vgl. Guzzo und Dickson (1996), S. 333.
99   Vgl. Helmreich und Merrit (2001)
100   Vgl. Ramamoorthy und Flood (2004)

2 Team – Definition und Framework

2.1 Begriffsbestimmung

Die in der Literatur vielseitig verwendeten Begriffe ,Gruppe' und ,Team' werden an dieser Stelle definiert und voneinander abgegrenzt, obwohl eine solche Differenzierung nicht überall vorgenommen wird.[101] Aufgrund der ausserordentlich grossen Anzahl von bestehenden unterschiedlichen Teamdefinitionen wird folgend eine eigene Arbeitsdefinition hergeleitet mit der Absicht, das in dieser Arbeit vorherrschende Teamverständnis zu bestimmen.[102] Dabei werden in dieser Arbeit ,Team' und ,Teamarbeit' als Konstrukte betrachtet, deren Bedeutung sich erst durch die Darlegung der zugrundeliegenden theoretischen Überlegungen erschliesst, und die erst dann zur Analyse von Erscheinungen einer sozialen betrieblichen Realität herbeigezogen werden können.

2.1.1 Einleitung

Eine durch strenge hierarchische Gliederung gekennzeichnete Organisation von Arbeitsgruppen kann deren Mitglieder von Entscheidungen ausklammern, wodurch die Nutzung des Gruppenvorteils für die Arbeitserledigung gefährdet ist.[103] Gruppenarbeit kann mehr als eine blosse organisatorische Zusammenfassung von Arbeit zur gemeinsamen Erledigung beinhalten, wenn sie sich konsequent nach dem Gruppenvorteil ausrichtet, der durch Selbstorganisation, Eigeninitiative und partizipative Führungsstrukturen mit Einbezug möglichst aller Gruppenmitglieder und der Gewährung eines Freiraums zur Umsetzung der Entscheidungen entstehen kann. Stürzl unterscheidet drei verschiedene Begriffe für die gemeinsame Arbeit mehrerer Menschen:[104]

- Arbeit in Gruppen (ohne Nutzung des Gruppenvorteils)
- Gruppenarbeit mit Nutzung des Gruppenvorteils
- Teamarbeit mit Nutzung des Gruppenvorteils

Andere Autoren unterscheiden lediglich zwischen Gruppe und Team[105], während wiederum andere keine Differenzierung vornehmen[106] oder den Unterschied als „grey area"[107] bezeichnen.

---

101 Vgl. z.B. Schmidt (1999), S. 154, Battegay (1973), S. 15 und Jones und Roelofsma (2000), S. 1130.
102 Vgl. Katzenbach und Smith (1998), S. 69.
103 Vgl. Stürzl (1992), S. 58.
104 Vgl. ebd. Der Unterschied zwischen Gruppe und Team besteht gem. Stürzl darin, dass Teams im Gegensatz zur Gruppe nicht an einem Ort zusammenarbeiten müssen.
105 Vgl. Orasanu/Salas 1993, zit. nach Jones und Roelofsma (2000), S. 1130.
106 Vgl. Wegge (2001), S. 486.

Diese Vielzahl von Begriffen und damit verbundenen Inhalten führt zu einer „erheblichen Begriffsverwirrung", denn die Begriffe Team und (Arbeits-)Gruppe werden, „eigentlich völlig unreflektiert und in grosser Breite, [...] synonym verwendet, sie sind austauschbar gemacht worden, was weder im Interesse der Reduzierung logischer Ungenauigkeit noch im Sinne ihrer funktionellen Differenzierung und handhabbaren Zweckorientierung liegen kann"[108]. Um dieser Kritik vorzubeugen soll folgend in den hier verwendeten Teambegriff eingeführt und eine Abgrenzung zum Gruppenbegriff vorgenommen werden.

Wie unterschiedlich die Teambegriffe und -definitionen auch sein mögen, gemeinsam ist ihnen die Erfüllung der Bestimmungskriterien[109] zur Gruppe. Folgend wird deshalb zunächst der Gruppenbegriff hergeleitet und seine auch für das Team als spezielle Gruppe[110] geltenden konstituierenden Merkmale betrachtet.

2.1.2 Die Gruppe als übergeordneter Denkrahmen

2.1.2.1 Die Gruppe als Form von „Menschen im Plural"[111]

Es existieren verschiedene Begriffe, die eine Form einer Mehrzahl von Menschen bezeichnen. So wird eine Zusammenfassung von gleichartigen Elementen oder von Trägern einer zum Definitionsmerkmal erhobenen Eigenschaftskombination einer Grundgesamtheit als Klasse[112] (oder Kategorie[113]) bezeichnet. Tritt die Klasse aktiv in Erscheinung ist von ‚Verband', ‚Interessengemeinschaft' oder ‚pressure group' die Rede.[114] Die aktiven Elemente können dabei die Grundgesamtheit repräsentieren, so dass nicht die gesamte Klasse aktiv sein muss. Interagieren die Klassenmitglieder können Gruppen entstehen. So versteht Hofstede die Gruppe als „eine Anzahl von Menschen, die Kontakt zueinander haben"[115]. Die Existenz von gruppenkonstituierenden Kriterien in Klassen darf aber nicht vorausgesetzt werden.[116] Eine weitere Differenzierungsmöglichkeit zwischen Klassen und Gruppen sieht Lewin in der gegenseitigen Abhängigkeit der Mitglieder, die in der Klasse nicht, in der Gruppe jedoch gegeben ist.[117] Die Abhängigkeit führt dazu, dass das Verhalten eines einzelnen Gruppenmitglieds einerseits die Handlungen der anderen beeinflusst, andererseits auch auf die Aktionen der anderen abgestimmt ist.[118]

---

107   Sundstrom et. al. 1990, zit. nach Jones und Roelofsma (2000), S. 1130.
108   Schneider und Knebel (1995), S. 16.
109   Vgl. Schneider (1975), S. 16-26.
110   Vgl. Forster (1978), S. 16.
111   Hofstätter (1993), S. 27.
112   Vgl. Hofstätter (1993), S. 29.
113   Vgl. Schneider (1975), S. 26.
114   Vgl. Born und Eiselin (1996), S. 12, Her. i. O..
115   Hofstede (1993), S. 19.
116   Vgl. Schneider (1975), S. 26.
117   Vgl. Lewin 1963, zit. nach Schneider (1975), S. 26.
118   Vgl. Schmidt (1999), S. 158.

Weisen mehrere Menschen ausser der räumlichen Nähe keine gemeinsamen Merkmale (wie Wechsel-beziehungen und dadurch entwickelte Strukturen oder gemeinsame Normen) auf, wird von einer Menge gesprochen.[119] Den dadurch bezeichneten Menschen ist höchstens ein äusserer Wahrnehmungsge-genstand gemeinsam.[120] Besteht zwischen den Menschen einer Menge eine durch äussere Umstände herbeigeführte Wechsel- oder Zielbeziehung, ist von einer ‚Masse' die Rede, einer relativ seltenen und kurzfristigen Konfiguration, die, sobald die aktivierende Ursache beseitigt ist, entweder wieder zur Menge zerfällt oder sich zur ‚Gruppe' entwickelt, letzteres jedoch nur, wenn sich eine Gruppenstruktur bildet.[121] Die Familie befriedigt gemäss Hofstätter kein ausserhalb gelegenes Bedürfnis, ist somit Selbstzweck und verkümmert als Mittel zu anderen Zwecken, ganz im Gegenteil zur Gruppe, die als Massnahme zur Zielerreichung verstanden wird.[122]

Die (soziale) Gruppe zeichnet sich durch bestimmte homogene Eigenschaften, die räumliche Nähe der Mitglieder und deren Interaktion aus und unterscheidet sich von anderen Formen einer Mehrzahl von Menschen durch die Existenz einer Rollenstruktur und einer gemeinsamen Zielsetzung. Durch diese erste Abgrenzung von anderen Begriffen, die in der Soziologie zur Bezeichnung einer Entität bestehend aus mehreren Menschen verwendet werden, ist die Gruppe jedoch noch nicht vollumfänglich in ihren konstituierenden Merkmalen bezeichnet. Diese sollen folgend betrachtet werden, um die Differenzie-rung des Begriffs der Gruppe von anderen Bezeichnungen für ‚Menschen im Plural' vervollständigen zu können[123], und um der Bestimmung des Teambegriffs den Weg zu bereiten.

2.1.2.2 Konstituierende Merkmale der Gruppe

2.1.2.2.1 Mehrzahl von Mitgliedern

Einigkeit besteht in der Literatur darüber, dass eine (soziale) Gruppe aus einer Mehrzahl von Mitglie-dern oder einer „Personenmehrheit"[124] besteht. Bereits hier aber endet die Übereinstimmung, denn we-der die minimale noch die maximale Anzahl wird einheitlich definiert. Obwohl zwei Personen mehrheit-lich als Mindestanzahl für eine Gruppe betrachtet werden[125], bestehen Zweifel an dieser Untergrenze. So wird vorgeschlagen, die Zweiergruppe (Dyade) als Sonderfall nicht unter dem allgemeinen Grup-penbegriff zu erfassen, weil die soziale Einheit beim Ausscheiden nur eines Mitglieds zerfallen würde.[126]

---

119 Vgl. Schneider (1975), S. 27, Her. d. Verf..
120 Vgl. Battegay (1973)], S. 15.
121 Vgl. Born und Eiselin (1996), S. 13, Her. i. O..
122 Vgl. Hofstätter (1993), S. 28, Her. d. Verf..
123 Vgl. Schneider (1975), S. 23. Für eine Synopse verschiedener Kriterienkataloge zur Bestimmung von Gruppen vgl. Schneider (1975), S. 24.
124 Wiswede (1992), S. 736.
125 Vgl. Mills 1967, zit. nach Schneider (1975), S. 16.
126 Vgl. Eisermann 1969 und Caplow 1972, beide zit. nach Schneider (1975), S. 16.

Da sich jede Gruppengrösse bei genügend grosser Reduktion auf die Dyade reduzieren lässt, „gelangte man nie zu einer Grenze, von der an mit voller Berechtigung von Gruppe gesprochen werden kann. Es erscheint daher sinnvoller, auch die Dyade als Gruppe anzusehen, sofern die übrigen Kriterien erfüllt sind."[127] Eine Definition der Begrenzung nach oben erfolgt explizit dann, wenn von einer sozialen Gruppe oder Kleingruppe die Rede ist. Aus der Interaktionsbedingung folgt, dass die Anzahl der Gruppenmitglieder so gering sein muss, „dass jede Person mit allen anderen Personen in Verbindung treten kann und zwar nicht nur mittelbar über andere Menschen, sondern von Angesicht zu Angesicht"[128]. Aufgrund der ungenauen Grössenangaben darf nicht gefolgert werden, die Ausprägung dieses Kriteriums sei von geringer Bedeutung, denn mit einer (quantitativen) Änderung der Mitgliederzahl geht eine qualitative Änderung der Gruppe einher, indem die Gruppe unübersichtlicher wird, die Kommunikation aufwändiger und die Gefahr einer Bildung von Cliquen grösser.[129]

2.1.2.2.2 Interaktion

Gruppen können als zwei oder mehr Individuen definiert werden, die eine bestimmte gegenseitige Abhängigkeit oder Beziehung haben und die durch ihre Interaktionen einen Einfluss aufeinander ausüben.[130] Die Interaktion der Gruppenmitglieder als konstituierendes Merkmal wird in allen Gruppendefinitionen verwendet, sei dies explizit wie in den meisten Fällen[131] oder implizit dergestalt, dass sich die Merkmale nicht ohne Interaktion erklären resp. herstellen lassen[132]. Unter Interaktion wird folgend die wechselseitige Beziehung, das aufeinander bezogene Handeln oder die gegenseitige Beeinflussung verstanden, also die gemeinsame Aktion oder die Kommunikation mit dem Ziel, den Informationsempfänger zu einer Reaktion zu bewegen.[133] Auch hier findet sich in der Literatur ausser bzgl. seiner notwendigen Existenz keine weitergehende Übereinstimmung zu diesem Kriterium. Dies beruht auf der Problematik der Bestimmung der Interaktionsvariablen.[134] So besteht für die Art und Intensität der Interaktion ein breiter Spielraum: sie kann zwischen dem indirekten Empfangen von Informationen und dem punitiven oder gratifikatorischen Gebrauch körperlicher Kontakte schwanken. Die konkretesten Definitionen verwenden als Mindestvoraussetzung die Existenz von face-to-face- (von Angesicht zu Angesicht)

---

127   Schneider (1975), S. 16.
128   Homans (1965), S. 29.
129   Vgl. Schneider (1975), S. 17. Vgl. Claessens (1995), S. 22-23 zur Darstellung der Berechnung der Beziehungen in Abhängigkeit der Gruppengrösse.
130   Vgl. Paulus (2000), S. 238.
131   Vgl. z.B. Gebert und von Rosenstiel (1996), S. 127, Schneider (1975), S. 17-19 und Wiswede (1992), S. 736.
132   Vgl. Sader 1976, zit. nach Ulich (1994), S. 174.
133   Zur Differenzierung zwischen Interaktion und Kommunikation vgl. Crott (1979), S. 14.
134   Vgl. Benesch (1991), S. 458.

Kontakten.[135] Das zufällige Zusammentreffen flüchtiger Bekannter reicht somit nicht aus, um dem Verständnis einer Gruppe gerecht zu werden.[136]

Die Möglichkeit direkter Interaktion über eine längere Zeitspanne hinweg wird dabei als unabdingbarer Bestandteil betrachtet, da sich nur unter diesen Bedingungen ‚ein spezifisch von der Gruppe gefärbtes Erleben und Verhalten' entwickeln kann.[137] Die Intensität der Interaktion ergibt sich einerseits aus ihrer Art, andererseits aus ihrer Häufigkeit. Doch die definitorischen Vorgaben bleiben vage. Wenn die Mitglieder einer Gruppe „in einer bestimmten Zeitspanne häufig miteinander Umgang haben"[138] sollen, bleiben die Fragen zur Dauer der ‚bestimmten' Zeitspanne, zum Verhältnis von ‚häufig' zu dieser Zeitspanne und zur Beeinflussung der Intensität durch die Art des Umgangs unbeantwortet. Zusätzlich erschwert die Tatsache, dass unterschiedliche Formen der Interaktion (direkt-indirekt/synchron-asynchron/symmetrisch-asymmetrisch)[139] existieren, eine exakte Auslegung dieses Gruppenkriteriums.

2.1.2.2.3 Gruppenstruktur

Gruppen unterscheiden sich – wie bereits erwähnt – von anderen Formen von ‚Menschen im Plural' durch die vorherrschende interne Sozialstruktur.[140] „Das Verstehen und die Kenntnis der internen Sozialstruktur sind die Basis einer jeden erfolgreichen Steuerung von Gruppen im organisatorischen Leistungsprozess."[141] Die Sozialstruktur entsteht durch die Verfolgung gemeinsamer Ziele und der damit verbundenen Zuteilung von Aufgaben auf bestimmte Personen. Durch die mit den Aufgaben oder Funktionen verbundenen Rollen entsteht eine Rangordnung für die einzelnen Gruppenmitglieder.[142] Die interne Sozialstruktur lässt sich durch folgende, höchst interdependente Merkmale beschreiben:[143]

- Die Statusstruktur betrachtet die Rangordnung und somit die sozial bewertete Stellung der einzelnen Gruppenmitglieder unabhängig von deren formeller Position.

- Die Rollenstruktur ist eng mit der Statusstruktur verbunden und fokussiert die mit einer Rolle verbundenen Verhaltenserwartungen an die Rolleninhaber. Diese Erwartungen stellen generelle Verhaltensvorschriften dar, die an die Positions- oder Statusinhaber herangetragen werden.

---

135 Vgl. Homans 1972, zit. nach Born und Eiselin (1996), S. 13, Gebert und von Rosenstiel (1996), S. 127 und Johnson & Johnson 1987, zit. nach Jones und Roelofsma (2000), S. 1131.
136 Vgl. Homans (1965), S. 29.
137 Vgl. Ulich (1994), S. 174, Her. i. O..
138 Homans 1972, zit. nach Born und Eiselin (1996), S. 13.
139 Vgl. Benesch (1989), S. 207 und Schneider (1975), S. 18.
140 Vgl. Gebert und von Rosenstiel (1996), S. 127.
141 Vgl. Steinmann und Schreyögg (2005), S. 607-608.
142 Vgl. Schneider (1975), S. 19.
143 Vgl. Steinmann und Schreyögg (2005), S. 607-621 und Wiswede (1992), Sp. 740.

- Die Macht- und Autoritätsstruktur stellt die Verteilung der formellen (Positionen) und faktischen (Personen) Macht innerhalb der Gruppe dar. Dabei wird berücksichtigt, dass sich die tatsächliche Machtausübung nicht immer an die organisatorisch festgelegten Regeln hält. Die (informelle) Führungsstruktur bezeichnet diese weiteren, neben der formellen Führung bestehenden Einflüsse auf das Verhalten der Gruppe.

- Die Kommunikationsstruktur bezeichnet das Ausmass und die Qualität formeller und informeller Kanäle, die Kanalanzahl sowie die Richtung der Kommunikation sowohl innerhalb einer Gruppe als auch zwischen verschiedenen Gruppen.

- Die soziometrische oder Affekt-Struktur drückt die Sympathie resp. Antipathie aus, welche die Gruppenmitglieder untereinander empfinden.

2.1.2.2.4 Geteilte Normen und Standards

Durch wechselseitige Interaktionen und die aus der funktionalen Differenzierung entstehende Gruppenstruktur entwickeln sich gemeinsame Verhaltensrichtlinien (explizit) oder Normen (implizit).[144] Diese bilden ein System und stellen Ordnungsübereinkünfte dar, die das Miteinander innerhalb der Gruppe regeln und vor Konflikten bewahren. Normen, meistens nach Umständen spezifiziert, vereinfachen die Orientierung.[145] Diese Regelung erfolgt durch die Übermittlung von erwartetem Standardverhalten, die Belohnung (durch Anerkennung, Zustimmung, Erteilen von materiellen Vorteilen) bei dessen Erfüllung und die Androhung von Sanktionen (durch Verachtung, Privilegienentzug, materielle oder körperliche Strafe), falls diese Erwartungen nicht erfüllt werden.[146] Die Bewertung spezifischen Verhaltens ergibt sich einerseits aus dem Zielerreichungsprozess, indem die Gruppenmitglieder in ihren Interaktionen das der Zielerreichung dienliche Verhalten definieren, gibt andererseits gleichzeitig aber auch vor, welche Ziele zu erreichen versucht werden. Grundsätzlich kann zwischen konventionellen und institutionellen Normen unterschieden werden:[147]

- Konventionelle Normen weisen eine anonyme Herkunft auf und werden selbstverständlich und in einer unreflektiert-unbewussten Art befolgt.

- Als institutionelle Normen werden die sich von bewusst gesetzten Zielen abgeleiteten und durch diese rational begründeten Anordnungen der Organisation oder der vorgesetzten Funktion verstanden.

---

144 Vgl. Schneider (1975), S. 20.
145 Vgl. Feldman (1984), S. 47.
146 Vgl. Benesch (1991), S. 309.
147 Vgl. Schmidt (1999), S. 159.

Dabei können die normativen Erwartungen nach Rollen differenziert für einzelne oder für sämtliche Gruppenmitglieder geltend bestehen.[148] Diese Ergänzung erschwert die Ableitung der Grenze eines sozialen Systems anhand von Gruppennormen.[149] Eine Typologisierung der Normen wird in Abbildung 3 dargestellt.

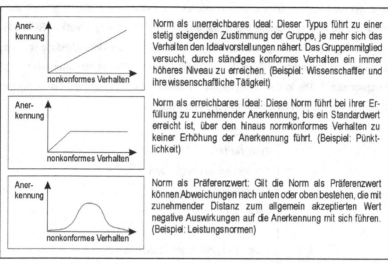

Norm als unerreichbares Ideal: Dieser Typus führt zu einer stetig steigenden Zustimmung der Gruppe, je mehr sich das Verhalten den Idealvorstellungen nähert. Das Gruppenmitglied versucht, durch ständiges konformes Verhalten ein immer höheres Niveau zu erreichen. (Beispiel: Wissenschaftler und ihre wissenschaftliche Tätigkeit)

Norm als erreichbares Ideal: Diese Norm führt bei ihrer Erfüllung zu zunehmender Anerkennung, bis ein Standardwert erreicht ist, über den hinaus normkonformes Verhalten zu keiner Erhöhung der Anerkennung führt. (Beispiel: Pünktlichkeit)

Norm als Präferenzwert: Gilt die Norm als Präferenzwert können Abweichungen nach unten oder oben bestehen, die mit zunehmender Distanz zum allgemein akzeptierten Wert negative Auswirkungen auf die Anerkennung mit sich führen. (Beispiel: Leistungsnormen)

Abbildung 3: Zusammenhänge zwischen Anerkennung und Verhalten bei unterschiedlichen Normtypen[150]

2.1.2.2.5 Gruppenbewusstsein

Eine Gruppe zeichnet sich durch ein Gefühl der Zusammengehörigkeit aus.[151] Dieses auch als Gruppengeist bezeichnete überindividuelle Bewusstsein[152] bildet sich durch die gemeinsamen Interessen und das kollektive Verfolgen gemeinsamer Ziele. Zusätzlich nehmen in einer Gruppe die sozialen Distanzen ab, was zu einem Gefühl der Ähnlichkeit der Mitglieder führt, und dazu, dass interindividuelle Differenzen zu vermeiden versucht werden.[153] Die Gruppe nimmt sich dabei nicht nur nach aussen als solche wahr sondern erfährt auch nach innen ein ‚Wir-Gefühl'.[154] Jedes Gruppenmitglied ist sich der eigenen Mitgliedschaft in der Gruppe bewusst, wie es auch die Zugehörigkeit der anderen Gruppenmitglieder zur Gruppe und die positive gegenseitige Abhängigkeit zur Erreichung gemeinsamer Ziele erkennt.[155] Wie die Gruppenstrukturen und Normen resultiert das Gefühl der Zusammengehörigkeit aus

---

148 Vgl. Schneider (1975), S. 20.
149 Vgl. Steinmann und Schreyögg (2005), S. 605, die den Gruppennormen eine Grenzbildungsfunktion zuschreiben.
150 Eigene Darstellung nach March 1954, zit. nach Schneider (1975), S. 21.
151 Vgl. Gebert und von Rosenstiel (1996), S. 127, Forster (1978), S. 4 und Schneider (1975), S. 22.
152 Vgl. Lersch (1964), S. 113.
153 Vgl. Schmidt (1999), S. 159.
154 Vgl. Forster (1978), S. 4, Her. i. O..
155 Vgl. Johnson und Johnson 1987, zit. nach Jones und Roelofsma (2000), S. 1131.

der Interaktion der Gruppenmitglieder. Dieses wird aber als nicht notwendiges oder schwächstes Kriterium der Gruppendefinition betrachtet.[156]

2.1.2.2.6 Zusammenfassung der konstituierenden Merkmale der Gruppe

Für die Gruppe sind somit mehrere Bestimmungskriterien konstitutiv, die wiederum graduell abgestuft werden können: So kann eine Gruppe beispielsweise eine mehr oder weniger deutliche Rollendifferenzierung oder ein mehr oder weniger starkes Wir-Gefühl aufweisen. Die Unterscheidung von anderen Bezeichnungen von ‚Menschen im Plural' ist somit eine Frage des Grades der Ausprägung der Differenzierungskriterien.[157] Die in der Reihenfolge ihrer abnehmenden Bedeutung zusammengefassten Konstitutionskriterien lassen sich wie in Abbildung 4 darstellen:

Primärkriterien:

1. Mehrzahl von Mitgliedern

2. Interaktion

Sekundärkriterien:

3. Gruppenstruktur

4. Geteilte Normen und Standards

5. Gruppenbewusstsein

Abbildung 4: Reihung der gruppenkonstituierenden Kriterien[158]

Die Unterscheidung in Primär- und Sekundärkriterien soll deutlich machen, dass eine Mehrzahl von Menschen auch dann als Gruppe bezeichnet werden kann, wenn Struktur, Normen und Gruppenbewusstsein noch nicht ausdifferenziert, sondern Gegenstand der kontinuierlichen Gruppenentwicklung sind.[159]

2.1.2.2.7 Vermeintliches Gruppenkriterium: Interaktionsdauer

Der Dauer der Interaktion kann dadurch eine Relevanz als konstituierendes Kriterium von Gruppen zugesprochen werden, dass in kurzfristigen Wechselbeziehungen nur Ansätze von Gruppenprozessen zu Stande kommen. Da die Ausbildung von Gemeinsamkeiten positiv mit länger währenden Kontakten korreliert, wird eine gewisse Interaktionsdauer oft als Voraussetzung für eine Gruppe angesehen. Die Un-

---

156   Vgl. Schneider (1975), S. 22.
157   Vgl. Gebert und von Rosenstiel (1996), S. 127.
158   Vgl. Schneider (1975), S. 24.
159   Müssten sämtliche Kriterien erfüllt sein, damit von einer Gruppe gesprochen werden kann, könnte die Gruppe im Anfangsstadium nicht als solche bezeichnet werden. Zudem sind Strukturen, Normen und Gruppenbewusstsein dynamische Institutionen, die nicht abschliessend ausdifferenziert werden.

tergrenze wird dabei aber nicht bestimmt, so dass es „daher überflüssig [ist], die Zeitdimension als weiteres [konstitutives] Kriterium aufzunehmen"[160]. Auch die Tatsache, dass Gruppen nicht aus einer fest definierten Anzahl gleichbleibender Personen bestehen müssen, sondern durch rasches Wechseln der Besetzung anstelle einer festen Struktur auch ein „Fliessgleichgewicht"[161] aufweisen können, lässt darauf schliessen, dass die Interaktionsdauer kein konstitutives Merkmal ist.

2.1.2.3 Gruppenarten

Anhand der unterschiedlichen Ausprägungen der Gruppenkriterien lässt sich der Begriff der Gruppe weiter differenzieren. Damit soll verhindert werden, dass die Gruppenkriterien in einer vermeintlichen Allgemeingültigkeit auf einen Idealtypus der Gruppe übertragen werden.[162] Die Differenzierung der unterschiedlichen Gruppenarten wird anhand der vorgängig aufgeführten konstituierenden Gruppenkriterien vorgenommen.[163]

2.1.2.3.1 Klein- und Grossgruppen

In der Literatur herrscht bei der Frage nach der Anzahl von Mitgliedern einer Gruppe lediglich darüber Einigkeit, dass eine Person allein noch keine Gruppe darstellt.[164] Die Angaben darüber, wie viele Mitglieder einer Gruppe angehören können, schwanken zwischen zwei und „Tausenden oder Millionen"[165] von Mitgliedern. Aufgrund der grossen Diversität dieser Ansichten kann eine Unterscheidung von Klein- und Grossgruppen vorgenommen werden, ohne die Grenzen exakt ziehen zu müssen. Quantitative Begrenzungen der Kleingruppe in der Literatur benennen Grössenordnungen zwischen zwei und zwei Dutzend um diese sogleich wieder zu relativieren[166]. Die Wirkungen unterschiedlicher Mitgliederzahlen sind – unabhängig der Beweggründe für deren Gestaltung – vielfältig: So ist die gegenseitige Abhängigkeit der Gruppenmitglieder bei kleinen Gruppen ausgeprägter als bei grossen[167], bestehen allgemein qualitative Unterschiede zwischen Gross- und Kleingruppen[168], nimmt die Kohäsion mit zunehmender Gruppengrösse ab sowie die zu erbringende Integrationsleistung und die Gefahr von Cliquenbildung zu[169].

---

160 Schneider (1975), S. 23. Die Dauer der Gruppeninteraktion erhält jedoch eine Bedeutung bei der Differenzierung der verschiedenen Gruppenarten.
161 Sader (2002), S. 41.
162 Vgl. Schneider (1975), S. 29.
163 Für eine abweichende Systematisierung vgl. Lechner (2001), S. 28-30.
164 Vgl. Schneider (1975), S. 16.
165 Schneider (1975), S. 17.
166 Vgl. Anger 1966, zit. in Schneider (1975), S. 31.
167 Vgl. Schmidt (1999), S. 158.
168 Vgl. Schneider (1975), S. 30.
169 Vgl. Wiswede (1992), Sp. 737.

2.1.2.3.2 Primär- und Sekundärgruppen

Die Qualität (oder Intensität) der Interaktion kann – wie bereits ausgeführt – unterschiedliche Ausprägungen erfahren. So bestehen in einer ‚Primärgruppe'[170] intime und direkte Beziehungen und wird die Persönlichkeit der Gruppenmitglieder durch die Normen und die Existenz der Gruppe massgeblich geprägt, dass die Gruppe „eine überragende Bedeutung für das soziale Wesen des einzelnen und für die von ihm vertretenen Werte"[171] erfährt. Im heutigen Verständnis werden face-to-face Gruppen mit grossem Einfluss auf die Persönlichkeit und das Verhalten der durch starke emotionale Bindungen verbundenen Gruppenmitglieder als Primärgruppe bezeichnet.[172]

Gruppen mit schwächerem Wir-Gefühl, seltenerem direkten Kontakt und einer geringeren Bedeutung für die Mitglieder werden als Sekundärgruppen bezeichnet.[173]

2.1.2.3.3 Differenzierung anhand der Gruppenstruktur

Anhand der Gruppenstrukturen lässt sich die Differenzierung verschiedener Gruppenarten nicht im selben Stil vornehmen wie bei den vorgängig behandelten Differenzierungsmerkmalen, da die verschiedenen Strukturierungsarten keine Substitute sondern Komplemente sind. Somit können lediglich von der Ausprägung der unterschiedlichen Strukturmethoden verschiedene Gruppenarten abgeleitet werden. Die Ausprägung der Strukturen kann sich im Verlaufe der Interaktion ändern.

- Statusstruktur: Bestehen keine oder nur geringe Unterschiede zwischen den sozial bewerteten Stellungen von Gruppenmitgliedern, kann von einer status-homogenen Gruppe gesprochen werden, bei ausgeprägten Statusunterschieden von einer status-heterogenen.[174]
- Rollenstruktur: Eine Differenzierung anhand der Rollenstruktur führt zu Gruppen, die bzgl. der Rollenklarheit, Inter- und Intra-Rollenkonflikte eine mehr oder weniger starke Ausprägung aufweisen. Die Differenzierung anhand der Rollenstruktur führt zu Gruppen mit hoher Rollendifferenzierung (hoher Grad an Rollenklarheit, wenig Rollenkonflikte) und solchen mit geringer Rollendifferenzierung (tiefer Grad an Rollenklarheit, viele Rollenkonflikte).[175]

---

170 Der Begriff der Primärgruppe wurde 1909 von Cooley definitorisch geprägt. Vgl. dazu Schneider (1975), S. 33 und Homans (1965), S. 29.
171 Schneider (1975), S. 34.
172 Vgl. Schneider (1975), S. 34.
173 Vgl. Schneider (1975), S. 34.
174 Vgl. Spitznagel (1977), S. 405.
175 Vgl. Wiswede (1977), S. 94.

- Führungsstruktur/Formalisierungsgrad: Die Führungsstruktur betrachtet die existierenden Machteinflüsse, die innerhalb der Gruppe das Verhalten beeinflussen. Dabei existiert sowohl eine formelle, in erster Linie in der Position begründete, als auch eine informelle, vor allem durch Status begründete, Führung.[176] Je nachdem, welche Führungsart überwiegt, kann von einer formellen oder einer informellen Gruppe gesprochen werden.[177] Eine Gruppe mit formellen Regeln wie einem Vertrag, Statuten oder ähnlichen expliziten Regeln für die Interaktion wird ebenfalls als formelle Gruppe bezeichnet.[178] Wird die informelle Gruppe als Gegenreaktion zu einem offiziellen Plankonstrukt betrachtet[179], kann aus der Stärke der informellen Gruppe ein Grad für das Nichteinverständnis der Gruppenmitglieder mit der offiziellen Haltung abgeleitet werden.

- Kommunikationsstruktur: Die Kommunikationsstruktur ermöglicht eine Vielzahl von Differenzierungsmöglichkeiten. So können Gruppen nach ihrem Anteil formeller oder informeller Kommunikation, nach der Qualität und der Anzahl der Kommunikationskanäle, nach der vorherrschenden Kommunikation wie auch nach der Häufigkeit, mit der mit anderen Gruppen kommuniziert wird, differenziert werden.

- Affekt-Struktur: Die Affekt-Struktur bezeichnet die Sympathie resp. Antipathie der Gruppenmitglieder untereinander. Eine Gruppe, die durch starke Sympathiebindungen zusammengehalten wird, weist eine kleine Binnendistanz (oder soziale Distanz) auf.[180] Ist keine überdurchschnittliche Zuneigung zwischen den Gruppenmitgliedern festzustellen kann davon ausgegangen werden, dass es sich um eine instrumentelle (aufgabenorientierte) Gruppe handelt, dies im Gegensatz zur sozio-emotionalen Gruppe, die sich durch die Existenz affektiver und sozialer Komponenten auszeichnet. Diese Differenzierung ist eng mit der Unterscheidung zwischen formellen und informellen Gruppen verwandt.[181] Die gegenseitige Annäherung in der Gruppe findet dadurch eine Grenze, dass sich mit zunehmender Nähe auch die wechselseitige Aggressivität erhöht und die Furcht vor dem Verlust der Eigenständigkeit und Individualität zunimmt. Diese Grenze spiegelt die soziale Distanz.[182] Diese ist von der individuellen Charakterstruktur der Teammitglieder und deren Entwicklung, von der Gruppenstruktur und den kulturellen Gegebenheiten abhängig. Dabei besteht die Möglichkeit einer Auflö-

---

176 Vgl. Steinmann und Schreyögg (2005), S. 618.
177 Vgl. Wiswede (1992), Sp. 738.
178 Vgl. Lechner (2001), S. 30.
179 Vgl. Wiswede (1992), Sp. 738.
180 Vgl. Hofstätter (1993), S. 182.
181 Vgl. Wiswede (1992), Sp. 738.
182 Vgl. Lewin 1953, zit. nach Battegay (1973), S. 24.

sung der Gruppe sowohl bei einer Über- als auch bei einer Unterschreitung der optimalen sozialen Distanz.[183] Die soziale Distanz kann deshalb nur als relatives Mass
verwendet werden, um der Differenzierung von Bezugsgruppen in Eigen- und Fremdgruppe[184] zu genügen.

2.1.2.3.4 Eigen- und Fremdgruppen

Durch das Gefühl der Zusammengehörigkeit und das Gruppenbewusstsein können Bezugsgruppen differenziert werden. Dabei gilt die Annahme, dass ein Mitglied die Gruppe, der es selbst angehört, anders
beurteilt als fremde Gruppen.[185] Dies führt zur Unterscheidung von Eigen- und Fremdgruppe, wobei
letztere oftmals einer negativen Wahrnehmung unterliegt und unterschätzt oder abgewertet wird, während das Eigenbild geschönt und überbewertet wird.[186]

2.1.2.3.5 Sozio- und Psychogruppen

Normen und Werte als Ableitungen von Zielen führen zu einer Differenzierung zwischen Soziogruppen,
bei denen die Beziehungen eher unpersönlich, formal und auf das übergeordnete Gruppenziel ausgerichtet sind, und Psychogruppen, die sich durch persönliche und spontane Beziehungen auszeichnen,
gemacht werden. Eng verwandt mit dieser Differenzierung ist die Unterscheidung zwischen instrumen-
tellen und sozio-emotionalen Gruppen.[187]

2.1.3 Deduktion zum Teambegriff

In der betriebswirtschaftlichen Realität werden Gruppen oftmals als Team bezeichnet, um sie so von
rein formalen Gruppen abzugrenzen, in denen nicht notwendigerweise miteinander interagiert wird.[188]
Die Bestimmung des theoretischen Konstrukts scheint ein höchst diffiziler und von der geplanten Beg-
riffsverwendung abhängiger Prozess zu sein. Dabei „darf im Hinblick auf die ziemlich anspruchsvollen
Bedingungen für das Funktionieren eines echten Teams nicht übersehen werden, dass das Team – im
Gegensatz zur üblichen hierarchisch orientierten, mehr oder weniger straff durchstrukturierten Arbeitsgruppe – ein höchst sensibles Sozialgebilde ist"[189]. Daraus folgt, dass der Terminus ‚Team' nur behut-
sam und keinesfalls leichtfertig und undifferenziert benutzt werden sollte und sich vom Begriff der Grup-

---

183   Vgl. Battegay (1973), S. 24.
184   Vgl. Wiswede (1992), Sp. 738.
185   Vgl. Schneider (1975), S. 38-39.
186   Vgl. Schneider (1975), S. 39 und Wiswede (1992), Sp. 738.
187   Vgl. Jennings 1950, zit. nach Schneider (1975), S. 37.
188   Vgl. Bungard und Antoni 1993, zit. nach Wahren (1994), S. 40.
189   Schneider und Knebel (1995), S. 10.

pe unterscheidet.[190] Durch welche Kriterien eine Differenzierung zu erfolgen hat, wird jedoch in der Literatur unterschiedlich wiedergegeben, so dass die verschiedenen Autoren jeweils unterschiedliche Schwerpunkte in ihrem Teamverständnis betonen, was eine „geradezu [...] babylonische Sprachverwirrung"[191] um den Teambegriff zur Folge hat.

2.1.3.1 Differenzierung Team – Gruppe

Das Team als spezielle Form der Kleingruppe[192] weist sämtliche der konstitutiven Gruppenmerkmale (Mehrzahl von Mitgliedern, Interaktion, Gruppenstrukturen, geteilte Normen und Standards und das Gruppenbewusstsein) auf, unterscheidet sich aber von der Gruppe dadurch, dass diese Merkmale teilweise in spezifischer Ausprägung vorausgesetzt oder um zusätzliche Kriterien ergänzt werden. Aus der Fülle von Teamdefinitionen[193] sollen folgend einige aufgeführt und bezüglich der vorhandenen Unterschiede zu den konstituierenden Gruppenmerkmalen betrachtet werden (vgl. Tabelle 5).

Definition oder Aussage	von den konstitutiven Gruppenkriterien unterschiedliche Merkmale
Forster: „Ein Team in einer Unternehmung ist eine kleine, funktionsgegliederte Arbeitsgruppe mit gemeinsamer Zielsetzung, verhältnismässig intensiven wechselseitigen Beziehungen, einer spezifischen Arbeitsform, einem ausgeprägten Gemeinschaftsgeist und damit einer relativ starken Gruppenkohäsion."[194]	• funktionsgegliederte Gruppe • gemeinsame Zielsetzung • intensive Beziehung • spezifische Arbeitsform • ausgeprägter Gruppengeist • starke Gruppenkohäsion
Haug: „[E]in Team [ist] eine Gruppe von Mitarbeitern, die für einen ganzen, geschlossenen Arbeitsgang verantwortlich ist [...]."[195]	• gemeinsame Verantwortung • ganzheitliche Aufgabe
Katzenbach/Smith: „Ein Team ist eine kleine Gruppe von Personen, deren Fähigkeiten einander ergänzen und die sich für eine gemeinsame Sache, gemeinsame Leistungsziele und einen gemeinsamen Arbeitsansatz engagieren und gegenseitig zur Verantwortung ziehen."[196]	• Komplementarität der Fähigkeiten • Engagement für gemeinsame Zielsetzung • gegenseitige Verantwortung
Pohl/Witt: „Ein Team ist eine leistungsorientierte Gruppe (task-oriented group), deren Verhalten und soziale Interaktionen durch vorwiegend funktionale Leistungs- und Aufgabenorientiertheit bestimmt ist."[197]	• Leistungsorientierung • Aufgabenorientierung

190   Vgl. Katzenbach und Smith (1998), S. 31.
191   Haug (1998), S. 13.
192   Vgl. Forster (1978), S. 16.
193   Vgl. Forster (1978), S. 14-16.
194   Forster (1978), S. 17.
195   Haug (1998), S. 15.
196   Katzenbach und Smith (1998), S. 71-72.
197   Pohl und Witt (2000), S. 17.

Schulz von Thun: „Ein Team [...] zeichnet sich durch das geordnete und sich ergänzende Zusammenspiel von Mitgliedern mit unterschiedlichen Qualitäten und Kompetenzen aus."[198]	• Komplementarität der Fähigkeiten
Dyer: „Teams are collections of people who must rely on group collaboration if each member is to experience the optimum of success and goal achievment."[199]	• gegenseitige Abhängigkeit von der Zusammenarbeit zur Zielerreichung
Cohen/Bailey zit. nach Paulus: "Teams are Groups that work together for a common goal in an organisation."[200]	• Zusammenarbeit zur Zielerreichung • organisatorischer Rahmen

Tabelle 5: Teamdefinitionen und Unterschiede zum Gruppenverständnis

Jones/Roelofsma kommen nach ihren Literaturrecherchen zur Unterscheidung der Abgrenzungen des Team- vom Gruppenbegriff zu folgendem Schluss:

„Any difference is at best not obvious and is not helped by the inconsistency in the literature on this issue."[201]

Diese Schlussfolgerungen beruhten darauf, dass keine eindeutige Definition ermittelt wurde, die das Team strikt von der Gruppe trennte. Vielmehr würden die Unterschiede zwischen Team und Gruppe hervorgehoben oder die von der Gruppe verschiedenen Besonderheiten eines Teams betrachtet:

- Teams setzen sich aus hoch differenzierten (heterogenen) und interdependenten Mitgliedern zusammen, während die Gruppe aus homogenen und untereinander austauschbaren Mitgliedern besteht.

- Das Team unterscheidet sich von der Gruppe durch den Grad der Differenzierung der Rollen oder des zielrelevanten Wissens und durch den Grad der gegenseitigen Abhängigkeit.

Jones/Roelofsma leiten die Art der Entscheidungsfindung als neues Differenzierungskriterium zur Abgrenzung von Team und Gruppe her. Die Entscheidungsfindung in der Gruppe betrifft die Aufgabe selbst (z.B. die Aufgabe einer Gruppe von Geschworenen, über eine Schuldfrage zu entscheiden), während die Entscheidungsfindung im Team in eine breitere Aufgabe (z.B. Brandbekämpfung oder Managementberatung) eingebettet ist und sowohl operative wie auch strategische Entscheidungen um-

---

198   Schulz von Thun (2001), S. 64-65.
199   Dyer (1977), S. 4.
200   Cohen & Bailey 1997, zit. in Paulus (2000), S. 238.
201   Jones und Roelofsma (2000), S. 1130.

fasst. Während das Problem der Gruppenentscheidung das Finden eines Konsens darstellt, betrifft das Problem der Teamentscheidung die Koordination.[202]

Born/Eiselin betrachten die Leistungs- bzw. Aufgabenorientiertheit, abgeleitet aus der gemeinsamen Zielsetzung, als wesentliches Differenzierungsmerkmal zur Gruppe und bezeichnen folgende Merkmale als charakteristisch:[203]

(1) Ein ausgeprägtes Mass an innerem Zusammenhalt und Engagement für die Team-Leistungsziele durch gemeinsame Aufgabenorientierung und dem im Rahmen der Vorgaben selbstdefinierten spezifischen Existenzzweck

(2) Gemeinsamer Arbeitsansatz und gemeinsame Kontrolle des Arbeitsablaufs

(3) Ganzheitliche Arbeitsgestaltung und kollektive Selbstregulation, welche die Trennung zwischen denjenigen, die denken und entscheiden und denen die ausführen aufheben

(4) Individuelle und wechselseitige Verantwortung, die gleichberechtigt nebeneinander stehen

(5) Synergien, die das Team über die Summe der Beiträge der einzelnen Mitglieder hinaus erreicht

So unterschiedlich die Verständnisformen des Teambegriffs auch sein mögen, sie heben sich dennoch mehrheitlich vom Gruppenbegriff dadurch ab, dass dem Ziel oder der Funktion des Teams eine stärkere Bedeutung zugemessen wird, geschehe dies explizit (Cohen/Bailey, Pohl /Witt und Katzenbach/Smith), oder eher implizit durch die Betonung der Qualität der Zusammenarbeit (Schulz von Thun), der gemeinsam getragenen Verantwortung (von Haug) oder der gegenseitigen Abhängigkeit (Dyer).

2.1.3.2 Teamdefinition: Das Team als Kleingruppe mit spezifischer Aufgabenstellung

Die Abgrenzung des Teams von anderen Formen organisierter Zusammenarbeit soll in dieser Arbeit anhand der zu lösenden Aufgabe erfolgen. Seit langem bereits existieren Formen von Teamarbeit, die sich deshalb aus dem Arbeitsablauf ‚zwangsläufig' ergaben, weil nicht sämtliche Aufgaben so gestaltet werden konnten, dass sie durch nur einen Menschen alleine lösbar wurden: Teamarbeit kann demnach in der Natur der originären Aufgabenstellung liegen.[204] Die Lösung einer Teamaufgabe erfordert in der Regel die Zusammenarbeit mehrerer Menschen, die ihrerseits unterschiedliche, aber komplementäre Fähigkeiten besitzen.

---

202 Vgl. Jones und Roelofsma (2000), S. 1130.
203 Vgl. Born und Eiselin (1996), S. 17.
204 Vgl. Forster (1981), S. 148.

Die Teamaufgabe leitet sich aus dem Auftrag, den die Organisation zu erfüllen hat, ab. Die Existenz eines Teams legitimiert sich durch den Beitrag zur Erfüllung organisatorisch übergeordneter Zielsetzungen und daraus abgeleiteter Aufgaben.[205] Damit wird die oftmals zitierte Autonomie von Teams relativiert: Art und Weise der Aufgabenerfüllung können dem Team jedoch freigestellt werden.

Die Teamaufgabe erfordert die Zusammenarbeit mehrerer Menschen. Das Team ist eine „kleine Gruppe von Menschen, die im gegenseitigen Einvernehmen gemeinsam eine Tätigkeit ausüben, die der Einzelne nicht oder nicht ebenso gut ausführen kann"[206]. Diese Restriktion kann einerseits technisch (ein bestimmter Prozess ist für einen Menschen unmöglich alleine zu erbringen, z.B. durch fehlendes Wissen oder mehrere gleichzeitig benötigte Handlungen), andererseits ökonomisch (z.B. durch die Zusammenarbeit entstehende Synergien, Kosten zeitlicher Verzögerungen oder Mehraufwand) begründet sein. Die Teammitglieder benötigen zur Erfüllung der Teamaufgabe fachlich unterschiedliche, sich jedoch ergänzende Fähigkeiten.

Die spezifische Aufgabenstellung bezeichnet den Kontext eines Teams und grenzt es von anderen Teams und Gruppen innerhalb und ausserhalb der Organisation ab.

Die Berücksichtigung obiger Ausführungen führt zu folgender Teamdefinition, die im weiteren Verlauf dieser Arbeit verwendet wird:

Ein Team ist eine Kleingruppe, die eine von einer übergeordneten Organisation vorgegebene Aufgabe verfolgt, zu deren Erfüllung von den Mitgliedern fachlich unterschiedliche, sich jedoch ergänzende Interaktionen erfordert werden.

2.2 Systematik der Betrachtung der Teammerkmale

Ein Team weist verschiedene Kennzeichen auf, die in der Literatur normativ als Bedingungen für die Teamarbeit[207], explikativ als Voraussetzungen zur Teamarbeit,[208] als Prozess- und Strukturvariablen[209] oder – wie in dieser Arbeit – als Merkmale von Teams[210] bezeichnet werden. In dieser Arbeit werden die Merkmale bzgl. ihres Einflusses auf das Teamverhalten und dadurch die Teamleistung beschrieben, weshalb sie auch als Einflussfaktoren oder Verhaltensdeterminanten bezeichnet werden können. Fol-

---

205   Vgl. Lipnack und Stamps (1998), S. 67.
206   Holliger 1975, zit. nach Forster (1978), S. 14.
207   Vgl. Schneider und Knebel (1995), S. 32-43.
208   Vgl. Forster (1978), S. 58-69.
209   Vgl. Born und Eiselin (1996), S. 22.
210   Vgl. Högl (1998), S. 6-7.

gend wird zunächst anhand verschiedener Erklärungsmodelle aufgezeigt, welche Annahmen zu den Auswirkungen von Teammerkmalen auf das Teamverhalten in der Literatur bestehen. Die Kritik an diesen Annahmen soll begründen, weshalb für den weiteren Verlauf dieser Arbeit keines der bisher entwickelten Modelle verwendet sondern ein für die Ziele dieser Arbeit zweckmässiges konzeptionelles Framework entwickelt wird.

2.2.1 Erklärungsmodelle des Teamverhaltens

Die Erklärungsmodelle des Teamverhaltens lassen sich in zweistufige Input-Output (IO) und mehrstufige Input-Prozess-Output (IPO) sowie Input-Mediator-Output-Input-Modelle (IMOI) unterteilen. Diese Modelle ermöglichen eine Systematisierung der Einflussgrössen des Teamerfolgs und betrachten die Wirkung der Merkmale auf das Teamergebnis.[211] Folgend werden einige ausgewählte Modelle kurz beschrieben.[212]

2.2.1.1 Zweistufige Input-Output Modelle

2.2.1.1.1 Modell von Shea und Guzzo

Das Modell von Shea und Guzzo verfolgt das Ziel, mit möglichst wenigen und nur denjenigen Variablen auszukommen, die vom Unternehmen realistischerweise gesteuert werden können. Als Inputgrössen gelten folgende Konstrukte:

- Anreizinterdependenz: Mass, mit dem Teammitglieder zur Zielerreichung und den daran geknüpften Anreizen voneinander abhängig sind.
- Aufgabeninterdependenz: Mass der tatsächlich praktizierten aufgabenbezogenen Interaktion.
- Potenzial: Kollektiver Glaube des Teams an den Leistungserfolg.

Als Outputgrösse wird die Effektivität des Teams bezeichnet. Die Aufgabeninterdependenz besitzt einen moderierenden Effekt auf den kausalen Einfluss der Anreizinterdependenz auf den Output. Jedes der Konstrukte wird mit ‚identifying factors' beschrieben. Neben der fehlenden Spezifikation dieser Faktoren werden die moderierende Funktion der Aufgabeninterdependenz sowie die modellierte Kausalstruktur kritisiert.[213]

---

211   Vgl. Stock (2005), S. 976.
212   Für eine ausführliche Übersicht vgl. Högl (1998), S. 22-68.
213   Vgl. Högl (1998), S. 33-35.

2.2.1.1.2   Modell von Sundstrom, DeMeuse und Futrell

Im Modell von Sundstrom, DeMeuse und Futrell[214] beeinflussen die Variablen ‚organisationaler Kontext', ‚Grenzen' und ‚Teamentwicklung' die Teameffektivität und werden von ihr beeinflusst. Folgende reziproken Beziehungen bestehen:

- organisationaler Kontext – Grenzen
- organisationaler Kontext – Teameffektivität
- Grenzen – Teamentwicklung
- Grenzen – Teameffektivität
- Teamentwicklung – Teameffektivität

Lediglich zwischen organisationalem Kontext und Teamentwicklung wird keine Beziehung hergestellt. Das optimale Mass der Integration des Teams in die umgebende Organisation sowie dessen Differenzierung davon wird als einer der bestimmenden Faktoren für die Teameffektivität betrachtet.[215]

2.2.1.2   Mehrstufige Modelle

Mehrstufige Modelle integrieren zusätzlich Transformationsvariablen wie Prozess- oder Mediatorvariablen. Die Input-Prozess-Output-Modelle gehen von Inputvariablen aus, die in direkten und/oder indirekten, einlinearen oder reziproken Beziehungen zu den Prozess- und Outputvariablen stehen. Die Spezifika der Input-Prozess-Output-Modelle werden in Tabelle 6 zusammengefasst.

Die I-P-O-Modelle nehmen eine Systematisierung der Einflussgrössen auf den Teamerfolg vor und betrachten dabei mehrstufige Wirkungsketten.[216] Neben diesen Vorteilen weisen sie folgende Kritikpunkte auf:

- Das Modell von McGrath sieht den Interaktionsprozess als alleinige Determinante für eine Mehrzahl unterschiedlicher Outputs.[217]
- Die Ergänzung von Foushee und Helmreich berücksichtigt zwar Feedbackschlaufen, verändert jedoch die oben kritisierte Kausalkette nicht.
- Beim Modell von Hackman kann die moderierende Rolle der Ressourcen auf die Beziehung zwischen Prozess- und Effektivitätskriterien angezweifelt werden. Die Modellvariab-

---

214   Vgl. Sundstrom et al. (1990), S. 122.
215   Vgl. Sundstrom et al. (1990), S. 125.
216   Vgl. Stock (2005), S. 976.
217   Vgl. Hackman 1987, zit. nach Högl (1998), S. 24.

len sind nur sehr allgemein beschrieben. Zudem wurde das Modell nicht quantitativ-empirisch getestet.[218]

- Das Modell von Gladstein negiert die individuelle Ebene gänzlich und betrachtet lediglich aggregierte Teamwerte.

- Im Modell von Tannenbaum et al. lässt sich die moderierende Rolle der Teamintervention diskutieren. Es fehlt jedoch eine exakte Beschreibung der Modellvariablen sowie eine empirische Überprüfung des Modells.[219]

- Das Modell von Steinmann und Schreyögg betrachtet die Gruppenmitglieder als ‚Umwelt' und gewichtet ihren Einfluss auf den Prozess gleich wie den der Organisationsumwelt, sieht jedoch lediglich eine direkte Wirkung der Outputvariablen auf die Organisationsum-welt, nicht aber auf die Gruppenmitglieder vor.

- Das Modell von Högl ist für eine empirische Untersuchung konzipiert und vernachlässigt wie alle anderen Modelle mit demselben Ziel[220] jegliche komplexeren Beziehungen.

Aus der Kritik an den I-P-O-Modellen wurde das Input-Mediator-Output-Input (IMOI) Modell entwickelt, das durch die Substitution von ‚Prozessen' durch ‚Mediatoren' einen breiteren Bereich an Variablen mit Erklärungskraft für die Schwankungen der Teamleistung bietet. Die explizite Nennung des Inputs am Ende des Modells hebt die Bedeutung eines zyklischen kausalen Feedbacks hervor.[221] Das Modell be-rücksichtigt verschiedene Teilphasen (IM, MO, OI) und damit die Entwicklungsphasen eines Teams.[222] Eine graphische Darstellung wurde von den Autoren des Modells nicht erarbeitet.

---

218   Vgl. Högl (1998), S. 28.
219   Vgl. Högl (1998), S. 33.
220   Vgl. Högl (1998), S. 50-67.
221   Vgl. Ilgen et al. (2005), S. 19.4.
222   Vgl. Ilgen et al. (2005), S. 19.5.

Modell	Input	Prozess	Output	Beziehungen
McGrath[223]	• Individuelle Faktoren • Gruppenfaktoren • Umweltfaktoren	• Gruppeninteraktions- prozess	• Performance • andere	• direkt • über die Zeit
Foushee Helmreich[224]	Foushee und Helmreich ergänzen das Modell von McGrath um Feedbackschlaufen, die sowohl Output- wie Inputvariablen sind.			
Hackman[225]	• organisationaler Kontext • Gruppendesign • Gruppensynergie	• Prozesskriterien der Effektivität • verfügbare Ressourcen	• Gruppeneffektivität	• Gruppensynergie als Moderierende auf die Inputfaktoren • verfügbare Ressourcen als Moderierende des Prozesses
Gladstein[226]	• Gruppenzusammensetzung • Gruppenstruktur • Ressourcen • Organisationsstruktur	• Gruppenprozess • Gruppenziel	• Gruppeneffektivität	• direkt • Gruppenziel als Moderierendes des Prozesses • zusätzlich direkte Beziehung Input- Outputfaktoren
Tannenbaum Beard Salas[227]	• Zielcharakteristika • Individuelle Charakteristiken • Arbeitsstruktur • Teamcharakteristika • (organisationale und situative Charakteristika)	• Teamprozess • Teaminterventionen • (organisationale und situative Charakteristika)	• Teamperformance • Teamveränderungen • Individuelle Veränderungen • (organisationale und situative Charakteristika)	• organisationale und situative Charakteristika beeinflussen I-P-O • Teamintervention als Moderierende des Teamprozesses • vielfältige direkte und indirekte Beziehungen zwischen I-P-O sowie innerhalb Input- und Outputvariablen
Steinmann Schreyögg[228]	• Gruppenmitglieder • Organisationsumwelt	• Interaktion • Kohäsion • Normen und Standards • interne Sozialstruktur • kollektive Handlungsmuster	• Stabilität • Produktivität • Gruppeneffektivität	• direkt und rückkoppelnd • Prozessvariablen beeinflussen sich alle reziprok • Outputvariable beeinflusst nur Organisationsumwelt
Högl[229]	• Teambesetzung • Teamführung	• Teamarbeit	• Leistung des Teams • Potenzial für Teamarbeit	• direkt

Tabelle 6: Übersicht über I-P-O-Modelle

223 Vgl. McGrath 1964, zit. nach Högl (1998), S. 22-25.
224 Vgl. Foushee und Helmreich (1988), S. 197.
225 Vgl. Hackman und Morris 1987, zit. nach Högl (1998), S. 25-28.
226 Vgl. Gladstein (1984), S. 502.
227 Vgl. Tannenbaum et al. (1992), S. 121.
228 Vgl. Steinmann und Schreyögg (2005), S. 599.
229 Vgl. Högl (1998), S. 74.

2.2.2 Herleitung des Frameworks

Die meisten der beschriebenen Modelle wurden dazu entwickelt, den Einfluss spezifischer Variablen auf die Teamleistung zu messen, wobei entweder zu Gunsten empirischer Überprüfbarkeit auf die Berücksichtigung von komplexeren Zusammenhängen und Modellvariablen verzichtet wurde, oder eine exakte Spezifikation der Variablen fehlt. Aufgrund dieser Kritik erfolgt die Analyse der Zusammenarbeit im OPS nicht anhand eines der bestehenden Modelle. Es wird auch kein weiteres Kausalkettenmodell entwickelt sondern ein Framework, mit dem versucht wird, einerseits eine den Zielen dieser Arbeit gerecht werdende Systematik zur Beschreibung der Teammerkmale zu gestalten, andererseits sämtliche Einflussfaktoren auf das Teamverhalten vollumfänglich zu erfassen. Ein Framework (auch: konzeptioneller Rahmen) schafft einen Ordnungs- und Bezugsrahmen zur systematischen und ganzheitlichen Darstellung grundlegender Zusammenhänge in komplexen Phänomenen.[230] Durch die Integration mehrerer zueinander passenden Theorien oder zumindest theoriegestützten Annahmen werden Problemstellungen für praktische Fragen, relevante Variablen, deren Beziehungen untereinander und alternative Variablensets identifiziert. Ein Framework stellt keine gesetzesartigen Beziehungen zwischen den Variablen auf und ist aus diesem Grund auch nicht falsifizierbar. Vielmehr ist es ein Strukturierungsinstrument für komplexe Problemstellungen und stellt ein ,Redeinstrument' für die Generierung von Handlungsalternativen dar.[231]

2.2.2.1 Dimensionen der Gestaltung von Teamelementen

Die grosse Diversität der verhaltensbeeinflussenden Teammerkmale erschwert deren umfassende und systematische Betrachtung. Die zur Bildung eines konzeptionellen Frameworks benötigten Kriterien werden deshalb aus dem mit dieser Arbeit verfolgten Ziel, der Herleitung von Führungs- und Organisationsvorschlägen für das OP-Team, abgeleitet. Als Hauptkriterium wird die Möglichkeit zur Gestaltung der Teammerkmale verwendet.[232] Unter Gestaltung werden folgend diejenigen Prozesse verstanden, mit welchen die Ausprägung der Teammerkmale beeinflusst werden können.

Folgend werden die Teammerkmale nach zwei Dimensionen differenziert: Einerseits dem Ort, andererseits der Art ihrer Gestaltung.

Mit der Dimension Ort der Gestaltung wird berücksichtigt, dass die Merkmale teilweise innerhalb und teilweise ausserhalb des Teams gestaltet werden können. Dabei wird folgend zwischen der Teamebene und dem Teamumfeld unterschieden. Die Teamebene umfasst entsprechend der in dieser Arbeit verwendeten Teamdefinition die Angehörigen einer Kleingruppe, welche durch Interaktion die Erledigung

---

230 Vgl. Rühli (1996), S. 26.
231 Vgl. Osterloh und Grand (1994), S. 279-280, Her. i. O.. Vgl. auch Rühli (1996), S. 27.
232 Zu anderen Taxonomien von Einflussfaktoren vgl. Paris et al. (2000), S. 1058.

einer von einer übergeordneten Organisation vorgegebene Aufgabe verfolgt. Merkmale der Teamebene können teamintern gestaltet werden. Das Teamumfeld beinhaltet sämtliche anderen Akteure, deren Entscheidungen und Handlungen einen Einfluss auf die Ausprägung der Teammerkmale aufweisen können. Die Gestaltung dieser Merkmale erfolgt teamextern.

Die Dimension Art der Einflussnahme unterscheidet zwischen der Situation, in der Teammitglieder oder das unmittelbare Teamumfeld die Gestaltung der verhaltenssteuernden Merkmale direkt bestimmen können und der Situation, in der eine direkte Gestaltung nicht oder nur indirekt über andere Merkmale möglich ist. Über die direkt gestaltbaren Einflussfaktoren kann das Teamverhalten schneller und gezielter gesteuert werden, während die indirekten Merkmale oftmals schwieriger zu gestalten, dafür nachhaltiger in ihrer Steuerungswirkung sind. Bei der Differenzierung zwischen direkt und indirekt beeinflussbaren Merkmalen gilt es zu berücksichtigen, dass häufig Interdependenzen zwischen den beiden Kategorien bestehen.

2.2.2.2 Das Framework als handlungsleitendes Instrument

Das Ziel der Arbeit, nach der Erklärung der Verhältnisse der Zusammenarbeit im OP-Team für dessen Management effizienz- und effektivitätssteigernde Handlungsempfehlungen abzuleiten, wirkt sich auf die Entwicklung des Frameworks aus. Die Einflussfaktoren auf das Teamverhalten können anhand der im vorigen Kapitel beschriebenen Dimensionen ihrer Gestaltbarkeit in vier Cluster eingeordnet werden. Die zur Gestaltung der zusammengefassten Faktoren möglichen Handlungsmassnahmen, lassen sich pro Cluster zusammenfassen und können wie folgt bezeichnet werden:

- Das Management der Teamstakeholder fokussiert die teamexternen Merkmale, die nur indirekt beeinflusst werden können.

- Das Management der organisatorischen Rahmenbedingungen umfasst die Gestaltung von Merkmalen, die nicht durch das Team, jedoch durch die Organisation möglich ist.

- Unter Teamgestaltung werden folgend diejenigen Massnahmen verstanden, die vom Team direkt zur Gestaltung von Merkmalen angewendet werden können.

- Teamentwicklung bezeichnet die Aktivitäten, die notwendig sind, um diejenigen Einflussfaktoren auf das Teamverhalten zu gestalten, die zwar im Team selbst existieren, durch dieses jedoch nur indirekt gestaltet werden können.

Das Framework ordnet die Merkmale nach den Dimensionen Art und Ort ihrer Gestaltung und schreibt dieser Ordnung Managementmassnahmen zu (vgl. Abbildung 5).

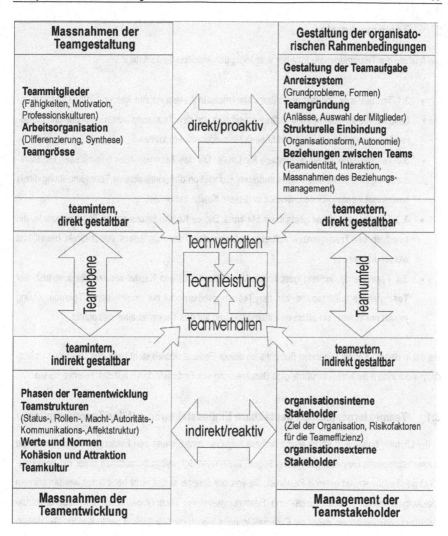

Abbildung 5: Framework zum Teammanagement

3 Teammerkmale

Die Analyse der Teammerkmale folgt der vorgängig dargestellten Systematik.

- 3.1 Teamexterne, indirekt gestaltbare Merkmale: In diesem Kapitel werden Einflussfaktoren untersucht, die im Teamumfeld auftreten und sich von den Teammitgliedern oder der unmittelbaren Teamumgebung nur indirekt beeinflussen oder steuern lassen.

- 3.2 Teamexterne, direkt gestaltbare Merkmale: Die das Teamverhalten beeinflussenden Merkmale, die im Umfeld des Teams auftreten, jedoch von der unmittelbaren Teamumgebung direkt beeinflusst werden können, werden in diesem Kapitel betrachtet.

- 3.3 Teaminterne, direkt gestaltbare Merkmal: Dieses Kapitel fokussiert die Teammerkmale, die innerhalb der Teamgrenzen auftreten und von den Teammitgliedern selbst direkt beeinflusst werden können.

- 3.4 Teaminterne, indirekt gestaltbare Merkmale: In diesem Kapitel werden die innerhalb der Teamgrenzen auftretenden, von den Teammitgliedern oder der unmittelbaren Teamumgebung jedoch nur indirekt steuerbaren Einflussfaktoren auf das Teamverhalten betrachtet.

Bei der in diesem Kapitel folgenden Betrachtung dieser Einflussfaktoren steht nicht das OP-Team im Vordergrund sondern die kontextunabhängige Beschreibung von Einflussfaktoren auf das Teamverhalten.

3.1 Teamexterne, indirekt gestaltbare Einflussfaktoren auf das Teamverhalten

In der Literatur finden sich kaum ausführlichere Angaben zum Einfluss von Faktoren auf das Team, die ausserhalb dessen Gestaltungsbereichs liegen. Steinmann/Schreyögg bezeichnen unter mit dem Begriff Organisationsumwelt externe Faktoren, die von der Gruppe selbst nicht beeinflusst werden können wie Aufgabenstellung, Belohnungs- und Bestrafungssystem, Technologie sowie Organisationsstruktur[233] und berücksichtigen dabei die Externalität, nicht jedoch die Möglichkeit der indirekten Gestaltbarkeit. Anhand des Stakeholderansatzes sollen folgend Faktoren eruiert werden, die einen Einfluss auf das Teamverhalten haben können und vom Team selbst resp. von dessen unmittelbarem Umfeld (z.B. der direkt übergeordneten Organisationsstufe) nicht oder nur indirekt beeinflusst werden können.

---

233   Vgl. Steinmann und Schreyögg (2005), S. 601.

3.1.1 Der Stakeholderansatz als Grundlage zur Betrachtung indirekt gestaltbarer teamexterner Einflussfaktoren

Die Organisationseinheit als Subsystem des Wirtschafts-, Gesellschafts- und Ökosystems steht in vielfältiger Interaktion mit diesen Umsystemen, wobei gemäss dem Stakeholderansatz die Ausgestaltung der Beziehungen einen massgeblichen Einfluss auf die Performance (Effektivität und Effizienz) der Organisationseinheit ausübt.[234] Die Aussagen des Stakeholderansatzes für die Organisationseinheit werden folgend – wenn auch in leicht angepasster Form – auf das Team als Sub- oder Teilsystem einer Organisation übertragen.

Das unmittelbare Umsystem des Teams ist das Organisationssystem, das vom Wirtschaftssystem umgeben ist, welches wiederum in das herrschende Gesellschaftssystem eingebettet ist, wobei dieses im Umsystem Ökosystem liegt (vgl. Abbildung 6)[235]. Jede dieser Systemschichten besitzt Anspruchsgruppen (Stakeholder) mit spezifischen Interessen an das Verhalten des Teams. Stakeholder sind Akteure, die von Handlungen und Entscheidungen einer Organisationsteileinheit betroffen sind, oder auf Handlungen und Entscheidungen von Organisationen resp. deren Einheiten Einfluss ausüben können.[236] Aufgrund knapper Ressourcen erfolgt eine Konzentration der Wahrnehmung auf die wichtigsten Umweltbeziehungen. Die wesentlichen Umweltfaktoren können sowohl als Situations- wie auch als Aktionsvariablen berücksichtigt werden.[237]

Das Konzept fokussiert die Ausgestaltung von stets wechselseitigen Beziehungen zwischen der betrachteten Organisationseinheit (hier das Team) und seinen Stakeholdern.[238] Stakeholder, die durch Handlungen und Entscheidungen eines Teams betroffen sind, können diese auch beeinflussen. Der Einfluss der Teamaktivitäten auf die organisationsexternen Stakeholder ist von der Teamaufgabe abhängig. Es kann jedoch davon ausgegangen werden, dass der Einfluss der Stakeholder auf das Teamverhalten ungleich grösser ist als umgekehrt.[239]

---

234   Vgl. Rühli (1996), S. 45-48.
235   Vgl. Sauter-Sachs (1992a), S. 192.
236   Vgl. Schuppisser (2002), S. 3.
237   Vgl. Sauter-Sachs (1992b), S. 63.
238   Vgl. Sauter-Sachs (1992b), S. 64.
239   Als Ausnahme gelten z.B. PR-Teams oder Führungsteams, deren Aufgabe explizit in der Beeinflussung von Stakeholdergruppen besteht oder der Einfluss des Teams auf die Stakeholdergruppe Kunden.

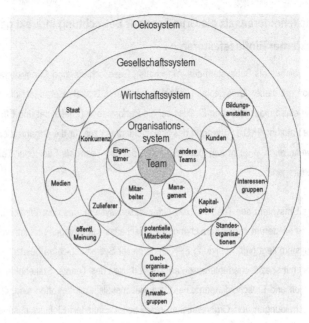

Abbildung 6: Stakeholder eines Teams[240]

Aufgrund der gegebenen Abhängigkeiten lassen sich die relevanten Anspruchsgruppen und deren Einflussmöglichkeiten auf das Teamverhalten identifizieren.[241] In der Literatur werden macht- oder einflussbasierte, legitimationsbasierte Stakeholder und solche mit vordringlichen Beziehungen unterschieden.[242] Macht- und einflussbasierte Stakeholder verfügen über tatsächliche oder potentielle Möglichkeiten, „positiven oder negativen Einfluss auf die erfolgreiche Verrichtung von Aktivitäten"[243] des Teams auszuüben. Legitimationsbasierte Stakeholder weisen einen berechtigten Anspruch auf Einflussnahme auf. Dieser Anspruch kann durch das Eigentumsrecht, durch eine Beteiligung am Wertschöpfungsprozess, durch eine Risikoexposition (Träger von Risiken, die durch die Aktivitäten des Teams bestehen) oder durch moralisches Recht (Respekt vor Personen oder Prinzip der Fairness) legitimiert sein.[244] Die Dringlichkeit der Beziehungen zwischen Stakeholder und Organisationseinheit wird durch zwei Faktoren geprägt: „(1) time sensitivity – the degree to which managerial delay in attending to the claim or relationship is unacceptable to the stakeholder, and (2) criticality – the importance of the claim or the relationship to the stakeholder."[245]

---

240   Ergänzte Darstellung nach Sauter-Sachs (1992a), S. 193.
241   Vgl. für das Unternehmen Sauter-Sachs (1992a), S. 194.
242   Vgl. Mitchell et al. (1997), S. 865-868.
243   Schuppisser (2002), S. 16.
244   Vgl. Schuppisser (2002), S. 18-29.
245   Mitchell et al. (1997), S. 867.

Die Durchsetzung der Ansprüche von Stakeholdern vollzieht sich anhand verschiedener Strukturen: Der Eigentümerstruktur, der Branchenstruktur und der Rechtsstruktur: [246]

- Eigentümerstruktur: Die Stakeholder können ihre Ansprüche einerseits durchsetzen, indem sie über Ressourcen verfügen, die für die Existenz des Teams von existentieller Bedeutung sind[247] oder andererseits dadurch, dass sie andere Ressourceneigentümer derart beeinflussen können, durch Androhung eines Ressourcenentzugs die Existenz des Teams in Frage zu stellen.

- Branchenstruktur: Neben den direkt die Aktivität beeinflussenden Anspruchsgruppen existieren solche im erweiterten Handlungsfeld des Teams, die von den Aktivitäten beeinflusst werden oder den Bereich, in dem die Aktivität stattfindet, strukturieren können.

- Rechtsstruktur: Die Anspruchsgruppen können ihre Interessen auch durchsetzen, wenn es ihnen gelingt, die sozialen und politischen Rahmenbedingungen so zu gestalten, dass ihre Ansprüche durch das Team erfüllt werden.

Die Qualität der Beziehungen des Teams zu den verschiedenen, die Systemumwelt bildenden Systemen, beeinflusst dessen Effizienz[248], einerseits durch die rechtzeitige und umfassende Erkennung der Interessen der Anspruchsgruppen, andererseits – wenn möglich – durch die direkte Steuerung der Ansprüche. Die Art und Weise, wie den Ansprüchen entsprochen wird, beeinflusst wiederum die Qualität der Beziehung zwischen den Anspruchsgruppen und dem Team. Für ein Team sind die Einflussmöglichkeiten auf Stakeholder ausserhalb der unmittelbaren Teamumgebung in der Regel gering, weshalb diese Beziehungen weitgehend als gegeben betrachtet werden können.

3.1.2 Organisationsexterne Stakeholder des Teams

Im Folgenden werden mögliche Beziehungen zwischen organisationsexternen Stakeholdern und dem Team betrachtet. Auch wenn dabei versucht wird aufzuzeigen, welche Möglichkeiten ein Team besitzt, die Ansprüche organisationsexterner Stakeholder zu beeinflussen, gilt es darauf hinzuweisen, dass diese Möglichkeiten in der Regel marginal sind – wenn nicht gerade die Pflege dieser Beziehung die Aufgabe des Teams (z.B. PR-Teams) ist resp. die Auswirkungen des Teamhandelns von grosser Bedeutung für die Stakeholder (z.B. Führungsteams, Bauprojektteams oder Forschungs- und Entwicklungsteams) sind. Die Beziehungen zwischen einem Team und organisationsexternen Stakeholdern stellen somit eher Si-

---

246 Vgl. Post et al. (2002), S. 54.
247 Vgl. Frooman (1999), S. 195.
248 Vgl. Rühli (1996), S. 53.

tuationsvariablen dar. Die Problematik bei den folgenden Ausführungen besteht in der Abgrenzung von Beziehungen, die ausschliesslich das Team als Ganzes betreffen, von solchen, die sich auf einzelne Teammitglieder oder die Gesamtleistung der Organisationseinheit beziehen. Um sämtliche Beziehungen zwischen den jeweiligen Stakeholdern und dem Team aufführen zu können, wird im Folgenden auf eine konsequente Abgrenzung verzichtet.

Zwischen einem Team und dem Wirtschaftssystem sind vielfältige Beziehungen möglich. Die Konkurrenz kann das Team durch Produktentwicklung, Innovation, Produktion, Preissysteme, Absatzkanäle usw. beeinflussen und dadurch die Handlungsmöglichkeiten eines Teams bestimmen. Das Team selbst kann mit seiner Leistung die Absatzmöglichkeiten der Konkurrenz determinieren oder zu Innovation beitragen. Der Einfluss eines Teams ist abhängig von der Bedeutung seiner Leistung für die Konkurrenz.

Der Einfluss der Zulieferer auf das Team ist vom Abhängigkeitsverhältnis geprägt. Dabei sind sämtliche Formen zwischen monopolistischer und monopsonistischer Beziehung denkbar. Es ist sowohl möglich, dass das Team ohne Lieferungen nicht produktiv sein kann oder nur ein Lieferant existiert, als auch, dass der Zulieferer nur einen Abnehmer – das spezifische Team – besitzt. Eine spezifische Fokussierung der Beziehung zum Zulieferer ist denkbar, wenn die Lieferung nicht vollständig spezifizierbare Leistungen enthält (z.B. medizinische Vorabklärungen bei Patienten) oder der Zulieferer sogar Teil des produktiven Teams ist (z.B. Operateure bei Privatpatienten).

Potentielle Mitarbeiter können einen Leistungsdruck auf die Teammitglieder ausüben, während ein Team durch seine Leistung, Reputation, Kohäsion oder Zusammensetzung für Aussenstehende attraktiv sein kann.

Kunden können eine Nachfrage nach dem Teamprodukt aufweisen, Qualitätsansprüche hegen und in der Regel Wahlmöglichkeiten bzgl. des Leistungserstellers besitzen. Das Team wiederum beeinflusst mit seiner Leistung die Kundenzufriedenheit.

Die Kapitalgeber schliesslich können in ihrer Vielfalt unterschiedliche Auswirkungen auf das Teamverhalten besitzen. In der Regel beeinflussen sie die übergeordnete Organisation als juristische Person, es sind jedoch auch teamspezifische Projektfinanzierungen denkbar. Der Einfluss des Teams auf die Beziehung beschränkt sich in allgemeinen Fällen auf die Berichterstattung und die Einhaltung von Vorgaben.

Die Anwaltsgruppen des Gesellschaftssystems können ebenfalls eine Vielzahl von Ansprüchen an das Team aufweisen, während sich der Einfluss des Teams auf die Stakeholder in der Regel auf einzelne, herausragende Teamleistungen beschränkt, welche die Interessen nachhaltig verändern oder auf die Fälle bezieht, in denen Teammitglieder bei der Willensentstehung der Stakeholder mitwirken.

Der Staat besitzt mit der Legislative, Judikative und Exekutive bedeutende Möglichkeiten der Einflussnahme auf das Teamverhalten.

Die Medien können direkt einen Einfluss auf das Team haben (z.B. Fachliteratur) oder indirekt andere Stakeholder beeinflussen. Von Teams mit spezialisierten Mitgliedern oder Aufgaben ist denkbar, dass sie Gegenstand der Fachliteratur darstellen oder in dieser publizieren. Spezialisierte Teams besitzen gar die Aufgabe, die Medien zu beeinflussen (z.B. PR-Teams), dies jedoch nicht zur Berichterstattung über das Team selbst.

Der Einfluss der öffentlichen Meinung auf das Team lässt sich als gesellschaftlicher Druck bezeichnen, während das Team die Möglichkeit besitzt, durch herausragende Leistungen selbst die öffentliche Meinung zu prägen.

Dachorganisationen besitzen eher einen direkten Einfluss auf die übergeordnete Organisation, während Standesorganisationen durch Standards, Verhaltensregeln und -normen (z.B. zum Arbeitsablauf, zur standesspezifischen Weiterbildung oder zur Beziehung zwischen verschiedenen Berufen) direkt auf das Team einwirken können. Das Team kann durch seine Mitglieder auf den Entscheidungsprozess der Standesorganisation Einfluss ausüben.

Bildungsanstalten besitzen einen Anspruch auf die Ausbildung ihrer Mitglieder durch spezifische Teams (z.B. während Praktika). Der Einfluss des Teams kann indirekt durch die Ausbildung dieser Mitglieder oder direkt durch die Forderung nach bestimmten Fähigkeiten (z.B. Sozialkompetenzen) erfolgen.

Die Art der Beziehungen von Anwaltsgruppen des Ökosystems zum Team ist von der Aufgabe abhängig, die das Team ausführt. Diese kann einerseits einen Einfluss auf die Umwelt haben (z.B. Projektteam von Bauvorhaben), andererseits in der Pflege der Beziehungen zu den Anwaltsgruppen des Ökosystems bestehen.

Tabelle 7 fasst mögliche Beziehungsformen zwischen organisationsexternen Stakeholdern und einem Team zusammen. Die mit (TM) bezeichneten Beziehungen betreffen weniger das Team direkt sondern verstärkt die einzelnen Teammitglieder.

System	Stakeholder	beeinflusst Team durch	wird vom Team beeinflusst durch
Wirtschafts-system	Konkurrenz	Produktentwicklung, Innovation, Produktion, Preissysteme, Absatzkanäle	Produktion, Innovation
	Zulieferer	Abhängigkeit des Teams von Lieferung, Spezifizierbarkeit der Leistung, Mitgliedschaft im Team	Abhängigkeit des Zulieferers Teammitgliedschaft
	potentielle Mitarbeiter	Leistungsniveau	Attraktivität der Zugehörigkeit durch Leistung, Reputation, Kohäsion oder Zusammensetzung
	Kunden	Nachfrage nach Teamleistung (Preis, Menge, Qualität), Wahlmöglichkeiten	Teamleistung (Kundenzufriedenheit)
	Kapitalgeber	(Auflagen für übergeordnete Orga-nisation), direkte Projektfinan-zierung	Berichterstattung, Einhaltung von Vorgaben
Gesell-schafts-system	Staat	Legislative, Judikative, Exekutive	Einflussnahme auf die Legislative (TM)
	Medien	Fachliteratur, Einflussnahme auf andere Stakeholder	Beiträge in Fachliteratur (TM), gezielte Medieninformation
	öffentliche Meinung	gesellschaftlicher Druck	herausragende Leistungen
	Dachorganisationen	(übergeordnete Organisation)	
	Standes-organisationen	Standards, Verhaltensregeln und -normen	Einflussnahme auf den Entscheidungs-prozess der Standesorganisationen (TM)
	Bildungsanstalten	Ausbildungsanspruch an Team	Ausbildung, Anforderungsspezifikation
Oeko-system	Anwaltsgruppen	von Teamaufgabe abhängig (direkter oder indirekter Einfluss)	von Teamaufgabe abhängig (z.B. Beziehungspflege zu Anwaltsgruppen)

Tabelle 7: Beziehungsarten zwischen organisationsexternen Stakeholdern und dem Team

3.1.3 Organisationsinterne Stakeholder des Teams

Die organisationsinternen Anspruchsgruppen lassen sich in die Eigentümer, das Management, andere Teams und andere Mitarbeiter differenzieren. Durch die häufige und enge Interaktion des Teams mit diesen Stakeholdern und dem damit anzunehmenden Einfluss auf deren Entscheidungsprozess lassen sich diese Beziehungen als Aktionsvariablen betrachten. Folgend werden die verschiedenen Beziehungsarten der organisationsinternen Stakeholder zum Team aufgeführt. Der grundsätzliche Anspruch einer Organisation an das Team – das Ausnützen des Teamvorteils – wird in einem eigenständigen Kapitel im Anschluss betrachtet.

Die Beziehungen zwischen dem Team und den organisationsinternen Stakeholdern werden folgend bzgl. den möglichen Formen Konflikt, Kooperation, Austausch und Konkurrenz[249] betrachtet:

---

249   Vgl. Schuppisser (2002), S. 118-119.

Konflikt bezeichnet eine Interdependenz zwischen zwei oder mehr Akteuren,

- deren Ziele zur Rivalität bezüglich des Konsums von Ressourcen, die sich unter Kontrolle des jeweiligen anderen Akteurs befinden, führen,
- deren Ziele weder gleichartig noch kompatibel sind und
- deren Handlungen weder in Art noch Weise kompatibel sind.

Kooperation bezeichnet die Interdependenz zwischen zwei oder mehr Akteuren,

- die gemeinsam an Ressourcen, die unter Kontrolle dritter stehen, interessiert sind,
- die gemeinsame Ziele verfolgen und
- die in komplementärer Art und Weise handeln.

Austausch bezeichnet die Interdependenz, die entsteht, wenn zwei oder mehr Akteure

- über geeignete Ressourcen in dem Sinne verfügen, dass der Output des einen Akteurs als Input des anderen verwendet werden kann und umgekehrt,
- nicht gemeinsame, aber doch komplementäre Ziele verfolgen und
- in komplementärer Art und Weise handeln.

Konkurrenz bezeichnet die Interdependenz zwischen zwei oder mehr Akteuren,

- die sich um dass alleinige Nutzungsrecht von Ressourcen bemühen, die unter Kontrolle dritter stehen,
- die gleichartige, jedoch nicht kompatible Ziele verfolgen und
- die in kompatibler (die gleichen Regeln befolgend), jedoch nicht komplementärer Art und Weise handeln.

Tabelle 8 zeigt die möglichen Inhalte von spezifischen Beziehungsformen zwischen den organisationsinternen Stakeholdern und dem Team.

System	Stakeholder	Konflikt	Kooperation	Austausch	Konkurrenz
Organi-sations-system	Eigentümer	Zielkonflikte (Art der Ziele, Priorisierung der Ziele, Weg zur Erreichung)	Verfolgen einer gemeinsamen übergeordneten Ziel-setzung	Eigentümer stellen die Mittel zur Zielerreichung zur Verfügung, das Team die benötigten Kompe-tenzen und Arbeit	----
	Management	Zielkonflikte, Autonomie-streben des Teams, Wissens-asymmetrie	Verfolgen einer gemeinsamen Strate-gie	Management stellt dem organisatorischen Mittel zur Zielerreichung zur Verfügung, das Team die benötigten Kompetenzen und Arbeit	Wettbewerb um Belohnung, Ansehen und Reputation bei gu-ten Leistungen
	andere Teams	strukturelle Konflikte um Ressourcen	gemeinsame (parallele) Zusammenarbeit bei grösseren Projekten	arbeitsteilige (serielle) Zusammenarbeit bei grösseren Projekten	Wettbewerb um Belohnungen, Leistungsaufträge, Ansehen
	Team-mitglieder	Zielkonflikte	Verfolgen einer gemeinsamen Zielsetzung	Team stellt die Mittel zur Zielerreichung zur Verfügung, das Mitglied die benötigten Kompetenzen und Arbeit	Wettbewerb um Belohnung, Ansehen und Reputation bei gu-ten Leistungen

Tabelle 8: Beziehungen zwischen organisationsinternen Stakeholdern und Team

Die Beziehung zwischen den Eigentümern und dem Team ist in der Regel eine indirekte und verläuft über das Management, das von den Besitzern den Auftrag erhält, Aufgaben zu lösen und Ziele zu errei-chen. Die Eigentümer verfolgen mit ihrem Vermögenseinsatz in der Regel einen Eigennutzen (monetär als Rendite oder Dividende, materiell in Form von Erzeugnissen der Produktion, immateriell durch Aner-kennung oder Befriedigung intrinsischer Motive) und erwarten eine möglichst effiziente und effektive Aufgabenerfüllung durch die Organisation. Diese Erwartungen werden idealtypisch vom Management übernommen. Der damit verbundene Leistungsanspruch kann zu Konflikten führen, wenn die Erwartun-gen des Teams davon abweichen. Weiter besteht die Möglichkeit unterschiedlicher Vorstellungen über die Zielinhalte (Art der Ziele, deren Prioritäten), die jedoch nicht langfristig sein können, da ansonsten die Legitimität des Teams in Frage gestellt wird. Zu einem permanenten Konflikt kann jedoch das Auto-nomiestreben des Teams führen, wodurch die Steuerungs- und Machtansprüche des Managements in Frage gestellt werden. Wissensasymmetrien zwischen Management und Team zu Gunsten des letzte-ren erhöhen dessen Autonomie und erschweren eine effiziente externe Steuerung. Zielharmonisierung zwischen Management und Team in einer kooperativen Beziehung hat geringen Führungsaufwand, an-genehmen menschlichen Umgang und reibungslose Eingliederung in organisatorische Konzepte zur Folge. Die Management-Team Beziehung kann aber auch als Austauschbeziehung betrachtet werden, in der das Management dem Team die zur Zielerreichung notwendigen organisatorischen Mittel zur Ver-fügung stellt, während das Team seinerseits durch den Einsatz von Kompetenzen und Arbeit das Ma-nagement bei dessen Zielerreichung unterstützt. Konkurrenz kann dann entstehen, wenn externe Effekte aufgrund einer Leistung entstehen. So ist es denkbar, dass ein Team aufgrund seiner herausragenden Leistungen die Position der Organisation massgeblich verbessert. Die Frage, wem diese Steigerung anzurechnen ist – dem Team oder dem dieses Team einsetzenden (evtl. auch bildenden und entwickelnden) Management – kann zur Konkurrenzsltuation um materielle oder immaterielle Anerkennung führen. Beansprucht eine Seite in diesem Fall die alleinige Anerkennung, kann aus der Konkurrenz- eine Konfliktsituation entstehen. Erschwerte Zurechenbarkeit von Leistungen kann auch in der Beziehung zwischen dem Team und seinen Mitgliedern zu Konkurrenz oder gar Konflikt führen. Die Beziehungen zwischen verschiedenen Teams einer Organisation sowie zwischen Team und teamexternen Mitarbeitern gestalten sich ähnlich, wobei die Konkurrenz z.b. um Aufträge oder Belohnungen weniger Konfliktpotenzial besitzt, da die Leistungen klarer abgegrenzt werden können.

Inhalte, welche die Beziehung zwischen dem Team und sowohl teaminternen wie -externen Mitarbeitern tangieren können, sind Entwicklungsmöglichkeiten und Karriereplanung, Gesundheitsvorsorge und Absentismus, Beförderung, Rückstufung und Entlassung, familiäre und Arbeitszeitbedürfnisse.[250]

3.1.4 Nutzung des Teamvorteils als Determinante des Teamverhaltens

Der in dieser Arbeit verwendete Teambegriff stützt sich auf den Merkmalen der Teamaufgabe ab, die von der übergeordneten Organisation vorgegeben wird. Der Einsatz von Teams wird dadurch legitimiert, dass diese zur Erfüllung übergeordneter Zielsetzungen beitragen, indem sie Aufgaben lösen, die ausschliesslich oder effizienter durch ihren Einsatz erbracht werden können. Daraus lässt sich für die Organisation ein Interesse ableiten, den Teamvorteil zu nutzen und die Risikofaktoren auf die Teameffizienz zu reduzieren.

3.1.4.1 Teamvorteil als ein Ziel des Organisationssystems

In der Literatur wird eine Vielzahl möglicher Vorteile (z.B. Kooperations- und Teamrente) erwähnt, die im Vergleich mit anderen Arbeitsformen durch Teamarbeit erzielt werden können. Das Erreichen eines solchen Teamvorteils kann als ein von der Organisation durch den Teameinsatz verfolgtes Ziel betrachtet werden. Die Leistungsvorteile des Teams können dabei zur Erfüllung einer Aufgabe notwendig sein (technologische Restriktion der Aufgabe) oder dazu beitragen, dass diese effizienter erledigt werden kann (ökonomische Restriktion). Die Teamrente ist von der Teamarbeit mit all ihren sozialen Aspekten und der Einzelleistung der Teammitglieder abhängig.[251]

---

250   Vgl. für eine vollständige Aufzählung von Mitarbeiter-Issues im Stakeholdermanagement Clarkson (1992), S. 9.
251   Vgl. Baarfuss (2001), S. 18.

Eine Eigenart der Teamarbeit besteht darin, dass sie nicht aus einer Addition von Einzelleistungen der Mitglieder besteht, sondern aus deren Koordination und Integration.[252] Die Performance eines Teams ist eine Funktion zahlreicher zusammenhängender Teamprozesse wie Entscheidungsfindung, Kommunikation, Koordination und Kooperation.[253] Folgende Leistungsvorteile gegenüber Einzelpersonen oder nicht-integrierten Gruppen können bestehen:[254]

- Komplettes Set an Fähigkeiten: Die unterschiedlichen Fähigkeiten und Erfahrungen der Teammitglieder können sich ergänzen. Das in der Organisation vorhandene Expertenwissen lässt sich im Verbund besser nutzen.[255]

- Entscheidungsverbesserung: Eine breitere Beurteilungsbasis kann das Entscheidungspotenzial quantitativ und qualitativ vergrössern und die Gefahr von Fehlentscheidungen verringern. Durch die enge Zusammenarbeit verschiedener Spezialisten verringert sich das Risiko, dass wichtige Detailprobleme vernachlässigt werden. Gründlicheres Nachdenken führt zu einer Versachlichung, Neutralisierung und Objektivierung des Problems.[256]

- Erhöhung von Qualität und Quantität der Kreativität: Verschiedene Ansichten und Meinungen produzieren mehr Ideen, erhöhen die Kreativität und sortieren unrealisierbare Vorschläge wieder aus. Unter Kreativität wird die Entwicklung von neuen sinnvollen Ideen verstanden. Die Steigerung der Kreativität geschieht in vier Richtungen:[257] 1. Durch die Anzahl neuer Ideen, 2. durch die Varianz der Ideen, 3. durch die Originalität unkonventioneller Ideen und 4. durch das Aufbauen auf anderen Ideen. Um diese Vorteile zu erreichen bedarf es jedoch qualitätssichernder Massnahmen wie z.B. den Einsatz von Gruppenmoderatoren[258], da mit zunehmender Diversität der Teammitglieder ungeplante Sekundäreffekte (z.B. zunehmende Kommunikations- und Kooperationsbarrieren durch Sach- und Aufgabenkonflikte, Beziehungs- und Ziel-Wertekonflikte) entstehen können[259].

- Gegenseitige Stimulanz: Aussagen und Handlungen einzelner Teammitglieder können die anderen Teammitglieder zu Aktivitäten anregen.

---

252   Vgl. Forster (1981), S. 146.
253   Vgl. Jones und Roelofsma (2000), S. 1130.
254   Vgl. Forster (1981), S. 146-149.
255   Vgl. Schneider und Knebel (1995), S. 20.
256   Vgl. Schneider und Knebel (1995), S. 20 und Wanous und Youtz (1986), S. 155.
257   Vgl. Gilford 1967, zit. nach Paulus (2000), S. 238.
258   Vgl. Paulus (2000), S. 253.
259   Vgl. Gebert (2004), S. 415 und S. 418-419.

- Koordination: Sind mehrere Bereiche einer Organisation betroffen führt die breitere Abstützung der Entscheidungen zu Partizipationseffekten, zur Vermeidung von Ressortegoismus sowie zur Berücksichtigung von Koordinationsaspekten bei der Entscheidungsfindung.[260]

- Motivation: Werden Problemlösungen als Teamziele akzeptiert führt dies bei den involvierten Teammitgliedern zu partizipationsbedingten Motivationssteigerungen.[261]

- Kommunikation: Durch die Verkürzung der Kommunikationswege erhöht sich die Qualität der Information und reduziert sich die Kommunikationszeit. Durch die ständige Interaktion ergänzen sich die Kenntnisse zudem gegenseitig.[262]

- Arbeitsteilung: Die Übernahme von Aufgaben durch die dafür spezialisierten Mitglieder reduziert die Belastung der anderen Teamangehörigen.

- Flexibilität: Organisationen benötigen flexible Arbeits- und Organisationsstrukturen. Fachliche Flexibilität ist notwendig, um auf veränderte Umstände reagieren und im Rahmen einer übertragenen Arbeitsaufgabe andere Teiltätigkeiten übernehmen zu können.[263] Flexibilität kann auch durch zeitlich und räumlich verteilte Arbeitseinsätze im Rahmen einer Gesamtaufgabe bedingt sein. Flexibilität bzgl. der Leistungshöhe bedeutet die Möglichkeit, kurzfristige Ausfälle von Teammitgliedern durch Mehreinsatz der anderen Teammitglieder auszugleichen. Dabei steigt mit zunehmender fachlicher Differenzierung des Teams die Bedeutung und Anforderung an die fachliche Flexibilität. „Teams als gebündelte Intelligenz können flexibler und einfallsreicher auf die sich verändernden Gegebenheiten und Anforderungen des Umfeldes reagieren."[264] Teamstrukturen sind dadurch flexibler, innovativer und durchlässiger als Hierarchien.[265] Nachteilig auf die Flexibilität wirken sich enge und starre Reglemente mit hoch funktionalisierten und bürokratischen Abläufen aus.[266]

3.1.4.2 Risikofaktoren für die Teameffizienz

Neben den Teamvorteilen besteht eine Reihe von Faktoren, welche die Effizienz der Teamarbeit selbst gefährden resp. die Teamarbeit gefährlich machen können. Fehler in Teams können fatale Auswirkun-

---

260 Vgl. Forster (1981), S. 147 und Schneider und Knebel (1995), S. 22.
261 Vgl. Hendrick (1979), S. 518.
262 Vgl. Schneider und Knebel (1995), S. 20; Forster (1981), S. 147.
263 Vgl. Eyer (1994), S. 102.
264 Schneider und Knebel (1995), S. 20.
265 Vgl. Avery (2000), S. 8.
266 Vgl. Hutton (2001), S. 2.

gen haben, wenn – wie z.B. bei 60% der Flugzeugunglücke – ungenügende Crew-Koordination und Entscheidungsfindung vorherrscht.[267]

3.1.4.2.1 Allgemeine Nachteile der Teamarbeit

Teamarbeit benötigt einen beachtlichen organisatorischen Aufwand an Vorbereitung und Planung[268] und zumindest anfänglich verglichen mit der Einzelarbeit mehr Zeit[269]. Die Teammitglieder kennen sich zu Beginn nicht, müssen zuerst die unterschiedlichen Auffassungen abklären, sich aufeinander einstellen, das Kooperationsverhalten austesten sowie das methodische Vorgehen diskutieren und koordinieren. Die fachlich heterogene Spezialisierung der Teammitglieder erhöht den Koordinationsaufwand zusätzlich, je nach Art der Aufgabe gilt es, zuerst eine einheitliche Informationslage herzustellen. Auch bei eingespielten Teams können Diskussionen oft viel Zeit kosten. Druck von aussen, die Entscheidungsfindung zu beschleunigen und auf die Anlaufzeit zu verzichten, kann dazu führen, dass der beabsichtigte Teamvorteil (z.B. Qualitätsverbesserung in der Entscheidungsfindung) nicht erreicht wird.[270] Teams konstituieren sich über Grenzbildung und tendieren dazu, sich gegenüber Fremden abzuschliessen. Durch Gruppendruck wird versucht, die Einhaltung teamspezifischer Regeln, Normen und Standards und damit die Selbsterhaltung des Teams zu gewährleisten. Dadurch scheinen „[t]eambasierte Organisationsstrukturen [...] für kulturelle und ethnische Abgeschlossenheit anfälliger zu sein als traditionelle Organisationsmodelle."[271] Für Mitglieder kultureller Minderheiten entstehen dadurch Nachteile: Sie können entweder ausgeschlossen oder in rigide Rollenstereotypisierungen gedrückt werden, was nicht nur negative Effekte für die betroffenen Personen selbst zur Folge hat, sondern für das Team insgesamt, da die Fähigkeiten des Teammitglieds nicht vollumfänglich abgeschöpft werden.[272]

Weitere Tendenzen, welche die Teameffizienz gefährden, sind:[273]

- Die Mitschleppungs-Tendenz bezeichnet den Fall, bei dem sich die Konsensbereitschaft und das Arbeitsverhalten der Gruppe nach dem Inkompetentesten der Mitglieder richtet (Tendenz zur falschen Solidarisierung). Dadurch können Leistungsschwächere und weniger Qualifizierte die Leistungs- und Verhaltensnormen des ganzen Teams wesentlich bestimmen. Die Folge ist eine Leistungsnivellierung nach unten.

---

267   Vgl. Foushee und Helmreich (1988), S. 192, Helg (2000), S. 85 und Helmreich und Merrit (2001), S. 11.
268   Vgl. Schneider und Knebel (1995), S. 23.
269   Vgl. Forster (1981), S. 149-150 und Schneider und Knebel (1995), S. 23.
270   Vgl. Schneider und Knebel (1995), S. 23 und Born und Eiselin (1996), S. 52-53.
271   Osterloh 1993, zit. nach Born und Eiselin (1996), S. 55.
272   Vgl. Born und Eiselin (1996), S. 55.
273   Vgl. Schneider und Knebel (1995), S. 44-50.

- Die Verschmelzungs-Tendenz bezeichnet die Folgen eines zu hohen Grads an Gruppenkohäsion. Die Arbeit im Team leidet an Übersteuerung, die Teammitglieder überbieten sich in Konformitätsbeweisen. Dies hat zur Folge, dass einerseits die durch Heterogenität der Mitglieder erhofften Vorteile in der Entscheidungsfindung entfallen, andererseits „bei Stress und Frustrationen relativ leicht Gefühle und Reaktionen der lästigen Abhängigkeit des einen vom anderen auftreten."[274]

- Die Aufsplitterungs-Tendenz bezeichnet den Fall eines zu geringen Grades an Kohäsion, der zur Aufteilung des Teams und zur Cliquenbildung führt. Diese sondern sich voneinander ab und gefährden die Stabilität des Gesamtteams. Beginnen die Cliquen gegeneinander zu arbeiten setzt der Prozess der „lähmenden Polarisation"[275] ein.

- Bei der Selbstprofilierungs-Tendenz stellen sich einzelne Teammitglieder auf Kosten des Teamzusammenhalts in den Vordergrund. Ein solches Verhalten kann (bewusst) durch persönliche Motive der Teammitglieder, Wettbewerb zwischen den Teammitgliedern oder (eher unbewusst) durch die Dominanz eines oder mehrer Teammitglieder aufgrund deren Fachwissen oder Redegewandtheit[276] hervorgerufen werden. Die anderen Teammitglieder können sich dadurch zurückgesetzt fühlen und ihre Leistungsbereitschaft reduzieren.

- Die Hierarchisierungs-Tendenz resultiert daraus, dass einzelne Teammitglieder einen erworbenen, höhergestellten Status im Team gegenüber den anderen Mitgliedern verteidigen oder ausbauen wollen. Sie kann eine direkte Folge der Selbstprofilierungs-Tendenz sein. Rang- und Kompetenzabstufungen innerhalb der Gruppe führen zu dysfunktionalem Konkurrenzverhalten und dadurch zu Teamstörungen. Dominierende Teammitglieder können die Meinungen der anderen unterdrücken und somit eine auf unterschiedlichen Ansichten und Kenntnissen gebaute, echte Teamlösung verhindern.[277]

- Die Routinierungs-Tendenz bezeichnet den Fall, bei dem Streuung und Flexibilität der Handlungen der Teammitglieder mit der Zeit abnehmen und ein „hochgradig standardisiertes Verhalten der Teammitglieder zustande kommt"[278]. Dadurch wird eine Nutzung der Heterogenitätsvorteile im Team verhindert.

---

274 Schneider und Knebel (1995), S. 45.
275 Schneider und Knebel (1995), S. 46.
276 Vgl. Forster (1978), S. 129.
277 Vgl. Schneider und Knebel (1995), S. 48.
278 Schneider und Knebel (1995), S. 48.

3.1.4.2.2 Probleme der Entscheidungsfindung im sozialen Kontext

Das Team kann in seiner Entscheidungsfindung von sozialen Kontexten und Gruppenverzerrung beeinflusst werden, Teamvoreingenommenheit und Teamfehler können korrelieren.[279] Ein Teamentscheidungsfehler besteht dann, wenn die Teamentscheidungsaktivitäten das ursprünglich angestrebte Ziel verfehlen. Verzerrtes Entscheidungsverhalten des Teams weicht von normativen Modellen ab. Eine Verzerrung muss nicht zwangsläufig in einem Fehler enden, kann aber für einen solchen verantwortlich sein und als generische Fehlerquelle verstanden werden.[280] Dabei existieren drei Quellen für Fehler in der Teamentscheidung, die alleine, im Verbund oder verzerrt durch Umweltereignisse auftreten können:[281]

- Kognitive Fehler rühren von der begrenzten Informationsverarbeitungskapazität und der damit angewandten, simplifizierenden Lösungsstrategie der kognitiven Heuristik her. Häufig führt diese zu Fehlern in der Beurteilung der Wahrscheinlichkeit.

- Organisationale Fehler entstammen strategischen und planerischen Entscheidungen aus höheren Organisationsebenen und können die wichtigsten Faktoren sein, welche die Teamleistung beeinflussen. „The source of many accidents that have arisen in team environments have been attributed to errors made at a management level, e.g. the Herald of Free Enterprise disaster in 1987."[282]

- Soziale Fehler gründen auf sozialer Interaktion und sozialen Kontextfaktoren im Team. Dabei existieren zwei Arten der Entstehung:

  - Die Fehler entstehen als Resultat sozialen Einflusses auf den Prozess der Entscheidungsfindung selbst.

  - Die Fehler entstehen als Resultat sozialer Interaktionen und sozialer Kontextfaktoren, die das Bedürfnis oder die Tendenz von Individuen reflektieren, Annahmen, Schätzungen oder Vorhersagen über die anderen Teammitglieder zu treffen. Dabei wird – durch soziale Projektion – aus dem eigenen auf das Verhalten anderer geschlossen. Die Projektion geschieht dabei nicht nur auf das eigene Verhalten sondern auch auf dasjenige anderer Gruppen.

Im Folgenden werden fünf Arten sozialer Verzerrungseffekte betrachtet. Obschon diese Effekte folgend eigenständig betrachtet werden, bestehen zwischen ihnen vielseitige Interdependenzen.

---

279   Vgl. Jones und Roelofsma (2000), S. 1130.
280   Vgl. Jones und Roelofsma (2000), S. 1132.
281   Vgl. Jones und Roelofsma (2000), S. 1133.
282   Jones und Roelofsma (2000), S. 1133.

Falscher Konsens Effekt

Der Effekt durch ‚falschen' Konsens zwischen Teammitgliedern entsteht durch die Tendenz eines Menschen, den Grad der Übereinstimmung zwischen sich und anderen zu überschätzen. Grundlegend dafür ist die Neigung, das eigene Verhalten als typisch (und damit als normal) zu betrachten.[283] Auch kausale oder situative Attribuierung sowie das persönliche Bedürfnis, zwischen sich und anderen Gleichheit herzustellen können dazu führen, von einem falschen Konsens auszugehen. Folgende Bedingungen unterstützen das Entstehen dieses Effekts:[284]

- Teammitglieder nehmen sich selbst als den andern gegenüber bloss gestellt wahr.
- Das eigene Entscheidungsverhalten wird situativen und nicht persönlichen Merkmalen zugeschrieben.
- Es wird nur die Position und nicht der Alternativenraum der Akteure in der jeweiligen Entscheidungssituation fokussiert.
- Es besteht grosse Sicherheit über die Korrektheit der eigenen Position.
- Die betreffende Frage ist von grosser Bedeutung für die Subjekte.
- Es werden Vergleiche zwischen Meinungen statt zwischen Möglichkeiten gemacht.
- Die Entscheidung selbst ist unangenehm.

Viele Entscheidungen benötigen nicht nur Informationen über den Sachverhalt selbst sondern auch Informationen über die anderen. Unter Zeitdruck sind die Teammitglieder gezwungen, Annahmen über das Verhalten der anderen zu treffen. „[T]ime pressure may demand immediate action without prior discussion with other team members."[285] Die einzelnen Teammitglieder können nun ihre Entscheidungen basierend auf unkorrekten Annahmen über die andern Teammitglieder treffen. Dadurch besteht die Möglichkeit, dass ein Teammitglied in einer spezifischen Situation von Handlungen eines anderen Mitglieds ausgeht, die Wahrnehmung der Situation selbst jedoch zwischen den Teammitgliedern variiert.

Group Think

Group Think bezeichnet das Phänomen, dass Gruppenentscheidungen bedingt durch Gruppendruck und hohe Kohäsion sachlich wenig begründet erfolgen.[286]

Zu Gunsten der Harmonie werden realistische Handlungsalternativen negiert, das Bestreben nach Effizienz in der Entscheidungsfindung ist wichtiger als die Qualität der Entscheidung selbst.[287] Kritik an

---

283   Vgl. Marks und Duval (1991), S. 183 und Griffin und Ross (1991), S. 320-323.
284   Vgl. Jones und Roelofsma (2000), S. 1136-1137.
285   Jones und Roelofsma (2000), S. 1138.
286   Vgl. Janis (1972), S. 9 .

Entscheidungen wird von den Mitgliedern zurückbehalten, wodurch sie der Gruppe ermöglichen, das dringende Problem ohne persönlichen Stress zu lösen und selbst in der Gunst der Gruppe bleiben.[288] Durch den hohen Status der Gruppe in der Gesellschaft, den die Gruppenmitglieder wahrzunehmen glauben, sind die Ansichten der anderen Gruppenmitglieder extrem glaubwürdig.[289] Zusätzlich fördern weitere Merkmale wie ein hoher Gruppenstatus, starke direkte und parteiische Führung, Zeitdruck („a sense of crisis"[290]), Bedeutung und Komplexität der Entscheidung, Isolation der Gruppe vor externer Kritik, Verfahrensvorschriften und Normen sowie unsicheres Selbstwertgefühl der Mitglieder das Entstehen von Group Think.[291]

Symptome von Group Think sind Selbstüberschätzung der Gruppe (Illusion der Unverwundbarkeit, Glaube an die moralische Rechtfertigung der gemeinsamen Handlungspläne), Engstirnigkeit (kollektive Rationalisierung, Stereotypisierung Aussenstehender) und Uniformitätsdruck (Illusion der Einmütigkeit, interner Gruppendruck gegenüber abweichendem Verhalten, Selbstzensur bei Abweichung vom Gruppenkonsens).[292] Group Think kann zu fehlerhafter Entscheidung durch unvollständige Alternativenbetrachtung, durch Berücksichtigung zu weniger Standpunkte (u. a. Vermeidung der Betrachtung der Folgen einer Fehlentscheidung), durch verzerrte Annahmen von Risiko, Kosten und Nutzen der Folgen und allgemein aufgrund zu geringer Informationssuche führen.[293]

Gruppenpolarisierung

Gruppenpolarisierung bezeichnet das Phänomen, das auftritt, wenn die Position, die eine Mehrheit der Gruppe innehat, durch die Resultate einer Diskussion bestärkt wird. Die Entscheidungen der Gruppe tendieren dazu, zunehmend in die Richtung der von den Gruppenmitgliedern eingenommenen Position zu gehen („shift to extremity"[294]). Gruppenpolarisierung kann zwei Ausprägungen aufweisen:[295]

- Risk Shift (Risikoschub) bezeichnet den Fall, in dem eine Gruppe durch Prozesse der Gruppenpolarisation insgesamt risikofreudiger ist, als dies die einzelnen Mitglieder zu Beginn durchschnittlich waren.

---

287   Vgl. Jones und Roelofsma (2000), S. 1141.
288   Vgl. Baron und Kerr (2003), S. 95.
289   Vgl. Baron und Kerr (2003), S. 94.
290   Baron und Kerr (2003), S. 94.
291   Vgl. Baron und Kerr (2003), S. 94, Jones und Roelofsma (2000), S. 1142, Born und Eiselin (1996), S. 78-81 und Brown (2000), S. 158.
292   Vgl. Janis (1972), S. 197-198, Born und Eiselin (1996), S. 72-77 und Jones und Roelofsma (2000), S. 1141. Zur Wirkung der Symptome vgl. Janis (1972), S. 203-206.
293   Vgl. Jones und Roelofsma (2000), S. 1141 und Baron und Kerr (2003), S. 94.
294   Brown (2000), S. 143.
295   Vgl. Jones und Roelofsma (2000), S. 1144. Zur Kritik vgl. Brown (2000), S. 145-146.

- Cautious Shift bezeichnet den umgekehrten Fall, in dem die Gruppe verglichen mit der anfänglichen individuellen Risikoeinstellung risikoaverser wird.[296]

Das Phänomen der Gruppenpolarisation lässt sich durch verschiedene Theorien erklären. Die Theorie des kompetitiven sozialen Vergleichs besagt, dass die Menschen als überdurchschnittlich wahrgenommen werden wollen. Bei unterschiedlichen anfänglichen Werten kann dies dazu führen, dass das Mitglied seine Werte zunächst der Gruppenmehrheit anpasst[297], dann in einem Prozess des ständigen Vergleichs die individuelle Position in Richtung des grösseren wahrgenommenen sozialen Werts und somit zu zunehmend – auch kollektiven – extremeren Positionen (Bandwagon-Effekt) verschiebt.[298]

Gemäss der Theorie der überzeugenden Argumente (Persuasive Arguments) lässt sich die Polarisierung darauf zurückführen, dass die Teammitglieder diejenigen Argumente aufnehmen, die ihre ursprüngliche Meinung unterstützen und weiterhin in diese Richtung tragen.[299] Dabei treten in der Regel diejenigen Argumente auf, welche die ohnehin vorherrschende Meinung stützen.

Die Selbstkategorisierungstheorie fokussiert die Wünsche der Gruppenmitglieder, als loyale und zuverlässige Mitglieder betrachtet zu werden was sie in Diskussionen dazu veranlasst, prototypische Gruppennormen stärker zu verfolgen.[300]

Polarisation kann bei wichtigen oder unwichtigen Entscheidungen entstehen.[301] Verantwortungsdiffusion kann zum Shift führen, wenn Risiko bzw. Vorsicht als kultureller Wert innerhalb des Team existiert.[302]

Eskalation von Gruppencommitment

Das Phänomen der Eskalation von Gruppencommitment bezeichnet die Tendenz, eine Entscheidung weiterzuverfolgen, obwohl abzusehen ist, dass diese zum Misserfolg führt. Bis zu einem bestimmten Punkt ist dieses Verhalten rational und erhält erst darüber hinaus eine irrationale Komponente.[303]

Zugrunde liegen dabei die psychologischen Mechanismen der kognitiven Dissonanz[304] oder der self-justification, bei der die Menschen ihre eigenen Handlungen rechtfertigen[305]. Eskalation von Gruppencommitment ist für das einzelne Gruppenmitglied ein Instrument, um vorgängig getroffene Entscheidungen rational erscheinen zu lassen. In Teams, in denen die Mitglieder stark voneinander abhängen, geht

---

296 Vgl. Brown (2000), S. 143-144.
297 Vgl. Brown (2000), S. 148-149.
298 Vgl. Isenberg (1986), S. 1142 und Jones und Roelofsma (2000), S. 1144-1145.
299 Vgl. Baron und Kerr (2003), S. 99-100.
300 Vgl. Baron und Kerr (2003), S. 101 und Brown (2000), S. 154.
301 Vgl. Jones und Roelofsma (2000), S. 1145.
302 Vgl. Sader (2002), S. 217, der die Verantwortungsdiffusion als teilweise zutreffend, jedoch nicht als hinreichend zur Erklärung der Entstehung von Risky Shift beurteilt.
303 Vgl. Bazerman et al. (1984), S. 142-144. Dieses Verhalten wurde sowohl für Individuen wie für Gruppen nachgewiesen.
304 Vgl. Festinger (1978), S. 196-198.
305 Vgl. Aronson (1984), S. 114.

es darum, das Gesicht vor andern nicht zu verlieren.[306] Eskalation des Gruppencommitments wird gefördert, wenn die Gruppe, welche die aktuelle Entscheidung zu fällen hat, identisch mit derjenigen ist, welche für die ursprüngliche vorgelagerte Entscheidung verantwortlich zeichnet.

Machtbasierte Einflussnahme

Neben der un- resp. unterbewussten Beeinflussung individuellen Handelns durch überindividuelle Faktoren, die zu Verzerrungen in Situationen der Teamentscheidung führen, kann auch von einzelnen oder mehreren Mitgliedern bewusst auf die Entscheidungen anderer Teammitglieder eingewirkt werden. Bei intensiver Indoktrination wird mit Druck eine Veränderung der Werte der Fokalperson erreicht. Dieser Prozess geschieht in vier Schritten: Die Phase der Aufweichung zeichnet sich durch belastende Prozeduren für die Fokalperson (z.B. Isolation von Freunden, Stresssituationen etc.) aus. In der zweiten Phase (Phase des Einlenkens) versucht die Person das von der Gruppe verlangte Verhalten (oder Teile davon). „People are responding to threat, curiosity or deeply ingrained norms of politeness."[307] In der Internalisierungsphase beginnt die indoktrinierte Person zu glauben, dass das Verhalten der Gruppe korrekt ist. Das (eher widerwillige) Einlenken transformiert zu einem Glaubenswechsel. Diese Internalisierung kann durch folgende Faktoren begründet werden:

- durch den permanenten Druck belastender Aktivitäten,
- durch die durch diese Stressfaktoren erschwerte Aufmerksamkeit,
- durch das Bedürfnis nach Identität oder
- durch Phänomene kognitiver Dissonanz (Legitimation erbrachten Verhaltens).

In der letzten Phase konsolidiert die Person ihre neue Loyalität, indem sie verschiedene Handlungen vollzieht, die nur mit hohen Kosten wieder rückgängig gemacht werden können.[308] Die indoktrinierte Person verhält sich künftig den Gruppennormen entsprechend.

3.1.4.2.3 Exkurs: Verzerrte Entscheidungsfindung im Team als Folge falscher Prämissen?

Die beschriebenen Ursachen und Ausprägungen verzerrter Entscheidungsfindung beruhen auf idealisierten Annahmen über den Entscheidungsprozess. Sader stellt diese „als selbstverständlich angesehenen Vorannahmen in Frage"[309] und bezeichnet vier Prämissen, aufgrund welcher die Resultate der Entscheidungsforschung zumindest situativ in Frage zu stellen sind.

---

306   Vgl. Jones und Roelofsma (2000), S. 1146.
307   Baron und Kerr (2003), S. 109.
308   Vgl. Baron und Kerr (2003), S. 109-111.
309   Sader (2002), S. 206.

1. Alle Beteiligten wollen eine Entscheidung: Ein gemeinsamer Wille wird allgemein ange-
    nommen, kann aber durchaus fehlen, ohne dass dies zunächst bemerkt wird. Das Ver-
    hindern einer Entscheidung kann legitim sein, wobei es manchmal zweckmässig ist, die-
    se Absicht nicht nach aussen zu tragen. Mögliche Motive sind unter anderem fehlender
    Wille zur Übernahme von Verantwortung, mangelnde Akzeptanz der Relevanz der Ent-
    scheidung und Angst vor negativen Folgen der Entscheidung für die Person selbst.[310]

2. Relevante Information ist unverzerrt verfügbar: Die Rahmenbedingungen (politische Ein-
    flüsse, Zeitdruck, Abhängigkeitsverhältnisse) komplexer Entscheidungen im praktischen
    Alltag bleiben bei der Beurteilung der Ergebnisse oftmals unberücksichtigt.[311]

3. Der Einzelfall-Entscheidungsprozess als verallgemeinerungsfähiges Modell: „Bei der Un-
    tersuchung von Entscheidungsprozessen in Gruppen sieht es nicht anders aus als in an-
    deren Teilen der Kleingruppenforschung: Soweit überhaupt Gruppen untersucht worden
    sind und nicht die Meinung einzelner über Gruppen, geht es fast immer um sehr kleine
    Gruppen und kurzfristige Erledigung von einfachen und überschaubaren Aufgaben, bei
    denen zumeist nur eine richtige Lösung existiert und gefunden werden muss."[312]

4. Entscheidungen werden gefällt: Da Entscheidungen oft nicht zu einem vorher bestimm-
    baren Zeitpunkt getroffen werden, sondern langsam heranreifen, plötzlich da sind, als ob
    sie schon immer existierten oder Resultat eines mühseligen Prozesses mit vorläufigen,
    endgültigen, wieder zurückgenommenen und revidierten Entscheidungen sind, ist es in
    den meisten Fällen „daher nützlich, sich nicht auf das Auszählen von Entscheidungen zu
    beschränken, sondern sich den Prozess näher anzusehen."[313]

3.1.4.3   Erfolgs-Indikatoren der Teamarbeit

In welchem Mass ein Teamvorteil erreicht wird lässt sich anhand von Effizienz-Indikatoren erheben.[314]
Die Leistung des Teams wird anhand der Erfüllung von Qualitäts-, Kosten- und Zeitvorgaben bestimmt.
Zur Beurteilung werden dazu der Grad der Zielerreichung (Effektivität der Teamarbeit) sowie der Mitteleinsatz zur Zielerreichung (Effizienz) herbeigezogen.[315] Neben der Teamleistung wird zur Beurteilung
eines Teameinsatzes die Fähigkeit und Motivation der Teammitglieder zur weiteren Teamarbeit (Potenzial für zukünftige Teamarbeit) als Erfolgsindikator betrachtet. Dieser Indikator spielt vor allem dann eine
grosse Rolle, wenn Zielsetzungen mit einem Teameinsatz verbunden sind, die auf einer Vielzahl von

---

310   Vgl. Sader (2002), S. 207.
311   Vgl. Sader (2002), S. 207-208.
312   Sader (2002), S. 208.
313   Sader (2002), S. 209.
314   Vgl. Gladstein (1984), S. 500 und Högl und Gemünden (2000), S. 41.
315   Vgl. Högl und Gemünden (2000), S. 41-42.

wiederholten Interaktionen beruhen (z.B. Kommunikationsziele, Koordinationsziele oder die Vermeidung von Problemen, die bei der Teamgründung entstehen können). Zur Beurteilung des Potenzials für zukünftige Teamarbeit lassen sich die Dimensionen Arbeitszufriedenheit (überwiegend positive Erfahrungen mit der Zusammenarbeit in Teams) und Lernerfolg (Gewinn fachlicher, sozialer und methodischer Kompetenzen für die Teammitglieder durch die Zusammenarbeit) herbeiziehen.[316]

3.2   Teamexterne, direkt gestaltbare Einflussfaktoren auf das Teamverhalten

Folgend werden die teamexternen Einflussfaktoren auf das Teamverhalten betrachtet, die von den Teammitgliedern oder der unmittelbaren Teamumgebung direkt beeinflusst werden können. Neben der Teamgründung und der damit verbundenen Auswahl der Teammitglieder zählt dazu u. a. die Gestaltung der Teamaufgabe, die strukturelle Einbindung, die Beziehung zwischen den Teams und die Gestaltung von Anreizsystemen.

3.2.1   Teamgründung

Der Teamgründung[317] kommt als Einflussfaktor auf das Teamverhalten vor allem dann eine grosse Bedeutung zu, wenn davon ausgegangen wird, dass Teams nicht nur für einen längeren Zeitraum formiert sondern ad hoc zur Bearbeitung kurzfristiger Aufgaben gebildet werden, aufgrund deren kurzen Dauer eine Anwendung von Massnahmen der Teamentwicklung (z.B. Team-Designing oder Team-Building)[318] nicht möglich ist.[319] Unter Teamgründung wird folgend nicht die in der Literatur häufig angeführte Überführung bestehender Arbeitsstrukturen in Teamstrukturen betrachtet, sondern die Zusammenstellung von Teams mit Mitgliedern, die vorgängig noch nicht zusammengearbeitet haben.[320]

Die Teamgründung umfasst sämtliche Ereignisse, die eine Veränderung bzgl. der Mitglieder (Anzahl oder Zusammensetzung) im Team zur Folge haben:

- Neugründungen von Teams im eigentlichen Sinn
- Ergänzungen bestehender Teams durch zusätzliche Mitglieder
- Auswechslung bisheriger Teammitglieder und deren Ersatz durch Neue

---

316   Vgl. Högl und Gemünden (2000), S. 42-43
317   Der Begriff der ‚Teamgründung' soll als Gründung eines Teams verstanden und von der Gründung durch Teams abgegrenzt werden. Vgl. zur Gründung durch Teams z.B. Mellewigt und Späth (2002).
318   Vgl. Högl (1998), S. 70-71.
319   Vgl. Raiden et al. (2004), S. 309-310.
320   Vgl. Hare (1992), S. 25.

Dieses breite Verständnis von ‚Gründung' lässt sich darauf zurückführen, dass bei jedem dieser Vorgänge die Teamstrukturen (z.B. Rollen- und Statusstruktur) tangiert und in einem Entwicklungsprozess neu formiert werden.[321]

3.2.1.1 Anlässe zur Bildung von formalen Gruppen

Bei der Bildung von Gruppen im Arbeitsprozess kann zwischen einer bewussten und planmässigen Bildung formeller Gruppen und einer spontanen, freiwilligen Entstehung informeller Gruppen unterschieden werden.[322] Als Hauptgründe für eine geplante Teambildung können das Teamziel und die Erfordernisse der Teamaufgabe genannt werden.[323] Das Team kann dabei einerseits als Mittel zur Zielerreichung, andererseits als Ziel per se betrachtet werden.

Anlässe zur Gründung des Teams als Mittel zur Zielerreichung können sein:

- Effektivitäts- und Effizienzüberlegungen (z.B. Innovationssteigerungen[324]) fokussieren bei gegebener Aufgabe die Leistungsvorteile von integrierten Teams gegenüber Einzelpersonen.

- Arbeitsprozessuale Erfordernisse, die aus der Teamaufgabe abgeleitet werden (z.B. zeitlich interdependente Arbeitsschritte, zunehmende Arbeitskomplexität[325]), bedingen eine multipersonale Bearbeitung.[326]

Gründe, die im Team selbst das Ziel beinhalten:

- Produktivitätssteigerungen werden durch ein Re-Design der Aufgabe angestrebt (durch die Übertragung bisher hierarchisch organisierter Aufgaben auf teilautonome Arbeitsgruppen sollen Motivation, Zufriedenheit und Produktivität der Mitglieder gesteigert werden).[327]

- Teams werden bewusst eingerichtet um Unternehmensangehörige dazu zu bringen, Ziele zu verfolgen, die individuell oder zwischen Abteilungen nicht vereinbar sind.[328]

- Durch den Wertewandel bedingt verlieren hierarchisch-direktive Strukturen an Legitimität und demokratischere – da partizipativere – Organisationsformen werden gesucht.[329]

---

321 Vgl. Lummer (2001), S. 56.
322 Vgl. Forster (1978), S. 50.
323 Vgl. Forster (1978), S. 52-55 und S. 57-58.
324 Vgl. z.B. Wiendick (1992), Sp. 2378 und Gebert (2004).
325 Vgl. Wiendick (1992), Sp. 2377-2378.
326 Vgl. Comelli (2003), S. 170 .
327 Vgl. Högl (1998), S. 13-14.
328 Vgl. Lipnack und Stamps (1998), S. 186.
329 Vgl. Wiendick (1992), Sp. 2378, Comelli (2003), S. 171 und Lattmann (1972), S. 11-12.

- Die Mitglieder können im Team Bedürfnisse nach sozialen Kontakten und Geborgenheit sowie nach Wertschätzung, Achtung und Anerkennung befriedigen.[330]

3.2.1.2 Auswahl der Teammitglieder[331]

Bei einer Teamgründung werden neuartige Konstellationen gebildet mit Mitarbeitern, die vor der Gründung nicht in einer Teamform miteinander gearbeitet haben. Der Wahl der Teammitglieder kommt somit ein hoher Stellenwert zu. Dies wird durch eine Vielzahl an Variablen der Teambesetzung in den Modellen der Teameffektivität unterstrichen.

3.2.1.2.1 Auswahlprozess

Für den Auswahlprozess sind zwei Situationen denkbar: Es wird ein neues Team gegründet oder ein bestehendes Team wird um neue Mitglieder ergänzt (resp. bisherige Mitglieder werden ersetzt). Je nach Situation sind unterschiedliche Formen des Auswahlprozesses notwendig, der sich in unterschiedliche Phasen unterteilen lässt:[332]

- Die Personalbedarfsplanung macht auf eine Unterdeckung des Bestandes in qualitativer (Qualifikationen) und quantitativer (Anzahl Mitarbeiter) Hinsicht aufmerksam.
- Um zunächst einen Pool von Kandidaten rekrutieren zu können müssen Mittel des Personalmarketing eingesetzt werden.
- In der Selektion findet die definitive Auswahl des Teammitglieds resp. der Teammitglieder statt.

Jede dieser Phasen kann durch verschiedene Träger übernommen werden, wie z.B. durch die Vorgesetzten verschiedener Ebenen, Stäbe, Teilbereichsleitungen, Personalchefs und Personalabteilungen, externe Berater und Partner oder durch Teammitglieder selbst.[333]

3.2.1.2.2 Allgemeine Auswahlkriterien zur Teamzusammensetzung

Grundlage für die Spezifikation der konkreten Auswahlkriterien ist eine Analyse der Situation. So gilt es, die adäquate Zusammensetzung an fachlichen, methodischen und sozialen Kompetenzen zu finden.[334] Die Ausprägung dieser Eigenschaften ist von der Art der Aufgabe, der Entwicklungsphase des Teams

---

330   Vgl. Forster (1978), S. 56 und Comelli (2003), S. 170.
331   Die Auswahl der Teammitglieder wird als teamexternes Merkmal verstanden, da über die Form des Prozesses extern entschieden wird.
332   Vgl. Brenzikofer (2002), S. 29.
333   Vgl. Staffelbach (1999), S. 21.
334   Vgl. Katzenbach und Smith (1993), S. 47.

und von der Trägerschaft der Selektion abhängig. Trotz der Kritik der Eigenschaftstheorie[335] werden in der Literatur allgemeingültige Kriterien aufgeführt, die es bei der Auswahl von Teammitgliedern zu berücksichtigen gilt.[336] Für die Ausführungen in diesem Kapitel wird nun das Team als Einheit der Analyse verwendet, woraus folgt, dass die individuelle Verteilung der Eigenschaftsmerkmale auf die einzelnen Teammitglieder nur beschränkt eine Rolle spielt[337]. Daraus kann gefolgert werden, dass das Team als Ganzes den richtigen „mix of skills"[338] bestehend aus den für die Teamarbeit notwendigen komplementären Kompetenzen aufweisen soll, was der Teamebene ein bestimmtes Niveau an benötigten Fähigkeiten bedingt. Kriterien, die bei der Teambesetzung beachtet werden können, sind ausreichend soziale und methodische Kompetenzen, Motivation für Teamarbeit und nicht zu grosse Diskrepanzen im Wissens- und Fähigkeitsstand der Teammitglieder.[339]

Eine Möglichkeit, die im Team benötigten Fähigkeiten garantieren zu können, besteht in der Selektion von Teammitgliedern, welche die benötigten Kompetenzen aufweisen, eine zweite in der Entwicklung dieser Kompetenzen, eine dritte in der Improvisation, die erfolgen kann, wenn das Team die benötigten Fähigkeiten nicht besitzt und nicht entwickeln kann.[340]

3.2.1.2.3 Heterogenität der Mitglieder

Eine vieldiskutierte Frage der Teamzusammensetzung betrifft die Heterogenität der Teammitglieder. Da bei genauerer Betrachtung alle Teams heterogen sind[341], stellt sich zunächst die Frage nach Formen unterschiedlicher Heterogenitätsgrade und -merkmale.

Eine mögliche Differenzierung unterscheidet Merkmale mit deutlichem Bezug zur Aufgabenbearbeitung und solche mit Bezug zu den sozialen Beziehungen des Teams nach ihrer Erkennbarkeit durch die Teammitglieder (vgl. Tabelle 9). Grundlegend für diese Differenzierung sind soziale Vergleichsprozesse auf der Basis situationsabhängiger Selbstkategorisierungen sowie Aussagen der Ähnlichkeits-Attraktions-These, wonach sich ähnlich wahrnehmende Menschen sympathischer sind, was in Teams bereits zu Leistungssteigerungen führen kann.

---

335   Vgl. Schneider und Knebel (1995), S. 80.
336   Vgl. Katzenbach und Smith (1993), S. 47.
337   Vgl. Högl (1998), S. 164.
338   Katzenbach und Smith (1993), S. 47.
339   Vgl. Högl und Gemünden (2000), S. 58 und Högl (1998), S. 164-166.
340   Vgl. Avery (2000), S. 10.
341   Vgl. Wegge (2003), S. 121. Aus Gründen der Leserfreundlichkeit wird hier eine Dichotomie dennoch begrifflich mit homogen (für weniger heterogen) und heterogen (für heterogener) ausgedrückt.

	Merkmale mit deutlichem Bezug zur Aufgabenbearbeitung	Merkmale mit Bezug zu den sozialen Beziehungen in der Gruppe
eher leicht erkennbare Merkmale	Berufliche Ausbildung Fach- oder Abteilungszugehörigkeit Dauer der Betriebszugehörigkeit	Aussehen, Geschlecht, Nationalität, ethnische Abstammung, Alter, Konfessionszugehörigkeit, Parteizugehörigkeit
grundlegende, nicht leicht erkennbare Merkmale	Allgemeines Wissen Fachwissen allgemeine Fähigkeiten (Intelligenz) spezifische Fertigkeiten	sozioökonomischer Status spezifische Einstellungen Werte der Person Persönlichkeit (Motive)

Tabelle 9: Heterogenitätsmerkmale[342]

Eine grössere Heterogenität in der Teamzusammensetzung wird für den Fall vielschichtiger, unstrukturierter Probleme als leistungsfördernd betrachtet.[343] Heterogenität bietet die Grundlage für ein umfassenderes Ressourcenpotential, grössere Flexibilität und mehr Innovation[344], besitzt aber auch Gefahrenpotential[345]: Ungeplante negative Sekundäreffekte können die angenommenen positiven Wirkungen reduzieren. Z.B. führt Statusinkongruenz „in Gruppen mit gemeinsamer Aufgabenlösung dazu, dass neben den Aktivitäten zur Aufgabenlösung die Versuche zur Herstellung von Statusübereinstimmung Zeit und Kraft erfordern"[346].

Zunehmende demographische Heterogenität im Team reduziert die Bildung stabiler gemeinsamer Normen, da die demographischen Unterschiede stärker gewichtet werden als die Zugehörigkeit zum selben Team. Mit zunehmender Interaktionshäufigkeit und -dauer verschiebt sich jedoch die Wahrnehmung. Die Zugehörigkeit zur selben Gruppe wird bedeutender und verdrängt die demographischen Unterschiede.[347]

Einstellungen, Werte und Überzeugungen der Teammitglieder werden durch kommunikative Verhaltensmuster vermittelt und können nur durch individualisierte Interaktion und das Sammeln von Informationen in Kenntnis gebracht werden.[348] Mit zunehmender Interaktionsdauer findet eine Sammlung von Informationen über die Werte der anderen Teammitglieder statt, die dazu führt, dass heterogene Teams mit der Zeit eine grössere Fähigkeit entwickeln, Probleme zu identifizieren und Lösungen zu generieren als homogene.[349]

---

342   Vgl. Wegge (2003), S. 127.
343   Vgl. Staehle 1980, zit. nach Born und Eiselin (1996), S. 43.
344   Vgl. Born und Eiselin (1996), S. 44.
345   Vgl. Gebert (2004), S. 415-418.
346   Schneider (1975), S. 213.
347   Vgl. Chatman und Flynn (2001), S. 970.
348   Vgl. Harrison et al. (1998), S. 98.
349   Vgl. Harrison et al. (1998), S. 104.

3.2.1.2.4 Kriterien der Entscheidungsträger

Die Anwendung bestimmter Selektionskriterien ist auch von der Trägerschaft des Auswahlprozesses abhängig. Die Frage, wer die Teammitglieder auswählt, bekommt dadurch grösseres Gewicht. Eine Beteiligung der zukünftigen Teammitglieder am Selektionsprozess betont die Bedeutung der Teamzusammensetzung für die Sozialstruktur, Performance und Zufriedenheit. Eine Teamgründung ist für die künftigen Teammitglieder immer mit einer Unsicherheit bzgl. der Kolleginnen und Kollegen verbunden, mit denen man in Zukunft intensiv interagieren sowie zusammen Werte aufbauen und teilen soll, um ein gemeinsames Ziel zu erreichen. Die Mitglieder wollen eine erfolgsversprechende Teamzusammensetzung und wählen daher jene Kandidaten aus, von denen sie sich den grössten Beitrag zur Zielerreichung versprechen. Bei einer Selektion streben die Mitglieder deshalb eine Reduktion der Unsicherheit bezüglich der neuen Teammitglieder an. Zur Einschätzung beurteilen die Mitglieder folgende Merkmale:[350]

- Ähnlichkeit: Menschen werden tendenziell von Mitmenschen angezogen, die gleiche Meinungen, Werte und Charakterzüge aufweisen. Die höhere sprachliche Kompatibilität, gemeinsames Wissen oder geteilte mentale Modelle führen zu häufigerer Kommunikation, positiveren Haltungen und verringert die Gefahr von Missverständnissen. Menschen wollen mit Teammitgliedern zusammenarbeiten, die ihnen ähnlich sind, wobei sich die Ähnlichkeit nicht auf das Geschlecht bezieht.[351]
- Reputation für Kompetenz: Die Leistung des Teams wird durch die neuen Mitglieder beeinflusst. Die bisherigen Mitglieder suchen deshalb Anhaltspunkte zur Reduktion ihrer Unsicherheit über das Leistungsvermögen und das Arbeitsverhalten der neuen Teamangehörigen. Dabei wird vor allem auf die für das Teamziel relevanten Fähigkeiten und Indikatoren, die Informationen über die Kompetenz versprechen, geachtet.[352] Die frühere Mitgliedschaft in erfolgreichen Teams ist dabei wichtig, unabhängig davon, worin der konkrete Beitrag des einzelnen Mitglieds bestand. Dies ist insofern von Bedeutung, als dass der Erfolg eines früheren Projekts nicht zwangsläufig einen Indikator individueller Kompetenz darstellt.
- Vertrautheit: Die dritte Möglichkeit zur Reduktion von Unsicherheit besteht in der Zusammenarbeit mit Mitgliedern, deren Persönlichkeit und Arbeitsstile vertraut sind. Erfahrungen aus wiederholten Interaktionen erhöhen dabei die Vertrautheit[353] und führen zur Annahme, dass sich die Person in zukünftigen Interaktionen gleich verhalten wird,

---

350 Vgl. Hinds et al. (2000), S. 227.
351 Vgl. Hinds et al. (2000), S. 244.
352 Vgl. Hinds et al. (2000), S. 245-246.
353 Vgl. Lewicki und Benedict Bunker (1995), S. 146.

unabhängig davon, ob die erste Interaktion erfolgreich war oder nicht. Einander bekannte Mitarbeiter müssen nicht sozialisiert werden, Koordinationsaufwand, der bei
unvertrauten Neumitgliedern entstehen würde, lässt sich vermeiden. Teammitglieder
wollen grundsätzlich mit Menschen zusammenarbeiten, mit denen sie bereits früher
erfolgreich zusammengearbeitet haben.[354]

Die zur Einschätzung potentieller Teammitglieder verwendeten Merkmale fokussieren mögliche Gemeinsamkeiten zur Gewährleistung der Homogenität im Team. Wird eine hohe Diversität beabsichtigt,
sind deshalb Auswahlprozesse und Politiken zu formulieren, die der Entwicklung heterogener Teams
zuträglich sind. Der Wahl der Entscheidungsträger im Auswahlprozess kommt somit eine erhöhte Bedeutung zu, wobei zu beachten ist, dass zwischen den divergierenden Zielsetzungen ein für beide Seiten verträglicher Kompromiss gefunden werden muss.[355]

3.2.2 Gestaltung der Teamaufgabe

Aus dem Auftrag der übergeordneten Organisation lassen sich die Aufgaben ableiten, die ein Team zu
erfüllen hat. Bei der Frage, ob das Team seine Leistungsüberlegenheit ausspielen kann, wird der spezifischen Natur des zu lösenden Problems eine grosse Bedeutung zugeschrieben.[356] Dies gilt vor allem
für jene Problemstellungen, die Teamarbeit mit interagierender Zusammenarbeit bedingen oder nahe
legen.[357] Das an das Team delegierte Aufgabensystem (definiert durch die Komplexität, die Vernetztheit
oder die Dringlichkeit der Aufgaben) besitzt einen grossen Einfluss auf das Teamverhalten.[358]

Zur Klassifikation der Teamaufgabe kann die Typologie von Steiner verwendet werden (vgl. Tabelle
10):[359] Anhand von Differenzierungskriterien werden verschiedene Aufgabentypen unterschieden, für
die sich jeweils Vorhersagen zur Teamleistung ableiten lassen.

---

354   Vgl. Hinds et al. (2000), S. 246.
355   Vgl. Hinds et al. (2000), S. 247.
356   Vgl. Grunwald (1996), S. 750.
357   Vgl. Born und Eiselin (1996), S. 36.
358   Vgl. Wunderer (1997), S. 210.
359   Vgl. Steiner 1974, zit. nach Wilke und Van Knippenberg (1997), S. 746 und S. 748.

Frage	Antwort	Aufgabentyp	Gruppenproduktivität
Aufgabe sinnvoll in Subkomponenten teilbar?	Subkomponenten sinnvoll	unterteilbar	
	Subkomponenten nicht sinnvoll	nicht unterteilbar	
Leistungsdimension: Qualität oder Quantität?	Qualität	Optimierung	
	Quantität	Maximierung	
Verhältnis der Einzelleistung zur Gruppenleistung?	Einzelleistungen addiert	additiv	besser als der Beste
	Gruppenprodukt ist Durchschnitt der Einzelleistungen	kompensatorisch	besser als die Meisten
	Gruppe wählt Produkt aus der Gesamtheit der Einzelleistungen	disjunktiv	Heureka: gleich dem Besten
			kein Heureka: schlechter als der Beste
	Beitrag aller Mitglieder zum Produkt	konjunktiv	nicht unterteilbar: gleich dem Schlechtesten
		konjunktiv	unterteilbar nach Eignung: besser als der Schlechteste
Verhältnis der Einzelleistung zur Gruppenleistung? (Fort.)	Gruppe kann entscheiden, in welchem Verhältnis Einzelleis-tungen zum Gruppenprodukt stehen	mit Entscheidungs-spielraum	
Wie hängen die Gruppenmitglieder im Hinblick auf das Gesamtergebnis voneinander ab?	Gemeinsamkeit der Interessen	kooperativ	
	Interessenskonflikt	kompetitiv	
	gemeinsame und sich widersprechende Motive	gemischte Motive	

Tabelle 10: Aufgabentypologien und Einfluss auf die Gruppenleistung[360]

Im Weiteren lassen sich die Aufgaben anhand ihrer Komplexität in einfache und komplexe Aufgaben differenzieren. Eine zu geringe Aufgabenkomplexität führt zu Unterforderung und damit zu Demotivation und Ineffizienz, eine zu hohe zu Ineffizienz durch Chaos und Intransparenz.[361] Die Komplexität der Aufgabe determiniert die optimale Teamausgestaltung wie z.B. den Autonomiegrad, die optimale Teamgrösse oder die Persönlichkeitsstrukturen der Teammitglieder.

- Zunehmende Aufgabenkomplexität führt zu einer grösseren Anzahl an Lösungsmöglichkeiten, was wiederum einen grösseren Handlungsspielraum benötigt, während eine geringe Aufgabenkomplexität weniger Autonomie und eine stärker strukturierte Arbeitsorganisation bedingt. Die Komplexitätsnachfrage – abgeleitet aus der Aufgabenkomplexität – erfordert ein entsprechendes Komplexitätsangebot (Qualifikation, Mitarbeiterkapazität) durch das Team. Zur Lösung der Aufgaben benötigt das Team eine entsprechende Problemlösungskapazität.[362]

---

360   Erweiterte Darstellung von Steiner 1974, zit. nach Wilke und Van Knippenberg (1997), S. 746 und S. 748.
361   Vgl. Ulich 1972, zit. nach Nedess und Meyer (2001), S. 6.
362   Vgl. Nedess und Meyer (2001), S. 7.

- Bei komplexen Aufgaben wird eine maximale Teamgrösse von 5 bis 6 Mitgliedern als geeigneter betrachtet, da die Anzahl möglicher Interaktionen bei grösseren Gruppen exponentiell steigt, wodurch wiederum die Beteiligungschancen sowie die Beitrags-möglichkeiten der einzelnen Teammitglieder sinken. Bei repetitiven Aufgaben kann das Team auch mehr Mitglieder umfassen.[363]

- Schwach strukturierte Aufgaben erfordern heterogene Persönlichkeitsstrukturen, während bei stark strukturierten Aufgaben homogene Strukturen effizienter sind.[364]

Weitere Kriterien zur Differenzierung von Teamaufgaben sind:

- die Häufigkeit des Auftretens: repetitiv-regressive (routinemässige) und kreativ-progressive (problemlösungsorientierte) Aufgaben[365]

- die Standardisierung: mehr oder weniger standardisierte Aufgaben[366]

- die konkreten Inhalte: Tragen und Heben (Kräfteaddition), Suchen (Fehlerausgleich), Bestimmen (Eingliederung der Teammitglieder in eine sicherheitsspendende Ordnung)[367], Führungs- (Initiativ-, Planungs-, Entscheidungs-, Anordnungs- und Kontrollauf-gaben) und Ausführungsaufgaben[368], Aufgaben zur Lösung von Analyse-, Konstellati-ons-, Konsequenzen- und Auswahlproblemen[369] oder Command & Control-Aufgaben[370]

- der Konkretisierungsgrad: geringer und hoher Entscheidungsspielraum[371]

- die Bereichszugehörigkeit: bereichsspezifische und -übergreifende Aufgaben[372]

- die Überprüfbarkeit der Aufgabenlösung: Gewissheit oder Ungewissheit über die Rich-tigkeit der Lösung[373]

Anhand der Kombination dieser unterschiedlichen Differenzierungskriterien lässt sich entscheiden, ob eine Aufgabe im Team oder durch Einzelpersonen zu lösen ist. „Generell lässt sich sagen, dass komplexe, neuartige und schlecht strukturierte Aufgaben in Gruppen besser gelöst werden können. Vor allem bei Aufgaben, die unterschiedliche Unternehmensbereiche betreffen, heterogenes Wissen erfordern und somit unmittelbare Interaktion erzwingen."[374]

---

363   Vgl. Brandstätter 1989, zit. nach Kandaouroff (1998), S. 14.
364   Vgl. Steinmann und Schreyögg (2005), S. 627.
365   Vgl. Häusler 1968, zit. nach Forster (1978), S. 31.
366   Vgl. Baumgarten 1977, zit. nach Forster (1978), S. 31.
367   Vgl. Hofstätter (1993), S. 35-45.
368   Vgl. Forster (1978), S. 32-38.
369   Vgl. Schlicksupp (1976), S. 165.
370   Vgl. für Beispiele solcher Teams Rasker et al. (2000), S. 1168 und Jones und Roelofsma (2000), S. 1130.
371   Vgl. Grunwald (1996), S. 746.
372   Vgl. Grunwald (1996), S. 746.
373   Vgl. Grunwald (1996), S. 746.
374   Grunwald (1996), S. 746.

3.2.3   Strukturelle Einbindung

Neben der internen Zusammenarbeit ist auch die Interaktion des Teams mit seinem organisationalen Kontext ein wesentlicher Bestandteil der Arbeit von Teams.[375] Die Art der Einbindung in die Organisation wird zunächst anhand verschiedener teamspezifischer Organisationsformen betrachtet, bevor die Autonomie von Teams als Grad der Einbindung in die Organisationsstruktur analysiert wird.

3.2.3.1   Teamspezifische Organisationsformen

In der Literatur existieren verschiedene Organisationsformen, die auf Teams als Mehrpersoneninstanzen aufbauen, „wobei entscheidend ist, dass die Entscheidungen in diesen Instanzen nicht als unipersonale Akte, sondern in Form von multipersonalen Entscheidungsprozessen (Teamentscheidungen) getroffen werden"[376]. Für die folgende Übersicht von Konzepten, die Teams auf unterschiedlichen hierarchischen Ebenen eine Vorrangstellung zuweisen, wird die Systematik von Forster übernommen, die zwischen teamorientierten Gesamtorganisationsstrukturen und teamorientierten Nebenorganisationen als Ergänzung zur Stammorganisation unterscheidet.[377]

3.2.3.1.1   Teamorientierte Gesamtorganisationsstrukturen

Das Konzept der sich überlappenden Gruppen nach Likert

Ausgangslage für das Konzept der sich überlappenden Gruppen nach Likert sind die folgenden beiden Annahmen:

1. Die Strukturen einer Organisation sind nicht rigide. Vielmehr bestehen zwischen Mitgliedern verschiedener Gruppen Kommunikations- und Rollenverhältnisse, die Gruppengrenzen überschreiten (multiple overlapping structure).[378]
2. Fruchtbare zwischenmenschliche Beziehungen basieren auf gegenseitigem Vertrauen, gegenseitiger Unterstützung und Hilfe. Dadurch bewahren die Organisationsmitglieder das Gefühl für den Wert des einzelnen Menschen, woraus sich die Notwendigkeit ergibt, den Menschen zu ermöglichen, als Mitglieder in gefestigten Gruppen zu interagieren und so vom Vertrauen profitieren zu können.[379]

---

375   Vgl. Gemünden und Högl (2000a), S. 14.
376   Grochla 1972 und Bednixen 1980, zit. nach Forster (1981), S. 160.
377   Vgl. Forster (1981), S. 161 und S. 165.
378   Vgl. Heidack und Brinkmann (1987), S. 173-174.
379   Vgl. Forster (1981), S. 161.

Diese Annahmen führen zu einem System von ineinandergreifenden Gruppen mit vertikalen, horizontalen und lateralen Interaktionsrichtungen, verbunden durch Menschen, die gleichzeitig Mitglieder in mehreren Teams sind (linking pin). Im Konzept von Likert werden die direkten Linienhierarchien aufgelöst, die Teams bleiben in hierarchischer Beziehung zueinander.[380] Querschnittsteams stellen eine effektive und breite horizontale Kooperation und Koordination dauerhaft sicher. Innerhalb eines Teams bleibt das hierarchische Prinzip dadurch aufrecht erhalten, dass dem Team ein Vorgesetzter vorsteht. Mitglieder in Querschnittteams können somit gleichzeitig zwei Vorgesetzten unterstellt sein.[381]

Das ‚Colleague Model' von Golembiewski

Die Behebung der Nachteile des Stab-Linien-Modells (Spannungen zwischen Linien- und Stabsstellen und zwischen Fach- und Amtskompetenz) hat das ‚Colleague Model' zum Ziel, das sich durch eine Gliederung der Organisation nach Aufgabenkomplexen und durch eine Zusammenfassung zusammengehöriger Entscheidungs- und Expertenfunktionen zu ‚colleague groups' auszeichnet.[382] Die Tätigkeiten in diesen Gruppen werden auf Leitungseinheiten (unmittelbare Arbeit an der Erfüllung der Gesamtaufgabe des Unternehmens) und Unterstützungseinheiten (Aufrechterhaltung der Planungs- und Realisationsprozesse durch Regelung organisatorischer, finanzieller und rechtlicher Belange) aufgeteilt. Eine Gruppe, die sich untergeordneter Stellen bedienen muss, bildet mit dieser ein ‚colleague team'.[383] Die Gruppen bleiben autonom und sind nur durch Rahmenentscheidungen der vorgesetzten Gruppe getrennt.[384]

Konzept der ‚teamorientierten Matrixorganisation' von Schneider

Die teamorientierte Matrixorganisation von Schneider erweitert das Modell von Likert um die beiden Dimensionen Produkt und Funktion und zeichnet sich aus durch

- vier verschiedene Teamarten (Planungs-, Funktions-, Koordinations- und Unternehmensleitungsteams),

- eine horizontale und eine vertikale Überlappung der Teams,

- eine daraus folgende Mehrfachzuordnung einzelner Aufgabenträger zu den Teams und

- einen der Form angemessenen (kooperativen) Führungsstil.[385]

3.2.3.1.2 Teamorientierte Nebenorganisationen als Ergänzung zur Stammorganisation

Modell der vermaschten Planungsteams[386]

---

380   Vgl. Staehle 1980, zit. nach Forster (1981), S. 162.
381   Vgl. Schreyögg (1998), S. 268.
382   Vgl. Forster (1981), S. 162 und Heidack und Brinkmann (1987), S. 175.
383   Vgl. Forster (1981), S. 162-163.
384   Vgl. Heidack und Brinkmann (1987), S. 175.
385   Vgl. Schneider 1974, zit. nach Forster (1981), S. 162.

Ziel des Modells der vermaschten Planungsteams ist die Bereitstellung optimaler Organisationsstrukturen zur Lösung komplexer und innovativer Aufgaben. Die Planungsteams umfassen alle für die Planung wichtigen Kompetenzen und bestehen aus unternehmensinternen Mitarbeitern oder externen Experten. Vermascht sind die Teams, wenn durch die Aufgabenkomplexität mehrere Teams gebildet werden müssen, so dass einzelne Teammitglieder zusätzlich einem Planungsteam angehören.[387]

Diese Vermaschung stellt die Koordination sicher. Die Kommunikation zwischen Planungsteams und der Linienorganisation wird durch drei weitere Teams gewährleistet:

- Der Entscheidungsausschuss besteht aus Mitgliedern der Geschäftsleitung, konstituiert das Planungsteam mit Aufgabendefinition und Zeitvorgabe und befindet über die Realisierung der erarbeiteten Lösungen.

- Der Planungsausschuss besteht aus Mitgliedern der im Planungsteam vertretenen Organisationseinheiten und ist eine sporadisch zusammentretende Expertengruppe zur Unterstützung des Teams.

- Die Informationsgruppe umfasst Vertreter der durch die Planung betroffenen Bereiche, die durch das Planungsteam über die Auswirkungen der erarbeiteten Lösungen informiert werden.

Task Force Modelle

Die Task Force Modelle lassen sich in das Modell der selbstinitiierten Task Forces von Irle, den Ansatz der fremdinitiierten Projektgruppen und in Qualitätszirkel unterscheiden.

- Das Task Force Modell von Irle[388] versucht – wie das Colleague Model – die Nachteile der institutionellen Trennung von Entscheidungs- und Fachkompetenz zu beheben. Unter dem Postulat, dass Probleme stets dort gelöst werden sollen, wo das Informationsniveau am höchsten ist, kann jedes Organisationsmitglied selbständig ein vorläufiges Problemlösungsteam einberufen, das darüber berät, ob und – wenn ja – wie das Problem weiterverfolgt werden soll.

- Fremdinitiierte Projektgruppen sind Task Forces, deren Ziele vom Management vorgegeben werden. Sie setzen sich in der Regel aus Experten und Führungskräften mittlerer Hierarchiestufen mit der entsprechenden Sachkompetenz zusammen und werden nach Beendigung der Arbeit wieder aufgelöst.[389]

---

386   Vgl. Forster (1981), S. 165-167 und Heidack und Brinkmann (1987), S. 177.
387   Vgl. Schnelle (1966), S. 74-79.
388   Vgl. Forster (1981), S. 167.
389   Vgl. Antoni et al. (1996), S. 492 und Antoni (1994), S. 29.

- Qualitätszirkel sind eine Form von institutionalisierten Problemlösungsteams, die ständig und regelmässig selbstgewählte Probleme bearbeiten. In den moderierten freiwilligen Zusammenkünften von Mitarbeitern unterer Hierarchiestufen werden Probleme identifiziert, ausgewählt, analysiert und Lösungsvorschläge entwickelt. Qualitätszirkel besitzen lediglich ein Vorschlagsrecht und mit Ausnahme der internen Organisation und der Inhalte der Arbeit des Zirkels keine Entscheidungskompetenzen.[390]

3.2.3.1.3 Kritische Betrachtung teamspezifischer Organisationsformen

Grenzen der teamspezifischen Organisationsformen finden sich in der „fehlenden empirischen Begründbarkeit der den Teammodellen zugrunde liegenden Verhaltens- und Effizienzhypothesen"[391], der unzureichenden Beachtung klarer Entscheidungs-, Verantwortungs- und Kompetenzregelungen oder in der mangelnden Effizienz einer Teamorganisation auch für Routineaufgaben[392]. Die Grundfrage bei teamorientierten Organisationsstrukturen besteht darin, organisatorische Regeln für das Team zu schaffen, die nicht nur eine Einschränkung von dessen Handlungsspielräume beinhalten, sondern auch Entscheidungsautonomie und Handlungsspielräume zuweisen. „Dies ändert jedoch nichts an dem Grundtatbestand, dass organisatorische Regeln das Handlungsrepertoire absichtsvoll begrenzen, indem sie bestimmte Handlungen zur Erwartung machen, während sie andere für unerwünscht erklären."[393] Folgend wird der Frage nach der Bedeutung der Autonomie für das Team nachgegangen und damit eine Grenzbetrachtung graduell differenzierbarer Freiheitsgrade für das Team vorgenommen.

3.2.3.2 Autonomie und Teams

Die Betrachtung der strukturellen Einbindung von Teams führt zur Frage, welche Form von Autonomie ein Team optimal[394] bei der Erreichung der ihm auferlegten Ziele unterstützt.

In teamorientierten Organisationsformen bezeichnet Autonomie die Selbständigkeit und Unabhängigkeit des Teams: Das Team kann in einem bestimmten Rahmen selbständig Entscheidungen fällen und entsprechende Handlungen ausführen, unabhängig von anderen Teams und über- oder untergeordneten Instanzen der Organisation. Dabei kann die Autonomie nach

- dem Autonomiesubjekt (Träger der Autonomie: Wer besitzt die Autonomie? Das Team alleine, das Team mit anderen (teamexternen) Funktionsträgern, ein bestimmtes

---

390   Vgl. Antoni et al. (1996), S. 491.
391   Forster (1978), S. 114-115.
392   Vgl. Forster (1978), S. 115.
393   Schreyögg (1998), S. 12.
394   Vgl. Naujoks (1994), S. 336-337.

Teammitglied allein, ein Teammitglied mit anderen Funktionsträgern oder andere teamexterne Instanzen[395]?),

- nach dem Autonomieobjekt (Qualität der Autonomie: Welche Sachverhalte unterstehen dem Team zur selbständigen und unabhängigen Entscheidung?)[396] und
- nach dem Autonomiegrad (Quantität der Autonomie: Bis zu welchem Ausmass kann das Team selbständig und unabhängig entscheiden?)[397]

unterschieden werden.

3.2.3.2.1 Bedeutung der Autonomie für das Autonomiesubjekt

Allgemein kann eine besondere psychologische Bedeutung der Beteiligung an Entscheidungen hervorgehoben werden: „Die Entscheidung verbindet die Motivation mit der Handlung, und sie scheint gleichzeitig eine Verfestigungswirkung auszuüben, die teils durch die Tendenz des Individuums, zu ‚seinen Entscheidungen zu stehen', und teils durch das ‚Bekenntnis zur Gruppe' bedingt ist."[398] Im Autonomieprinzip wird die Verantwortung und die Fertigung eines ganzen Produkts oder einer Dienstleistung bzw. für einen damit zusammenhängenden Produktionsprozess auf ein Team übertragen.[399] Durch Integration indirekter Tätigkeiten (Tätigkeiten, welche die Leistungserstellung vor- oder nachbereiten) und Selbstregulierung (Selbststeuerung der internen Arbeitsorganisation – sowohl der Rahmenbedingungen wie der Arbeitsabläufe) verfügt das Team über Autonomie über Planung, Steuerung und Kontrolle der übertragenen Aufgabe.[400] Die im Rahmen von Humanisierungsbestrebungen eingeführte oder ausgedehnte Gruppenautonomie hat grosse Erfolge bzgl. der Produktivität erzielt.[401] Dieser Effekt kann grundsätzlich mit der Motivationswirkung der Partizipation erklärt werden: Eine Erweiterung der Tätigkeitsspielräume bis zu einem gewissen Grad erhöht die Leistungsmotivation der Mitarbeiter[402].

---

395 Vgl. Ulich (1994), S. 182.
396 Die Entscheidungsautonomie nimmt in der Literatur einen grossen Stellenwert ein. Vgl. Naujoks (1994), S. 208.
397 Die Unterscheidung zwischen Autonomieobjekt und Autonomiegrad vernachlässigt hier deren Interdependenz, die darin besteht, dass 1. ein Autonomieobjekt einen bestimmten Autonomiegrad aufweisen muss, um überhaupt Autonomie auszudrücken und 2. die Autonomieobjekte selbst einen Grad der Autonomie ausdrücken können. Es soll hier lediglich auf unterschiedliche Betrachtungsweisen hingewiesen werden, die in Weber (1997), S. 59-60 aufgegriffen werden.
398 Lewin 1982, zit. in Ulich (1994), S. 176.
399 Vgl. Heidack und Brinkmann (1987), S. 178.
400 Vgl. Antoni et al. (1996), S. 495.
401 Vgl. Heidack und Brinkmann (1987), S. 178 und Ulich (1994), S. 224.
402 Vgl. Kandaouroff (1998), S.112. Von diesem Effekt darf aber nicht linear auf eine Steigerung der Arbeitszufriedenheit der Mitarbeiter geschlossen werden. Vgl. dazu Ulich (1994), S. 224 und Lattmann (1972), S. 54-55.

Mit der Einführung von organisatorischer Autonomie für das Team sind folgende Effekte zu erwarten:

- Motivationssteigerung durch erhöhten Tätigkeitsspielraum für das Team als Ganzes[403]
- Produktivitätssteigerung durch Motivationserhöhung[404]
- Verbesserung der Entscheidungsqualität durch Integration des gesamten vorhandenen Teamwissens zu teamrelevanten Fragestellungen[405]
- Steigerung der Kapazitätsflexibilität bei Auftragsschwankungen durch Zeitautonomie[406] und allgemein der Arbeitseinsatzflexibilität im Team bei entsprechender Qualifizierung der Mitarbeiter[407]
- Zunahme von Selbständigkeit und Initiative[408]
- Erhöhung der Adaptionskapazität bei Einführung von neuen Technologien[409]
- Verunsicherung bei den ‚Verlierern' der Autonomieerhöhung (Vorgesetzte etc.)[410]

3.2.3.2.2 Autonomieobjekte im Team

Die Autonomie von Teams erfährt darin eine Grenze, als sie durch die übergeordnete Zielsetzung der Organisation und andere, auch an dieser Zielsetzung arbeitende Teams determiniert ist, „so dass es im Betrieb grundsätzlich niemals autonome, sondern lediglich teilautonome Gruppen gibt [...]"[411]. Als teilautonom werden Teams bezeichnet, die ein komplettes (Teil-)Produkt oder eine Dienstleistung erstellen. Innerhalb des übertragenen Aufgaben-Zusammenhangs werden alle Regelungen durch das Team selbst vorgenommen. Dadurch sind alle vorkommenden Tätigkeiten und Interaktionen solchen Normen unterstellt, die vom Team selbst gesetzt werden.[412]

Die Autonomie in Teams hat einen Aufgaben- und einen Teambezug: Der Aufgabenbezug beinhaltet die selbständige Verteilung von Einzelfunktionen zur Erfüllung der Teamaufgabe, während der Teambezug die Verhaltenssteuerung der Teammitglieder bei der gemeinsamen Leistungserstellung durch das Team selbst fokussiert.[413]

---

403   Vgl. Kandaouroff (1998), S. 112.
404   Vgl. Lattmann (1972), S. 54.
405   Vgl. Bühner 1994, zit. nach Kandaouroff (1998), S. 112.
406   Vgl. Büth (1994), S. 204.
407   Vgl. Antoni et al. (1996), S. 495.
408   Vgl. Lattmann (1972), S. 54.
409   Vgl. Büth (1994), S. 204.
410   Vgl. Lattmann (1972), S. 55.
411   Heidack und Brinkmann (1987), S. 179. Vgl. auch Ulich (1994), S. 176.
412   Vgl. Lattmann (1972), S. 27.
413   Vgl. Heidack und Brinkmann (1987), S. 180.

Echte Autonomie besteht nur, wenn Selbständigkeit und Unabhängigkeit bzgl. Entscheidungs- und Handlungsalternativen bestehen,

- welche hinsichtlich ihrer Ausführungen und Folgen hinreichend unterschiedlich sind,
- bezüglich ihres Kosten-Nutzen-Vergleichs nicht derart unterschiedlich sind, dass allein aufgrund dieses Kriteriums die Auswahl bereits getroffen werden kann,
- funktional äquivalent und dadurch vergleichbar und
- in der betreffenden Situation relevant sind.[414]

In einer Analyse von zwölf Definitionen ermittelte Weber die Kennzeichen teilautonomer Gruppenarbeit als Kern- oder als optionale Merkmale (Vgl. Tabelle 11).[415]

Kennzeichen (teil-) autonomer Gruppenarbeit	Kern-merkmal	optionales Merkmal
räumlich-organisatorische Produktionseinheit	6	2
gemeinsame und ganzheitliche Primäraufgabe	11	1
Interdependenz der Teilaufgaben	8	4
gemeinsame Verantwortung	9	2
kollektive Selbstregulation der Rollen- und Funktionsverteilung	7	5
kollektive Selbstregulation des Arbeitsablaufs	7	4
Grenzregulation durch die Gruppe	2	2
Multifunktionalitäts-/Polyvalenzprinzip	9	3
Selbstbestimmung der internen Führung	4	5
interne Vertretungskompetenz gegenüber externen Instanzen	0	6
gemeinsamer Einfluss auf die Gruppenmitgliedschaft	2	5
gemeinsamer Einfluss auf die Entlohnung	0	4
Gruppenadäquates Lohnsystem	2	2
Integration anspruchsvoller Teil-/Sekundäraufgaben	2	4
Job Rotation	3	7
Neudefinition von Arbeitszielen	0	3

Tabelle 11: Anzahl der Nennungen von Kennzeichen (teil-)autonomer Arbeitsgruppen[416]

3.2.3.2.3 Autonomiegrade der Teamarbeit

Ein allgemeiner Grad an Autonomie lässt sich durch die Gegenüberstellung von Freiraum und Potenzial bestimmen. Aus der Schnittmenge von Potenzial und Freiraum lässt sich die Autonomie für das Team ableiten. Keine Schnittmenge bedeutet, dass auch keine Autonomie vorhanden ist, da der gewährte

---

414   Vgl. Naujoks (1994), S. 58.
415   Vgl. Weber (1997), S. 59-64.
416   Eigene Darstellung in Anlehnung an Weber (1997), S. 60.

Freiraum nicht genutzt werden kann oder gar kein Freiraum besteht, während bei einem hohen Deckungsgrad mit geringem Überschuss an Potenzial von hoher Autonomie gesprochen wird.[417]

Das Messinstrument von Gulowsen zur Ermittlung des Autonomiegrads von Arbeitsgruppen (Vgl. Abbildung 7) umfasst 10 Kriterien einer Ordinalskala.[418] Je höher das höchste erfüllte Merkmal eines Teams in der Hierarchie ist, desto grösser ist die Autonomie dieses Teams. Dabei gilt die Bedingung, dass die Merkmale niedrigerer Ordnung erfüllt sein müssen, um einen höheren Autonomiegrad zu erreichen.[419] Als Merkmal der niedrigsten Stufe gilt die Möglichkeit des Teammitglieds darüber zu entscheiden, wie die von ihm zu erledigenden Aufgaben auszuführen sind, während als Merkmal des höchsten Autonomiegrads die Entscheidungsmöglichkeit des Teams über die Art des Teamprodukt selbst bezeichnet wird.[420]

Art der Entscheidung	Grad der Teamautonomie
Das Team....	hoch
..hat Einfluss auf die qualitativen Ziele	☐
..hat Einfluss auf die quantitativen Ziele	☐
..entscheidet über Fragen der externen Führung	☐
..entscheidet über die Übernahme zusätzlicher Aufgaben	☐
..entscheidet, wann es arbeiten will	☐
..entscheidet über Fragen der Produktion	☐
..entscheidet über die interne Verteilung der Aufgabe	☐
..entscheidet über Fragen der Neueinstellung	☐
..entscheidet über Fragen der internen Führung	☐
Gruppenmitglieder bestimmen ihre individuellen Arbeitsmethoden	☐
	niedrig

Abbildung 7: Kriterien der Gruppenautonomie[421]

3.2.4 Beziehungen zwischen Teams

Das Verhalten von Teams resultiert oftmals aus den Interaktionen mit anderen Teams.[422] „Die Managementaufgabe umfasst daher nicht nur die Handhabung von Prozessen innerhalb, sondern auch zwischen Gruppen."[423]

---

417   Vgl. Naujoks (1994), S. 58-59.
418   Vgl. Weinert (1987), S. 332 , Ulich (1994), S. 177 und Weber (1997), S. 59.
419   Vgl. Lattmann (1972), S. 29.
420   Vgl. Ulich (1994), S. 177.
421   Darstellung in Anlehnung an Weinert (1987), S. 332.
422   Vgl. Brown (2000), S. 15 und Hogg (1996), S. 233.
423   Steinmann und Schreyögg (2005), S. 634.

3.2.4.1   Teamidentität als Grundlage für Inter-Teambeziehungen

Ein Team nimmt sich nicht nur nach aussen als solches wahr, sondern erfährt auch nach innen ein ‚Wir-Gefühl'.[424] Teammitglieder werden als solche identifiziert. Diese soziale Identität bildet die Basis für die Selbstwahrnehmung und bestimmt das stereotypische Verhalten der Eigengruppe, während die Fremd-gruppenmitglieder stereotyp als Angehörige einer anderen Gruppe identifiziert werden. Diesem Phäno-men liegen zwei Prozesse zu Grunde:[425]

1. Durch Kategorisierung wird eine klare Abgrenzung zwischen verschiedenen Gruppen geschaffen. Mitglieder einer Gruppe produzieren stereotype und normative Wahrneh-mungen und Verhaltensmuster. Dabei werden von den Gruppenmitgliedern subjektiv bedeutsam erscheinende Aspekte besonders hervorgehoben. Daraus lässt sich der Prototyp eines Gruppenmitglieds ableiten (Auto-Stereotypen), anhand dessen sich die Zugehörigkeit zu einer Gruppe leichter erkennen lässt[426]. Die Mitglieder der Fremd-gruppe werden ebenfalls mit prototypischen Merkmalen (Hetero-Stereotypen) be-schrieben, wobei Unterschiede innerhalb der Fremdgruppe i. d. R. vernachlässigt wer-den (Outgroup homogenity).[427]

2. Selbstwertsteigerung bezeichnet den Prozess, in dem die Stereotypen und Normen der Eigengruppe gegenüber denjenigen der Fremdgruppe bevorzugt werden. Dies ge-schieht dadurch, dass die Menschen ein grundsätzliches Bedürfnis haben, sich – ver-glichen zu anderen – positiv wahrzunehmen.

3.2.4.2   Auswirkungen der Interaktion zwischen Teams

Mögliche Beziehungsformen zwischen Teams sind Konflikt, Kooperation, Austausch und Konkurrenz.[428] Sie werden auch als kooperativ-harmonisch oder kompetitiv-konfliktär bezeichnet[429].

Dass sich Teams durch eine Attribuierung stereotyper Merkmale auszeichnen und sich in permanenter Interaktion mit anderen Teams mit eigenen prototypischen Merkmalen befinden, hat verschiedene Aus-wirkungen sowohl auf Intra- als auch auf Intergruppenprozesse.

---

424   Vgl. Forster (1978), S. 4.
425   Vgl. Hogg (1996), S. 229.
426   Vgl. Brown (2000), S. 227.
427   Vgl. Baron und Kerr (2003), S. 163-164. Ausnahme ist z.B. die Zugehörigkeit zu einer kleinen Minderheit oder zu ei-ner Gruppe mit tiefem Status. Zur Bezeichnung der Stereotypen vgl. Hofstede (1993), S. 238.
428   Vgl. Schuppisser (2002), S. 118-119.
429   Vgl. Brown (2000), S. 192-193.

- Die Abgrenzung von Fremdteams kann im Eigenteam zur Polarisierung führen. Der Grad und die Ausrichtung der Polarisierung ist dabei von der relativen Ausrichtung der eigenen Stereotypen verglichen mit denjenigen der Fremdgruppe abhängig.[430]
- Veränderungen im Umfeld eines Teams – z.B. Konflikte mit anderen Teams – führen durch diesen Umständen angepasste Beziehungen der Teammitglieder (z.B. der erhöhten Bedeutung der Gruppenführung[431]) zu einem Wandel in der Teamstruktur.[432]

Der Intergruppenkonflikt nimmt in der Literatur zur Gruppenbeziehung einen bedeutenden Stellenwert ein. Ursprüngliche Konzeptionen begründen die Entstehung von Konflikten um einen Streitgegenstand mit Ressourcenknappheit, inkompatiblen, kodependenten Aufgaben oder Zielkonflikten, sogenannten ‚realistischen' oder ‚echten' Konflikten (realistic conflict theory).[433] Das Verhalten zwischen den Mitgliedern der einzelnen Gruppen reflektiert dabei die objektiven Interessen der Eigengruppe vis-à-vis denjenigen der Fremdgruppe.[434] ‚Nicht-realistische' (non-realistic) oder ‚unechte' Konflikte bestehen durch tradierte Feindschaften, können versteckt, unterschwellig oder auch nur eingebildet sein, beziehen sich auf den Charakter, die Einstellung, die Verhaltensweisen der Gegenpartei oder unbestimmte, wechselnde Streitpunkte, weisen aber keine ausserhalb dieser Beziehung liegenden Streitpunkte auf.[435] Gemäss der Scapegoat Theory (Prügelknaben-Theorie) können Konflikte auch die Folge anderweitiger, nicht durch die Teams steuerbare Ursachen sein.[436] Die dadurch aufgebaute Frustration kann zur Feindseligkeit gegenüber Mitgliedern anderer stigmatisierter sozialer Gruppen führen, obwohl letztere nicht die originäre Ursache für die Frustration darstellen. Eine solche Ursache kann z.B. die Wahrnehmung einer ungerechten Behandlung verglichen mit anderen Gruppen sein.[437]

Innerhalb von Organisationen können Konkurrenz- resp. Konfliktsituationen zwischen Gruppen mit dem Ziel der Leistungssteigerung oder Selektion bewusst inszeniert werden, sich als Resultat von Bereichsegoismen ergeben oder die Folge von persönlichen Differenzen von Führungskräften sein, die sich auf die unterstellten Mitarbeiter auswirken.[438]

Konflikte führen oft zu einer Erhöhung der Solidarität und Kohäsion der Eigengruppe.[439] Durch Wettbewerb zwischen Gruppen verbessern sich die Arbeitsbeziehungen innerhalb der Gruppe, steigt das Selbstwertgefühl, nimmt die Unsicherheit ab und verbessert sich die Zufriedenheit mit den Bedingungen

---

430   Vgl. Hogg (1996), S. 235.
431   Vgl. Stagner und Eflal (1982), S. 43.
432   Vgl. Sherif und Sherif 1964, zit. nach Brown (2000), S. 201.
433   Vgl. Baron und Kerr (2003), S. 156, Brown (2000), S. 193, Glasl (2004), S. 54 und Regnet (2001), S. 18.
434   Vgl. Brown (2000), S. 194.
435   Vgl. Glasl (2004), S. 54 und Regnet (2001), S. 18.
436   Vgl. Dollard et al. (1994), S. 33-34 und 48-53.
437   Vgl. Baron und Kerr (2003), S. 157-159.
438   Vgl. Regnet (2001), S. 57.
439   Vgl. Sumner 1906 und Deutsch 1949, zit. nach Brown (2000), S. 200.

des Gruppenlebens.[440] Der Umkehrschluss, dass hohe Kohäsion eine erhöhte Fremdgruppenabnei-gung zur Folge hat, wird jedoch nicht bestätigt.[441] Während bereits die Erwartung positiver Resultate aus einem Intergruppenkonflikt zu einer verstärkten Kohäsion führt[442] müssen negative Ergebnisse aus solchen Vergleichen nicht zwingend eine Reduktion der Kohäsion zur Folge haben, sondern können – unter der Voraussetzung, dass die Gruppenmitglieder eine hohes Commitment zum Gruppenverhalten resp. zur Gruppenmitgliedschaft aufweisen – zu einer Erhöhung der Kohäsion führen. Weisen die Gruppenmitglieder jedoch ein tiefes Commitment auf, verringert sich im Falle von Misserfolg auch die Kohäsion.[443]

3.2.4.3 Massnahmen zur Reduktion negativer Beziehungen

3.2.4.3.1 Einführung gemeinsamer Ziele

Die ‚realistic group conflict Theory' geht von der Annahme aus, dass Feindseligkeiten zwischen Grup-pen aus Zielkonflikten entstehen.[444]

Positive Beziehungen resp. eine Reduktion der negativen Beziehungen zwischen Teams lassen sich durch die Einführung einer Reihe von übergeordneten, gemeinsamen Zielen, die kooperatives Handeln bedingen, erreichen.[445] Dieser Massnahme sind jedoch Grenzen gesetzt:

1. Die Reduktion der negativen Beziehungen lässt sich nicht durch die Einführung koope-rativer Tätigkeiten alleine erklären. Damit zwischen sich vorher bekämpfenden Teams konfliktfreie Beziehungen entstehen wird ein positives Ergebnis aus der gemeinsamen Anstrengung benötigt.[446]

2. Arbeiten alle Teams auf ein gemeinsames, übergeordnetes Ziel hin, führt eine klare Delegation von Teilprozessen an ein Team zu besseren Beziehungen als in der Situa-tion, in der die Beiträge nicht einfach zuzuteilen sind.[447]

---

440 Vgl. Julian et al. (1966), S. 326.
441 Vgl. Dion (1973), S. 168.
442 Vgl. Rabbie et al. (1974), S. 54.
443 Vgl. Turner et al. (1984), S. 108. Vgl. auch Rabbie et al. (1974), S. 54, die diesen Effekt in kooperativen Gruppen be-obachteten, in kompetitiven Gruppen jedoch nicht.
444 Vgl. Baron und Kerr (2003), S. 168.
445 Vgl. Sherif et al. 1966, zit. nach Brown (2000), S. 206.
446 Vgl. Worchel et al. (1977), S. 138-139. Die Auswirkung des Resultats der Kooperation ist von der zuvor herrschen-den Beziehungsform zwischen den Gruppen abhängig: Während Gruppen, die vorgängig bereits kooperierten, so-wohl bei positivem wie negativem Resultat positive Beziehungen aufwiesen, entwickelten sich diese bei ursprünglich kompetitiven Gruppen nur bei positiven Resultaten der Kooperation – negative Resultate führten zu einer weiteren Verschlechterung der gegenseitigen Meinung.
447 Vgl. Brown (2000), S. 211.

3.2.4.3.2 Kontaktintensivierung zwischen den Teams

Eine weitere Massnahme zur Reduktion der negativen Beziehungen zwischen Teams – v.a. der Reduktion fremdgruppenbezogener Vorurteile – besteht darin, einen länger andauernden, von Institutionen begleiteten Kontakt zwischen den Teams herzustellen.[448] Der Kontakt muss dabei unter folgenden Bedingungen stattfinden[449]:

- Die interagierenden Mitglieder der verschiedenen Teams haben denselben Status. Eine Unterordnung von Angehörigen einzelner Teams verstärkt Stereotypen und Vorurteile.
- Der Kontakt wird von Autoritäten begleitet und ist Regeln unterworfen.
- Die Mitglieder der verschiedenen Gruppen haben ein gemeinsames Ziel, das eine Interaktion erfordert.

Pettigrew ergänzt die Bedingungen um den Punkt, dass die Kontaktsituation den Beteiligten die Möglichkeit zur Bildung von gruppenübergreifenden Freundschaften einräumen sollte. Ermöglicht wird eine solche Bildung durch eine enge Interaktion, die Selbst-Offenbarung und andere, Freundschaftsbildende Prozesse wie ausführliche, wiederholte Kontakte in unterschiedlichen sozialen Kontexten ermöglicht.[450]

3.2.4.3.3 Mediation

Bei der Mediation versucht eine neutrale Instanz ohne eigentliche Entscheidungskompetenz den sich im Konflikt befindenden Parteien auf dem Weg zu einer Einigung zu helfen.[451] Die bedeutendsten Voraussetzungen zum Gelingen einer solchen Mediation sind dabei folgende:[452]

- Der Verhandlungsspielraum wird von den Konfliktparteien vorgängig gemeinsam definiert.
- Die Verhandlungen beruhen auf der Freiwilligkeit der Konfliktparteien. Diese wird unterstützt durch die Prämisse, dass Mediation als Ziel eine Win-Win-Situation für die Konfliktparteien anstrebt.

---

448   Vgl. Allport 1954, zit. nach Brown (2000), S. 212-213. Vgl. zur Kritik an den bei Allport vorgeschlagenen Massnahmen ebd. S. 213-219.
449   Vgl. Allport (1954), S. 281.
450   Vgl. Pettigrew (1998), S. 76.
451   Vgl. Altmann et al. (1999), S. 173-174.
452   Vgl. Hager (2001), S. 61-67.

Die Mediation kann mit der ganzen Gruppe, in Co-Mediation mit mehreren Mediatoren oder mit ausge-
wählten Repräsentanten der einzelnen Gruppen durchgeführt werden.

3.2.4.4 Massnahmen zur Reduktion der Auswirkungen der Kategorisierung

3.2.4.4.1 Dekategorisierung und Personalisierung

Wie erwähnt greift die Kategorisierung als grundlegender Prozess zur Bildung einer sozialen Identität
für die Gruppe auf die Unterscheidung der Eigen- und Fremdgruppe anhand stereotyper und normativer
Wahrnehmungen und Verhaltensmuster zurück. Werden die Mitglieder einer Fremdgruppe nicht mehr
als Gruppe, sondern als eigenständige Individuen betrachtet und so Beziehungen auf individueller Ebene geschaffen, wird den mit der Kategorisierung verbundenen Nachteilen vorgebeugt. Durch wiederholte persönliche Interaktionen mit einer Vielzahl von Mitgliedern von Fremdgruppen sollen die dieser
Gruppe zugeschriebenen Stereotypen aufgebrochen werden.[453]

3.2.4.4.2 Cross Kategorisierung

Oft lassen sich die Mitglieder innerhalb der verschiedenen Gruppen nach weiteren Differenzierungsmerkmalen unterscheiden als den in der Kategorisierung formulierten Abgrenzungsmerkmalen zur
Fremdgruppe (z.B. Geschlecht, Herkunft etc.). Eine weitere Möglichkeit zur Reduktion negativer Beziehungen zwischen den Gruppen besteht nun darin, den Mitgliedern diese Gemeinsamkeiten bewusst zu
machen.[454]

3.2.4.4.3 Rekategorisierung

Das Ziel der Rekategorisierung besteht darin, bislang verwendete Differenzierungsmerkmale zur Unterscheidung von Eigen- und Fremdgruppe durch neue Merkmale zu ersetzen, welche die Mitglieder aller
Gruppen umfassen. Durch die Abschaffung physischer Barrieren (z.B. Sitzordnungen), die Verwendung
einer integrativen Sprache (z.B. Verzicht auf das distinktive ,wir') und die Verfolgung gemeinsamer ü-
bergeordneter Ziele werden vormalig als Angehörige einer Fremdgruppe Betrachtete zu Mitgliedern einer umfassenden Eigengruppe.[455] Für die Anwendung der Rekategorisierung bestehen jedoch auch
Grenzen:[456]

---

453   Vgl. Brewer und Miller 1984, zit. nach Baron und Kerr (2003), S. 169 und Gaertner und Dovidio (2000), S. 43-46.
454   Vgl. Baron und Kerr (2003), S. 169-170.
455   Vgl. Gaertner und Dovidio (2000), S. 46-49.
456   Vgl. Baron und Kerr (2003), S. 170-171 und Gaertner und Dovidio (2000), S. 49-50.

- Ein starkes Zugehörigkeitsgefühl zu einer bestimmten Gruppe kann die Integration in eine neue, umfassendere Gruppe verunmöglichen.

- Es kann vorkommen, dass nur die Beziehungen zu einzelnen Mitgliedern der Fremdgruppe ‚rekategorisiert' werden, womit eine Generalisierung der verbesserten Beziehungen zur gesamten Fremdgruppe nicht garantiert ist.

- Die mit der Kategorisierung verbundenen Vorteile (Komplexitätsreduktion, Zugehörigkeitsgefühl, positive Aspekte der Diversität) werden durch die Rekategorisierung abgebaut. Zudem ist die Anzahl verschiedener ‚Identitäten' resp. Gruppenzugehörigkeiten, denen die einzelnen Mitglieder angehören können, begrenzt.[457]

Eine mögliche Strategie zur Nutzung der positiven Auswirkungen sowohl der Kategorisierung wie auch der Rekategorisierung wird in einer Bildung von ‚dualen Identitäten' – der Zugehörigkeit zu einer umfassenden sowie zu einer exklusiven Gruppe – gesehen.[458] In diesem Konzept spielen vor allem gemeinsame kooperative Aktivitäten eine wichtige Rolle, während gewichtige Unterschiede zwischen den Gruppen nicht einfach ignoriert werden sollten.[459]

Die hier vorgeschlagenen Massnahmen haben vor allem die Reduktion der durch Kategorisierung entstandenen negativen Beziehungen zum Ziel. Viele Ursachen von ‚realistischen' oder ‚echten' Konflikten zwischen Teams lassen sich durch organisatorische Massnahmen wie Ressourcenerhöhung, klare Delegation von Kompetenzen und Verantwortung, Abbau von kodependenten und inkompatiblen Aufgaben oder durch eine Zielharmonisierung zwischen den verschiedenen Teamzielen erreichen.

3.2.5 Anreizsysteme für Teams

Grundlage für die Betrachtung der Anreizgestaltung im Team ist die Anreiz-Beitrags-Theorie, welche besagt, dass ein Individuum die von der Organisation erhaltenen Anreize seinen geleisteten Beiträgen gegenüberstellt und aufgrund des Nutzenvergleichs seine Verhaltensweisen festlegt.[460]

Verschiedene Anreize lassen sich in einem Anreizsystem so aufeinander abstimmen, dass sie im Wirkungsverbund implizit erwünschte Verhaltensweisen auslösen und unerwünschte verhindern. Dabei gilt es, zwei Annahmen zu treffen: Erstens muss das beabsichtigte Verhalten aus der übergeordneten Zielsetzung abgeleitet werden und zweitens müssen Annahmen über die Bedürfnisse der im Fokus der

---

457   Vgl. Gaertner und Dovidio (2000), S. 49 und S. 50.
458   Vgl. Baron und Kerr (2003), S. 171.
459   Vgl. Brown et al. (1999), S. 762.
460   Vgl. Hentze (1994), S. 45.

Lenkungsmassnahmen stehenden Individuen getroffen werden.[461] Anreize lassen sich in materielle und immaterielle[462] oder monetäre und nichtmonetäre[463] Anreize gliedern. Eine mögliche Systematisierung zeigt Abbildung 8, wobei auf die Problematik einer eindeutigen Abgrenzung für einzelne Anreize hinzuweisen ist: So können die Anreize betriebliches Vorschlagswesen, Bildungsmassnahmen und Beförderung/Versetzung vergütungsneutral wie auch vergütungswirksam sein. Je nachdem zählen sie demnach zu den materiellen (und dabei zu den monetären) oder den nicht-materiellen Anreizen.

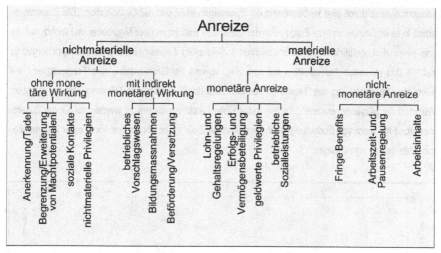

Abbildung 8: Systematisierung von Anreizen[464]

Zu den bedeutendsten nicht-materiellen Anreizen im Team gehört die Möglichkeit, durch Kontakte am sozialen Kapital der Gruppe zu partizipieren. Dieses Kapital umfasst „the configuration of a group's members' social relationships within the social structure of the group itself, as well as in the broader social structure of the organization to which the group belongs, through which necessary resources for the group can be accessed"[465]. Die Möglichkeit zur Knüpfung formeller und informeller Beziehungen befriedigt die sozialen Bedürfnisse und wird durch die vorherrschende interne Sozialstruktur determiniert.

3.2.5.1 Teamentlohnung als monetäres Anreizinstrument

Unter monetären Anreizen werden Lohn- und Gehaltsregelungen, Erfolgs- und Vermögensbeteiligungen, betriebliche Sozialleistungen und andere geldwerte Privilegien verstanden. Monetäre Anreizsyste-

---

461 Vgl. Drumm (1992), S. 395.
462 Vgl. Jung (2001), S. 554 und Drumm (1992), S. 396 .
463 Vgl. Hentze (1995), S. 65.
464 Eigene Darstellung nach Hentze (1995), S. 65 und Drumm (1992), S. 396-397.
465 Oh et al. (2004), S. 861.

me, verstanden als Führungsinstrumente zur Verhaltenssteuerung[466], versuchen eine optimale Abstimmung zwischen kurz- und längerfristigen zu verfolgenden Zielen zu erreichen[467] und kombinieren deshalb Lohn-, Erfolgs- und Vermögensbeteiligung sowie Zusatzleistungen.[468]

Die Teamentlohnung bezeichnet die Gestaltung der monetären Anreizstruktur im Team. Von den Mitgliedern wird das Leistungsergebnis des Teams nicht nur durch ihre individuelle Leistung beeinflusst, sondern ebenso durch eine Verbesserung der Zusammenarbeit und der Organisation. „Die Zusammenarbeit in einer Gruppe wirft die Frage nach der gerechten Entlohnung der Mitarbeiter im Hinblick auf die von ihnen durchgeführte Tätigkeit sowie ihren individuellen Leistungsbeitrag zum Gruppenergebnis auf."[469] Das monetäre Anreizsystem hat zum Ziel, sowohl die Einzelleistung des Teammitglieds wie auch die Gesamtleistung des Teams zu steuern. Das dabei existierende Dilemma scheint unlösbar: Während die Mitglieder erwarten, für ihre individuelle Leistung entlohnt zu werden, ist für die Zusammenarbeit im Team von Bedeutung, auch gemeinsame Ziele zu belohnen und somit einer Fragmentierung des Teams vorzubeugen.

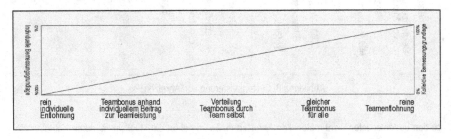

Abbildung 9: Formen der Entlohnung der Teammitglieder

Die unterschiedlichen Formen der Entlohnung der Teammitglieder hängen vom Mass ab, in dem die Individual- oder die Teamleistung als Bemessungsgrundlage verwendet wird (vgl. Abbildung 9). Werden keine Indikatoren der Teamleistung zur Bemessung herbeigezogen, findet eine rein individuelle Entlohnung statt. Wird der Teambonus den einzelnen Teammitgliedern anhand ihres individuellen Beitrags zur Teamleistung[470] durch eine übergeordnete Instanz zugewiesen, stellt die Teamleistung lediglich den Rahmen für die zu Verfügung stehende Summe dar. Eine solche Verteilung bedingt eine oftmals schwierig umzusetzende, sorgfältige Messung der individuellen Leistung, um Fairnessansprüche der

---

466   Vgl. Wälchli (1995), S. 36 und Greif 1983 und Neuberger 1983, zit. nach Eyer (1994), S. 101.
467   Vgl. Wälchli (1995), S. 35-36.
468   Vgl. Wälchli (1995), S. 151.
469   Eyer (1994), S. 100.
470   Vgl. Bartol und Hagmann 1992, zit. nach Newton McClurg (2001), S. 74.

Teammitgliedern zu berücksichtigen.[471] Die Aufteilung des Bonus durch das Team selbst[472] stellt eine Teamleistung dar, dem zahlreiche Teamhandlungen vorausgegangen sind, die sowohl den Prozess selbst als auch die Bestimmung der Verteilungskriterien beeinflussen. Wird ein Teambonus zu gleichen Teilen an alle Teammitglieder ausgeschüttet, werden für die Teamentlohnung nur noch Aspekte der Gesamtteamleistung berücksichtigt. Der Bonus kann dabei im gleichen Verhältnis entsprechend der geleisteten Stundenzahl oder entsprechend den Prozentsätzen des Lohngruppenschlüssels zugeteilt werden.[473] Wird der Bonus zu gleichen Teilen an alle Teammitglieder ausgeschüttet, kann dies einerseits die individuelle Einsatzbereitschaft reduzieren, andererseits zu erhöhter Kohäsion führen.[474] Als Extremform kann die reine Teamentlohnung ohne individuelle Bemessungsgrundlage betrachtet werden, die einzig eine vollkommen paritätische Verteilung des Teameinkommens umfasst.

Die Wirksamkeit von leistungsabhängiger Entlohnung als Führungsinstrumente zur Verhaltenssteuerung von Teammitgliedern ist jedoch eingeschränkt[475],

- wenn die Leistungsmessung durch die Mitglieder nicht kontrolliert oder nachvollzogen werden kann, was zu Unsicherheit und nur geringer Motivationssteigerung führt,
- wenn ein ungenauer Zusammenhang zwischen der tatsächlichen und der gemessenen Leistung besteht, was dazu führt, dass die gemessenen Leistungsmerkmale anstelle der tatsächlichen Leistung verfolgt werden,
- wenn Vergleichsprozesse innerhalb des Teams zum Gefühl der Ungerechtigkeit und damit zu Leistungsreduktion, Sabotage oder Fluktuation der Teammitglieder führen, und
- wenn ständige Erhöhungen der Anforderungen, die zur Ausschüttung der entsprechenden Anreize führen, durch die Mitglieder antizipiert werden und in geringerer Leistungsbereitschaft Niederschlag finden.

3.2.5.2 Grundprobleme der Teamentlohnung

Bei der Teamentlohnung bestehen zwei grundsätzliche Probleme: Einerseits gilt es, unterschiedliche individuelle und kollektive Ziele bei der Wahl der Entlohnungsform zu berücksichtigen, andererseits besteht aufgrund verschiedener Teamspezifika (Interaktion, Interdependenz, Spezialisierung) die Schwierigkeit, die individuellen Beiträge der einzelnen Teammitglieder zu messen. Die unterschiedliche kulturelle Herkunft der Teammitglieder determiniert möglicherweise die Anreizwirkung individueller oder

---

471 Vgl. Newton McClurg (2001), S. 74.
472 Vgl. Newton McClurg (2001), S. 78 und Eyer (1994), S. 106.
473 Vgl. Eyer (1994), S. 106 und Newton McClurg (2001), S. 74 .
474 Vgl. Newton McClurg (2001), S. 74.
475 Vgl. Zenger und Marshall (2000), S. 150-151.

kollektiver Entlohnungsformen. „Understanding how people from different cultures will react to different team-based reward schemes is no easy matter. It requires an in-depth understanding of the values associated with the particular cultures."[476]

Während eine Mehrheit von Unternehmen Teammitglieder zu gleichen Teilen belohnt, wünschen sich die Mitglieder eine Verteilung auf individueller Basis.[477] Erklärungsansätze für diese Diskrepanz sind folgende:

- Eine Teamleistung ist einfacher zu bewerten als die Leistung der einzelnen Teammitglieder.[478]

- Die Förderung individueller Leistungsentlohnung kann die Solidarität zwischen Teammitgliedern und deren erforderliche gegenseitige Unterstützung gefährden.[479]

- Der Teamerfolg muss mehr zählen als der Einzelerfolg, damit garantiert ist, dass sich die Mitglieder übergeordneten Entscheidungen unterordnen.[480]

- Mit zunehmendem Interdependenzgrad der Aktivitäten steigt das Bedürfnis nach Unterstützung, so dass Kooperation dem Wettbewerb vorzuziehen ist.[481]

- Individualistisch geprägtes Wettbewerbsdenken im Team kann zu Misstrauen, Frustration und Konflikten führen.[482]

- Es gilt die Prämisse, dass „[d]ie Orientierung der gemeinsamen Vergütung an einem gemeinsam erbrachten Ergebnis [...] die Identifikation mit dem Ergebnis und die Gruppenentwicklung [fördert]"[483].

Neben der unterschiedlichen Einschätzung der Wirkung individueller Belohnung der Teammitglieder bestehen Schwierigkeiten, einerseits die Einzelleistung eines Teammitglieds zu identifizieren (Inputseite) und andererseits, Teamresultate so aufzuteilen, dass sie einzelnen Teammitgliedern klar zuzuordnen sind (Outputseite).[484] Eine Entlohnung, die exakt der Produktivität (verstanden als Verhältnis von Input zu Output) des Teammitglieds entspricht, verursacht hohe Such- und Informationskosten. Inputseitig besteht die Teamarbeit aus vielfältigen, höchst interdependenten Interaktionen zwischen den Teammitgliedern. Eine eindeutige Zuordnung jedes individuellen Beitrags ist mit Beobachtungsaufwand verbunden. Zusätzlich erschwert die heterogene Spezialisierung der einzelnen Teammitglieder eine Abschät-

---

476 Thomas et al. (2000), S. 23.
477 Vgl. DeMatteo et. al. 1997, zit. nach Newton McClurg (2001), S. 75.
478 Vgl. Bachmann (2002), S. 15.
479 Vgl. Fluri (2001), S.17.
480 Vgl. Schneider und Knebel (1995), S. 34.
481 Vgl. Tjosvold 1995, zit. nach Högl und Gemünden (2000), S. 40.
482 Vgl. Högl und Gemünden (2000), S. 40.
483 Schneider und Knebel (1995), S. 117.
484 Vgl. Alchian und Demsetz (1972), S. 778 und Lawler III (1987), S. 74.

zung der Wertigkeit der einzelnen Inputs. Auf der Outputseite ist es aufgrund der Interdependenz der Produktionsteilprozesse schwierig, die einzelnen Grenzwertprodukte der Beiträge der Teammitglieder zu bestimmen.[485]

Diese Schwierigkeiten der Bemessung individueller Beiträge werden durch folgende zusammenhängende Annahmen zum Problem:

- In einer Leistungsgesellschaft wird das Leistungsprinzip zum Prinzip sozialer Verteilungsgerechtigkeit erhoben.[486] Die Verteilung knapper Ressourcen (wie z.b. hier Geld für Entlohnung) beruht auf einer Bemessung der Leistung der Ressourcenempfänger. Fehlt die Leistung als Bemessungsgrundlage wird die Gewährleistung dieser Gerechtigkeit verunmöglicht.

- Die Organisation setzt Anreize als Mittel zur Leistungssteigerung ein.[487] Kann die Leistung nicht ermittelt werden, verliert die Anreizpolitik diese Steuerungsfunktion, die investierten Ressourcen verpuffen ohne kontrollierbaren Effektivitäts- oder Effizienzgewinn.

- Unter den verschiedenen Annahmen bzgl. menschlichen Verhaltens existiert mindestens ein Menschenbild, das – bedingt durch die unterstellte Maxime des individuellen Nutzenmaximierens – dem Menschen die Möglichkeit unterstellt, opportunistisch zu handeln.[488] Opportunismus, verstanden als „die Verfolgung des Eigeninteresses unter Zuhilfenahme von List"[489] führt bei Schwierigkeiten der individuellen Leistungsbemessung im Team dazu, dass die Teammitglieder versuchen, mittels kleinstmöglicher Leistung die grösstmögliche Entlohnung zu erhalten. Dieses Verhalten wird in der Literatur mit Drückebergerei[490] bezeichnet.

Um die Teammitglieder zur Leistung anzuhalten, wird eine Reihe von Massnahmen vorgeschlagen, die teilweise alleine, teilweise im Verbund die Drückebergerei reduzieren sollen, indem entweder die Kontrollkosten reduziert, die Anreize verändert oder eine Kombination beider Mechanismen propagiert werden.[491] Neben der randomisierten Kontrolle der einzelnen Teammitglieder (verbunden mit negativen Anreizen im Fall der Entdeckung von Drückebergerei)[492] gelten die Entrichtung von Effizienzlöhnen

---

485   Vgl. Alchian und Demsetz (1972), S. 779 und Lawler III (1987), S. 74.
486   Vgl. Staffelbach (2004), S. 31.
487   Vgl. Lawler III (1987), S. 69.
488   Vgl. Williamson (1990), S. 53-57.
489   Williamson (1990), S. 54.
490   Vgl. z.B. Calvo (1987), S. 87 und Alchian und Demsetz (1972), S. 781.
491   Vgl. Calvo (1987), S. 87.
492   Vgl. Calvo und Wellisz (1978), S. 944-945.

(Löhnen über dem markträumenden Niveau)[493], Beförderungen[494], Verkleinerung der Teamgrösse[495], Zwangspensionierungen mit überkompensatorischen Rentenzahlungen nach Ende des Beschäftigungsverhältnisses[496] und Gewinnbeteiligungsprogramme mit oder ohne hierarchische Folgen[497] als Massnahmen zur Verhinderung der Drückebergerei.

3.2.5.3 Bemessungsgrundlagen der Teamentlohnung

Die in der Literatur aufgeführten Bemessungsgrundlagen für die Teamentlohnung lassen sich in solche, welche die Teammitglieder fokussieren und solche, die sich auf das gesamte Team beziehen, unterteilen.

3.2.5.3.1 Teamperformance als Bezugsgrösse (Pay for Performance)

Performanceabhängige Beteiligungsformen verwenden in unterschiedlichem Masse Kriterien der Input- und der Outputseite[498]. Alle Formen beruhen auf der Annahme, dass Teams „aufgrund der geschlossenen Regelkreise aus Planung, Realisation und Kontrolle in der Lage und aufgrund der hohen intrinsischen Motivation der Arbeit in Gruppen bereit sind, den Arbeitsprozess kontinuierlich zu verbessern"[499]. Performanceabhängige Beteiligungsformen lassen sich als spezifische Ausprägungen der Vergütung eines kontinuierlichen Verbesserungsprozesses[500] verstehen.

- Eine outputbasierte Beteiligungsform stellt die Gewinnbeteiligung (Profit Sharing) dar, bei der ein vorbestimmter Anteil des Gewinns in einen Pool geleitet wird, der entweder an Mitarbeiter ausgeschüttet, für ein Ruhestandsprogramm angelegt wird, oder in einer Kombination von Ausschüttung und langfristiger Anlage Verwendung findet.[501]

- Die Beteiligung an ökonomischen Produktivitätsgewinnen (Economic Productivity Gainsharing/Scanlon-Typ) wird wie folgt berechnet: Als Richtwert wird ein mehrjähriges Verhältnis von Lohnsumme zum Verkaufswert der Produktion verwendet. Dieser Wert wird mit den monatlichen Verhältnissen von Lohn und Verkaufswert verglichen. Von der Summe, die den Richtwert überschreitet, wird ein Teil von der Firma thesau-

---

493 Vgl. Ridder (1999), S. 352.
494 Vgl. Alchian und Demsetz (1972), S. 781.
495 Vgl. Weiss (1987), S. 150.
496 Vgl. Lazear (1979), S. 1261.
497 Für eine Übersicht über Gewinnbeteiligungsprogramme des Scanlon-Typs vgl. z.B. Geare (1976), S. 99-102. Als Gewinnbeteiligungsprogramm mit hierarchischen Folgen kann die von Alchian und Demsetz vorgeschlagene Einführung einer residualberechtigten Person mit Besitz der Verfügungsrechte angesehen werden. Vgl. Alchian und Demsetz (1972), S. 781-783.
498 Vgl. Kossbiel (1994), S. 79 und ebd., S. 90, Endnote 9.
499 Eyer (1994), S. 111.
500 Vgl. Eyer (1994), S. 111.
501 Vgl. Kendrick (1987), S. 121. Für weitere Outputgrössen vgl. Kandaouroff (1998), S. 146 .

riert, ein anderer Teil wird den Mitarbeitern ausgeschüttet oder in Rentenprogrammen angelegt. Neben vielfältigen Anpassungsmechanismen, welche exogene Veränderungen der Basisgrössen berücksichtigen, existiert eine institutionalisierte Struktur, die den Mitarbeiten ermöglichen soll, zur Verbesserung der Produktionsbedingungen beitragen zu können.[502]

- Die Beteiligung an Produktivitätssteigerungen (Performance Productivity Gains)[503] fokussiert stärker die Referenzgrössen der Inputseite. Diese Beteiligungsform vergleicht ein Verhältnis zwischen der aktuellen Arbeitszeit pro Zeitperiode mit einer Referenzdauer, die in einer früheren Periode für die Produktionsmenge benötigt wurde. Der Wert der eingesparten Stunden wird zwischen dem Unternehmen und den Mitarbeitern aufgeteilt. Zusätzlich zur Arbeitszeit können andere Kriterien wie Einsparungen im Material- und Energieverbrauch verwendet werden. „This version comes close to a total- or multi-factor productivity approach."[504] Grundlegend für diese Konzepte ist die Annahme der Motivationsförderung durch Entlohnung, wenn die Mitarbeiter die an sie gestellten, entgeltrelevanten Anforderungen kennen und (zumindest zum Teil) an der Festlegung der Anforderungen und Ziele[505] sowie der Art und Weise, wie diese Ziele erreicht werden sollen, beteiligt sind[506].

Sämtliche dieser Ansätze fokussieren Verbesserungen der Gesamtleistung und lassen sich demnach auf Teamleistungen übertragen. Studien ermittelten einen Produktivitätszuwachs in rund zwei Dritteln der Unternehmen, die diese Beteiligungsverfahren eingesetzt haben.[507] Die Grenzen dieser Ansätze bestehen in folgenden Punkten:

- Der Zusammenhang von Individualleistung und Produktivitätssteigerung ist für die Mitarbeiter nicht unmittelbar erkennbar.[508]

- Veränderte Anforderungen und sich änderndes Leistungsverhalten der Teams erfordern eine zeitlich adäquate Neufestlegung der Ziele.[509] Die Veränderungen müssen rechtzeitig erkannt und in der gemeinsamen Zielsetzung berücksichtigt werden.

---

502   Vgl. Kendrick (1987), S. 122-123.
503   Vgl. Kendrick (1987), S. 123. Diese Form der Beteiligung wird auch als „Improshare" (improved productivity through sharing) bezeichnet.
504   Kendrick (1987), S. 123.
505   Vgl. Kandaouroff (1998), S. 143.
506   Vgl. Kendrick (1987), S. 123.
507   Vgl. Kendrick (1987), S. 132. Andere Quellen zweifeln jedoch die Wirksamkeit der teambasierten Entlohnung (nach Erfahrungen) an. Vgl. Thornburg 1992, Johnson 1993 und Taylor et al. 1995, alle zit. nach Newton McClurg (2001), S. 74.
508   Vgl. Kendrick (1987), S. 134.

- Messschwierigkeiten bzgl. Output und Produktivität im tertiären Sektor können dazu führen, dass kein Referenzwert zur Berechnung von Produktivitätswerten ermittelt werden kann.[510]

3.2.5.3.2 Eigenschaften der Teammitglieder als Bezugsgrösse

Als individuelle Bemessungsgrundlagen lassen sich die Fähigkeiten der einzelnen Teammitglieder sowie deren Flexibilität und Leistung heranziehen.

„Traditional pay emphasizes paying people for the jobs they do rather than the skills they have. The new pay suggests paying individuals for the skills they have."[511] In Teams, die ihren Arbeitsprozess selbst koordinieren, sind die Arbeitsprozesse wie bereits erwähnt, oftmals nur schwierig und sinnentfremdet vollständig separierbar. In diesem Fall bietet sich eine Entlohnung der Inputs (Fähigkeiten) anstelle des nur schwierig zu separierenden Outputs (Arbeitsprozesse) an.[512] Neben (oder zusätzlich zu) den Fähigkeiten der Teammitglieder können auch das Alter, die Berufserfahrung und die Dienstjahre im Betrieb als individuelle Bemessungsgrundlagen berücksichtigt werden.[513]

Teams gelten als Elemente flexibler Arbeits- und Organisationsstrukturen und erhöhen die Flexibilität eines Unternehmens. Damit stellt sich die Frage, wie der an die Teammitglieder herangetragene Flexibilitätsanspruch in der Vergütung berücksichtigt werden soll.[514] Die Flexibilität lässt sich in fachliche und zeitlich-örtliche Flexibilität differenzieren.

Fachliche Flexibilität wird als notwendige Voraussetzung betrachtet, um auf veränderte Umstände reagieren zu können, z.B. dadurch, dass die Teammitglieder je nach Situation Teilprozesse von anderen Teammitgliedern übernehmen können.[515] „Flexibilität als Qualifikation ist entsprechend jene Kombination von Fähigkeiten, Fertigkeiten, Kenntnissen, Motiven, Einstellungen und Persönlichkeitseigenschaften, die eine reibungslose Anpassung an wechselnde, auf die Erstellung flexibler Produkte gerichtete Algorithmen ermöglicht."[516] Zeitlich-örtliche Flexibilität zeigt sich in der Bereitschaft des Teammitglieds, den Arbeitseinsatz und -ort innerhalb bestimmter Rahmenbedingungen den entsprechenden Erforder-

---

509   Vgl. Kandaouroff (1998), S. 145.
510   Vgl. Kendrick (1987), S. 134-135.
511   Lawler III (1987), S. 83.
512   Vgl. Bachmann (2002), S. 15 und Newton McClurg (2001), S. 75.
513   Vgl. Fluri (2001), S. 17. Die genannten Merkmale können als Surrogate der individuellen und spezifischen Fähigkeit der Teammitglieder verstanden werden.
514   Vgl. Eyer (1994), S. 101.
515   Vgl. Eyer (1994), S. 102.
516   Tiggelers (1989), S. 157.

nissen anzupassen. Die gezeigte Bereitschaft des Teammitglieds, sowohl fachlich wie zeitlich-räumlich flexibel zu handeln, kann belohnt werden.[517]

Je geringer die Arbeitsteilung zwischen den Teammitgliedern ist, das heisst, je mehr verschiedene Tätigkeiten ein Mitglied ausführt, desto höher ist dessen fachliche Flexibilität und damit sein Grundlohn. Das Dilemma zwischen der Minimierung von Lohnkosten und der Maximierung der Flexibilität wird mit der Bestimmung der optimalen Flexibilität (vgl. Tabelle 12) zu lösen versucht.

	Merkmal	Auswirkungen auf den Arbeitsprozess	Auswirkungen auf den Lohn
Minimale Flexibilität	jedes Teammitglied beherrscht nur seine Stammtätigkeit	Anfälligkeit bei Störungen; interner Handlungsspielraum fehlt → keine Teilautonomie der Gruppe	Grundlöhne minimiert
Maximale Flexibilität	jedes Teammitglied beherrscht jede Teiltätigkeit in der Gruppe	keine Anfälligkeit bei Störungen	maximale Lohnkosten
Optimale Flexibilität	jedes Teammitglied beherrscht neben den Stammtätigkeiten die ihm zusätzlich übertragenen Teiltätigkeiten	Arbeitsprozess ist bei Störungen während beschränkter Zeit gewährleistet	Lohnsumme hinsichtlich der betrieblich notwendigen Flexibilität optimiert.

Tabelle 12: Flexibilität der Teammitglieder[518]

Der innerhalb des Teams angestrebte flexible Arbeitseinsatz der Teammitglieder setzt deren entsprechende Qualifizierung für direkte und indirekte Tätigkeiten[519] sowie deren entsprechende Motivation dazu voraus[520].

Ist die individuelle Leistung der einzelnen Teammitglieder ermittelbar, kann diese in Form einer individuellen Leistungszulage, einem individuellen Akkordmehrverdienst oder einer individuellen Prämie berücksichtigt werden.[521] Aufgrund der fehlenden Separabilität von In- und Output müssen in der Regel Surrogate zur Erhebung des individuellen Beitrags – häufig die Arbeitszeit – verwendet werden.[522]

Ein valideres Instrument zur Messung der individuellen Leistung besteht in unterschiedlichen differenzierten Beurteilungsverfahren. Diese Verfahren lassen sich einerseits nach der beurteilenden Instanz, andererseits nach den beurteilten Merkmalen differenzieren. Als beurteilende Instanz kann die dem Team vorgesetzte Stelle fungieren. Deren Beurteilungsaufwand steigt jedoch mit zunehmender Autonomie und wachsendem Selbstorganisationsgrad des Teams, so dass sich in diesem Fall die Teamfüh-

---

517   Vgl. Eyer (1994), S. 102.
518   Eigene Darstellung nach Eyer (1994), S. 103-105.
519   Vgl. Antoni et al. (1996), S. 495.
520   Vgl. Scherrer (1996), S. 59.
521   Vgl. Eyer (1994), S. 106.
522   Vgl. Eyer (1994), S. 106 und Newton McClurg (2001), S. 75.

rung oder das Team selbst als Beurteilungsinstanz anbieten. Berücksichtigt werden muss bei der Wahl des Beurteilers, dass das Ergebnis der Leistungsbeurteilung von allen Teammitgliedern akzeptiert wird und das Team dadurch nicht gespalten wird.[523] Findet die Beurteilung durch die Gruppe selbst statt, gilt es folgende Punkte zu beachten:[524]

- Das Beurteilungsverfahren – einfach, übersichtlich und für Mitarbeiter leicht verständlich – sollte vorgegeben werden.
- Die Mitarbeiter wissen, wie ihre Beurteilung die Leistungszulage bzw. Verteilung der Teamprämie beeinflusst.
- Der Beurteilungsprozess im Team sollte von einem gruppenexternen Moderator gesteuert werden.
- Das Team sollte insbesondere in einer Anlaufphase die komplette Teamprämie nicht zur Gänze verteilen. Dadurch soll verhindert werden, dass wegen der zunächst marginalen Auswirkungen der Leistungsbeurteilung Konflikte entstehen.

Dabei können teamspezifische und individuelle, kausale und finale Leistungsbeurteilungsmerkmale verwendet werden, wobei es zu Berücksichtigen gilt, „dass kausale und finale Leistungsbeurteilungsmerkmale nicht in einem Leistungsbeurteilungsverfahren verknüpft werden sollen"[525].

3.3   Teaminterne, direkt gestaltbare Einflussfaktoren auf das Teamverhalten

Die bisher betrachteten Einflussfaktoren auf das Teamverhalten entstammen dem Teamumfeld. Folgend werden Teammerkmale betrachtet, die innerhalb der Teamgrenzen auftreten (teamintern) und von den Teammitgliedern oder der unmittelbaren Teamumgebung im Rahmen der Teamgestaltung direkt beeinflusst werden können.

3.3.1   Teammitglieder

Die Mitglieder des Teams besitzen aufgrund ihrer Merkmale einen starken Einfluss auf das Teamverhalten. Trotz der Kritik, die einer Eigenschaftstheorie für die Teammitglieder erwächst – einerseits dadurch, dass die Gruppendynamik die erforderlichen Eigenschaften ständig neu definiert, andererseits dadurch,

---

523   Vgl. Eyer (1994), S. 110.
524   Vgl. Eyer (1994), S. 111.
525   Eyer (1994), S. 109.

dass das Verhalten und dessen Wirkung von der situativen Gegebenheit abhängt[526] – sollen die verhaltenssteuernden Merkmale der Teammitglieder betrachtet werden.

3.3.1.1 Individuelles Können: Fähigkeiten

Die einzelnen Mitglieder müssen in ihrer Gesamtheit folgende Fähigkeiten aufweisen, damit das Team erfolgreich sein kann:[527]

1. fachliche Sachkenntnis (Fachkompetenzen)
2. Fähigkeiten zur Problemlösung und Entscheidungsfindung (methodische Kompetenzen)
3. soziale Fähigkeiten (soziale Kompetenzen)

In welcher Art sich diese Fähigkeiten auf die Teammitglieder verteilen müssen, ist von verschiedenen situativen Gegebenheiten und dem gruppendynamischen Prozess abhängig.

3.3.1.1.1 Fachliche Sachkenntnis (Fachkompetenzen)

Die Teamaufgabe verlangt ein Minimum an fachlichen, komplementären Fähigkeiten.[528] Dass diese ergänzenden Fähigkeiten auf verschiedene Mitglieder verteilt sind, ergibt sich einerseits aus dem Bedarf an hochspezialisiertem Fachwissen und andererseits aus der Restriktion, dass ein Mensch lediglich eine endliche Anzahl von Fähigkeiten besitzen kann. Das benötigte fachliche Wissen hängt von der spezifischen Aufgabe ab. Informationsasymmetrien im Team aufgrund der Komplementarität der eingebrachten Fähigkeiten als Grundzustand verstärken die Gefahr strategischen Verhaltens derjenigen, die einen Wissensvorsprung aufweisen. Solches Verhalten führt zur Bildung informeller hierarchischer Wissensstrukturen, die dem Teamprinzip zuwiderlaufen.[529] Teams, deren Mitglieder eher generelles Wissen besitzen, können deshalb eine bessere Performance aufweisen als Teams mit hochspezialisierten Mitgliedern, da bei funktionsübergreifenden Aufgaben auf geteiltes Wissen zurückgegriffen werden kann.[530]

3.3.1.1.2 Fähigkeiten zur Problemlösung und Entscheidungsfindung (methodische Kompetenzen)

Neben dem Fachwissen benötigt ein Team Fähigkeiten, die anstehenden Probleme zu erkennen, Lösungsmöglichkeiten und Chancen zu entwickeln und Entscheidungen zu treffen, die das Team för-

---

526   Vgl. Lattmann 1993, zit. in Schneider und Knebel (1995), S. 80-81.
527   Vgl. Schneider und Knebel (1995), S. 80, Katzenbach und Smith (1993), S. 47 und Born und Eiselin (1996), S. 39.
528   Vgl. Katzenbach und Smith (1993), S. 48.
529   Vgl. Schneider und Knebel (1995), S. 47.
530   Vgl. Rulke und Galaskiewicz (2000), S. 622.

dern.[531] Diese methodischen Kompetenzen liegen in der Schnittstelle zwischen den fachlichen und den sozialen Kompetenzen. Die Entwicklung implementierbarer Problemlösungen sowie das Treffen von akzeptablen Entscheidungen kann sowohl fachliche wie auch soziale Fähigkeiten verlangen.

3.3.1.1.3 Soziale Fähigkeiten (soziale Kompetenzen)

In der Literatur werden soziale Fähigkeiten als „interpersonal skills"[532], „Fähigkeiten im Umgang miteinander"[533] oder „charakterliche Eigenschaften"[534] bezeichnet oder dem Sammelbegriff der „Teamfähigkeit"[535] zugeordnet. Während unter Teamfähigkeit oftmals sowohl die sozialen Kompetenzen zur Teamarbeit wie auch die Motivation zum kooperationsdienlichen Verhalten verstanden werden[536], sollen diese Komponenten hier gesondert betrachtet werden. Teamfähigkeit, verstanden als Kompetenz zur Zusammenarbeit in einem Team, wird zunehmend als eine der wichtigsten Eigenschaften verstanden.[537] Kommunikation und daraus resultierende Konflikte führen bei konstruktiver Handhabung zu gegenseitigem und gemeinsamem Verständnis. Grundlegend dazu ist die Existenz sozialer Kompetenzen, die eine Vielzahl von Fähigkeiten, Einstellungen, Verhaltensweisen und/oder Persönlichkeitsmerkmalen beinhalten. Im Teamkontext sind von grundlegender Bedeutung[538]

- kommunikative Fähigkeiten wie aktives Zuhören,
- Teamorientierung und Kooperationsfähigkeit,
- Konflikt- und Kritikfähigkeit, und damit die Fähigkeit Feedback zu geben und Feedback zu erhalten,
- kreative Fähigkeiten,
- Fähigkeiten der Eigen- und Fremdmotivation,
- Gesprächs- und Verhandlungsfähigkeiten,
- die Fähigkeit, Zugang zu ‚fremden Welten' (Personen, Organisationen, Kulturen) zu finden,
- Empathie,
- die Fähigkeit, sich selber und andere differenziert wahrzunehmen,
- die Fähigkeit, individuelle und gemeinsame Ziele sinnvoll integrieren zu können,

---

531   Vgl. Katzenbach und Smith (1993), S. 47.
532   Katzenbach und Smith (1993), S. 48.
533   Schneider und Knebel (1995), S. 80.
534   Forster (1978), S. 61.
535   Vgl. Forster (1978), S. 61 und Schneider und Knebel (1995), S. 51.
536   Vgl. Schneider und Knebel (1995), S. 39-40.
537   Vgl. Baarfuss (2001), S. 18.
538   Vgl. Katzenbach und Smith (1993), S. 48 und Sonntag (1996), S. 173.

- die Fähigkeit, soziale Strukturen zu erkennen und zu nutzen,

- die Fähigkeit, Ziele und Grenzen einer Organisation zu erkennen und danach zu handeln und

- die Fähigkeit, seine eigene Persönlichkeit weiterzuentwickeln und Veränderungsprozesse in Organisationen aktiv zu gestalten.

3.3.1.2 Persönliches Wollen: Motivation

Dass die Teammitglieder die oben genannten Eigenschaften und Fähigkeiten besitzen, reicht für eine erfolgreiche Teamleistung nicht aus. Teamarbeit entspricht der Denkhaltung von Leistung auf der Basis von Kooperation.[539] Erfolgreiche Teamarbeit setzt eine Loyalität der Teammitglieder zum Team, den Glauben an die Vorrangigkeit der Teamziele gegenüber den eigenen Zielen und den Willen voraus, sich so zu verhalten, dass es dem Team nützt.[540] Es bedarf somit einer Motivation zur Zusammenarbeit. Obschon sich das Team durch ein Teamziel auszeichnet, bleibt offen, welche Motive jedes einzelne Teammitglied durch die Zusammenarbeit zu erfüllen erhofft, da die Motivation aus einem Wechselspiel zwischen individuellen Motiven und situativen Anreizen entsteht[541].

Motive sind abstrakte „Inhaltsklassen von Wertungen, von denen menschliches Handeln bewegt zu sein scheint"[542]. Sie werden als wertgeladene, im positiven Fall angestrebte Zustände eigenen Handelns empfunden, die eine Bereitschaft zu entsprechendem Verhalten zur Folge haben, das diese Zustände verspricht.[543] In der Literatur wird die positive innere Haltung, die Einstellung und die Bereitschaft der einzelnen Teammitglieder zur Zusammenarbeit als „vielleicht sogar die wichtigste Voraussetzung für das Gelingen von Teamarbeit"[544] betrachtet. Der Bereitschaft zur Zusammenarbeit können folgende Motive zu Grunde liegen:

- Das Motiv ‚Nutzenmaximierung' bezeichnet die Nutzenerwägung, Kontakt mit solchen Menschen aufzunehmen, die der Erreichung der eigenen Ziele dienlich sein können. Die Attraktivität der Gruppe steigt in dem Masse, in dem sie für die Zielerreichung von Bedeutung ist.[545] Besteht die Gefahr, bei Drückebergerei aus der Gruppe ausgeschlossen zu werden, kann damit kooperatives Verhalten begründet werden.

---

539 Vgl. Born und Eiselin (1996), S. 39.
540 Vgl. Ramamoorthy und Flood (2004), S. 348.
541 Vgl. Heckhausen (1989), S. 3 und S. 55 und Kehr (2001), S. 63.
542 Heckhausen (1989), S. 16.
543 Vgl. Berthel (1995), S. 19.
544 Forster (1978), S. 61.
545 Vgl. Homans 1958, zit. nach Wiswede (1992), Sp. 745.

- Das Motiv der ‚sozialen Interaktion' kann als Anschlussmotiv[546] den Gegensatz zum isolierten, alleinigen Arbeiten betonen, dem altruistischen[547] oder strategischen Helfen durch das Erbringen eigener Inputs entsprechen oder auch der Vermeidung von schlechtem Gewissen oder negativem reziprokem Handeln[548] dienen.

Motive können je nach Ausprägung, Gewichtung und Reihenfolge verschiedene latente Motivdispositionen bilden.[549] Extrinsische Motivation alleine reicht nicht aus, um ein vollkommen kooperatives Verhalten im Team zu erreichen, da es einerseits kaum möglich ist, sämtliche Aspekte der Zusammenarbeit durch Anreize ‚abzusichern', und andererseits zur Motivationswirkung den individuellen Leistungen individuell spezifizierte Anreize entgegen gesetzt werden müssen, was jedoch durch die Nichtseparabilität[550] der Einzelbeiträge verunmöglicht wird. Neben der Problematik, Zusammenarbeit in Teams durch Anreize zu gewährleisten, müssen Wechselwirkungen zwischen Anreizen und Motivation berücksichtigt werden. So reduzieren z.B. angedrohte Strafen für Drückebergerei den Willen zur freiwilligen Zusammenarbeit. Dies kann dadurch begründet werden, dass die Strafandrohung und die damit einhergehende Kontrolle als Verletzung eines fairen Vertrauensverhältnisses empfunden wird.[551] Die Bedeutung der intrinsischen Motivation zur Zusammenarbeit zeigt sich im Team in folgenden Aspekten:[552]

- Gemeinsame Pool-Ressourcen: Teams besitzen Pool-Ressourcen (z.B. das explizierte Wissen sämtlicher Teammitglieder oder die spezifischen benötigten Wissensreserven), von denen die Teammitglieder auch dann profitieren, wenn sie nichts dazu beigetragen haben. Die hierbei entstehende Trittbrettfahrerproblematik kann nur durch intrinsisch motivierte Mitarbeiter gemindert werden, die einen Beitrag zu den Pool-Ressourcen leisten.

- Multiple Tasking: Die Teamarbeit setzt sich aus verschiedenen Zielen zusammen, die leicht bis schwierig zu messen sind. Extrinsisch motivierte Angestellte konzentrieren sich in der Folge auf die gut messbaren Ziele, während sie die schwierig messbaren (darunter relevante Teilaufgaben wie z.B. kollegiales Verhalten, Initiative oder Teamgeist) vernachlässigen. Je vielfältiger die Aufgabenstellungen sind, desto grösser ist die Bedeutung der intrinsischen Motivation der Teammitglieder.

---

546   Vgl. Kehr (2001), S. 63.
547   Vgl. Heckhausen (1989), S. 279.
548   Vgl. Fehr und Gächter (1998), S. 845.
549   Vgl. Heckhausen (1989), S. 55.
550   Vgl. Alchian und Demsetz (1972), S. 779.
551   Vgl. Fehr und Gächter (1998), S. 851.
552   Vgl. Frey und Osterloh (2000), S. 35-37.

- Bereitstellung impliziten Wissens: Bestimmtes, für die Teamaufgabe bedeutendes Wissen, kann nicht aufgezeichnet und expliziert werden. Extrinsische Anreize, welche die Teammitglieder dazu bringen sollen, ihr implizites Wissen für den Problemlösungsprozess bereitzustellen, versagen, weil diese Bereitstellung nicht überprüft werden kann.

- Kreativität und Innovativität: „Kreative, innovative Tätigkeiten beruhen weitgehend auf intrinsischer Motivation. Hingegen behindert extrinsische Motivation die Geschwindigkeit und die Intensität des Lernens."[553] Der Druck ausgesetzter Belohnungen führt zur Bevorzugung weniger anspruchsvoller Niveaus und zur Wiederholung bereits erprobter Erfolgsrezepte.

Die Einstellung zur Teamarbeit, die Loyalität und das Commitment zum Team wird u. a. auf die individuelle oder kollektive Orientierung der Menschen zurückgeführt. Individuelle Orientierung kann zu kompetitivem Verhalten, kollektive Orientierung zu kooperativem Verhalten führen.[554] Die Bereitschaft individualistischer Menschen, anderen zu helfen, ist davon abhängig, wie eng sie ihr Ziel mit erreichten Zielen der anderen Menschen verknüpft sehen.[555] Umgekehrt sind kollektivistische Menschen auch bei geringeren Ziel-Interdependenzen zu pro-sozialem Verhalten bereit.[556] Die Ausprägung dieser Werte ist unter anderem auf die kulturelle Herkunft zurückzuführen.

3.3.1.3 Kulturelle Unterschiede der Mitglieder: Professionskulturen

Die Mitglieder eines Teams können aus verschiedenen Kulturen stammen: Diese Unterschiede lassen sich auf die unterschiedliche Herkunft – z.B. Länder oder Professionen – der Teammitglieder zurückführen. Jede Kultur besitzt ein einzigartiges Wertesystem, in dem Werte in einer einmaligen Konstellation (Art der Werte, Reihenfolge, Gewichtung) so kombiniert sind, dass sie sich von allen anderen Kulturen unterscheidet.[557] Durch Symbole, Helden und Riten[558] werden die inneren Werte einer Kultur sowohl deren Angehörigen als auch für die Aussenwelt sichtbar gemacht[559].

In der Regel gehören alle Teammitglieder gleichzeitig einer Vielzahl verschiedener Gruppen und Kategorien von Menschen an und tragen somit verschiedene Ebenen mentaler Programmierungen in sich

---

553 Frey und Osterloh (2000), S. 37.
554 Vgl. Cox et al. (1991), S. 839.
555 Vgl. Ramamoorthy und Flood (2004), S. 360.
556 Vgl. Ramamoorthy und Flood (2004), S. 361.
557 Vgl. Davis 1971, zit. nach Hentze (1995), S. 225.
558 Vgl. Hofstede (1998), S. 8.
559 Vgl. Hofstede (1993), S. 23.

(z.B. der Nationalität, des Geschlechts, der sozialen Klasse in Verbindung mit Bildungsmöglichkeiten, der Ebene der Organisation oder Firma und der Ausbildungsart sowie des Berufs). Die berufsspezifischen Programme entwickeln sich durch die Art der Sozialisation bei der Arbeitsorganisation.[560] Unterschiedliche berufliche Sozialisationen bestehen in einem Team durch die multifunktionale Spezialisierung seiner Mitglieder, weshalb diese im Folgenden betrachtet werden.[561]

3.3.1.3.1 Professionskulturen als Folge beruflicher Sozialisierung[562]

Teammitglieder besitzen verschiedene fachliche Spezialisierungen, die sie sich in der Regel durch unterschiedliche Ausbildungen erworben haben. Während der Aneignung dieser Fähigkeit und der damit verbundenen beruflichen Sozialisierung durchliefen die Mitglieder unterschiedliche mentale Programmierungen. Sozialisierung beinhaltet einerseits die Überlieferung von Normen und Verhaltensvorschriften über Generationen zur Gewinnung einer Gesellschaftsfähigkeit, andererseits den Prozess, durch den sich ein Mensch eine Kultur aneignet (Enkulturation). Sozialisierung findet im Rahmen der Erziehung durch Einflüsse der Umwelt statt und umfasst alle Vorgänge, durch die ein Mensch Mitglied einer Gesellschaft wird, seine Identität findet und eine handlungs- und entscheidungsfähige Persönlichkeit wird. Die berufliche Sozialisierung findet einerseits durch die Sozialisation durch den Beruf, andererseits durch die Sozialisation für den Beruf statt.[563] Während die Sozialisation durch den Beruf die Auswirkungen der beruflichen Tätigkeit für den Status in der Gesellschaft betrachtet[564], fokussiert die Sozialisation für den Beruf die Vermittlung kultureller Standards, die für den Erfolg in spezifischen Arbeitsrollen unentbehrlich sind[565]. Diese Vermittlung kann sowohl in der Berufstätigkeit selbst wie auch ausserhalb (v.a. Familie) stattfinden, ihre Bedeutung lässt sich daran erkennen, dass die berufliche Tätigkeit als „eine Basis der Identitätsfindung im Erwachsenenalter"[566] bezeichnet wird, die zu einer (in der Regel positiven) Selbstidentifikation mit dem Beruf führt[567].

3.3.1.3.2 Entstehung der Professionskulturen

Die Entstehung von Professionskulturen lässt sich anhand eines rollentheoretischen und eines systemisch-evolutionären Ansatzes erklären.

---

560   Vgl. Hofstede (1993), S. 25.
561   Folgend wird auf eine gesonderte Betrachtung länderspezifischer Kulturen verzichtet, da diese im Team – im Gegensatz zu Professionskulturen – nicht zwingend heterogen auftreten müssen.
562   Der Begriff Profession wird hier synonym zum Begriff Beruf verwendet, obwohl in der Literatur bestimmte Abgrenzungen vorgenommen werden. Diese sind hier aber irrelevant. Für weitere Abgrenzungen vgl. z.B. Schein (2004), S. 264.
563   Vgl. Schein (2004), S. 262 und Windolf (1981), S. 5.
564   Vgl. Maanen und Barley (1984) und Windolf (1981), S. 7-8.
565   Vgl. Windolf (1981), S. 5-7.
566   Windolf (1981), S. 52.
567   Vgl. Beck et al. (1980), S. 215-216 und Trice und Beyer (1993), S. 183-184.

Der rollentheoretische Ansatz beruht auf der bereits von Platon zum Ausdruck gebrachten Werthierarchie der Stände und Berufe und dem damit verbundenen Ansehen einer Profession.[568] Dieses Prestige prägt die sowohl professionsintern wie -extern formulierten Rollenerwartungen an die Berufsangehörigen. Die Profession bezeichnet eine berufliche Gemeinschaft, die sich von anderen dadurch unterscheidet,

- dass sie sich durch bewusste Abgrenzung von anderen Berufen als Mitglieder derselben Profession bezeichnen[569],

- dass ihre Mitglieder direkt durch ihre berufliche Rolle soziale Identitäten oder statusbezogene Selbstbilder erhalten[570], und

- dass sich ihre Mitglieder gegenseitig als primäre Referenzgruppe betrachten, deren Mitgliedschaft die Anerkennung der Gültigkeit von Werten, Überzeugungen, Normen und Interpretationen voraussetzt um die Verhältnismässigkeit von Aktionen und Reaktionen der anderen Professionsmitglieder beurteilen zu können[571].

Die Träger der jeweiligen Berufsrolle werden durch die Rollenerwartungen sozialisiert. Dabei kann die Berufsrolle – und das mit ihr zusammenhängende soziale Gefüge – aktiv verändert werden.[572] Bei der Betrachtung der Rollenerwartungen an eine bestimmte Profession gilt es zu berücksichtigen, dass eine Vielzahl der Professionen innerhalb von Organisationen agieren, die nicht aus Personen sondern aus strukturierten Rollensets bestehen, die nicht nur die Beziehung zwischen Organisation und Profession[573], sondern auch zwischen den Professionen selbst festlegen.

Berufsgemeinschaften mit starken Kulturen zeichnen sich durch die Aufhebung der Trennung zwischen Arbeits- und Vergnügungsaktivitäten innerhalb der Professionsgemeinschaft, also durch eine enge Koppelung der Freizeitaktivitäten an die Arbeit oder eine extensive Überlappung von Arbeitsbeziehungen und sozialen Beziehungen insgesamt[574], aus. Die Mitglieder dieser Gemeinschaften gestalten ihr Leben um ihre Arbeit herum.[575]

Der systemisch-evolutionäre Ansatz betrachtet die Profession als Subsystem eines Berufssystems in arbeitsteiligen Gesellschaften. Eine Profession schafft sich mit Erfolg eine eigenständige, autonome und von der Öffentlichkeit anerkannte Stellung in der Gesellschaft. In dieser Stellung ist die Profession aus-

---

568 Vgl. Platon zit. nach Frieling (1980), S. 4-5.
569 Vgl. Maanen und Barley (1984), S. 295.
570 Vgl. Maanen und Barley (1984), S. 298.
571 Vgl. Trice und Beyer (1993), S. 182 und Maanen und Barley (1984), S. 303.
572 Vgl. Frieling (1980), S. 3.
573 Vgl. Windolf (1981), S. 62.
574 Vgl. Maanen und Barley (1984), S. 305.
575 Vgl. Trice und Beyer (1993), S. 181 und S. 184.

schliesslich für ein essentielles Problem der Gesellschaft zuständig.[576] Ein Zuständigkeitsbereich kann nur von einer Profession belegt sein, sie selbst kann nur einen Bereich besetzen.[577] Diese Exklusivität wird durch die Anwendung des spezifischen Wissens und die alleinige Erbringung von essentiellen Leistungen für die Gesellschaft ständig neu legitimiert. Zusätzlich werden technische oder legalistische Barrieren errichtet, um andere Berufsgruppen davon abzuhalten, in den Zuständigkeitsbereich der Profession einzudringen. Zu diesen Barrieren zählen weitreichende Kontrollbefugnisse über die Aufnahme von Mitgliedern in die Profession, deren Ausbildung, den Inhalt, die Bedingungen und die Qualität der Arbeit.[578] Damit wird die Autonomie der Profession gewährleistet.

Der ständige Wettbewerb um Zuständigkeitsbereiche mit anderen Berufsgruppen prägt die einzelnen Professionen und ihr Verhalten. Eine Kultur fördert einerseits den inneren Zusammenhalt von Angehörigen einer Gruppe, andererseits die bewusste Abgrenzung gegenüber Aussenstehenden.[579] Eine Professionskultur manifestiert sich durch ein Zusammengehörigkeitsgefühl und eine gemeinsame Identität. Die Werte und Normen werden durch die älteren Professionsmitglieder exemplarisch gelebt und von ihnen an nachfolgende Generationen weitergegeben. Die Einhaltung der Normen wird durch Standesorganisationen überwacht.[580]

3.3.1.3.3 Merkmale von Professionskulturen

Jede Profession besitzt ein eigenes Selbstverständnis ihrer hauptsächlichen Aufgaben sowie eine spezifische Wahrnehmung ihrer bedeutendsten Stakeholder und ihrer Umwelt. Dadurch entwickelt sie spezifische Werte und Normen, die sich von anderen Professionskulturen unterscheiden[581]: „Occupations thus are cultural entities."[582] Diese kulturellen Einheiten weisen spezifische Merkmale auf:

- Symbole: Mit Symbolen kommunizieren Professionskulturen Ideen und Werte nach innen und aussen. So existieren in bestimmten Professionen Kleidungs- oder Sprachkodexe sowie spezifische Statussymbole, die nur den Status von Professionsmitgliedern zu heben vermögen. Diese Symbole haben in der Regel lediglich einen indirekten oder gar keinen Zusammenhang mit der professionellen Tätigkeit, und sind nur im Kontext der jeweiligen Profession verständlich.

---

576   Vgl. Abbott (1988), S. 59 und Trice und Beyer (1993), S. 179.
577   Vgl. Abbott (1988), S. 88.
578   Vgl. Maanen und Barley (1984), S. 309.
579   Vgl. Gregory (1983), S. 364.
580   Vgl. Helmreich und Merrit (2001), S. 30.
581   Vgl. Schein (2004), S. 262.
582   Trice und Beyer (1993), S. 179.

- Helden: In Professionen existieren Helden, die das Wertesystem der Kultur personifizieren und oftmals auch prägen. Erfolgreiche Mitglieder der Profession besitzen eine Vorbildfunktion und motivieren die Angehörigen der Kultur dadurch, dass sie ein kulturelles Ideal versinnbildlichen. Gleichzeitig vermitteln sie den anderen Angehörigen der Profession das Gefühl, dieses Ideal auch erreichen zu können und repräsentieren die Profession und deren Kultur gegenüber der Aussenwelt.[583]

- Riten und Rituale: Riten und Rituale sind symbolische Handlungen, welche die der Professionskultur zugrunde liegenden Werte erleb- und erkennbar machen. Diese Handlungen können z.B. spezifische Grussrituale zwischen Angehörigen desselben Berufes oder bestimmte Formen beruflichen Zusammentreffens (Meetings, Kongresse etc.) umfassen. Riten begleiten oftmals Statusänderungen (Aufnahme, Beförderung, Degradierung, Ausschluss) von Professionsangehörigen. Durch symbolische Handlungen wird den Angehörigen einer Professionskultur ein emotionaler Ausgleich ermöglicht, damit Emotionen die Ausübung der eigentlichen beruflichen Handlungen nicht behindern.[584]

3.3.1.3.4 Auswirkungen von Professionskulturen

Professionskulturen können je nach Ausprägung die Entwicklung von Ethnozentrismus fördern. Dieser wird durch das Zugehörigkeitsbewusstsein innerhalb der Profession, durch die Bildung von Referenzgruppen, durch die Existenz professionsspezifischer emotionaler Bedürfnisse bei der Arbeitstätigkeit, durch positiv gefärbtes Selbstverständnis der eigenen Person und der eigenen Profession sowie durch die Verflechtung beruflicher und privater Aspekte gefördert.[585] Professionskulturen rufen in interkulturellen Begegnungen Gruppenreaktionen hervor. Dabei werden die Mitglieder einer Gruppe in ihrer eigenen Identität bestätig, die Mitglieder der anderen Gruppe hingegen nicht als Individuen, sondern nach Stereotypen wahrgenommen. Die bewusste Abgrenzung von Eigen- und Fremdgruppe führt zu Misstrauen gegenüber Outsidern, die Zugehörigkeit wird zum dominanten Referenzmerkmal. „Our ways' of doing things become the only ‚right ways'."[586] Der bei Professionen bestehende Ethnozentrismus bietet damit eine Grundlage für Konflikte (z.B. mit anderen Professionen oder dem Management) bezüglich der Frage der Organisation von Arbeitsprozessen und kann das gegenseitige Verständnis und die Kooperation in multifunktionalen Teams erschweren oder gar verunmöglichen.[587] Ein Team mit Mitgliedern unter-

---

583 Vgl. Deal und Kennedy (1982), S. 39-41.
584 Vgl. Trice und Beyer (1993), S. 183.
585 Vgl. Trice und Beyer (1993), S. 181-185.
586 Trice und Beyer (1993), S. 184.
587 Vgl. Trice und Beyer (1993), S. 185.

schiedlicher Professionskulturen wird durch die kulturspezifischen Normen, die kulturelle Differenz zwischen den einzelnen Teammitgliedern und der gesamten vorhandenen kulturellen Differenz geprägt.[588]

Etablierte Professionen konkurrieren oft mit dem Management um die Kontrolle über das Arbeitsverhalten der Professionsangehörigen mit dem Ziel, Autonomie über ihre Arbeit zu bewahren. So kann eine Profession alternative Kontrollmechanismen entwickeln, die im Konflikt mit denjenigen des Managements stehen. Die Wirkung dieser Mechanismen lässt sich darauf zurückführen, dass die Professionszugehörigkeit zur Besonderheit und sozialem Status der Angehörigen beiträgt.[589] Auch in Arbeitsverhandlungen zwischen Gewerkschaften oder Standesvertretungen mit dem Management oder dessen Vertretern finden sich diese Bestrebungen der Professionen nach grösstmöglicher Autonomie für ihre Angehörigen.[590] Als Antwort entwickelt das Management Standardisierungsverfahren der Arbeit, die einerseits die Aufteilung ehemals komplexer und nur durch spezialisierte Mitarbeiter ausführbarer Prozesse ermöglichen und andererseits Abweichungen von vorgegebenem Verhalten oder Zielen erkennen lassen. Abbildung 10 illustriert die Formen unterschiedlicher Kontrollverteilung.

| | | Kontrolle durch Administration | |
		dominant	untergeordnet
Kontrolle durch Profession	dominant	gegenseitige Toleranz und Zugeständnisse (z.B. Ärzte- und Anwaltsgemeinschaften)	Administration wird von Profession ausgeführt (z.B. Universitäten und Spitäler)
	untergeordnet	Kontrolle über die Profession z.B. durch Karrieremöglichkeiten für Professionsangehörige (z.B. Buchhalter, Ingenieure)	egalitäre Beziehung, Struktur oder Ideologie ist stärker (z.B. in Gesundheitskollektiven, Landwirtschaftskooperationen)

Abbildung 10: Kontrollverteilung zwischen Administration und Profession[591]

Das ‚Nichtbeachten' von kulturellen Unterschieden und den damit verbundenen Grundannahmen kann zur Konflikteskalation beitragen. Nur selten wird bei Schwierigkeiten im Team ein Zusammenhang mit der interkulturellen Zusammensetzung des Teams erkannt. Unterscheiden können sich dabei[592]

- die Ebenen der Grundannahmen (z.B. Umgang mit dem Alter oder der Seniorität),
- unterschiedliche Ansprüche auf Führung,
- gewünschte und erforderliche Kommunikationsstrukturen,
- Prozesse der Gruppenbildung,

---

588   Vgl. Thomas et al. (2000), S. 14.
589   Vgl. Trice und Beyer (1993), S. 179.
590   Vgl. Trice und Beyer (1993), S. 186.
591   Eigene Darstellung nach Trice und Beyer (1993), S. 192.
592   Vgl. Böcker-Kamradt (2001), S. 65 und Thomas et al. (2000), S. 13.

- die Art der Beziehung zum Team und den anderen Teammitgliedern oder
- adäquate Problemlösungstechniken.

Neben der unterschiedlichen Eigen- und Fremdwahrnehmung können kulturelle Unterschiede in Gruppen zu Machtungleichgewichten aufgrund fehlender Anerkennung auf fachlicher oder sozialer Ebene sowie aufgrund von Diskriminierung durch unterschiedliche Kommunikationsstile im politischen Gruppenprozess[593], Sprachkenntnisse[594] oder unterschiedlichem Humor[595] führen. Teams mit Mitgliedern unterschiedlicher kultureller Herkunft müssen zudem oftmals Arbeitsprozesse entwickeln, die von einer monokulturellen Vorgehensweise abweichen, um bei gegebener Diversität effizient zu bleiben.[596]

3.3.2 Arbeitsorganisation im Team

Die Arbeitsorganisation – und damit die Gestaltung gegenseitiger Abhängigkeiten der Teilaufgaben der einzelnen Teammitglieder – hat nicht nur einen Einfluss auf die Zufriedenheit und die Leistung der Teammitglieder[597], sondern ist in kritischen Entscheidungssituationen von grosser Bedeutung[598].

Die aus dem Teamziel abgeleiteten Aufgaben lassen sich in spezifische, funktional heterogene Teilaufgaben differenzieren, die durch die Teammitglieder einzeln oder gemeinsam zu erledigen sind. Die Bedeutung der Arbeitsgestaltung für das Teamverhalten besteht jedoch nicht nur darin, die fachlich-technisch adäquate Organisation von Teilfunktionen zu garantieren. Vielmehr bestehen weitere Erwartungen an das Team (v.a. Teamvorteil, Flexibilität), deren Erfüllung von der Arbeitsorganisation abhängig ist. Bei der Organisation der Aufgaben stellt sich somit das organisationale Problem der Arbeitsteilung (Differenzierung) und der Arbeitsvereinigung (Integration) im Team.[599]

3.3.2.1 Differenzierung der Teamaufgabe

Die Komplexität der Teamaufgabe ergibt sich aus der Vielfalt und Dynamik der Elemente und Beziehungen des Systems ‚Team'. Die Aufgabenkomplexität wird durch Standardisierung von Prozessen reduziert.[600] Die Aufgabenarten lassen sich in operative, Informations- und Kommunikations-, Führungs- und Koordinationsaufgaben sowie in Aufgaben des Grenzmanagements differenzieren.[601]

---

593 Vgl. Streibert (1998), S. 22-24.
594 Vgl. Abraham und Abraham (2000), S. 80.
595 Vgl. Hofstede (1993), S. 241.
596 Vgl. Thomas et al. (2000), S. 12.
597 Vgl. Shaw (2000), S. 260.
598 Vgl. Foushee und Helmreich zit. nach Jones und Roelofsma (2000), S. 1130.
599 Vgl. Schreyögg (1999), S. 112.
600 Vgl. Nedess und Meyer (2001), S. 5-6.
601 Für eine systematische Analyse vgl. Kosiol 1976, zit. nach Schreyögg (1999), S. 113-117. Für die Kritik an der Analyse vgl. Schreyögg (1999), S. 117-119.

3.3.2.1.1 Operative Aufgaben

Operative Aufgaben bezeichnen diejenigen Prozesse, die unmittelbar zur Zielerreichung beitragen und zu ihrer Erledigung Fachwissen benötigen. Ihre Ausprägung wird vollumfänglich vom unmittelbaren Ziel determiniert. Grundsätzlich sind operative Aufgaben in handwerkliche und denklogische Tätigkeiten unterteilbar, wobei zur Erfüllung einer Aufgabe in der Regel eine Kombination beider Tätigkeitsarten notwendig ist. Die operative Aufgabe erfordert die Anwendung aufgabenbezogenen Fach- und Methodenwissens.

3.3.2.1.2 Informations- und Kommunikationsaufgaben

Die Suche und Bereitstellung von Informationen ist in wissensintensiven Teams eine der Hauptaufgaben. Neuere Teams sind stärker in der Wissensteilung engagiert als ältere, was durch die Unkenntnis über die anderen Teammitglieder und fehlendes Vertrauen in neuformierten Teams[602] oder durch die bereits gebildeten Shared Mental Models bei älteren Teams erklärt werden kann.

Durch die funktionale Heterogenität und die damit einhergehende Spezialisierung im Team benötigen die Teammitglieder zur optimalen Erledigung ihrer interdependenten Teilaufgaben spezifische Informationen. Durch Kommunikation findet der Austausch von Informationen zwischen den Teammitgliedern statt.[603] Nach den Funktionen der Teamkommunikation lassen sich koordinative Kommunikation und Kommunikation als Leistungserstellungsprozess per se unterscheiden [604]:

- Koordinative Kommunikation ist dann erforderlich, „wenn eine bestimmte Arbeitstätigkeit es erfordert (bzw. es nahe legt), dass sich der jeweilige Tätigkeitsinhaber mit einem anderen Arbeitenden in sprachlicher Form abstimmen muss, wenn er seine Tätigkeit sachgemäss durchführen will"[605].

- Kommunikation kann aber auch den Leistungserstellungsprozess per se darstellen und Produkte (z.B. Generierung individueller Kognitionen) zur Folge haben, die nur durch Kommunikation entstehen konnten[606] oder die aus der Kommunikation selbst bestehen.

Nach den Inhalten der Kommunikation kann zwischen handlungsorientierter, aufgabenorientierter und informeller Kommunikation unterschieden werden[607]:

---

602   Vgl. Stanton (2000), S. 1206.
603   Vgl. Gebert (1992b), Sp. 1110.
604   Vgl. Weber (1997), S. 73.
605   Oesterreich und Resch 1985, zit. nach Weber (1997), S. 67. Zur Koordinationsaufgabe vgl. Kapitel 3.3.2.1.3.
606   Vgl. Cranach et al. 1984, zit. nach Weber (1997), S. 72.
607   Vgl. Rasker et al. (2000), S. 1180.

Die handlungsorientierte Kommunikation umfasst

- den Austausch der notwendigen Information über die relevanten Merkmale der Aufgabe zur Einstellung der Teammitglieder auf die anstehenden Tätigkeiten und zur Bereitstellung der entsprechenden Ressourcen (Information exchange) und

- die explizite Kommunikation über die Handlungen, welche die Teammitglieder gerade vornehmen, welche andere Teammitglieder nun vorzunehmen haben oder welche von anderen Mitgliedern vorgenommen wurden (Performance monitoring).

Die aufgabenbezogene Kommunikation beinhaltet

- das Feedback der Beurteilung von Handlungen des Teams (Evaluation),

- die Kommunikation der Art und Weise, wie das Team eine Aufgabe zu bewältigen hat, Alternativstrategien und Optimierung bisheriger Strategien (Determining strategies),

- Informationen über die gelernten Fakten über die Aufgabe (Task knowledge) und

- Information darüber, wann und wie die Teammitglieder Aufgaben austauschen (Team knowledge).

Die informelle Kommunikation umfasst den Informationsaustausch über Unklarheiten oder zwischenmenschlich Inhalte (Social talk).

Die Kommunikation innerhalb eines Teams beeinflusst dessen Erfolg.[608] Kommunikative Unzulänglichkeiten können in Arbeitsfeldern mit hohem Entscheidungsdruck und Unfallrisiko fatale Folgen haben.[609]

Folgende Probleme können bei Kommunikationsaufgaben auftreten:

- Kommunikation als Interaktionsprozess zwischen Menschen beinhaltet immer auch einen Beziehungsaspekt, indem neben der Nachricht oft nonverbal eine spezifische Qualität der Beziehung kommuniziert wird.[610] Um Missverständnissen bei kommunikativen Aufgaben vorzubeugen wird die Kommunikation in den betreffenden Aufgabenbereichen standardisiert und formelhaft.

- Einzelne Teammitglieder können im Kommunikationsprozess Sprechzeit monopolisieren und damit die Kommunikations-Chancen der anderen Mitglieder reduzieren, wodurch Teamvorteile (z.B. verbesserte Entscheidungsfindung) verloren gehen können.

---

608 Vgl. Högl und Gemünden (2000), S. 44.
609 Vgl. Helg (2000), S. 85.
610 Vgl. Gebert (1992b), Sp. 1112.

Vorschläge zur Lösung des Problems umfassen eine zahlenmässige Beschränkung der Teamgrösse und die Einführung einer spezifischen Rolle zum Bremsen von Teammitgliedern mit grosser Sprechzeit.[611]

- Die Teammitglieder müssen sich wechselseitig – frei, ungezwungen und möglichst umfassend – alle interessierenden Informationen im Zusammenhang mit der gestellten Aufgabe weitergeben.[612] In hoch kohäsiven Gruppen wird ein offenes Austragen von Meinungsunterschieden nur begrenzt toleriert, was die Entscheidungsqualität negativ beeinflussen kann. Durch entsprechende Metakommunikation und die Einführung spezifischer Rollen können die nachteiligen Auswirkungen für den Kommunikationsprozess reduziert werden.[613]

- Die mit der funktionalen Heterogenität einhergehenden Unterschiede der im Team existierenden Professionskulturen können dazu führen, dass der gemeinsame Zeichenvorrat im Team abnimmt. Zusätzlich erhöhen die unterschiedlichen normativen Orientierungen der einzelnen Professionen den Kommunikationsaufwand. Diesen Folgen kann durch die Schaffung übergreifender Strukturen (Aufgaben, Prozesse, Funktionen, Rollen, Organisationskultur etc.) entgegnet werden.[614]

Zur optimalen Erfüllung der Kommunikationsaufgaben im Team ist eine adäquate Kommunikationsstruktur sowie eine unterstützende Kommunikationstechnologie notwendig.[615]

3.3.2.1.3 Führungs- und Koordinationsaufgaben

„We define teamwork to be the set of behaviors executed by two or more individuals as a function of coordinating requirements imposed by interdependent tasks in achieving common goals, therefore, team coordination is the essence of teamwork."[616] Das blosse Vorhandensein von Ressourcen (z.B. Wissen und Fähigkeiten) im Team reicht nicht aus, vielmehr ist die adäquate Koordination dieser Ressourcen von grosser Bedeutung.[617] Die Koordination der Einzelbeiträge ist von der konkreten Aufgabe und den jeweiligen Teammitgliedern abhängig.

---

611 Vgl. Gebert (1992b), Sp. 1117.
612 Vgl. Schneider und Knebel (1995), S. 32.
613 Vgl. Gebert (1992b), Sp. 1117-1118.
614 Vgl. Gebert (1992b), Sp. 1118-1119.
615 Vgl. Carletta (2000), S. 1237.
616 Brannick et al. 1995, zit. in Högl und Gemünden (2000), S. 39.
617 Vgl. Faraj und Sproull (2000), S. 1554.

Führung wird einerseits durch die Teamstruktur übernommen, die durch die Status-, die Rollen- und vor allem die Hierarchiestruktur das Verhalten der Teammitglieder determiniert und somit ‚führt'.[618] Andererseits wird die Führungsaufgabe zu Teilen oder ganz von Teammitgliedern übernommen. Die Notwendigkeit zur Teamführung verstanden als „ [...] Beeinflussung der Einstellung und des Verhaltens von Einzelpersonen sowie der Interaktion in und zwischen Gruppen, mit dem Zweck, angestrebte Ziele zu erreichen"[619] wird allgemein anerkannt.[620] Im Gegensatz zur traditionellen Führungslehre, die sich vor dem Hintergrund der Arbeitsteilung in dispositive und operative Tätigkeiten sehr lange und intensiv mit Persönlichkeiten und Eigenschaften von Führern und Geführten beschäftigte, wird im neueren Verständnis vielfach von verteilten, gemeinsam wahrgenommenen Führungsrollen in Teams gesprochen.[621] Die Teamführung steht vor dem Dilemma, zwischen der notwendigen Koordination und dem Gebot der Herrschaftsfreiheit zu optimieren.[622] Im Mindestfall wird von der Führung von Teams ein partizipativer Führungsstil[623] gefordert, im Maximalfall die Selbstkoordination durch das einzelne Teammitglied selbst, das „von sich aus alles Geeignete tun [muss], damit die Arbeit im Team möglichst reibungslos und ungehindert verlaufen kann"[624].

Durch die Vielzahl von Teamführungsaktivitäten entstehen vielschichtige Anforderungen für die Teamleitung. Die Fähigkeit, diese Anforderungen zu erfüllen resp. die fehlenden Fähigkeiten durch andere, um so ausgeprägtere zu überstrahlen, wird lediglich den charismatischsten Teamführern zugeschrieben[625], weshalb eine generelle Forderung, Teamführung könne (und müsse) durch eine Person vollzogen werden, in Frage zu stellen ist. Aus der Erkenntnis, dass die Kumulierung verschiedener Gruppenfunktionen eine einzige Person überfordert, ist eine aktive Teilnahme zumindest mehrerer Teammitglieder bei der Teamführung abzuleiten. Dies wird durch die Erkenntnis unterstützt, dass einerseits die Führungs-Rolle in elementare Kategorien zerlegt werden kann, andererseits die Verhaltenserwartungen an die Führungsfunktion situativ variieren.[626] Werden die dieser Aussage zugrundeliegenden hierarchischen Annahmen reduziert, ergibt sich daraus die Forderung nach einer Rotation der Führungsfunktion im Team, wobei die Zuweisung der Führungsposition an situativ differenzierten Erfordernissen funktionaler Art orientiert ist.[627]

---

618   Vgl. Wiendick (1992), Sp. 2381.
619   Wurst und Högl (2000), S. 161.
620   Vgl. Forster (1978), S. 69.
621   Vgl. Wurst und Högl (2000), S. 160.
622   Vgl. Wiendick (1992), Sp. 2381.
623   Vgl. Kandaouroff (1998), S. 119.
624   Schneider und Knebel (1995), S. 39.
625   Vgl. Katzenbach und Smith (1993), S. 130-148.
626   Vgl. Neuberger (1976), S. 94-95.
627   Vgl. Neuberger (1976), S. 93.

Merkmale der Teamführung

Die Teamführung resp. die Koordinationsaufgabe lässt sich anhand unterschiedlicher Kriterien differenzieren:

- Je nach den Machtgrundlagen für die Einflussmöglichkeiten unterscheidet sich formelle und informelle Führung: Während die formelle Führung von der übergeordneten Organisation mit offiziellen Weisungsbefugnissen und Sanktionsgewalten ausgestattet
  ist, beruht die informelle Führung auf der Zuerkennung von Macht aufgrund von spezi-
  fischem Status und bestimmten Persönlichkeitsmerkmalen, die bei den anderen
  Teammitgliedern unter anderem deshalb, weil sie den Gruppennormen sehr nahe
  kommen, einen Wunsch zur Identifikation auslösen.[628]

- Die Koordinationsaufgabe lässt sich nach den Trägern unterscheiden:

  - Direktive Koordination: Ein Teammitglied erhält fix die Aufgabe, einzelne oder
    alle Teilprozesse zur Erreichung des Teamziels zu koordinieren.

  - Individuelle Koordination: Jedes Teammitglied ist dafür verantwortlich, seine ei-
    genen Prozesse an den Schnittstellen mit den betreffenden Mitgliedern zu koor-
    dinieren.

  - Kollektive Koordination: Das Team koordiniert als Ganzes.

- Die Koordination kann nach dem Zeitpunkt unterschieden und direkt während der Aufgabenerledigung (performance monitoring) oder nach der Erledigung der Teamaufgabe (team self correction) vorgenommen werden.[629]

- Gegenstand der Koordinationsaufgabe können Teilaufgaben der Kommunikation, operative Einzelbeiträge oder weitere Aufgaben zur Regelung formeller oder informeller
  zwischenmenschlicher Angelegenheiten sein. Disziplinar-Entscheidungen auf kollektiver Basis sind bzgl. ihrer Härte mit denjenigen formeller Manager vergleichbar.[630] Die
  Delegation von Disziplinarverantwortung an das Team bietet zudem die Vorteile, dass
  die Teammitglieder genauere Informationen über das Verhalten und die Leistung der
  anderen Teammitglieder besitzen, dass sie gemeinsame Informationen schneller ab-
  gerufen werden können und dass kollektive Entscheidungen nicht der Gefahr
  individueller Vorurteile ausgesetzt sind.

---

628   Vgl. Steinmann und Schreyögg (2005), S. 619.
629   Vgl. Rasker et al. (2000), S. 1185.
630   Vgl. Liden et al. (2001), S. 69.

Funktionen und Inhalte der Teamführung

Als Funktionen der Teamführung lassen sich die Zlelerreichungsfunktion (Lokomotionsfunktion) und die Gruppenerhaltungsfunktion (Kohäsionsfunktion) unterscheiden.[631] Während die erstgenannte Funktion die Gestaltung von Aufgaben und Strukturen zur Erreichung von Teamzielen fokussiert, hat die zweite die zwischenmenschlichen Aspekte wie die Gestaltung der Beziehungen im Blickfeld. Eine Analyse unterschiedlicher Gruppen- und Teamführungskonzepte der Aktivitäten der Teamführung lässt diese in Konzipierungs-, Organisations- und Realisierungs-Aktivitäten unterteilen.[632]

Konzipierungsaktivitäten beinhalten

- das aktive Sammeln aufgabenbezogener Informationen über externe Faktoren, welche die Teamarbeit beeinflussen können (zur Vermeidung von Störungen im Arbeitsprozess ist die Informationsbeschaffung ständig aufrecht zu erhalten),

- das Identifizieren und Bewerten von Handlungsalternativen aufgrund der beschafften Informationen und

- die Konkretisierung der Aufgabe durch Festlegung der Haupt- und Unterziele, der zeitlichen Vorgehensweise und der finanziellen, materiellen und personellen Ressourcenplanung.

Organisationsaktivitäten beinhalten

- die Schaffung von Teamstrukturen durch die Bestimmung der Teamgrenzen, der Explikation der Interaktionsbeziehungen, der Aufgabenstrukturierung und der Einrichtung eines Informationssystems,

- der Gestaltung des Arbeitsumfelds durch Bestimmung von Werten, Grundsätzen und Methoden, durch die Entwicklung von Leistungsstandards und der Einrichtung eines Anreizsystems sowie

- das Sicherstellen von Ressourcen vor und während der Teamarbeit.

Realisierungs-Aktivitäten umfassen vor allem Aktivitäten zur Motivation der Teammitglieder wie

- Unterstützen durch Orientieren, Feedback geben, Entwicklungsmöglichkeiten aufzeigen und gewährleisten und Konflikte lösen,

- Delegieren von Aufgaben aus seinem Verantwortungsbereich durch ein Teammitglied an andere Teammitglieder,

---

631 Vgl. Cartwright und Zander 1968, zit. in Wurst und Högl (2000), S. 162-163.
632 Vgl. Wurst und Högl (2000), S. 170-180.

- Sicherstellen des vertikalen, horizontalen, internen und externen Informationsfluss,

- Steuern der Leistung durch fortlaufendes Controlling und

- Definieren des optimalen Autonomiegrads und damit der Verteilung von Führungsaktivitäten im Team.

Die in der Literatur verwendeten Konzepte zur Team- und Gruppenführung berücksichtigen die teilweise bedeutenden Unterschiede zwischen den beiden Konstrukten Gruppe und Team nicht konsequent. Integrierte Konzepte zur hierarchischen Teamführung auf der Basis von Gruppenführungsmodellen vernachlässigen die Auswirkungen heterogener Spezialisierungen. So steht die Führung im Team aufgrund fehlender oder eingeschränkter Möglichkeiten zu direkter Zielvorgabe, Kontrolle oder individuellem Feedback und zur Gestaltung von Autonomiepotenzialen oder Aufgabenfeldern sowie den daraus entstehenden Anforderungen an das erhöhte Selbstmanagement vor grösseren Herausforderungen als in der Gruppe. Die Konzepte bieten deshalb eher einen Möglichkeitsraum als konkrete Handlungsvorgaben.

3.3.2.1.4 Boundary Management

Eine grosse Bedeutung für das Team besitzt das Management der Teamgrenzen. Dieses beinhaltet nicht nur die Aufgaben zur Abgrenzung des Teams vom organisatorischen Umfeld sondern auch die Pflege der Beziehungen über die Teamgrenzen hinaus. Durch die organisatorische Einbettung des Teams bestehen vielfältige, dynamische Interdependenzen zu anderen Teams oder organisatorischen Instanzen. Boundary Management umfasst folgende Aufgabenbereiche:

- Beziehungsmanagement: Dieses umfasst den Aufbau und die Pflege von Beziehungen über Teamgrenzen hinweg. Damit werden sowohl soziale als auch politische Ziele
  verfolgt.[633] Von besonderer Bedeutung für das Team sind dabei Beziehungen zu anderen Instanzen, die Vorleistungen erbringen oder Infrastruktur zur Verfügung stellen,
  die während des Arbeitsprozesses um Unterstützung bzgl. Infrastruktur angefragt
  werden können und zu Teams, mit denen Interaktion zur Zielerreichung zwingend
  notwendig ist.[634]

- Aufklärungsaufgaben: Damit wird die Informationssuche zur Identifikation relevanter
  Bedürfnisse der Organisation und des Teams bezeichnet. Die Informationen erleichtern, dass Teammitglieder Entscheidungen im Sinne der Organisation treffen, und

---

633   Vgl. Druskat und Wheeler (2003), S. 447.
634   Vgl. Gladstein (1984), S. 506.

dass das organisatorische Umfeld bei seinen Entscheidungen die Bedürfnisse des Teams berücksichtigt.[635]

- Überzeugungsarbeit: Reicht die blosse Aufklärung für eine Berücksichtigung der Bedürfnisse der anderen Partei bei Entscheidungen nicht aus, ist Überzeugungsarbeit bei den jeweiligen Entscheidungsträgern notwendig.

Die Kontrolle über die ‚Grenzaufgaben' wird entweder zumindest zu gewissen Teilen an das Team[636] oder an eine Teamleitung[637] übertragen.

3.3.2.1.5 Aufgabensynthese

Nach der Differenzierung der Teamaufgabe stellt sich die Frage nach dem optimalen Gefüge der Teilaufgaben im Team.[638] Es existieren sowohl vertikale als auch horizontale Organisationsformen. Während bei der vertikalen Aufgabenverteilung ganze Zielbündel jeweils eindeutig einem Teammitglied zugeschrieben werden, können bei der horizontalen Verteilung sämtliche Aufgaben durch alle Mitglieder ausgeführt werden. Dabei sind Hybridformen denkbar.[639] Die vertikale Aufgabenverteilung betont die Spezialisierung der Teammitglieder, die horizontale die Flexibilität des Teams. Grundsätzlich lassen sich zwei Vorgehensweisen bei der Integration der Teilaufgaben für das Team unterscheiden:

- Die Teamorganisation wird einmalig bestimmt und nachfolgend partiell angepasst. Die Form dieser Organisation kann durch eines oder wenige Teammitglieder direktiv bestimmt oder durch den Einbezug aller Mitglieder in einem demokratischen Aushandlungsprozess vollzogen werden[640]. Bei dieser Methode werden die Teilaufgaben von vornherein nach der Methode vernetzter Planung rational unter den einzelnen (spezialisierten) Teamteilnehmern verteilt.[641]

- Die Teamorganisation wird laufend entwickelt und passt sich situativ den Erfordernissen an. Damit übernehmen Performance monitoring oder Team self correction[642] die Integrationsfunktion.

---

635   Vgl. Druskat und Wheeler (2003), S. 448.
636   Vgl. Emery und Thorsrud 1982, zit. nach Ulich (1994), S. 170, Her. i. O..
637   Vgl. Druskat und Wheeler (2003), S. 452-454.
638   Vgl. Schreyögg (1999), S. 123.
639   Vgl. Stammers und Hallam 1985, zit. nach Stanton (2000), S. 1207.
640   Vgl. Streibert (1998), S. 44.
641   Vgl. Schneider und Knebel (1995), S. 36.
642   Vgl. Rasker et al. (2000), S. 1185.

Individuelle Autonomie in der Teamarbeit bezeichnet das Ausmass der Entscheidungsverantwortung der Teammitglieder für die Aufgabenbereiche ihrer Spezialisierung und wird durch den Grad ausgedrückt, in dem sich das Teammitglied in der Ausübung kontrolliert fühlt und seine Tätigkeit bzgl. Arbeitsablauf, Arbeitstempo und Arbeitsinhalt selbst bestimmen kann[643]. In Entscheidungssituationen drückt sich die individuelle Autonomie durch den Freiheitsgrad aus, mit dem die Teammitglieder ihre eigene Meinung äussern und in den Entscheidungsprozess einbringen können. Kann das einzelne Teammitglied seine eigene Meinung entwickeln und sein eigenes Urteil wahren sowie seine Eigenständigkeit im Suchen nach Lösungen zur Geltung bringen, wird garantiert, dass die mit der Spezialisierung verbundenen Wissensvorteile genutzt werden können. Konsens- und konformitätsgerichtetes Verhalten vor der Entscheidungsfindung selbst hingegen gefährdet das Abschöpfen dieser Vorteile.[644]

Die individuelle Autonomie wird jedoch auch begrenzt. Neben der in der Teamarbeit vorherrschenden Interdependenz und der damit verbundenen Restriktion durch vor-, nach- und parallelgelagerte Arbeitsprozesse anderer Teammitglieder, begrenzt die übergeordnete Zielsetzung und daraus abgeleitet die Gewährleistung einer grösstmöglichen Handlungsfreiheit, Eigenregie und Eigenverantwortung für das ganze Team die Möglichkeit der Selbstbestimmung der einzelnen Teammitglieder. Sowohl die Arbeitsschritte der einzelnen Teammitglieder wie die Entscheidungsprozesse des ganzen Teams bedürfen einer wechselseitigen Abstimmung durch Konsens- und Kompromissbereitschaft. Für die individuelle Autonomie können folgende Effekte angeführt werden:

- Motivationswirkungen durch erhöhten Tätigkeitsspielraum für das einzelne Teammitglied[645]

- Produktivitätssteigerung durch Motivationserhöhung[646]

- Zunahme von Selbständigkeit und Initiative[647]

- Erhöhung der Adaptionskapazität bei Einführung von neuen Technologien[648]

- Erhöhung des Koordinationsaufwands durch Interessenkollisionen bei kodependenten Teilaufgaben.

- Erhöhung des Koordinationsaufwands und Motivationssteigerung bei partizipativer Koordination.

---

643   Vgl. Antoni et al. (1994), S. 313.
644   Vgl. Schneider und Knebel (1995), S. 35.
645   Vgl. Kandaouroff (1998), S. 112.
646   Vgl. Lattmann (1972), S. 54.
647   Vgl. Lattmann (1972), S. 54.
648   Vgl. Büth (1994), S. 204.

Die vielzitierte ‚selbstständige Abstimmung der Arbeitsaufgaben im Team'[649] berücksichtigt weniger die konkrete Integration der Aufgaben durch spezifische Prozesse, sondern ist vielmehr als allgemeines Postulat zur Gewährung der Rahmenbedingung autonomer Selbstbestimmung zu verstehen, damit die Verhaltensweisen und Interessen der verschiedenen Teammitglieder je nach individuellen Neigungen unter Berücksichtigung der Zielvorgaben in den Entscheidungsprozess einfliessen können.[650]

Bei der Synthese der Teamaufgaben gilt es folgende grundlegenden Auswirkungen von Aufgabenbeziehungen zu berücksichtigen:[651]

- Teamaufgaben (Interdependenz) mit geteilten Belohnungen fördern die Kooperation der Teammitglieder.

- Unabhängige Aufgaben mit getrennter Belohnung fördern deren Unabhängigkeit.

- Aufgaben mit zwingend einem Gewinner und einem Verlierer (Kodependenz) fördern die Konkurrenz.

In der Regel weisen Arbeitssituationen eine Mischung dieser Gestaltungsmerkmale auf. Generell wird bei stark interdependenten Aktivitäten die Bedeutung gegenseitiger Unterstützung betont und somit Kooperation statt Konkurrenz gefordert.[652] Bei der Integration sind die Schnittstellen hinreichend zu definieren und unerwünschte Abhängigkeitsformen zwischen den Mitgliedern zu vermeiden.[653]

Bei der Gestaltung der Aufgaben für das einzelne Teammitglied ist zur Wahrung der motivationssteigernden Effekte darauf zu achten, dass die Aufgabe ganzheitlich[654] und als substantieller Beitrag zum Teamprodukt[655] erlebt wird. Ein weiterer Aspekt bei der Integration ist die wechselseitige Ausgewogenheit der Mitgliederbeiträge, die weniger paritätisch als den spezifischen Fähigkeiten und Potentialen entsprechend integriert werden.

Im Team sind folgende Formen des Zusammenhangs von Teilaufgaben möglich:[656]

- Sequentiell-abhängiger Aufgabenzusammenhang: Die Hauptaufgabe ist in Teilaufgaben unterteilt, die nacheinander im Fliessprinzip ausgeführt werden. Jedes Mitglied

649   Vgl. z.B. Stürzl (1992), S. 59 und Schneider und Knebel (1995), S. 36.
650   Vgl. Stürzl (1992), S. 59.
651   Vgl. Lipnack und Stamps (1998), S. 184-185.
652   Vgl. Tjosvold 1995, zit. nach Högl und Gemünden (2000), S. 40.
653   Vgl. Schneider und Knebel (1995), S. 36.
654   Vgl. Ulich (1994), S. 169.
655   Vgl. Emery und Thorsrud 1982, zit nach Ulich (1994), S. 170.
656   Vgl. Alioth (1980), S. 38-39 .

arbeitet für sich alleine an einer Teilaufgabe. Die vorgelagerte Aufgabenausführung determiniert die Möglichkeiten der nachfolgenden Mitarbeiter.

- Prozessual-abhängiger Aufgabenzusammenhang: Die Produktion wird durch technische Anlagen vorgenommen, die Mitglieder haben die Anlagen zu bedienen und kontrollieren und sind dabei von der Vorleistung anderer Mitglieder abhängig.

- Homofunktional reziproker Aufgabenzusammenhang: Die Aufgabe kann nicht durch ein Mitglied alleine ausgeführt werden, sondern benötigt simultan die gleichen Tätigkeiten von mehreren Mitgliedern, die unmittelbar voneinander abhängig sind.

- Heterofunktional reziproker Aufgabenzusammenhang: Die Aufgabe ist in verschiedenartige Teilaufgaben untergliedert. Das Mitglied ist in seiner Tätigkeit auf ständige Kooperation mit den anderen angewiesen, beeinflusst aber die Möglichkeiten der anderen Mitglieder nur beschränkt.

- Homofunktional gepoolter Aufgabenzusammenhang: Die Aufgabe ist in gleiche Teilaufgaben unterteilt, die in vollständiger Unabhängigkeit durch die einzelnen Mitglieder erledigt werden können. Es besteht keine direkte Kooperation, nur ein gemeinsames Interesse.

- Heterofunktional gepoolter Aufgabenzusammenhang: Die Aufgabe ist in ungleiche Teilaufgaben unterteilt, die in vollständiger Unabhängigkeit durch die einzelnen Mitglieder erledigt werden können. Auch hier besteht keine direkte Kooperation, nur ein gemeinsames Interesse.

3.3.2.2 Reduktion des Risikos für Trittbrettfahrer durch die Aufgabengestaltung

Eine bedeutende Eigenart der Teamarbeit besteht darin, dass die Leistungen gegen aussen anonymisiert erbracht werden. Die Beiträge der einzelnen Teammitglieder fliessen in die Teamproduktion ein und können aufgrund ihrer Nichtseparabilität[657] nur dem gesamten Team zugeordnet werden. Dies erfordert die Unterdrückung von egozentrischem Verhalten und Prestigedenken.[658] Die Gefahr der Trittbrettfahrer kann durch die Aufgabengestaltung reduziert werden. Das Risiko, durch eigennutzenmaximierendes Verhalten eines Teammitglieds einen verringerten Teamoutput zu erreichen, ergibt sich durch die vollständige Delegation ganzer Teilaufgaben an ein einzelnes Teammitglied und den damit einhergehenden Kontrollaufwand. Folgende Massnahmen wirken dem entgegen:[659]

---

657   Vgl. Alchian und Demsetz (1972), S. 779.
658   Vgl. Forster (1981), S. 156 und Schneider und Knebel (1995). S. 46.
659   Vgl. Itoh (2001), S. 4.

- Das Teammitglied erhält nur unwichtige Aufgaben zur alleinigen Erledigung, die wichtigen werden durch das Team insgesamt ausgeführt, was die gegenseitige Kontrolle erhöht. Dadurch reduzieren sich die negativen Auswirkungen eigennutzenmaximierenden Verhaltens. Für die durch das Team erledigten Aufgaben gilt es jedoch die adäquaten Teamanreize zu setzen.

- Es werden nur klar und einfach messbare Teilaufgaben delegiert.

Die Möglichkeit einer autonomen Arbeitsorganisation führt zusätzlich zu Motivationseffekten und reduziert so die Gefahr für Trittbrettfahrer.[660]

3.3.3 Teamgrösse

Ein Team als Spezialform der Kleingruppe muss der Interaktionsbedingung genügen, die besagt, dass die Anzahl der Gruppenmitglieder in Kleingruppen so gering sein muss, „dass jede Person mit allen anderen Personen in Verbindung treten kann und zwar nicht nur mittelbar über andere Menschen, sondern von Angesicht zu Angesicht"[661]. Diese Restriktion enthält jedoch einen breiten Interpretationsspielraum, der im Folgenden strukturiert wird.

Um eine Teamaufgabe erledigen zu können darf eine bestimmte Zahl an Mitgliedern weder unter- noch überschritten werden. Die Art und der Umfang der Aufgabe spielen dabei eine zentrale Rolle: Die Mitgliederzahl muss an das technische Ablaufgeschehen angepasst werden. Solange der technische Apparat nicht teilbar ist, ist eine geringere Anzahl von Teammitgliedern nicht möglich. „ [I]n Fällen, in denen eine bestimmte Anzahl von Personen (Fachleuten, Spezialisten) zur Bewältigung der Aufgabe unbedingt notwendig sind [werden] Überlegungen zur optimalen Teamgrösse gegenstandslos."[662] Lässt sich die Teamgrösse jedoch nicht anhand des technischen Ablaufgeschehens definieren und bleiben selbst nach exakter Definition der Aufgabe Spielräume zur Interpretation der benötigten Anzahl an Teammitglieder offen, sind demnach andere Kriterien zu beachten. Formulierungen wie „So viele Mitglieder (zur Vertretung der verschiedenen Teilaspekte) wie unbedingt nötig, so wenig wie möglich"[663] oder „Gesetz der kleinstmöglichen Gruppengrösse"[664] implizieren dysfunktionale Wirkungen zunehmen-

660 Vgl. Avery (2000), S. 11.
661 Homans (1965), S. 29.
662 Forster (1978), S. 63-64.
663 Schneider und Knebel (1995), S. 38.
664 Sader (2002), S. 63, Her. i. O..

der Teamgrösse. Tatsächlich nimmt z.B. der Kommunikations- und Koordinationsaufwand mit zunehmender Gruppengrösse zu oder die Zunahme der Entscheidungsqualität ab.[665]
Der folgende Exkurs verbildlicht die Auswirkungen zunehmender Teamgrösse.

3.3.3.1   Exkurs: Zeitbedarf zur Aufgabenlösung in Abhängigkeit der Teamgrösse

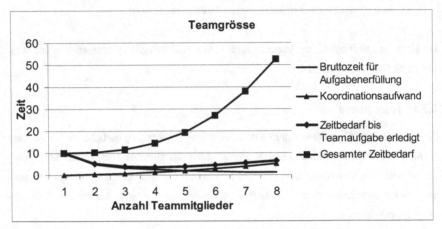

Abbildung 11: Auswirkung der Teamgrösse auf den Zeitbedarf

Abbildung 11 stellt dar, welche Zeitkomponenten durch eine Veränderung der Teamgrösse tangiert
werden. Die Bruttozeit für die Aufgabenerfüllung bemisst sich durch das gegebene Aufgabenvolumen
(Z), geteilt durch die Anzahl Teammitglieder (n): $A_{Brutto} = \dfrac{Z}{n*T}$. Der Parameter T ist von der Aufgabe
abhängig und drückt aus, wie sich die Teamrente aufgrund der blossen Aufteilung des gegebenen Auf-
gabenvolumens auf n Teammitglieder berechnet: T<1 drückt aus abnehmenden Grenznutzen eines zusätzlichen Teammitglieds aus (z.B. bei Entscheidungsaufgaben), T>1 gibt an, dass zunehmender
Grenznutzen angenommen wird (z.B. bei Kreativitätsaufgaben).
Der Koordinationsaufwand ergibt sich aus dem Kommunikations- und Organisationsaufwand innerhalb
des Teams. Die Anzahl möglicher Beziehungen zwischen den Teammitgliedern beträgt $\dfrac{n(n-1)}{2}*K$.
Der Koordinationsaufwand steigt mit zunehmender Anzahl Mitglieder um diesen Faktor. Der Parameter
K drückt die Zunahme des Koordinationsaufwands durch 1 zusätzliches Teammitglied aus. Ist K>1
steigt der Koordinationsaufwand überproportional (z.B. bei neu formierten oder stark heterogenen

---

665   Vgl. Yetton und Bottger (1983), S. 157.

Teams); ist K<1 nimmt der Koordinationsaufwand unterproportional zu (z.B. bei eingespielten oder homogenen Teams).

Es wird nun angenommen, dass jede dieser Verbindungen für jedes Teammitglied zu konstantem Mehraufwand führt. Die Nettozeit der Aufgabenerfüllung ergibt sich somit aus der Bruttozeit für die Aufgabenerfüllung und der Zeit, die für den Koordinationsaufwand anfällt. Je nach Annahme über die Parameter ergeben sich somit unterschiedliche optimale Teamgrössen bei spezifischen Aufgaben. Die Kurve „Gesamter Zeitbedarf" gibt die totale Zeitsumme (Nettozeit*Anzahl Teammitglieder) an, während der die Teammitglieder mit der Teamaufgabe beschäftigt sind. Der Grenznutzen zusätzlicher Teammitglieder darf also nicht nur vor dem reduzierten Zeitbedarf für die Teamlösung betrachtet werden, sondern sollte auch eine aggregierte Mitarbeiterebene berücksichtigen.

Eine exakte Teamgrösse[666] vorzugeben ohne eine genaue Betrachtung der Teamaufgabe, der Teammitglieder und weiterer organisatorischer Bedingungen vornehmen zu können, stiftet wenig Nutzen.[667] Im Folgenden werden deshalb lediglich die Tendenzen bei kleinerer und grösserer Anzahl an Teammitgliedern betrachtet.

3.3.3.2   Auswirkungen einer kleineren Anzahl an Teammitgliedern

In kleinen Gruppen ist die Chance der Entstehung von Kohäsion grösser, da mit zunehmender Anzahl an Kontakten die wechselseitigen Sympathien wachsen, was wiederum zu einer Zunahme der Kontakte führt.[668] Mit abnehmender Anzahl an Teammitgliedern steigt die Wahrscheinlichkeit der gemeinsamen Interaktion, was zur Zunahme von Sympathie und Stärkung der Kohäsion führen kann. Entstehung und Wirkung von Kohäsion werden in Kapitel 3.4.4 ausführlich besprochen. Folgend wird kurz auf die Chancen und Gefahren eingegangen.

Kleinere Teams weisen folgende Chancen auf:

- Kleine Teams benötigen weniger formelle Regeln und Bedingungen, um ihre Funktionalität zu erreichen.[669]

- Die in kleineren Teams leichter erzielbare hohe Kohäsion führt zu tendenziell geringerer Fluktuationsneigung[670] und reduziert die Beanspruchung der Teammitglieder bei hoher Arbeitsbelastung[671].

---

666 Empfehlungen, die es wagen, die Teamgrösse in absoluten Zahlen zu formulieren, schwanken von z.B. von 3-12 (vgl. Forster (1981), S. 159) oder von 6 -8 (vgl. Schneider und Knebel (1995), S. 38).
667 Vgl. z.B. Forster (1981), S. 159, Högl (1998), S. 165 und Wiendick (1992), Sp. 2376.
668 Vgl. Gebert (1992a), Sp. 1139-1140.
669 Vgl. Hunt (2001), S. 10.
670 Vgl. Maib 1981, zit. nach Gebert (1992a), Sp. 1140.
671 Vgl. Gebert 1981, zit. nach Gebert (1992a), Sp. 1140.

- In kleineren Teams ist nicht nur der Kommunikations- und Koordinationsaufwand geringer, es lässt sich auch leichter eine effiziente Kommunikations- und Informationsstruktur ausbilden.[672]

Kleinere Teams sind folgenden Gefahren ausgesetzt:

- Die höhere Kohäsion führt zu einer Zunahme der Konformität des Verhaltens der Gruppenmitglieder und damit zur Reduktion der Streubreite des individuellen Leistungsverhaltens der Teammitglieder.[673] Hohe Kohäsion kann bei bestimmten Teamzielen (z.B. Ausnützen eines breit gestreuten Kompetenzenpools, Entscheidungsverbesserung durch Berücksichtigung verschiedener Standpunkte, Erhöhung der Quantität und Qualität der Kreativität und Motivationssteigerung durch partizipative Entscheidungsfindung) zu einer Verschlechterung des Teamresultats führen. Hohe Kohäsion beinhaltet zusätzlich die Gefahr von Group Think und Gruppenpolarisierung.[674]

- Kleine Teams garantieren aufgrund der geringen vorhandenen Informationsmenge keinen hinreichenden Informationstransfer.[675]

- Ein für die Anforderungen der Aufgabe zu kleines Team weist die Gefahr auf, dass[676]

  - geforderte Leistungen nicht erreicht werden, da das Team den inhaltlichen Anforderungen nicht gerecht wird,

  - Termine nicht eingehalten werden können,

  - eine reduzierte Vielfalt und ‚geistige Inzucht' auftreten,

  - Spezialwissen von aussen benötigt wird und

  - Details übersehen werden.

3.3.3.3   Auswirkungen einer grösseren Anzahl an Teammitgliedern

Eine grössere Anzahl von Teammitgliedern führt zur Abnahme der Kohäsion und zur Zunahme der zu erbringenden Integrations- und Koordinationsleistung und der Möglichkeit der Bildung von Cliquen[677].

Chancen grösserer Teams

Bei gegebener Teamaufgabe kann mit zunehmender Teamgrösse der Zeitbedarf zur Aufgabenlösung durch das Team reduziert werden. Zudem besteht für das einzelne Teammitglied die Möglichkeit, sich in

---

672   Vgl. Forster (1981), S. 159.
673   Vgl. Gebert (1992a), Sp. 1140.
674   Vgl. Gebert (1992a), Sp. 1141.
675   Vgl. Backes-Gellner et al. (2001), S. 332.
676   Vgl. Schneider und Knebel (1995), S. 38 und Högl (1998), S. 165.
677   Vgl. Wiswede (1992), Sp. 737.

zunehmend differenzierten Teilaufgaben zu spezialisieren.[678] Die Möglichkeit, vorhandene Spezialfä-higkeiten anzuwenden, steigt mit der Abnahme des Bedarfs an allgemeinen, durch die Teammitglieder zu erbringenden Aufgaben.

Lässt sich die Teamaufgabe sinnvoll differenzieren, besteht die Möglichkeit, durch verstärkte Arbeitstei-lung jedem Teammitglied kleinere Arbeitschritte zuzuteilen. Diese können von den einzelnen Mitgliedern schneller erledigt werden, was dazu führt, dass die Dauer, bis das Team seine Aufgabe erledigt hat, verkürzt werden kann.

Die Chancen einer grösseren Anzahl von Teammitgliedern lassen sich in additive, kompensatorische und komplementäre Vorteile unterscheiden.[679]

- Additive Vorteile: Mit zunehmender Anzahl Teammitglieder vergrössern sich die addi-tiven Kräfte.[680]

- Kompensatorische Vorteile: Für bestimmte Aufgaben des Schätzens (z.B. Längen-schätzen) ergibt sich ein Vorteil für grössere Teams durch die vermehrten Möglichkei-ten zum statistischen Fehlerausgleich.[681]

- Komplementäre Vorteile: Mit zunehmender Anzahl Teammitglieder steigt das im Team versammelte Wissen. Teammitglieder können somit fehlendes individuelles Wissen mit vorhandenem Teamwissen ergänzen. Dieser Vorteil besteht jedoch nur unter der Annahme existierender Prozesse des Wissenstransfers sowie einer Aufgabe, bei der „eine Integration hinreichend heterogener Perspektiven verlangt ist"[682].

Gefahren bei grösseren Teams

Grosse Teams verlangen (v.a. bei konjunktiven Aufgaben) einen hohen Koordinationsaufwand, der die Ressourcenvermehrung zunichte machen kann oder durch strukturierende (und somit koordinierende) Instrumente und insgesamt grössere Integrationsleistungen abgefedert werden muss.[683]

- Grosse Teams besitzen einen Anreiz zum Trittbrettfahren oder Social Loafing[684]. Wenn viele Teammitglieder an einer umfangreichen und komplizierten Aufgabe betei-ligt sind, ist es schwierig und aufwändig, die Leistungen sämtlicher Teammitglieder zu

---

678   Vgl. Backes-Gellner et al. (2001), S. 327.
679   Vgl. Gebert (1992a), Sp. 1142.
680   Vgl. Gebert (1992a), Sp. 1141 und Steinmann und Schreyögg (2005), S. 627.
681   Vgl. Steiner 1966, zit. nach Gebert (1992a), Sp. 1141-1142.
682   Gebert (1992a), S. 1142.
683   Vgl. Gebert (1992a), Sp. 1143 und Wiswede (1992), Sp. 738.
684   Vgl. Högl (1998), S. 40-42.

kontrollieren.[685] Zusätzlich sinkt der Anreiz zur Bestrafung fehlbarer Mitglieder mit zunehmender Teamgrösse, da die Folgen der Drückebergerei einzelner auf viele andere Teammitglieder verteilt werden. Der Nutzen, der daraus entstehen könnte, dass das fehlbare Teammitglied auf seine Drückebergerei hingewiesen wird, steht den Kosten dieser Konfrontation gegenüber.[686] Während der Nutzen dieser Konfrontation mit steigender Teamgrösse sinkt, bleiben die Kosten jedes Mal gleich.

- Grosse Teams mit hoher Aufgabenkomplexität bilden – hervorgerufen durch den hohen Kommunikationsaufwand oder dem Bedürfnis nach einem allgemein akzeptierten Wertemodell[687] – Subgruppen und Hierarchien aus.[688] Dieser selbstinitiierte Prozess der Gruppenverkleinerung reduziert wiederum die Möglichkeit des Teams, auf komplexe Anforderungen zu reagieren. „Lediglich bei einem hohen Formalisierungs- und Standardisierungsgrad arbeiten grosse Gruppen noch effizient, da der Kommunikationsbedarf in diesem Fall gering ist."[689]

- Mit der Zunahme der Teamgrösse sinkt die maximal aktive Beteiligungszeit (z.B. Redezeit) für jedes Teammitglied. Dadurch können die Teilnehmer eigene Ideen nicht mehr angemessen einbringen, empfinden weniger eigene Verantwortung oder erleben das Team in geringerem Masse als das eigene.[690] Die Intensität gemeinsamer Problemlösungen nimmt ab.[691]

- Bei einer gegebenen Zahl von Beförderungen für das Team verschärft sich der Wettbewerb mit zunehmender Teamgrösse. Dadurch steigt die Gefahr, dass sich die Teammitglieder nicht mehr ausschliesslich auf das Erreichen der Teamziele sondern auch (durch Reduktion der Kooperation oder gar Sabotage) auf die Besserstellung gegenüber Mitbewerbern konzentrieren.[692]

- Die Zufriedenheit der Gruppenmitglieder sinkt allgemein mit zunehmender Gruppengrösse.[693]

---

685 Vgl. Backes-Gellner et al. (2001), S. 333-334.
686 Vgl. Backes-Gellner et al. (2001), S. 334.
687 Vgl. Gebert (1992a), Sp. 1144.
688 Vgl. Wiswede (1992), Sp. 738.
689 Nedess und Meyer (2001), S. 7. Vgl. dazu auch Gebert (1992a), Sp. 1144-1145.
690 Vgl. Sader (2002), S. 62 und Kossbiel (2001), S. 158.
691 Vgl. Kossbiel (2001), S. 158.
692 Vgl. Kräkel 1997, zit. nach Kossbiel (2001), S. 160.
693 Vgl. Steinmann und Schreyögg (2005), S. 627.

3.4 Teaminterne, indirekt gestaltbare Einflussfaktoren auf das Teamverhalten

In diesem Kapitel werden Einflussfaktoren auf das Teamverhalten betrachtet, die im Team selbst existieren, deren Ausprägung jedoch lediglich indirekt gestaltet werden kann. Zu diesen Faktoren werden folgend die Phasen der Teamentwicklung, Teamstrukturen, Werte und Normen, Kohäsion und Attraktion sowie die Teamkultur gezählt.

3.4.1 Phasen der Teamentwicklung

Teams durchlaufen in ihrer Entwicklung verschiedene Phasen, die sich durch spezifische Charakteristika auszeichnen. Das Phasenmodell von Tuckman umfasst folgende fünf Phasen:[694]

1. Forming: Die Gruppenmitglieder versuchen sich anfänglich durch Austesten von zwischenpersönlichen und aufgabenbezogenen Grenzen zu orientieren. Damit einhergehend werden Abhängigkeiten zu Führungspersönlichkeiten, anderen Gruppenmitgliedern oder bereits bestehenden Standards gebildet.

2. Storming: In der zweiten Phase treten zwischenmenschliche Konflikte auf, deren Emotionalität auch die Zielerreichung tangiert. Dabei versuchen die Mitglieder, sich dem Gruppeneinfluss und den aus der Aufgabe entstehenden Ansprüchen zu entziehen.

3. Norming: Der Widerstand der Storming-Phase wird in der dritten Phase überwunden, Zusammengehörigkeitsgefühl, Kohäsion sowie neue Werte und Normen entstehen und führen zu neuen Rollen für die Mitglieder, die im Rahmen der Aufgabenlösung nun auch persönliche Bedürfnisse äussern.

4. Performing: Die Gruppenstruktur ist in der Lage, die aufgabenbezogenen Aktivitäten zu tragen. Rollen sind flexibel und funktional ausgebildet und die Energie der Gruppe wird zur Aufgabenerfüllung verwendet.

5. Adjourning: Nach Beendigung der Aufgabe lockern sich angesichts der bevorstehenden Trennung („death of group"[695]) die sozialen Beziehungen.[696]

Die Hauptkritik am Modell von Tuckman bezieht sich auf die Unklarheit, die darüber besteht, ob die einzelnen Phasen eindeutig abgrenzbar und nicht wiederholbar sind sowie auf ihre bis Dato fehlende empi-

694 Vgl. Tuckman (1965), S. 396 und Tuckman und Jensen (1977), S. 426. Das Phasenmodell wurde 1965 von Tuckman als Zusammenfassung von Resultaten der Kleingruppenforschung entwickelt, und 1977 nach einer Metaanalyse von Tuckman und Jensen erweitert.
695 Tuckman und Jensen (1977), S. 426.
696 Die 5. Stufe wurde 1967 von Mann unter der Bezeichnung „separation and terminal review" eingeführt. Vgl. Lechner (2001), S. 70 und Tuckman und Jensen (1977), S. 425.

rische Verifizierung.[697] Phasenmodelle auf der Basis der Chaostheorie betrachten die Gruppenentwicklung als kontinuierliche oder diskontinuierliche Abfolge von Ordnungs- und Chaosphasen. Die Phasenübergänge ergeben sich dabei hauptsächlich aus kritischen Fluktuationen in der Gruppe.[698] Diese Modelle beheben das Defizit der historischen Phasenmodelle, besitzen selbst aber den Nachteil, dass die Vorhersagbarkeit der Phasen noch vager sind und „lediglich unter der Prämisse der langfristigen Unvorhersagbarkeit das Vokabular anderer Wissenschaftsdisziplinen"[699] übernehmen.

Weitere Phasen-Modelle fokussieren – meistens mehr oder weniger den Phasen von Tuckman folgend – spezifische Schwerpunkte der Gruppenentwicklung oder abweichend davon die Entwicklung anderer Gruppenmerkmale.

Das Teamentwicklungsmodell von Wildenmann fokussiert die Entwicklung der Teamaufgaben:[700]

1. Improvisation: Aufgaben sind neu, Ziele noch nicht definiert, die Normen unbekannt und die Methoden unstandardisiert, wodurch ein grosser Bedarf an Improvisation besteht.
2. Strukturierung: Aufbau- und Ablaufstrukturen, optimale Aufgabendelegation und Standardisierungsmöglichkeiten mit dem Ziel der Rationalisierung werden entwickelt.
3. Strategiefindung und Positionierung: Das Team sucht nach leistungs- und produktorientierter Differenzierung und Positionierung.
4. Verpflichtung und Engagement: Offener Informationsfluss, hoher Grad an gegenseitiger Unterstützung und persönlichem Einsatz findet statt.

Hofstede fokussiert das Erlernen interkultureller Kommunikation und teilt dieses in drei Phasen ein:[701]

1. Bewusstwerden: Die Teammitglieder erkennen, dass die ‚mentale Software' differieren kann. Dieses Bewusstsein verhindert, dass die Mitglieder durch Voreingenommenheit taub und blind für alle Signale der Relativität der eigenen mentalen Programmierung sind.
2. Wissen: Die Mitglieder lernen Symbole, Helden und Rituale der anderen Kultur kennen. Ziel dabei ist nicht, die Werte zu teilen, sondern zu verstehen, inwieweit diese Werte von den eigenen abweichen.
3. Fertigkeiten: Die Teammitglieder bauen ihre kommunikativen Fertigkeiten auf Bewusstmachung und Wissen auf und wenden diese nun an, um die Symbole der anderen Kultur erkennen zu können.

---

697   Vgl. Lechner (2001), S. 71.
698   Vgl. Schiepek und Kowak 1994, und Manteufel 1995, zit. nach Lechner (2001), S. 71.
699   Lechner (2001), S. 73.
700   Vgl. Wildenmann (2000), S. 19-20.
701   Vgl. Hofstede (1993), S. 258-259.

Gersick entdeckte bei ihren Untersuchungen zur Teamentwicklung, dass sich in Teams nach Überschreiten der Hälfte der für die Aufgabenerledigung zur Verfügung stehenden Zeit grundlegende Veränderungen abspielten (midpoint transaction).[702] In der ersten Phase versuchen Teams eine Arbeitsagenda und Normen zu etablieren, die rasche Resultate zeigen. Zur Halbzeit werden die Annahmen überprüft und je nach Ergebnis beibehalten oder neue, effektivere Normen entwickelt. Einem Wechsel folgen in der Regel stark gesteigerte und beschleunigte zielorientierte Aktivitäten.[703]

Das Teamlernen selbst wird in der Literatur selten betrachtet, obschon es als ein kritischer Erfolgsfaktor für das organisationale Lernen gilt.[704] Als einer der wenigen Ansätze betrachtet das Modell von Kantor (vgl. Abbildung 12) das Teamlernen in umfassender Weise.

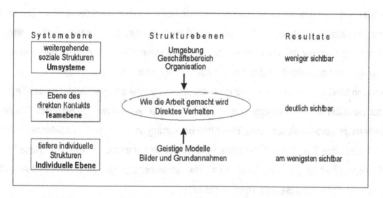

Abbildung 12: Team-Learning-Modell[705]

Das Modell betrachtet verschiedene Systemebenen des Teamhandelns: Die Umsysteme enthalten – analog zum Stakeholdermodell – die Umgebung (geschäftliches Umfeld, gesellschaftliche Rahmenbedingungen), den Geschäftsbereich (z.B. Branche) und die Organisation. Die individuelle Ebene umfasst die mentalen Modelle und Grundannahmen der Teammitglieder. Die Ausprägungen beider Ebenen sind nur schwer erkennbar und werden auf der Teamebene durch das kontextbezogene konkrete Handeln manifest, die Teammitglieder erkennen Dissonanzen zu eigenen Einschätzungen und Verhaltenstendenzen und entwickeln dadurch ein Shared Mental Model:[706]„Teambuilding is simply a set of messages successfully shared between a group of people"[707].

---

702   Vgl. Gersick (1988), S. 33.
703   Vgl. Furst et al. (2004), S. 7.
704   Vgl. Clutterbuck (2002), S. 67.
705   Darstellung nach Kantor 1997, in Böcker-Kamradt (2001), S. 67.
706   Vgl. Böcker-Kamradt (2001), S. 68 und Cannon-Bowers et al. (1993), S. 228.
707   Avery (2000), S. 10.

Neben diesem allgemeinen Modell, das die Bildung des Shared Mental Model explizit im Teamkontext betrachtet, ermöglichen oder verbessern verschiedene Faktoren das Teamlernen.

Die Hauptforderung, dass Teamleiter als Coaches agieren sollen[708], reicht alleine nicht aus. „Not only are team leaders too busy managing upwards, but also they may lack detailed knowledge of coaching."[709] Statt direkte Coaching-Interventionen auszuführen besteht die Aufgabe der Teamleiter darin, ein lernfreundliches Klima durch die Einrichtung von Peer-Netzwerken und akzeptierten Zeitfenstern zur Reflexion und gemeinsamem Lernen zu schaffen und durch geeignete Aufgabendelegation individuelle Fähigkeiten und gegenseitiges Vertrauen zu fördern.[710] Durch die Schaffung eines spezifischen fehlertoleranten Raums wird ermöglicht, dass durch das Ausprobieren verschiedener Ansätze zur Problemlösung nicht nur die optimalste Alternative ermittelt, sondern auch Erfahrungen und Wissen generiert werden können.[711] Teamlernen kann auch durch die Auswahl der Teammitglieder gefördert werden. Dabei spielt nicht nur das individuelle Fachwissen eine Rolle, sondern auch der Wille zur Zusammenarbeit und gemeinsamen Entwicklung über Status- und Hierarchiestrukturen hinweg.[712] Nachhaltiger Entwicklungserfolg kann nur dann erreicht werden, wenn die Mitarbeiter nicht nur lernfähig, sondern auch lernwillig sind, und das Erlernte in den Arbeitsprozess integriert werden kann.[713]

Ein Lernplan für das Team berücksichtigt die künftigen Ansprüche der Stakeholder an das Team. Dies führt zur Definition breiter Teamkompetenzen, die teils von allen, teils nur von einzelnen Teammitgliedern beherrscht werden müssen. Dringlichkeit und Bedeutung der benötigten Kompetenzen bestimmen die Lernagenda des Teams. Dabei kann das Team selbst als Lernressource dienen.[714] Neue Prozesse oder Technologien bedingen unter Umständen neue Arbeitsbeziehungen im Team, deren Ausdifferenzierung eine Aufgabe für das ganze Team darstellt.[715]

Der Lernprozess benötigt Rollen wie Coach, Kritiker, Registrator oder Spezialist. Ausdifferenzierte Rollenstrukturen mit gegenseitiger Akzeptanz und Unterstützung der einzelnen Rollen erleichtern das Teamlernen.[716]

Die Team-Lernkultur hängt eng mit der Teamkultur zusammen. Zudem kann davon ausgegangen werden, dass die Lernkultur des Teams von der Lernkultur der Organisation beeinflusst ist, jedoch durchaus ihre eigene Ausprägung besitzen kann. Die Lernkultur im Team ist abhängig von den einzelnen

---

708   Vgl. Frank (1996), S. 947.
709   Clutterbuck (2002), S. 68.
710   Vgl. Clutterbuck (2002), S. 68.
711   Vgl. Edmondson et al. (2001), S. 130-131.
712   Vgl. Edmondson et al. (2001), S. 130.
713   Vgl. Gernold (1996), S. 947.
714   Vgl. Clutterbuck (2002), S. 68.
715   Vgl. Edmondson et al. (2001), S. 130.
716   Vgl. Clutterbuck (2002), S. 69.

Mitgliedern und ihren Einstellungen zum Lernen: Ihr Lernverhalten ist abhängig vom persönlichen Wollen (geprägt durch Erfahrungen und Ziele), sozialen Dürfen (Rollenverteilung im Team), individuellen Können (Qualifizierung) und der situativen Ermöglichung (Lernumgebung/Fehler erlaubt/prozessual und organisatorisch möglich).[717]

3.4.2 Teamstrukturen

Teamstrukturen stellen den Aufbau dar, der zum ‚Funktionieren' des Teams verhilft.[718] Auch bei hierarchiefreien, selbstorganisierten, anfänglich strukturlosen Teams entsteht durch die Organisation der Zusammenarbeit eine differenzierte Interaktionshierarchie.[719] Verschieden strukturierte Teams verhalten sich unterschiedlich.[720] Die Teamstruktur hat einen Einfluss auf den Teamprozess und wirkt sich somit (zumindest indirekt) auf die Teameffizienz und die Teamleistung aus.[721]

Die Teamstruktur, das Bezugssystem der teaminternen Prozesse,[722] ist, verglichen mit anderen Einflussfaktoren auf das Teamverhalten, relativ stabil – relativ deshalb, weil durch personelle Wechsel im Team die Positionen der Struktur neu besetzt werden können[723]. Die Struktur besteht aus einem interdependenten Netzwerk von Rollen und hierarchischem Status.[724] Zusätzlich lässt sich eine Hierarchiestruktur unterscheiden, die das Handeln im Team strukturiert und bestimmte Auswirkungen von Rollen- und Statusstrukturen verstärkt, fördert, abschwächt oder gar verhindert. Während aus soziologischer Optik die Ansicht vertreten werden kann, dass Hierarchie hinreichend durch Rolle und Status ausgedrückt wird, soll hier der Hierarchie als eigenständige Teamstruktur durch die explizite Unterscheidung zwischen formeller und informeller Autorität zusätzlich Gewicht verliehen werden. Die Berücksichtigung einer institutionalisierten Autoritätsstruktur betont das Verständnis des Teams als eine betriebswirtschaftliche Organisations- und Arbeitsform. Folgende interdependenten Strukturmerkmale der internen Teamstruktur werden betrachtet:[725]

- Die Statusstruktur bezeichnet die Rangordnung und somit die sozial bewertete Stellung der einzelnen Teammitglieder unabhängig von deren formeller Position.
- Die Rollenstruktur stellt die Verhaltenserwartungen an die Teammitglieder dar.

---

717   Vgl. von Rosenstiel (1988), S. 216.
718   Vgl. Claessens (1995), S. 6.
719   Vgl. Shelly und Troyer (2001), S. 329.
720   Vgl. Becker und Baloff 1969, zit. nach Gladstein (1984), S. 501.
721   Vgl. Gladstein (1984), S. 501.
722   Vgl. Brown (2000), S. 68.
723   Vgl. Brown (2000), S. 58.
724   Sherif und Sherif 1969, zit. in Brown (2000), S. 68.
725   Vgl. Wiswede (1992), Sp. 740.

- Die Hierarchiestruktur bestimmt die Verteilung der formellen (Positionen) und faktischen (Personen) Macht innerhalb des Teams (Macht- und Autoritätsstruktur).

- Mit der Kommunikationsstruktur lässt sich das Ausmass und die Qualität formeller und informeller Kanäle, die Kanalanzahl sowie die Richtung der Kommunikation innerhalb und zwischen Teams ausdrücken.

- Die Affekt-Struktur bezeichnet die Sympathie resp. Antipathie in den Beziehungen zwischen den Teammitgliedern.

3.4.2.1 Statusstruktur

"Status [...] refers to evaluations of the worth of individuals and characteristics."[726] Status ist ein interpersonelles Phänomen und immer von den Personen abhängig, die den Status beurteilen und einstufen.[727] Statusprozesse beeinflussen die Entwicklung von Ungleichheiten und formen damit den Handlungsspielraum der Teammitglieder.[728] Die Statusstruktur betrachtet deren Rangordnung und somit die sozial bewertete Stellung unabhängig der formellen Position aus Sicht der anderen Teamangehörigen.[729]

3.4.2.1.1 Entstehung einer Statusstruktur

Die Individuen einer Gesellschaft lassen sich nach verschiedenen Merkmalen klassifizieren und in verschiedenen Systemen organisieren, wobei jedes Individuum einen bestimmten Platz in einem System innehat.[730] Diesen Platz nimmt das Individuum durch Vergleiche mit anderen Individuen bzgl. bestimmter Merkmale (Werte) ein.[731] Bei der Statuseinschätzung im Team werden jene Merkmale berücksichtigt, die das Team in seinem Normensystem für wichtig erachtet.[732] Der Besitz von Macht ist in Organisationen ein wichtiges Statusmerkmal, weshalb die Statusstruktur oft – aber nicht ausschliesslich – der Machtstruktur folgt.[733]

Die Werte werden mit Symbolen nach innen und aussen kommuniziert. Statussymbole zeigen den Status an und erleichtern somit die Orientierung der Interaktionspartner. Obschon die Symbole den Status nicht konstituieren, führen sie zu einer Verfestigung der Machtstruktur und stellen „deshalb nicht selten eine Behinderung bei der sachbezogenen Bewältigung von neuen Problemen"[734] dar.

726   Jasso (2001), S. 66, Fussnote 1.
727   Vgl. Steinmann und Schreyögg (2005), S. 608.
728   Vgl. Jasso (2001), S. 96.
729   Vgl. Steinmann und Schreyögg (2005), S. 608, Wiswede (1992), Sp. 740 und Born und Eiselin (1996), S. 27.
730   Vgl. Linton 1967, zit. nach Geller (1994), S. 17.
731   Vgl. Brown (2000), S. 61-67.
732   Vgl. Steinmann und Schreyögg (2005), S. 608.
733   Vgl. Wiswede (1992), Sp. 742.
734   Steinmann und Schreyögg (2005), S. 608.

Eine Statusstruktur besteht dann, wenn die Rangfolge der gegenseitigen Bewertungen der Mitglieder bezüglich einzelner oder mehrerer statusrelevanter Merkmale übereinstimmt. Die Struktur ist jedoch nur relativ stabil, da die Teammitglieder nach höherem Status streben und sich die Struktur somit über die Zeit verändert.[735] Von der Gruppe initiierte Statusänderungen wie die Aufnahme, Beförderung, Degradierung oder der Ausschluss von Angehörigen, werden von Ritualen begleitet. [736]

Bestehen keine oder nur geringe Unterschiede zwischen den sozial bewerteten Stellungen von Gruppenmitgliedern kann von einer statushomogenen Gruppe gesprochen werden, bei ausgeprägten Statusunterschieden von einer statusheterogenen. Bei homogenen Gruppen kann der ‚Wert' eines Mitglieds nur indirekt und durch länger andauernde Interaktion aufgrund seines Verhaltens ermittelt werden.[737] In Organisationen können verschiedene Status-Systeme nebeneinander bestehen.[738]

3.4.2.1.2 Auswirkungen von Statusstrukturen

Die Wahrnehmung von Status definiert die soziale Situation durch die gegenseitige Relativierung der Teammitglieder.[739] Je rascher in neu formierten Teams ein Mitglied einen höheren Status erwirbt, desto schneller findet eine Ausdifferenzierung zwischen den anderen Mitgliedern statt.[740] Die Statusstruktur zeigt die gefestigten gegenseitigen Einschätzungen der sozialen Verhältnisse innerhalb des Teams auf und besitzt somit – abgeleitet aus der individuellen Stellung in der Struktur – handlungsleitenden Charakter für die Teamangehörigen.

Neben der formellen, in erster Linie in der Position begründeten Führung, existiert auch eine informelle, vor allem durch Status legitimierte.[741] Mit dem Status verbunden determinieren spezifische Verpflichtungen und Privilegien das jeweilige Verhalten.[742] Akteure mit hohem Status können dabei je nach Situation mehr oder weniger von den Normen abweichen als Mitglieder mit tieferem Status[743]: Während einerseits das Befolgen der Gruppennormen als Bedingung genannt wird um hohen Status zu erreichen[744], wird andererseits argumentiert, dass die Person, die vorgängig den grössten Beitrag zur Zielerreichung beigetragen hat, dadurch auch einen Kredit („idiosyncrasy credit"[745]) erhalten hat, der ihr erlaubt, in bestimmtem Rahmen von den Normen abzuweichen.

---

735   Vgl. Spitznagel (1977), S. 405.
736   Vgl. Trice und Beyer (1993), S. 202-210.
737   Vgl. Spitznagel (1977), S. 405.
738   Vgl. Steinmann und Schreyögg (2005), S. 608. Z.B. existieren Statussysteme verschiedener Professionen nebeneinander.
739   Vgl. Shaw (1976), S. 246.
740   Vgl. Shelly und Troyer (2001), S. 329.
741   Vgl. Steinmann und Schreyögg (2005), S. 619.
742   Vgl. Steinmann und Schreyögg (2005), S. 608.
743   Vgl. Shaw (1976), S. 246 und Brown (2000), S. 47.
744   Vgl. Homans 1950, zit. nach Shaw (1976), S. 246.
745   Hollander 1958, zit. in Shaw (1976), S. 246.

In Situationen, in denen die Teamproduktivität von grosser Bedeutung ist, ist die Person mit dem höchsten Status abgeneigt, den Erwartungen niedriger gestellter Personen zu entsprechen. Dies lässt sich daraus ableiten, dass die Zielerreichung des Teams dadurch gewährleistet wird, dass die statushöchste Person frei über die benötigten Ressourcen verfügen kann. Eine erwartungskonforme Haltung würde ihren Status erodieren lassen.[746]

Die Stellung in der Statusstruktur beeinflusst auch die Kommunikation: Personen mit höherem Status initiieren und erhalten allgemein mehr Kommunikation. Im Kommunikationsprozess wird ihnen mehr Zeit eingeräumt.[747] Höhergestellte Personen kommunizieren mehr zielrelevante Informationen als Personen mit tieferem Status und äussern sich diesen gegenüber weniger negativ über ihre Arbeit. Für Personen mit tieferem Status wiederum stellt diese Kommunikation ein Substitut für nicht-existierende Aufstiegsmöglichkeiten dar.[748] Ein hoher Status schützt Personen auch vor verbalen Angriffen von niedriger Gestellten, auch wenn die Person mit hohem Status für die aufgebaute Frustration verantwortlich ist.[749]

Die Statusstruktur kann auch die Wirkung selbsterfüllender Prophezeiungen haben, dadurch, dass Menschen einen bestimmten Status internalisieren und ihr Verhalten dementsprechend anpassen können.[750]

Verteidigen einzelne Teammitglieder einen erworbenen, höhergestellten Status im Team gegenüber den anderen Mitgliedern oder wollen sie diesen gar ausbauen, kann dies zu Rang- und Kompetenzabstufungen innerhalb des Teams führen, die dysfunktionales Konkurrenzverhalten und Teamstörungen zur Folge haben können. Dominierende Teammitglieder können die Meinungen der anderen unterdrücken und somit eine auf unterschiedlichen Ansichten und Kenntnissen bauende Teamlösung verhindern.[751] Der Status der Gruppenmitglieder kann Entscheidungsprozesse massgeblich beeinflussen: Vom Status der Minoritäten und den diesen Minoritäten unterstützenden Teammitgliedern ist abhängig, ob eine Teammeinung beeinflusst werden kann oder nicht. So kann eine Minderheit mit negativem Status durch starke Unterstützung von einem Teammitglied mit positivem Status die Teamentscheidung beeinflussen, während eine Minorität mit positivem Status, die von Mitgliedern mit negativem Status unterstützt wird, keinen signifikanten Einfluss ausüben kann.[752]

Werden alle Statusattribute einer Person auf derselben Ebene wahrgenommen, ist von Statuskongruenz die Rede. Der Fall, bei dem ein Teammitglied für die Referenzgruppe relevante Merkmale auf unterschiedlicher Ebene aufweist, wird Statusinkongruenz genannt, und führt „in Gruppen mit gemeinsamer Aufgabenlösung dazu, dass neben den Aktivitäten zur Aufgabenlösung die Versuche zur Herstel-

---

746   Vgl. Gergen und Taylor 1969, zit. nach Shaw (1976), S. 246.
747   Vgl. Shelly und Troyer (2001), S. 330.
748   Vgl. Kelley 1951, zit. nach Shaw (1976), S. 247.
749   Vgl. Worchel 1957, zit. nach Shaw (1976), S. 247.
750   Vgl. Brown (2000), S. 58-59.
751   Vgl. Schneider und Knebel (1995), S. 48.
752   Vgl. Broszkiewicz (2003), S. 215-216.

lung von Statusübereinstimmung Zeit und Kraft erfordern"[753]. Diese Tendenz lässt sich darauf zurückführen, dass Inkongruenz die Interaktionspartner verunsichert.[754] Durch Inkongruenz alleine lässt sich jedoch keine Erhöhung der interpersonalen Konflikte erklären.[755]

3.4.2.2 Rollenstrukturen

Jedem Statusinhaber werden Einstellungen, Wertvorstellungen und Verhaltensweisen zugeschrieben. „Die Rolle umfasst das, was das Individuum tun muss, um seine Status-Inhaberschaft geltend zu machen."[756] Die Rollenstruktur wird als bedeutendes Element der Gruppenstruktur betrachtet.[757] Durch die Interaktionen der Gruppenmitglieder findet eine Zuordnung spezifischer Rollen zu bestimmten Personen[758] und eine Konzentration der Beziehungen statt, die feste Erwartungsstrukturen ermöglicht[759] und die Komplexität der Verhaltenserwartungen in sozialen Systemen reduziert. Die Rollenstruktur beeinflusst in ihrer Ausprägung das Verhalten der einzelnen Teammitglieder massgeblich.

3.4.2.2.1 Entstehung der Rollenstruktur

Im normativen soziologischen Rollenverständnis[760] stellen Rollen „die Summe der Verhaltenserwartungen dar, welche die Organisation und ihre Mitglieder gegenüber dem Inhaber einer bestimmten Position in der Organisation hegen und die von diesem erlebt werden"[761]. Rollen entstammen dem Kontext konkreter und empirisch bestimmbarer Bezugsgruppen und -personen.[762] „(1) Soziale Rollen sind gleich Positionen quasi-objektive, vom Einzelnen prinzipiell unabhängige Komplexe von Verhaltensvorschriften. (2) Ihr besonderer Inhalt wird nicht von irgendeinem Einzelnen, sondern von der Gesellschaft bestimmt und verändert. (3) Die in Rollen gebündelten Verhaltenserwartungen begegnen dem Einzelnen mit einer gewissen Verbindlichkeit des Anspruches, so dass er sich ihnen nicht ohne Schaden entziehen kann."[763]

Die Verhaltenserwartung lässt sich von bestehenden Werten ableiten, die durch mit ihnen verknüpfte Sanktionen zu Normen, Geboten und Verboten werden, die den richtigen Weg zur Zielerreichung kenn-

---

753   Schneider (1975), S. 213.
754   Vgl. Steinmann und Schreyögg (2005), S. 611.
755   Vgl. Spitznagel (1977), S. 406.
756   Linton 1967, zit. in Geller (1994), S. 18.
757   Vgl. z.B. Forster (1978), S. 4, Ulich (1994), S. 174, Born und Eiselin (1996), S. 14 und Cartwright & Zander 1968, Anger 1966, Aschauer 1970, alle zit. nach Schneider (1975), S. 24.
758   Vgl. Schneider (1975), S. 19.
759   Vgl. Claessens (1995), S. 23.
760   Für weitere Ansätze vgl. Wiswede (1977), S. 11-22 und Fischer (1992), Sp. 2225-2227.
761   Joas 1980, zit. in Staehle (1990), S. 272.
762   Vgl. Wiswede (1977), S. 49.
763   Dahrendorf (1977), S. 35.

zeichnen. Erkennt das Individuum die Normen, werden sie Teil seiner kognitiven Struktur und führen zur Erwartung, dass sich andere Individuen in Ausübung einer bestimmten Position auch an bestimmte Normen halten. Diese Erwartungen werden als Rolle bezeichnet, was durch die Interaktion verschiedener Positionen zur Bildung eines sozialen Systems führt.[764]

Da die Erwartungen in aktuellen Interaktionssequenzen erst eingespielt und ausgebildet werden müssen, besteht für das Individuum ein Freiheitsgrad für die Umsetzung der Erwartungen, dadurch, dass

- das Individuum durch mangelnden Konsens über die Rollenerwartungen Spielraum gegenüber den Erwartungen anderer erhält[765],
- Rollennormen von der subjektiven Interpretation abhängen[766] und
- durch den Interpretationsspielraum für das die Rolle ‚spielende' Individuum die Möglichkeit besteht, die empfangenen Rollen bis zu einem bestimmten Grad nach eigenen Vorstellungen umzuformen[767].

Eine hohe Institutionsdichte gesteht dem Rollenempfänger weniger Raum zur Interpretation zu als unstrukturierten, sich durch stark affektive Elemente auszeichnenden Situationen.[768] Der Freiheitsgrad ist auf jeden Fall begrenzt, denn bliebe rollenkonformes oder rollenabweichendes Verhalten folgenlos, würden die Rollen ihre Funktion der Regelung formeller oder informeller sozial-struktureller Aufgaben rasch verlieren.[769]

Rollendifferenzierung führt zu unterschiedlichen Erwartungen an die verschiedenen Akteure.[770] Dadurch findet eine eigentliche Arbeitsteilung statt.[771] Je grösser die Zahl der unterschiedlichen Handlungen ist, welche die Mitglieder eines sozialen Systems in spezifischen Situationen voneinander erwarten, desto höher ist der Grad der Rollendifferenzierung.[772]

Nach ihren Inhalten lassen sich vertikale und horizontale Rollen unterscheiden.

- Vertikale Rollen fokussieren die Machtverteilung im Team. Die durch diese Differenzierung entstehende Struktur besitzt direkte Auswirkungen darauf, welche Chancen Mit-

---

764   Vgl. Wiswede (1977), S. 37-38.
765   Vgl. Gross et. al. 1958, zit. nach Krappmann (1971), S. 100.
766   Vgl. Krappmann (1971), S. 116.
767   Vgl. Steinmann und Schreyögg (2005), S. 613-614.
768   Vgl. Wiswede (1977), S. 18.
769   Vgl. Spitznagel (1977), S. 403.
770   Vgl. Wiswede (1977), S. 94.
771   Vgl. Claessens (1995), S. 24.
772   Vgl. Wiswede (1977), S. 94.

glieder haben, Einfluss auf Teamentscheidungen und das Teamgeschehen zu nehmen.[773]

- Horizontale Rollen beziehen sich auf die Aufgabenverteilung innerhalb von Teams. So existieren kommunikative und interaktive Aufgaben, die zur Förderung der interaktiven Prozesse von Teams in einem bestimmten Umfang zwingend[774] notwendig sind, und die sich z.B. in Aufgabenrollen, Gruppenaufbau- und -erhaltungsrollen und individuellen Rollen abbilden lassen[775].

Anhand der Entstehung kann zwischen formalen und informalen Rollen unterschieden werden:

- Die formale Rolle (Position) ist durch die Organisation definiert[776] und kann direkt von deren Zielen der Arbeits- und Funktionsteilung abgeleitet werden. Sie entsteht ex ante und beschreibt eine idealistische Form des Verhaltens des Rolleninhabers. Die formale Rolle enthält Regeln und dadurch ausgedrückte Verpflichtungen unabhängig von der Person, der zugedacht ist, diese Rolle zu erfüllen.

- Die informale Rolle ist durch das Individuum oder die informelle Gruppensituation[777] definiert und bestimmt die Art der Beziehung zwischen den Positionsträgern und die sich daraus ergebende Verhaltenserwartung (Inhalt der Beziehung)[778]. Die informale Rolle balanciert Spannungen, reduziert Ängste und befriedigt instinktive und emotionale Bedürfnisse. Sie resultiert nur zu Teilen aus der Arbeits- und Funktionsteilung der Organisation[779]. Die informale Rolle entsteht während der Interaktion und beschreibt damit – verglichen mit der formalen – ex post (nach der ersten Interaktion) die Erwartungen an das künftige Verhalten des Rolleninhabers.

Zu unflexible Muster der Rollendifferenzierung können sich in Teams nachteilig auswirken, da durch sie eine Anpassung an neue Situationen erschwert werden.[780] Aus diesen Erkenntnissen lässt sich die Forderung nach Rollenflexibilität ableiten.[781]

---

773   Vgl. Wahren (1994), S. 147.
774   Vgl. Margerison & McCann 1991, zit. nach Wahren (1994), S. 150.
775   Vgl. Benne & Sheats, 1948, zit. nach Wahren (1994), S. 149 und Belbin (2002), S. 74.
776   Vgl. Beumer und Sievers (2000), S. 13.
777   Vgl. Kiechl (2001), S. 68 und Schneider (1975), S. 148.
778   Vgl. Steinmann und Schreyögg (2005), S. 612.
779   Vgl. Wiswede (1977), S. 103.
780   Vgl. Gersick/Hackman 1990, zit. nach Brown (2000), S. 71.
781   Vgl. Paulhus und Martin (1988), S. 99.

3.4.2.2.2 Ausprägungen der Rollenstruktur

Idealtypisch werden Rollenerwartungen klar und eindeutig gesendet, ohne Verzerrung wahrgenommen und vollständig im Rollenverhalten umgesetzt. Multiple Rollenerwartungen (Rollenset) und asymmetrische Machtverteilung in der Rollenstruktur (Rollenasymmetrie) können sich erschwerend auf diesen Prozess auswirken.

Als Rollenset wird die Gesamtheit von vielseitigen Erwartungen an eine bestimmte Person bezeichnet. Eine Rolle setzt sich aus vielen Teilrollen zusammen, die ihrerseits in unterschiedlichen Beziehungen stehen können.[782] Die Rollensender in einem Rollenset können unterschiedliche, inkompatible und konfliktäre Erwartungen an den Rollenempfänger haben.[783] Dieser kann sich durch wiederholtes Rollenverhalten bei unterschiedlichen Rollensendern eine Reputation aufbauen, die den wahrgenommenen Grad der Kongruenz seines Rollenverhaltens mit der individuellen Rollenerwartung ausdrückt.[784]

Rollenasymmetrie bezeichnet das Verhältnis der Über- oder Unterordnung, das entsteht, wenn soziale Rollen in einem hierarchischen System mit unterschiedlichem Macht- und/oder Prestigepotenzial ausgestattet sind. Die durch Rollenmacht entstehende Hierarchie hat informellen Charakter, da sie meist verdeckt wirkt.[785] Individuen mit begünstigten Rollen tendieren dazu, ihre Position durch Vertuschung, Bagatellisierung oder Rechtfertigung der Vorteile oder durch Solidarisierung mit gleichermassen Begünstigten zu verteidigen.

3.4.2.2.3 Problematische individuelle Auswirkungen der Rollenstruktur

Rollen ermöglichen ein Selbstverständnis in sozialen Systemen und leisten – wenn klar formuliert – einen Beitrag an die Bildung einer eigenen Identität.[786] Unklarheiten durch widersprüchliche oder inkompatible Rollenerwartungen führen zu Rollenkonflikten.[787] Der Konflikt besteht dabei darin, dass das Bedürfnis des Rollenempfängers nach konformem Verhalten aufgrund der unterschiedlichen perzeptierten Erwartungen in mindestens einem Fall nicht befriedigt werden kann. Weitere Folgen für Individuen sind Rollenambiguität durch unklare Rollenerwartungen und Rollendruck.

---

782   Vgl. Steinmann und Schreyögg (2005), S. 613.
783   Vgl. Coser (1991), S. 13.
784   Vgl. Tsui (1984), S. 65.
785   Vgl. Wiswede (1977), S. 64.
786   Vgl. Brown (2000), S. 72-73.
787   Wiswede (1977), S. 115.

Intra-Rollen-Konflikte

Ein Rollenset aus widersprüchlichen Teilrollen und damit diskrepanten Erwartungen an dieselbe Rolle führt zum Intra-Rollen-Konflikt.[788] Durch den Widerspruch in ein und derselben Rolle ist die Annahme, ein normativer Konsens der Rollensender sei hinreichende Voraussetzung für die Funktionsfähigkeit und Stabilität des sozialen Systems, gefährdet.[789] Dieser Typus von Rollenkonflikt lässt sich nach Rollensendern differenzieren.

- Intra-Sender-Konflikte bestehen dann, wenn ein Rollensender miteinander unvereinbare Erwartungen an den Rollenempfänger besitzt. Diese Erwartungen können so heterogen sein, dass bei der Erfüllung der einen Erwartung eine andere nicht befriedigt werden kann. So kann einerseits eine Erwartung an das Verhalten einer Person bestehen, im Wissen, dass diese Person die notwendigen Mittel für dieses Verhalten nicht besitzt[790], andererseits können (auch zeitlich unterschiedlich gelegene) widersprüchliche Instruktionen und Erwartungen eines Senders einander ausschliessen.[791]

- Inter-Sender-Konflikte entstehen häufig an der Schnittstelle sozialer Netzwerke, wenn bei verschiedenen Rollensendern unterschiedliche Erwartungen bezüglich der konkreten Rollenausübung eines Rollenempfängers bestehen. Dabei steht der Rollenempfänger im „Kräftefeld sich widersprechender Erwartungen."[792] Dieser Konflikt kann auch dadurch entstehen, dass auf Grund von Rollenambiguität dem Rollenempfänger nicht klar ist, welche Erwartungen bestehen. Inter-Sender-Konflikte treten häufig bei Rollen auf, die zwischen verschiedenen Hierarchiestufen agieren.[793]

Inter-Rollen Konflikte

Inter-Rollen-Konflikte beziehen sich auf die Probleme des Rollenempfängers, mit seinen verschiedenen Rollen zurechtzukommen.[794] Dieser Konflikttypus bezeichnet unvereinbare Erwartungen, die daraus resultieren, dass ein Akteur mehrere Positionen gleichzeitig einnimmt und dadurch verschiedene, teilweise oder gänzlich unvereinbare Rollen zu erfüllen hat.[795] Diese können unterschiedlichen sozialen Systemen

---

788 Vgl. Gross et. al. 1958, zit. nach Wiswede (1977), S. 115.
789 Vgl. Joas (1998), S. 141.
790 Vgl. Wiswede (1977), S. 117 und Lattmann (1982), S. 458.
791 Vgl. Steinmann und Schreyögg (2005), S. 615.
792 Steinmann und Schreyögg (2005), S. 615.
793 Vgl. Wiswede (1977), S. 117 und Lattmann (1982), S. 458.
794 Vgl. Joas (1998), S. 141.
795 Vgl. Gross et. al. 1958, zit. nach Wiswede (1977), S. 115 und Spitznagel (1977), S. 404.

entspringen oder aber auch im Rollengefüge eines einzelnen Systems verankert sein. So ist es möglich, dass das Wissen um die Erfüllung einer zweiten Rolle die Ausübung der ersten beeinträchtigt.[796]

Person-Rollen-Konflikte

Person-Rollen-Konflikte bestehen, wenn die Rollenerwartungen nicht den Werten, Bedürfnissen oder Fähigkeiten des Rolleninhabers entsprechen:[797] Dies kann einerseits auf der fehlenden Kongruenz von Inhalten der Rollenerwartung mit den Werten und Bedürfnissen des Empfängers beruhen, andererseits darauf, dass Rollenüberladungen dazu führen, dass die Erwartungen an den Rolleninhaber ein Ausmass erreichen, das dieser aufgrund beschränkter Ressourcen nicht zu erfüllen vermag.[798]

Rollenambiguität

Während bei Rollenkonflikten Sendung und Wahrnehmung der Rolle geklärt sind, bezeichnet Rollenambiguität die entstehende Mehrdeutigkeit einer Rolle als Folge der Diskrepanz zwischen der erhältlichen und der für das Rollenverhalten tatsächlich benötigten Information.[799] Gründe dafür können sein, dass[800]

- Rollensender und -empfänger keine gemeinsame Sprache sprechen,
- die Rollenerwartung nicht klar und konkret genug gesendet wird,
- die Akteure voreingenommen sind,
- das nötige Verständnis oder Vorverständnis fehlt oder
- die Botschaften bewusst verschleiert und mehrdeutig geäussert wurden.

Dabei kann unterschieden werden, ob sich lediglich der Rollenempfänger unklar über die Rollenerwartung ist (subjektive Ambiguität) oder ob tatsächlich keine klare Rollenerwartung (objektive Ambiguität) besteht.[801] Die von dieser Unsicherheit betroffene Person sucht Orientierungshilfen, die sie bei anderen Personen, ihrem eigenen Informations- und Ausbildungshintergrund sowie der eigenen Persönlichkeit und dem Selbstbild findet.[802] Ambiguitätstoleranz, basierend auf Erfahrungen mit vorherigen Rollenambiguitäten, reduziert die Angst des Menschen vor neuen Unklarheiten.[803]

---

796   Vgl. Lattmann (1982), S. 459.
797   Vgl. Lattmann (1982), S. 459 und Steinmann und Schreyögg (2005), S. 616.
798   Vgl. Lattmann (1982), S. 459.
799   Vgl. Katz et. al 1964, zit. nach Wiswede (1977), S. 89.
800   Vgl. Wiswede (1977), S. 89.
801   Vgl. Wiswede (1977), S. 90.
802   Vgl. Wiswede (1977), S. 90-91.
803   Vgl. Krappmann (1976), S. 320.

Rollendruck[804]

Die aus den Rollenerwartungen entstehenden Verpflichtungen können zu Belastungen bei den Rollenempfängern führen. Eine Situation, bei der Rollenempfänger die Übernahme einer oder mehrer Rollen als Belastung ansehen, wird als Rollendruck bezeichnet.[805] Folgende Gründe führen zu Rollendruck:[806]

- Unklarheit und Dissens bei Rollenerwartungen (Rollenambiguität)
- gegensätzliche Rollenerwartungen (Inter- und Intra-Rollenkonflikte)
- von Rollenerwartungen verschiedene Präferenzen (Person-Rollen-Konflikt)
- Diskontinuität durch Statusänderung
- Ungleichgewicht zwischen Rollenrechten und -pflichten
- Durchsetzung der Rollenerwartung mit Machtmitteln
- existenzielle Abhängigkeit von der Erfüllung der Rollenerwartung

Die Auswirkungen des Rollendrucks können von der Eintrübung und Veränderung des Selbstbilds über die Akzeptanz einer abweichenden Identität bis zum totalen Identitätsverlust reichen.[807] Dem Druck kann durch das Konzept des Rollenstandpunkts (Role standpoint) begegnet werden. Dieses dient dazu, „eine klare Unterscheidung zwischen kognitiver Rollenübernahme und einer Identifikation mit den Identitäten und Intentionen der beteiligten Handlungspartner zu ermöglichen"[808]. Rollenverhalten kann dabei im Sinne der Erwartungen erfolgen, auch wenn der Rollenempfänger die mit seinem Handeln verbundenen Werte und Normen nicht teilt, ohne dass eine fortdauernde Veränderung seines Selbstbilds oder seiner Identität zwingend erfolgt.

3.4.2.2.4 Rollenbilder im Team

Rollenstrukturen mit differenzierten Rollen sind dadurch ein stetiges Merkmal des Gruppenlebens, dass sie eine Aufteilung von Aufgaben zwischen Teammitgliedern beinhalten und somit das Erreichen des Teamziels erleichtern sowie einen Motivationsfaktor darstellen.[809]

In der Literatur werden verschiedene typische Verhaltensweisen von Rollenempfängern unter charakteristischen Rollenbezeichnungen zusammengefasst. Diese Bezeichnungen basieren dabei selten auf systematisch gewonnenen Verhaltensstichproben sondern „vielmehr auf kurzen, schiefen Stichproben erlebten Verhaltens, die zudem durch [die] eigene Zugehörigkeit zur Gruppe zusätzlich verzerrt sein

---

804   Auf die Unterscheidung zwischen Rollendruck und Rollenstress soll hier verzichtet werden. Eine (vage) Differenzierung findet sich in Wiswede (1977), S. 142.
805   Vgl. Wiswede (1977), S. 142.
806   Vgl. Secord und Backman 1976 und Goode 1960, beide zit. nach Wiswede (1977), S. 143 und S. 144.
807   Vgl. Wiswede (1977), S. 149.
808   Joas (1998), S. 143.
809   Vgl. Brown (2000), S. 71-72.

können"[810]. Die Bezeichnung einzelner Rollen anhand idealisierter Rollenbezeichnungen dient vor allem dazu, den Benutzern solcher Stereotypen ein minimales Mass an Verständigung untereinander zu ermöglichen. Obwohl der Versuch, soziale Rollen auf stereotype Systeme zu reduzieren, eine unzulässige Verkürzungen der Rollenproblematik darstellt[811], werden folgend einige in der Literatur verwendete Rollenbezeichnungen aufgeführt. Dabei gilt es zu berücksichtigen, dass mit diesen Bezeichnungen der Charakter der wechselseitigen Beziehungen zwischen Rollen beschrieben wird[812]:

- Benne/Sheats unterscheiden zwischen an unterschiedlichem Verhalten orientierten Rollenkategorien. Neben aufgabenorientierten Rollen (etwa der Koordinations-, Bewertungs- oder Verfahrenstechnologenrolle) bestehen am Gruppenprozess orientierte Rollen (z.B. die Rolle des Ermutigers, des Konfliktharmonisierers oder des vorbildlichen Gruppenmitglieds) sowie Rollen, die den Rollenträger selbst in den Vordergrund stellen (wie die Rolle des Aggressiven, des Quertreibers oder die Dominierendenrolle).[813]

- Spezielle Aufmerksamkeit erweckt die Führerrolle. Einerseits wird zwischen Führungs- und Nichtführungsrolle – mit unterschiedlicher Statuszuerkennung – unterschieden.[814] In Untersuchungen von Problemlösungsgruppen durch Bales/Slater[815] wurde nicht die beliebteste Person als die einflussreichste bezeichnet. Daraus entwickelte sich die Unterscheidung zwischen der Rolle des aufgabenorientierten Führers (die Person mit den Ideen) und der Rolle eines sozio-emotionalen Führers (der Person, die alle mögen). Der aufgabenorientierte Führer verbrachte dabei mehr Zeit mit zielorientierten Aktivitäten als mit sozio-emotionalen, beim emotionalen Leader verhielt es sich gerade umgekehrt. Die strikte Trennung von Führer- und Mitgliederrollen löst sich mit zunehmend partizipativem Führungsstil auf und macht ‚mediatisierenden' Instanzen Platz.[816]

- Bei der Entscheidungsfindung in Teams lassen sich folgende Rollen erkennen:[817]

  - Keyman: Diese Rolle beinhaltet das organisierte Sammeln von Informationen, das Formulieren von Lösungen und das Senden von Antworten auf das Problem.

---

810   Sader (2002), S. 80-81.
811   Vgl. Wiswede (1977), S. 47. Die Wahrnehmungskomponente (die zur Bildung von Stereotypen führende Perzeption ähnlichen Verhaltens) wird als notwendige, jedoch nicht hinreichende Formel für die Wirkung sozialer Rollen bezeichnet.
812   Vgl. Turner (1976), S. 122. Damit wird dafür plädiert, die folgend aufgeführten Bezeichnungen nur vollumfassend zu verwenden und nicht einzelne Typen selektiv aus ihren Zusammenhängen zu lösen.
813   Vgl. Benne und Sheats 1948, zit. nach Sader (2002), S. 81.
814   Vgl. Wiswede (1977), S. 95.
815   Vgl. Bales und Slater 1955, zit. nach Wiswede (1977), S. 97 und Slater 1955, zit. nach Brown (2000), S. 69-70.
816   Vgl. Wiswede (1977), S. 100, Her. i. O..
817   Vgl. Guetzkow (1959), S. 685.

- Endman: Diese Rolle sendet an die anderen Gruppenmitglieder, dass Informationen zur Entscheidungsfindung fehlen und erhält später die Antwort auf das Problem.

- Relayer: Diese Rolle gibt sowohl die eigene als auch die bei andern fehlende Information weiter und vermittelt die erhaltene Antwort an die anderen Gruppenmitglieder weiter.

- Belbin entwickelte aufgrund von Experimenten folgende Schlüsselrollen in Teams, die in ihrer Gesamtheit abgebildet sein sollten:[818]

  - Der Company Worker setzt Ideen um, arbeitet hart, ist jedoch etwas unflexibel.

  - Der Chairman erkennt das Potenzial der Mitglieder, ist zielorientiert und durchschnittlich intelligent.

  - Der Shaper treibt das Team an, bekämpft Ineffizienz und neigt zu Provokationen sowie Unaufmerksamkeit.

  - Der Plant ist das Genie, phantasievoll mit grossen kognitiven Kapazitäten, neigt jedoch zur Vernachlässigung praktischer Details.

  - Der Resource Investigator stellt Kontakte her, greift neue Ideen auf und verliert nach anfänglicher Euphorie das Interesse daran.

  - Der Monitor-Evaluator ist urteilsfähig, diskret, nüchtern und weist einen Mangel an Motivationsfähigkeit auf.

  - Der Team-Worker ist umgänglich, sanft und empfindsam. Er kann mit unterschiedlichen Situationen und Menschen umgehen, ist jedoch in Krisenmomenten nicht entscheidungsfähig.

  - Der Completer-Finisher besitzt die Kapazität zur Vollendung, ist ein Perfektionist und neigt dazu, sich über Kleinigkeiten zu sorgen.

3.4.2.3 Macht- und Autoritätsstruktur: Hierarchien im Team

Eine weitere Form der Teamstruktur ist die vorherrschende Macht- und Autoritätsstruktur, die unter dem Begriff der Hierarchiestruktur betrachtet wird. Unter Hierarchie wird folgend das Verhältnis der Über- und Unterordnung verstanden, das analog zur vertikalen Rollendifferenzierung die Handlungsmöglichkeiten der Teammitglieder bestimmt.[819] Eine ausschliessliche Betrachtung der formalen (offiziel-

---

818 Vgl. Belbin (2002), S. 74.
819 Vgl. Laske und Weiskopf), Sp. 791 und Wahren (1994), S. 147.

len/expliziten) Hierarchie vernachlässigt jedoch die tatsächliche Machtverteilung[820], vielmehr muss zwischen einer formellen und einer informellen Machtstruktur unterschieden werden[821].

3.4.2.3.1 Entstehung von Hierarchien

Die Zusammenarbeit mehrerer Menschen stellt die Frage nach der Koordination der einzelnen Beiträge. In der Regel erfolgt diese durch die Zusammenfassung der Aktivitäten unter eine gemeinsame Leitung.[822] Die Hierarchie lässt sich in eine Struktur der Über- und Unterordnung von Stellen (Stellenhierarchie) oder der diese Stellen besetzenden Personen (Personenhierarchie) unterscheiden.[823]

Die Stellenhierarchie definiert ein Stellen- bzw. Positionsgefüge als vertikal abgestufte, formale Struktur der Über- und Unterordnung.[824] Die übergeordnete Stelle besitzt Entscheidungs- und Anordnungsbefugnisse[825] und somit durch Sanktionsgewalt die Macht, das Verhalten der untergeordneten Stelle zu beeinflussen. Diese Befugnisse können delegiert werden[826], wobei die übergeordnete Position die Entscheidungskompetenzen der untergeordneten Stelle verbindlich festlegen kann[827]. Eine rationale Stellenhierarchie berücksichtigt die in der Aufgabenanalyse gewonnenen Erkenntnisse sachlogischer Über- und Unterordnungen von Aufgaben für deren Zuordnung auf die Aufgabenträger und damit für die Stellenbildung.[828]

Die Personenhierarchie bezeichnet den Fall, bei dem hierarchisch gegliederte Stellen dauerhaft mit denselben Personen besetzt werden, wodurch eine beständige Ordnung für die Herrschaft von einigen Menschen über andere entsteht.[829]

Die Hierarchie als Struktur der Über- und Unterordnung stellt sicher, dass übergeordnete Stellen die Handlungsmöglichkeiten der untergeordneten Stellen auch bei Zieldivergenz bestimmen können.[830] Um ihren Willen durchzusetzen bedarf die übergeordnete Instanz eines grösseren Machtpotenzials als die untergeordnete Stelle.[831] Macht wird als „das Einwirken von Individuen (bzw. Gruppen) auf das (die) Aktionsfeld(er) anderer Individuen (bzw. Gruppen) auch gegen den Widerstand des (der) anderen"[832] an-

---

820   Vgl. Krüger (1977), S. 127.
821   Vgl. Kiechl (2001), S. 64.
822   Vgl. Laux und Liermann (1987), S. 807 sowie Kapitel 3.3.2.
823   Vgl. Laske und Weiskopf), Sp. 791.
824   Vgl. Laske und Weiskopf (1992), Sp. 791.
825   Vgl. Krüger (1977), S. 126.
826   Vgl. Breisig und Kubicek (1987), Sp. 1064.
827   Vgl. Frese 1984, zit. in Krüger (1985), S. 295.
828   Vgl. Krüger (1985), S. 294-295.
829   Vgl. Breisig und Kubicek (1987), Sp. 1067.
830   Vgl. Milgram (1974), S. 154.
831   Vgl. Remer (1992), Sp. 1272.
832   Hentze und Brose (1986), S. 56, Klammern i. O.

gesehen und ist auf bestimmten ,Machtbasen' begründet, die zunächst ein passives Potential darstellen, das aktiviert der Durchsetzung einseitiger Interessen verhilft. Diese Basen beruhen auf[833]

- der Macht durch Belohnung (dem Gestalten und Verteilen von positiven Anreizen aufgrund bestimmter Kriterien, evtl. Wahl dieser Kriterien selbst),

- der Macht durch Bestrafung/Zwang (dem Gestalten und Verteilen von negativen Anreizen aufgrund bestimmter Kriterien, evtl. Wahl dieser Kriterien selbst),

- der Expertenmacht/Informationsvorteil (dem ausschliesslichen Besitz von Wissen, das für die Lösung der Problemstellung unabdingbar ist),

- der Macht durch Identifikation/Sympathie (Objekt emotionaler Bindung) und

- der normativen und funktionalen Legitimation durch Macht (Anerkennung aufgrund von Normen, dass Macht per se legitim ist).

Die Mitglieder von Systemen verfügen meist über mehrere Machtbasen mit unterschiedlicher Ausprägung an Stärke und Qualität.[834] Macht beruht demnach auf der zugewiesenen Sanktionsgewalt (Macht durch Belohnung/Bestrafung) einerseits und der Autorität (Expertenmacht, Macht durch Identifikation, Legitimation durch Macht per se) andererseits.[835]

Die nötige Unterdrückung von Partikularinteressen kann jedoch in grossen komplexen Organisationen nicht ständig und ausschliesslich durch externe Anweisung, Überwachung und Kontrolle erfolgen, „[e]s ist vielmehr notwendig, dass wesentliche Voraussetzungen für das Funktionieren solcher Organisationen von den Organisationsmitgliedern internalisiert und sodann „von sich aus", gleichsam automatisch, befolgt werden"[836]. Diese Gehorsamsbereitschaft ergibt sich aus „der Suche nach und der Orientierung an Autoritäten"[837] und lässt sich auf ein Kontinuum zwischen Freiwilligkeit und Zwang zurückführen.[838]

Die Wirksamkeit von Hierarchien lässt sich auch auf die rationale Erkenntnis zurückführen, dass unter bestimmten Annahmen Hierarchien zur Gewährleistung von Produktivitätsvorteilen notwendig sein können.[839] Diese Betrachtung führt zu zwei Ebenen, auf denen sich rationale Gründe für die Entstehung formaler Hierarchien finden lassen:[840]

---

833   Vgl. Hentze und Brose (1986), S. 59-67, Becker (1984), S. 235, Kiechl (1985), S. 247 und Krüger (1976), S. 12.
834   Vgl. Hentze und Brose (1986), S. 60.
835   Vgl. Kehrer (1992), S. 107-108. Für eine weitere Differenzierung vgl. Krüger (1992), Sp. 1315-1316.
836   Kehrer (1992), S. 104-105, Her. i. O.
837   Kehrer (1992), S. 105.
838   Vgl. König (2002), S. 36.
839   Vgl. Alchian und Demsetz (1972), S. 777 und S. 782.
840   Vgl. Scholl (1992), Sp. 1751.

- Auf der kollektiven Ebene legitimiert sich die Hierarchie und die mit ihr einhergehende Führung aus der Ansicht, dass sie notwendig sei zur Zielerreichung und somit zur Systemerhaltung: Kollektivziele, Sinnzweck des Systems, erhalten Vorrang vor Individualzielen.[841]

- Die individualistische Perspektive hingegen betrachtet die hierarchische Organisation als Instrument zur Erreichung von aggregierten individuellen Zielen durch freiwillige vertragliche Kooperation.[842]

Die Kritik am geschilderten Verständnis bezieht sich auf die vollkommene Gleichsetzung von Arbeits- mit Marktbeziehungen. Dabei wird moniert, dass Arbeitsmarktbeziehungen in der Regel nicht beliebig substituierbar sind und dass personalisierte, sich mit zunehmender Zusammenarbeit entwickelnde Vertrauensbeziehungen[843] einerseits die künftigen Vertragsverhandlungen beeinflussen, andererseits auf dem Rechtsweg kaum einklagbar sind, zumal in relationalen Verträgen wie dem Arbeitsvertrag nur eine relativ grobe Beschreibung des Tätigkeitsfeldes stattfindet.[844]

Während die leistungssichernde Funktion der Stellen- und Personenhierarchie allgemein anerkannt ist[845], stellt sich die Frage, wer berechtigt ist, eine formale Hierarchie zu gestalten. Die Legitimation lässt sich dazu aus den vorherrschenden Besitzverhältnissen ableiten, bestärkt durch die Effizienzvermutung des Rechts auf Privateigentum an Produktionsmitteln, die darauf beruht, dass dem Eigentümer an den Produktionsressourcen das Recht zur Ausübung der Herrschaft zufallen soll, „ [...] weil durch Freiräume zur Verfolgung des individuellen Gewinninteresses der gesellschaftliche Wohlstand erhöht werden könne"[846]. Als Anreiz fungiert der Residualerlös, der durch die Spezialisierung auf Führungsaufgaben gesteigert werden kann.[847]

Die Hierarchie wird somit durch ein „Prämisse der funktionalen Notwendigkeit asymmetrischer Organisationsbeziehungen"[848] begründet. Diese Notwendigkeit führt jedoch zum führungsethischen Grundproblem, nämlich der „Wahrung der reziproken (symmetrischen) zwischenmenschlichen Anerkennung von Vorgesetzten und Mitarbeitern als ‚Wesen gleicher Würde' unter den asymmetrischen Kooperationsbedingungen hierarchischer Organisation."[849]

---

841   Vgl. Scholl (1992), Sp. 1752.
842   Vgl. Braun (1987), S. 81.
843   Vgl. Alchian (1984), S. 39.
844   Vgl. Terberger (1994), S. 114-115.
845   Vgl. Breisig und Kubicek (1987), Sp. 1069.
846   Breisig und Kubicek (1987), Sp. 1070
847   Vgl. Alchian und Demsetz (1972), S. 782
848   Ulrich (1992), Sp. 563
849   Ulrich (1992), Sp. 563, Her. i. O.

Die Legitimität von Hierarchien und den ihnen eigenen Weisungsbefugnissen gründet auf der freien Willenserklärung und Zustimmung (Konsens) der Betroffenen selbst.[850] Die Unterstellung geschieht mittels vertraglicher Zustimmung der Betroffenen, partiell auf Selbstbestimmungsrechte zu verzichten und sich dem Weisungsrecht des Arbeitgebers zu unterstellen.[851] Die juristische Legitimation erfolgt durch das im Arbeitsrecht verankerte Direktionsrecht, das den Arbeitgeber (Besitzer der Verfügungsrechte) berechtigt, „[...] gegenüber dem Arbeitnehmer verhaltenslenkende Anordnungen zu treffen, die sich auf die Tätigkeit selbst oder auf damit zusammenhängende Verhaltensweisen beziehen. Eine Zustimmung des Arbeitnehmers bedarf es hierfür nicht."[852]

3.4.2.3.2 Hierarchieformen

Zwischen der Stellenhierarchie und der faktischen Machtverteilung können dadurch Diskrepanzen bestehen[853], dass neben der Über- und Unterordnung der Stellen weitere zwar festsetzbare, in ihrer Umsetzung jedoch nicht kontrollierbare Einflussfaktoren auf das Ordnungsgefüge in einem sozialen System existieren.

Formelle Hierarchie

Durch systematische Beziehungen der Unter- und Überordnung erleichtert Hierarchie die Gewährleistung von Ordnung sowie die Koordination arbeitsteiliger Aktivitäten und erhöht so die Produktivität.[854] Der formelle Aufbau – die Konfiguration der Hierarchie – wird durch die Gestaltungsparameter Leitungsspanne, Leitungstiefe und der Struktur der Weisungsbeziehungen bestimmt. Die formale Hierarchie beruht auf der Funktionalität einer Zusammenfassung von Teilaufgaben in organisatorische Einheiten zu Stellen und deren Einbindung in Entscheidungs- und Anordnungsprozesse und lässt sich im Organigramm graphisch darstellen.[855] Unter formaler Hierarchie wird folgend die durch explizite Parameter bewusst gestaltete, schriftlich festgehaltene und mittels Organigramm darstellbare Struktur einer Organisation und der darin vorhandenen Elemente (Aufgaben, Stellen und Abteilungen)[856] als Soll-Bild verstanden.[857] Die Art und Weise, wie Macht in der formellen Hierarchie angewendet wird, lässt sich anhand folgender Merkmale charakterisieren:[858]

---

850   Ulrich (1992), Sp. 564.
851   Vgl. Ulrich (1992), Sp. 565.
852   Birk 1974, zit. in Breisig und Kubicek (1987), Sp. 1068.
853   Vgl. Krüger (1977), S. 127.
854   Vgl. Breisig und Kubicek (1987), Sp. 1065.
855   Vgl. Krüger (1985), S. 297 und Laske und Weiskopf (1992), Sp. 792.
856   Vgl. Krüger (1985), S. 305.
857   Der Begriff der Stellenhierarchie wird äquivalent zur formalen Hierarchie verwendet.
858   Vgl. Krüger (1985), S. 297-298.

- der Entscheidungs(de)zentralisation, die den Grad der Verteilung von Entscheidungskompetenzen an untere Hierarchiestufen beschreibt,
- der Delegation, welche die dauerhafte und institutionelle Weitergabe von Entscheidungskompetenzen an unterstellte Ebenen bezeichnet und
- der Partizipation, welche die Beteiligung von unteren Hierarchiestufen an der Willens-
  bildung höhergestellten Ebenen betrachtet.

Anhand der Gestalt dieser Dimensionen lassen sich viele Hierarchieformen mit unterschiedlichen Auswirkungen auf verschiedene Zielgrössen differenzieren.[859]

Faktische Machtstruktur: Berücksichtigung informeller Hierarchie

Die formelle Hierarchie bildet lediglich ein Soll-Bild der Organisation der Macht ab, da Schätzungen, davon ausgehen, dass sich diese in einem System wie folgt aufteilt:[860]

- 35% der Macht in einem System ist formell fixiert in Form von Linien- und Stabsmacht,
- 15% ist implizit vorhanden bei Projektleitern, Koordinatoren etc. und
- 50% ist nicht formell fixiert.

Demnach beruht ein grosser Teil der Macht auf anderen als den formell zugedachten Machtbasen. Dabei bestehen folgende Ursachen für die Unterscheidung der faktischen Machtstruktur von der formalen
Organisationsstruktur:[861]

- Durch verschiedene Gründe (flache Hierarchien, kleine Entscheidungseinheiten, Delegation, kooperativen Arbeitsstil) kann sich die Entscheidungskompetenz an Stellen
  auf untergeordneten Ebenen befinden und somit eine „Form nichtinstitutionalisierter
  Mitbestimmung"[862] begründen.
- Die Bedeutung der Entscheidungsvorbereitung steigt mit zunehmender Komplexität
  der Entscheidung selbst. Durch den Informationsvorsprung der vorbereitenden Stellen
  steigt deren Einfluss auf die Entscheidungsfindung.

---

859   Vgl. Krüger (1985), S. 298-302.
860   Vgl. Valentine 1973, zit. nach Krüger (1976), S. 156-157, wobei hier darauf hinzuweisen ist, dass in dieser Schätzung
      die Stabsmacht zur formell fixierten Macht gezählt wird.
861   Vgl. Krüger (1976), S. 155.
862   Alewell 1973, zit. in Krüger (1976), S. 155.

- Die verschiedenen an der Aufgabenlösung beteiligten Funktionen können unterschiedlichen Einfluss auf das Resultat des Lösungsprozesses besitzen, wodurch eine egalitäre horizontale Machtverteilung unterlaufen werden kann.

Diese genannten Gründe können sich dadurch auf die faktische Machtverteilung auswirken, dass die durch die formelle Hierarchie formulierte Machtstruktur nur einen groben Raster schafft, der Spielräume enthält, die durch andere, informelle (nicht ausschliesslich formell gestaltbare) Machtstrukturen (z.B. Status-, Rollen-, Affekt- und Kommunikationsstruktur) ausgefüllt werden.

3.4.2.3.3 Allgemeine Wirkungen formeller Hierarchien

Formelle Hierarchien in Organisationen besitzen die Funktionen, komplexes organisationales Handeln zu strukturieren, indem den verschiedenen Organisationsmitgliedern differenzierte Entscheidungs-, Kontroll- und Nutzungsrechte für Ressourcen zugeordnet werden (Ordnungsfunktion), gegen aussen die wahrscheinlichen Einflussfaktoren eines Organisationsmitglieds zu vermitteln (Signalfunktion) und als entpersönlichtes Machtinstrument Machtkämpfe, die aufgrund von anderen persönlichen Machtgrundlagen drohen, zu verhindern (Entlastungsfunktion der Hierarchie).[863]

Als Auswirkung der formellen Hierarchie reduziert sich der Koordinationsaufwand in multipersonalen Problemlösungsprozessen und die Interaktionskomplexität.

Durch die Bündelung von stellen- oder abteilungsübergreifenden Koordinationsaufgaben in Instanzen sinkt der Koordinationsaufwand im System[864]: Die hierarchische Koordination findet über eine zentrale Planung statt, die dem Einzelnen die Aufgabendurchführung genau vorgibt.[865] Dadurch alleine ist jedoch noch nicht garantiert, dass die für die Entscheidung notwendige Qualifikation auch an der entsprechenden Stelle vorhanden ist. Grössere hierarchische oder räumliche Entfernung der entscheidenden Instanz vom Ort der Realisierung kann sich nachteilig auf die Qualität der Entscheidung auswirken.[866]

Das Koordinationsinstrument der persönlichen Weisung ist einfach und weist durch die ad-hoc-Bestimmung der jeweils erforderlichen Korrekturmassnahmen eine hohe Flexibilität auf.[867]

Je nach Ausgestaltung der formalen Hierarchie ergeben sich unterschiedliche formale Kommunikationsstrukturen.[868] Diese reduzieren die Komplexität in multipersonalen Systemen dadurch, dass die Inhalte und Richtungen von Informationen vorgegeben sind, was dazu führt, dass „[u]nter den Systemen einer gegebenen Grösse und Komplexität [...] hierarchische Systeme viel weniger Informationsverbrei-

---

863   Vgl. Laske und Weiskopf), S. 794-795.
864   Vgl. Krüger (1985), S. 295.
865   Vgl. Jost (2000), S. 53.
866   Vgl. Krüger (1985), S. 295.
867   Vgl. Krüger (1985), S. 295.
868   Vgl. Schneider und Knebel (1995), S. 32-34.

tung als anders strukturierte Systeme"[869] erfordern. Organisationen, die eine Fülle von Umweltinformationen verarbeiten und sich diesen eventuell anpassen müssen, können dies demnach besser, wenn sie hierarchisch organisiert sind.[870]

Die formelle Hierarchie reduziert die Komplexität auch, indem sichergestellt wird, dass die aufgrund bestimmter Selektionsleistungen von übergeordneter Stelle getroffenen Anweisungen ausgeführt werden.[871]

Die formelle Hierarchie einer Stelle zeichnet sich vor allem durch die Macht aus, von der Organisation delegierte Ressourcen so einzusetzen, dass ein gewünschtes Verhalten eintritt, das tatsächliche Verhalten (oder dessen Resultat) zu kontrollieren oder messen, bezüglich dessen Abweichung vom gewünschten Verhalten (Resultat) zu beurteilen und in Abhängigkeit dieser Beurteilung Massnahmen zu ergreifen, die beim untergeordneten Stelleninhaber zur Anwendung gelangen. Die formelle Koordination dieser Macht geschieht durch festgelegte Dienst- oder Informationswege[872], die in mehrstufigen Hierarchien dazu führen, dass die Inhaber von Führungsfunktionen – ausgenommen der höchsten Hierarchiestufe – zugleich Weisungsberechtigte und Weisungsabhängige sind.[873]

Formelle Hierarchie schafft aber auch Ungleichheit und besitzt eine erzieherische Funktion, indem Erfahrungen aus hierarchischen Institutionen einerseits bei der organisatorischen Eingliederung beschleunigend wirken, andererseits als Anreiz dienen, sich dementsprechend zu verhalten, dass höhere Hierarchiestufen erreicht werden können.[874] Das Übernehmen von Führungsfunktionen scheint erstrebenswert, weil diese mit folgenden Vorteilen für die Person, die in der Stellenhierarchie eine höhere Position einnimmt, verbunden ist:[875]

- mehr Einfluss auf das organisationale Geschehen,

- höheres Einkommen,

- grössere Zugriffsmöglichkeiten auf wichtige Informationen,

- höheres soziales Prestige innerhalb und ausserhalb des Unternehmens und

- grössere arbeitsbezogene und private Freiräume in der Organisation.

---

869   Simon 1966, zit. in Krüger (1985), S. 295.
870   Vgl. Krüger (1985), S. 294. Diese These steht im Widerspruch zur oftmals vorgebrachten Kritik an Hierarchien, die
      diesen mangelnde Flexibilität im Umgang mit den aus einer dynamischen Umwelt entstehenden Anforderungen an
      eine Organisation vorwirft. Krüger zeigt auf, dass diese Kritik nur einen Hierarchietyp (den Typ der zentralistischen
      Hierarchie) betrifft.
871   Vgl. Krüger (1976), S. 118.
872   Vgl. Laske und Weiskopf (1992), Sp. 794.
873   Vgl. Breisig und Kubicek (1987), Sp. 1068.
874   Vgl. Evans 1977, zit. nach Laske und Weiskopf), Sp. 795.
875   Vgl. Breisig und Kubicek (1987), Sp. 1068.

Neben dem Wunsch, in den Genuss dieser Vorteile zu gelangen, wird mit einem hierarchischen Aufstieg auch dem Macht- oder Überlegenheitsstreben sowie narzisstischen Bedürfnissen entsprochen.[876] Daneben befriedigt die Existenz von Hierarchien das Bedürfnis nach Gehorsam und beendet die Suche nach Autoritäten. Ein weitere Folge kann die Entstehung einer durch die langfristige Existenz von Hierarchie (Befehl und Macht bei den Entscheidern, Gehorsam und Pflichterfüllung bei den Ausführenden) aufgebauten und verstärkten Entscheidungs-Kultur sein. Dabei entfällt das kritische Denken unterstellter Stellen resp. die Akzeptanz der Vorgesetzten, Vorschläge und Ideen Untergeordneter ernst zu nehmen.[877] Wird durch persönliche Weisungen koordiniert, kann dies zu einer hohen Belastung der Instanzen und Dienstwege führen. Als entlastende und die Qualität der Entscheidungen „unter Umständen"[878] verbessernde Koordinationsform werden bei komplexeren Problemen traditionelle Formen der Koordinationskollegien, Teamkonzepte und teilautonome Arbeitsgruppen, bei einfacheren repetitiven Aufgaben Programme (fixe Instruktionen, die das Vorgehen bei der Aufgabenerfüllung regeln) betrachtet.[879]

3.4.2.3.4 Wirkungen formeller Hierarchien im Team

Das Team wird in der Literatur zu den *„pragmatische[n] Bemühungen zur Bewältigung effizienz- und herrschaftsgefährdender Wirkungen* der Hierarchie"[880] gezählt. Dabei steht die punktuelle Aufhebung der hierarchischen Koordination zugunsten teamartiger Organisationsformen und die Erhöhung der Entscheidungsqualität durch eine Institutionalisierung horizontaler Kommunikation im Vordergrund.

Die Beurteilung der Wirkungen formeller Hierarchien im Team wird in der Literatur kontrovers diskutiert.[881] Einerseits wird der Vorteil expliziter Hierarchien anerkannt, da diese das Verhalten vereinfachen, weil die Regeln und Kompetenzen klar(er) sind.[882] So wird auch im Team der Hierarchie eine leistungssteigernde Wirkung attestiert.[883] Dabei wird auf den Beitrag von Hierarchie und Struktur verwiesen, die durch Konzentration, Aufteilung und Abgrenzung von Aufgaben, Zielen und Verantwortung nützliche Grenzen ziehen. „[H]ierarchy and structural boundaries will never disappear so long as each adds value to performance."[884] Die Hierarchie wird auch als Ausdruck der vertikalen Spezialisierung innerhalb der Gruppe betrachtet.[885]

---

876   Vgl. Kehrer (1992), S. 104.
877   Vgl. Fix (1992), S. 256.
878   Krüger (1985), S. 296.
879   Vgl. Krüger (1985), S. 296.
880   Laske und Weiskopf), Sp. 802, kursiv i. O.
881   Vgl. Bach (1996), S. 74-76. Diese Debatte ist nicht zu verwechseln mit der allgemeinen Debatte Team vs. Hierarchie in der Organisation. Vgl. dazu z.B. Jaques (1990), Romme (1996) und Garfield (1992).
882   Vgl. Reck Roulet (2001), S. 15.
883   Vgl. Katzenbach und Smith (1993), S. 256 und Kabanoff und Brien (1979), S. 530.
884   Katzenbach und Smith (1993), S. 256.
885   Vgl. Bach (1996), S. 146.

Andererseits soll das Team eine ‚Gruppe ohne Spitze' sein[886], ein „[...] prototypical team in which people share responsibility for a result, but do not have authority over one another"[887]. Die interne Teamstruktur ist demnach prinzipiell hierarchiefrei zu halten, da eine institutionalisierte Ungleichheit der Teammitglieder und die daraus entstehenden Unterschiede bzgl. Informationsbesitz und Einflussmöglichkeiten auf die Entscheidungsfindung dazu führen können, dass ein dominierendes Teammitglied die Meinungen der anderen unterdrückt und dadurch eine echte Teamlösung verhindert.[888] Nimmt ein Teammitglied diese Stellung während längerer Zeit ein, kann dies zur Bildung von starren, informellen Strukturen mit hierarchischen Rollenerwartungen führen, die andere Teammitglieder zurücksetzen und das integrierende Merkmal einer ‚paritätischen Gruppe' verdrängen können.[889] Die Abwesenheit einer expliziten Hierarchie im Team erleichtert eine verstärkte Partizipation der Teammitglieder, das Auftreten unterschiedlicher Perspektiven, situativ wechselnde Rollen, den Zusammenprall von Differenzen, Konsens, Empowerment und informales Feedback.[890]

Hierarchien können in Teams auf verschiedene Arten entstehen: Einerseits durch die explizite, übergeordnete Ernennung einer Teamführung, andererseits durch Dynamiken und Entwicklungen innerhalb des Teams wie der Monopolisierung von Wissen durch einzelne Teammitglieder oder der Aneignung bestimmter Rollen durch einzelne Teammitglieder aufgrund von Eigenschaften, die nicht unmittelbar mit der Aufgabe des Teams zu tun haben, und die Bedeutung der eigenen Tätigkeit überbetonen.[891] Den Vor- und Nachteilen formaler Hierarchien stehen auch im Team diejenigen informeller Strukturen gegenüber.

3.4.2.3.5 Alternativen zur hierarchischen Koordination im Team

Aus der Forderung, dass Teammitglieder gleichrangig in der Funktion und unabhängig ihres (formalen) Status betrachtet werden und „prinzipiell mit gleichen Befugnissen, Verantwortlichkeiten und Verpflichtungen"[892] arbeiten sollen, ergibt sich die Forderung nach Alternativen zur hierarchischen Koordination im Team.

Die Koordinationsfunktion im Team muss soweit erfüllt sein, dass die Heterogenität der Leistungen der einzelnen Teammitglieder und deren personelle Gleichwertigkeit gewahrt bleiben. Diese Koordinationsfunktion wird in der Teamentwicklung von den Teammitgliedern übernommen, wodurch „ [...] zugleich ein Prozess der Enthierarchisierung verbunden [ist], der soweit gehen kann, dass ganze Hierarchieebe-

---

886   Vgl. Schneider und Knebel (1995), S. 47, Her. i. O.
887   Avery (2000), S. 8.
888   Vgl. Schneider und Knebel (1995), S. 48.
889   Vgl. Schneider und Knebel (1995), S. 48, Her. i. O.
890   Vgl. Avery (2000), S. 8.
891   Vgl. Schneider und Knebel (1995), S. 47.
892   Schneider und Knebel (1995), S. 41.

nen obsolet werden."[893] Neben der extern verordneten Hierarchie bestehen in Organisationen weitere Entscheidungs- und Koordinationssysteme wie die Selbst- und die Gruppenabstimmung.[894]

Selbstabstimmung

Selbstabstimmung bezeichnet den Koordinationsmechanismus, bei dem jedes Organisationsmitglied auf der Basis des eigenen Entscheidungskalküls selbständig über die Ausführung seiner Tätigkeiten entscheidet. Weisungen bestehen nicht, die Abstimmung der Tätigkeiten liegt im Ermessen der entscheidenden Organisationsmitglieder.[895] Vorteile dieses Koordinationsmechanismus bestehen in der vollständigen Berücksichtigung der individuellen Präferenzen, in der formalen Gleichstellung sämtlicher Mitglieder (es werden keine informellen Strukturen parallel zu den formellen entwickelt), in der Einsparung von Informationskosten bei hochgradiger Spezialisierung (die andern müssen nicht informiert werden) und in der Einsparung einer Führungsfunktion mit der Gefahr einer Blindleistung.

Die Selbstabstimmung besitzt jedoch Nachteile durch die vollständige Abhängigkeit der Organisation und deren Mitglieder von Einzelentscheidungen und dem dazu benötigten Vertrauen und in einer funktionalen Hierarchie dadurch, dass die einzelnen Funktionen zur Aufgabenerfüllung von unterschiedlicher Bedeutung sind.

Gruppenabstimmung

Der Koordinationsmechanismus, bei dem die Organisationsmitglieder als Gruppe entscheiden, wird Gruppenabstimmung genannt. Die Entscheidung folgt dabei einer vorher zu spezifizierenden Abstimmungsregel und ist für jedes Gruppenmitglied verbindlich, auch wenn dieses anders gestimmt hat.[896] Vorteile der Gruppenabstimmung bestehen im erleichterten Informationsaustausch zwischen den Organisationsmitgliedern, in der dadurch erleichterten Koordination, in der Möglichkeit, auch bei unterschiedlichen Ansichten ein koordiniertes Aktionsprogramm zu wählen und in der Partizipation sämtlicher Betroffener an der Entscheidungsfindung. Als Nachteile können die aufwändigen Informationsprozesse, die aufwändige Entscheidungsfindung und die damit verbundenen politischen Prozesse erwähnt werden.

3.4.2.4 Kommunikationsstruktur

Die Kommunikationsstruktur lässt sich nach dem Ausmass, der Anzahl und Qualität formeller und informeller Kanäle und deren Verknüpfungen, nach der Funktion und Richtung der Kommunikation sowie nach der Kapazität, Effizienz und Stabilität betrachten, wobei die Kommunikation innerhalb und zwi-

---

893   Bihl 1973, zit. nach Wiendick (1992), Sp. 2381.
894   Vgl. Laux und Liermann (1987), S. 807.
895   Vgl. Laux und Liermann (1987), S. 810.
896   Vgl. Laux und Liermann (1987), S. 810.

schen Teams stattfinden kann.[897] Aufgrund der funktionalen Heterogenität im Team besitzen die einzelnen Teammitglieder nur Teilinformationen für die Problemlösung. Dem kommunikativen Austausch
kommt deshalb eine grosse Bedeutung zu[898], die anhand von Fehlfunktionen wie sprachlichen Unzulänglichkeiten, stressbedingtem Informationsstau und fehlender Teamorientierung bei Hochrisiko-Teams
(z.B. Flugzeug Cockpit, Operationssaal, Feuerwehr- und Militärteams[899]) drastisch illustriert werden
kann[900]. Die Kommunikationsstruktur ist in jenen Teams von grosser Bedeutung, die während der Leistungserstellung unmittelbar auf das Wissen der anderen Teammitglieder angewiesen sind.[901]

3.4.2.4.1 Entstehung der Kommunikationsstruktur

Der Kommunikation im Team liegt das Shared Mental Model zu Grunde, „knowledge structures held by
members of a team that enable them to form accurate explanations and expectations for the task, and, to
coordinate their actions and adapt their behavior to demands of the task and other team members"[902].
Das Shared Mental Model in Teams besteht aus verschiedenen Sub-Modellen (vgl. Tabelle 13):

Modell-Typ	geteilte Wissensinhalte
Technologie-Modell	(Kommunikations-)Instrumente und deren Grenzen, Bedienungsprozesse, Fehlerquellen
Aufgaben-Modell	Arbeitstechnik, mögliche Szenarien und Risiken, Zielstrategien, aufgabenspezifische Einschränkungen
Interaktions-Modell	Rollen, Verantwortlichkeiten, Verhaltensmuster, Informationsquellen, Kommunikationskanäle
Team-Modell	Wissen, Fähigkeiten, Präferenzen und Tendenzen der Teammitglieder
Metarekognitions-Modell	Wissen über die Limitation der getroffenen Teamentscheidungen
Umgebungs-Modell	Berücksichtigung des jeweiligen betrieblichen Umfelds der einzelnen Teammitglieder

Tabelle 13: Multiple mentale Modelle im Team[903]

Das Shared Mental Model ermöglicht dem Team eine implizite Koordination, da die Teammitglieder die
von den anderen benötigten Informationen antizipieren kann. (Explizite Koordination bezeichnet den Informationstransfer auf explizite Anfrage und die Koordination mittels expliziter Kommunikation.) Effiziente Teams koordinieren in Phasen starker Beanspruchung implizit, da die explizite Koordination mit er-
höhtem Zeitbedarf verbunden ist.[904] Die Entwicklung der Wissensstruktur ist von der Dauer der
Interaktion abhängig: In lange zusammenarbeitenden Forschungs- und Entwicklungsteams wurde signi-

---

897   Vgl. Wiswede (1992), Sp. 741 und Högl und Gemünden (2000), S. 38.
898   Vgl. z.B. Rasker et al. (2000), S. 1167 und Schneider und Knebel (1995), S. 32.
899   Vgl. Cannon-Bowers et al. (1993), S. 221.
900   Vgl. Helg (2000), S. 85 und Schuldt-Baumgart (2004), S. 67.
901   Vgl. Rasker et al. (2000), S. 1168.
902   Cannon-Bowers et al. (1993), S. 228.
903   Vgl. Cannon-Bowers et al. (1993), S. 233.
904   Vgl. Serfaty et al. 1993, zit. nach Rasker et al. (2000), S. 1169-1170.

fikant geringere explizite Kommunikation gemessen als in neuformierten.[905] Das Umfeld des Teams ist ständigen Veränderungen unterworfen, die Anforderungen an die gemeinsame Wissensstruktur wechseln permanent und müssen berücksichtigt werden. Die notwendigen Anpassungen erfolgen durch Feedback zwischen den Teammitgliedern, das während des Arbeitsprozesses oder nach dessen Ende erfolgen kann. Während das formative Vorgehen unmittelbare Verhaltensänderungen der einzelnen Mitglieder direkt auf externe Veranlassung zur Folge hat, verändern sie ihre Einsichten, Einstellungen und Verhalten beim summativen Feedback ohne direkte Veranlassung.[906] In Experimenten erwies sich dabei das formative Feedback als effizienter, wobei anzufügen ist, dass die Wahl der Feedbackform nicht unabhängig von der jeweiligen Arbeitssituation des Teams erfolgen kann.[907] Die Kommunikationsstruktur entwickelt sich somit in Abhängigkeit der jeweiligen Ziel- und Arbeitsstruktur im Team[908] und wird dabei durch die vorhandenen und benötigten Kommunikationsmedien gestaltet. Bei der Einführung technischer Kommunikationsmedien gilt es, die Auswirkungen (z.B. Reduktion informeller Gespräche oder der zeitlich, persönlich oder technisch beschränkte Zugang zu Kommunikationsmedien) auf das Team zu berücksichtigen.[909]

Die Kommunikationsstruktur geht über die Teamgrenzen hinaus: Um über Entwicklungen des Umfelds informiert zu bleiben, benötigt das Team Kommunikationskanäle, die den Mitgliedern erlauben, spezifische teamexterne Informationen zu sammeln.[910] Die Kanäle können dabei technologischer oder sozialer, institutionalisierter oder spontaner Art sein und sind sowohl von der teamexternen Verfügbarkeit als auch dem teaminternen Bedarf abhängig. Welcher dieser Kommunikationskanäle gewählt wird ist von der Art der Information abhängig.[911] Die Intensität, mit der die teamexternen Kanäle verwendet werden nimmt mit zunehmender Lebensdauer des Teams ab.[912]

3.4.2.4.2 Formen und Auswirkungen der Kommunikationsstruktur

Als mögliche Konfigurationen von Kommunikationsstrukturen werden Stern, Y, Kette, Kreis und Totalstruktur unterschieden (vgl. Abbildung 13).[913] Diese Konfigurationen werden in der folgenden Abbildung nach den Kriterien[914]

---

905   Vgl. Katz (1982), S. 95.
906   Vgl. Rasker et al. (2000), S. 1170.
907   Vgl. Rasker et al. (2000), S. 1186-1187.
908   Vgl. Naylor und Dickinson (1969), S. 168.
909   Vgl. Carletta (2000), S. 1249-1250.
910   Vgl. Katz (1982), S. 81.
911   Vgl. Katz (1982), S. 81.
912   Vgl. Katz (1982), S. 94.
913   Vgl. Bavelas 1950, zit. nach Wiswede (1992), Sp. 741.
914   Vgl. Staehle (1999), S. 305.

- Zentralisation: Mass, in dem einzelne Mitglieder Zugang zu mehr Kanälen haben als andere,
- Kommunikationskanäle: Anzahl der Kanäle, auf welche die Mehrheit der Mitglieder Zugriff hat,
- Führung: Wahrscheinlichkeit, mit der die Führungsrolle von einer bestimmten Stelle in der Konfiguration übernommen wird,
- Gruppenzufriedenheit: durchschnittliche Zufriedenheit aller Gruppenmitglieder und
- individuelle Zufriedenheit: Unterschiede zwischen den individuellen Zufriedenheiten

betrachtet.

	Stern	Y	Kette	Kreis	Totalstruktur
Zentralisation	sehr hoch	hoch	mittel	niedrig	sehr niedrig
Kommunikations-kanäle	sehr wenige	sehr wenige	mittel	viele	sehr viele
Führung	sehr hoch	hoch	mittel	niedrig	sehr niedrig
Gruppenzufrieden-heit	niedrig	niedrig	mittel	mittel	hoch
individuelle Zufriedenheit	hoch	hoch	mittel	niedrig	sehr niedrig

Abbildung 13: Konfigurationen von Kommunikationsstrukturen[915]

Die Art des Kommunikationsnetzwerks hat einen erheblichen Einfluss auf die Position, Rolle und Status der Teammitglieder.[916] Je nach Konfiguration bedeuten diese Strukturen für das einzelne Teammitglied unabhängig der Anzahl Teammitglieder (n) zwischen 1 und n-1 Kommunikationsbeziehungen, und führen zu unterschiedlichen Kommunikationsbelastungen für die einzelnen Angehörigen oder das ganze Team. Die Vorteile dezentraler gegenüber zentraler Strukturen bestehen[917]

- in der adäquaten Nutzung der Ressourcen der Mitglieder bei der Problemlösung durch eine erhöhte Möglichkeit zu Feedback und Fehlerkorrektur sowie der Bildung und Synthese verschiedener Meinungen,

---

915   Vgl. Hellriegel und Slocum 1976, in Staehle (1999), S. 305.
916   Vgl. Staehle (1999), S. 304.
917   Vgl. Tushman (1979), S. 82-83.

- in der geringeren Anfälligkeit zur Überladung sowie der grösseren Unabhängigkeit dadurch, dass nicht einzelne zentrale Kommunikationsaufgaben von anderen Mitgliedern übernehmen müssen,
- im effektiveren Umgang mit arbeitsbezogenen Unsicherheiten oder wechselnden externen Anforderungen.

Eine automatische Gleichsetzung von Kommunikations- und Hierarchiestruktur wird als „unzulässige Vermengung von Aufgaben-, Informations- und Machtverteilung"[918] bezeichnet, da Kommunikation nicht nur den vorgeschriebenen Strukturen folgt. Dennoch betrifft die Entscheidung für eine bestimmte Kommunikationskonfiguration nur schon aus transaktionskostentheoretischen Überlegungen auch die Frage bzgl. der hierarchischen Gestaltung des Teams[919]. Die Form der Kommunikationsstruktur wird zudem von der zeitlichen und geographischen Verteilung der Teammitglieder bestimmt. Verteilte, organisationsübergreifende Teams mit Mitgliedern in verschiedenen Zeit- und aus unterschiedlichen Kulturzonen (virtuelle Teams) erfordern eine differenzierte Kommunikationsstruktur. „Die sprachlichen Unterschiede, mit denen virtuelle Teams zu kämpfen haben, beruhen nicht alle darauf, dass die Teammitglieder unterschiedliche Sprachen sprechen. So kann es z.B. sein, dass zwei Personen mit unterschiedlichem beruflichen Hintergrund fast ebenso viele Kommunikationsprobleme haben wie zwei Menschen, deren Muttersprache Englisch bzw. Japanisch ist. [...] Da den Mitgliedern der traditionellen Teams ihre Kommunikationsbarrieren weniger bewusst sind, verabsäumen sie es oft, entsprechende ausgleichende Normen zu schaffen."[920] Je nach Ausgestaltung der Kommunikationsstruktur benötigen die Teammitglieder spezifische Kommunikations- und Medienkompetenzen. Letztere lassen sich nach technisch-handwerklicher, sozialer und organisationaler Art unterscheiden.[921] Effiziente Teams weisen verglichen mit nicht-effizienten je nach Anforderungen ihrer Aufgabengebiete unterschiedliche Kommunikationsstrukturen auf: Während kommunikationsintensive Aufgaben zu dezentralisierten Strukturen führen, besitzen Aufgaben mit geringeren kommunikativen Anforderungen eher hierarchische Formen.[922] Teams mit kommunikationsintensiven Aufgaben legen demnach mehr Gewicht auf die Tragfähigkeit des Kommunikationsnetzes als darauf, dass der Kommunikationsaufwand für jedes einzelne Teammitglied minimiert wird.

---

918   Staehle (1999), S. 578.
919   Vgl. dazu die Unterscheidung von Hierarchie und Team als Informationssysteme in Romme (1996), S. 412.
920   Lipnack und Stamps (1998) S. 73-74.
921   Vgl. Meier et al. (2001), S. 13.
922   Vgl. Tushman (1979), S. 92.

3.4.2.5   Affektstruktur

Die soziometrische oder Affekt-Struktur drückt die Sympathie resp. Antipathie aus, welche die Gruppenmitglieder untereinander empfinden. Durch die Struktur lässt sich darstellen, wer welchen Interaktionspartner wählt, wobei die Art der betreffenden Interaktion diese Wahl entscheidend beeinflusst.[923] Unter Affekt wird folgend die Ausprägung des Gefühls (Anziehung, Feindseligkeit, Aggression oder Passivität[924]) eines Teammitglied gegenüber anderen Teammitgliedern verstanden.

3.4.2.5.1 Entstehung der Affektstruktur

Der Grad gegenseitiger Sympathie steigt mit der Möglichkeit zur häufigen, gemeinsamen und freiwilligen Interaktion.[925] Menschen werden von anderen Menschen angezogen, die ähnliche Einstellungen, Überzeugungen, Charakterzüge und demographische Merkmale aufweisen und analoge Aktivitäten ausüben.[926] Auf der anderen Seite kann Ungleichheit eine abstossende Wirkung haben.[927] Da die formelle betriebliche Ablauforganisation diese Faktoren in der Regel nicht berücksichtigt, können persönliche Sympathien zur Bildung von informellen Strukturen und Gruppen führen.[928] Teams, per Definition stark aufgaben- und zielorientierte Gruppen, müssen keine überdurchschnittliche Zuneigung zwischen ihren Mitgliedern aufweisen und unterscheiden sich so als instrumentelle Gruppe von sozio-emotionalen Gruppen, die sich um attraktive sozio-emotionale Komponenten formieren.[929] Zur Affektivität in der Gruppe – den Gefühlen zwischen einzelnen Teammitgliedern – gesellt sich eine Affektivität der Gruppe, „[...] ein vorherrschendes Gefühl, das von allen Mitgliedern der Gruppe mit individuellen Nuancen geteilt wird"[930]. Die zumeist unbewussten, von allen Mitgliedern geteilten Gefühle äussern sich auf allen Ebenen des Gruppenlebens und beeinflussen die individuellen Empfindungen.[931]

Teams können spezifische Muster aufweisen, unter welchen Umständen wie viel Sympathie entgegen gebracht wird. ‚Underinvestors' sind dabei Teammitglieder, die nicht realisieren, wie viel Sympathie sie zeigen müssen, ‚Overinvestors' bewerten dagegen das Sympathie-Konto zu hoch und bieten zuviel Sympathie an. Erstere werden durch die anderen Teammitglieder auf die fehlende Sympathie hingewiesen, während die Zweiten ihre ‚Fehlinvestition' oftmals nur durch Selbsterkenntnis wahrnehmen.[932]

---

923   Vgl. Wiswede (1992), Sp. 740.
924   Vgl. Zaleznik und Moment (1964), S. 159.
925   Vgl. Wiswede (1992), Sp. 740.
926   Vgl. Lazarsfeld und Merton 1954, zit. nach Hinds et al. (2000), S. 228 und Byrne, Clore und Worchel 1966, zit. nach Tsui und O'Reilly III (1989), S. 404.
927   Vgl. Rosenbaum 1986, zit. nach Tsui und O'Reilly III (1989), S. 404.
928   Vgl. Wiswede (1992), Sp. 740.
929   Vgl. Wiswede (1992), Sp. 738.
930   Pagès (1974), S. 81.
931   Vgl. Pagès (1974), S. 81.
932   Vgl. Clark (1987), S. 313-316, Her. i. O.

3.4.2.5.2 Auswirkungen der Affektstruktur

Die individuelle und die kollektive Affektstruktur und die Positionen der einzelnen Teammitglieder innerhalb dieser Strukturen können direkte Auswirkungen auf das Teamverhalten haben: „Jeder scheint die anderen zu beobachten, keiner ist geneigt, aus sich herauszugehen. Alles verläuft so, als ob unausgesprochene Befürchtungen die Teilnehmer lähmten. Jeder hegt z.B. die Befürchtung, die anderen könnten ihn benachteiligen oder ausnützen, sie könnten sich gegen ihn verbünden oder ihn ausschliessen usw."[933] Ein Grossteil der Energie der Teammitglieder wird bei der Problemslösung durch die Handhabung sozio-emotionaler Probleme absorbiert.[934]

Die Affektivität beeinflusst die Kommunikation des Teams. Ein Team, das durch starke Sympathiebindungen zusammengehalten wird, weist eine kleine Binnendistanz (oder soziale Distanz) auf.[935] Die gegenseitige Annäherung wird dadurch begrenzt, dass sich mit zunehmender Nähe auch die wechselseitige Aggressivität erhöht und die Furcht vor dem Verlust der Eigenständigkeit und Individualität zunimmt. Diese Grenze spiegelt die soziale Distanz.[936] Diese ist von der individuellen Charakterstruktur der Teammitglieder und deren Entwicklung, von der Gruppenstruktur und den kulturellen Gegebenheiten abhängig. Dabei besteht die Möglichkeit einer Auflösung der Gruppe sowohl bei einer Über- wie auch bei einer Unterschreitung der optimalen sozialen Distanz.[937]

Das Bedürfnis der Teammitglieder, mit Menschen zusammenzuarbeiten, die auf sie eine Anziehung ausüben[938], kann einen Einfluss auf die Formierung neuer Teams oder der Auswahl neuer Teammitglieder haben.

3.4.3 Werte und Normen

Als Werte können implizit oder explizit vorhandene Zielgrössen verstanden werden, von denen handelnde Entitäten annehmen, dass ihre Erfüllung direkt oder indirekt zur Erreichung übergeordneter Ziele führt. Für ein Team lassen sich somit Werte als Subziele aus dem übergeordneten Teamziel resp. den einzelnen Funktionalitäten ableiten. Neben den aufgabenbezogenen Werten bestehen weitere, individuelle und soziale Werte, welche die Interaktion beeinflussen können.[939]

---

933 Pagès (1974), S. 79.
934 Vgl. Zaleznik und Moment (1964), S. 161.
935 Vgl. Hofstätter (1993), S. 182.
936 Vgl. Lewin 1953, zit. nach Battegay (1973), S. 24.
937 Vgl. Battegay (1973), S. 24.
938 Vgl. Hinds et al. (2000), S. 244.
939 Feldman (1984), S. 47 unterscheidet zwischen „task maintenance duties" und „social maintenance duties".

Werte werden durch mit ihnen verknüpfte Sanktionen zu Normen (i. d. R. zu impliziten Geboten und Verboten), die den richtigen Weg zur Zielerreichung kennzeichnen.[940] In der Folge wechselseitiger Interaktionen und geprägt durch die interne Sozialstruktur entwickeln sich Normen als gemeinsame Verhaltensrichtlinien.[941] Neben dem expliziten Verhalten von Mitgliedern können sich auch kritische Ereignisse der Teamgeschichte, angewöhnte Verhaltensmuster oder von früheren Situationen übernommene Einstellungen auf die Bildung von Teamnormen auswirken.[942] Die informellen Regeln zur Verhaltenssteuerung haben – obschon von den Mitgliedern selten offen diskutiert[943] – starken und anhaltenden Einfluss auf ihr Verhalten.[944] Die Normen bilden ein Bezugssystem[945] und stellen Ordnungsübereinkünfte dar, die das Miteinander regeln. Diese Regelung erfolgt durch die Übermittlung von erwartetem Standardverhalten, durch Belohnung (durch Anerkennung, Zustimmung, Erteilen von materiellen Vorteilen) bei dessen Erfüllung und die Androhung von Sanktionen (durch Verachtung, Privilegienentzug, materielle oder körperliche Strafe), falls diese Erwartungen nicht erfüllt werden.[946] Da Normen in der Regel lediglich phänomenale Sachverhalte darstellen, die nicht objektiviert oder expliziert werden, folgt, dass die Wahrnehmung der Normen in spezifischen Situationen zwischen Teammitgliedern variieren kann.[947]

Die Inhalte von Normen lassen sich aus ihrem Entstehungszweck ableiten:[948]

- Normen ermöglichen das Überleben von Teams, indem sie die externe Beziehungen regeln und beispielsweise verhindern, dass Interna, die das Team schwächen könnten, nach aussen getragen werden.

- Normen erleichtern den Mitgliedern zu erkennen, welches Verhalten von ihnen selbst erwartet wird und welches Verhalten sie von den anderen Teammitgliedern erwarten dürfen.

- Normen helfen Situationen zu vermeiden, in denen einzelne Mitglieder ihr Gesicht verlieren können.

- Normen drücken die zentralen Werte des Teams aus und bestimmen dessen unverwechselbare Identität.

---

940   Vgl. Wiswede (1977), S. 37.
941   Vgl. Schneider (1975), S. 20.
942   Vgl. Feldman (1984), S. 50-52.
943   Vgl. Sader (2002), S. 198.
944   Vgl. Feldman (1984), S. 47.
945   Vgl. Koffka 1935, zit. nach Sader (2002), S. 202.
946   Vgl. Benesch (1991), S. 309.
947   Vgl. Sader (2002), S. 199.
948   Vgl. Feldman (1984), S. 47-50.

Nach ihrer Entstehung kann zwischen konventionellen und institutionellen Normen unterschieden werden, wobei erstere eine anonyme Herkunft aufweisen und selbstverständlich und in einer unreflektiert-unbewussten Art befolgt werden, während unter den zweitgenannten Anordnungen der Organisation oder der vorgesetzten Funktion verstanden werden, die von bewusst gesetzten Zielen abgeleitet und durch diese rational begründet werden.[949]

Nach ihren Inhalten lassen sich deskriptive Normen, welche die faktischen Verhaltens- und Denkweisen in der Gruppe beschreiben, und präskriptive Normen, die sachlich sinnvolle Erwartungen zur Zielerreichung bezeichnen, unterscheiden.[950]

Normen im Team beziehen sich selektiv auf jene Felder, die für dessen Zielerreichung als wesentlich wahrgenommen werden.[951] „Für die teaminterne Zusammenarbeit sind insbesondere *Normen bezüglich des Arbeitseinsatzes* im Team von Bedeutung."[952] Die normativen Erwartungen können nach Rollen differenziert für einzelne oder für sämtliche Teammitglieder Gültigkeit haben.[953]

Normen bestimmen die Statuseinschätzung, wobei jene Merkmale berücksichtigt werden, die das Team in seinem Normensystem für wichtig erachtet.[954] Mitglieder mit hohem Status können je nach Situation stärker oder weniger stark von den Normen abweichen als Mitglieder mit tieferem Status.[955] Das Befolgen der Teamnormen gilt als Bedingung, um einen hohen Status zu erreichen[956], weshalb Mitglieder mit mittlerem Status die Normen besonders zu beachten haben[957].

Die Teamleistung erhöht sich, wenn die Normen Inhalte wie Leistung, Effizienz und Qualitätskontrolle positiv fokussieren. Zusätzlich hängt der Teamerfolg jedoch noch von der Intensität, dem Grad der allgemeinen Akzeptanz durch die Teammitglieder und der Kohäsion ab.[958] Normen können jedoch die funktionale Arbeit auch be- oder verhindern[959] und erweisen sich als mögliche Gründe für den Misserfolg bei extern initiierten Veränderungsprozessen oder für das Ausbleiben von benötigten internen Änderungen[960].

---

949   Vgl. Schmidt (1999), S. 159.
950   Vgl. Sader (2002), S. 199.
951   Vgl. Feldman (1984), S. 47.
952   Högl (1998), S. 82, kursiv i. O.
953   Vgl. Schneider (1975), S. 20.
954   Vgl. Steinmann und Schreyögg (2005), S. 608.
955   Vgl. Shaw (1976), S. 246 und Brown (2000), S. 47.
956   Vgl. Homans 1950, zit. nach Shaw (1976), S. 246.
957   Vgl. Sader (2002), S. 200.
958   Vgl. Levine und Moreland (1990), S. 601.
959   Vgl. Sader (2002), S. 199.
960   Vgl. Goleman et al. (2002), S. 57.

Teamwerte und -normen haben auf zwei grundlegende Arten weiteren Einfluss auf das Teamverhalten:

- Die Werte und Normen beeinflussen die Kohäsion im Team. Diese beeinflusst wiederum den Grad, mit dem sich die Normen durchsetzen lassen .
- Die im Team vorherrschenden Werte und Normen prägen die spezifische Teamkultur.

3.4.4 Kohäsion und Attraktion

Die Kohäsion einer Gruppe stellt einen Gradmesser für deren inneren Zusammenhalt dar[961] und bezeichnet die affektiven Beziehungen, die eine Gruppe zusammenhalten[962]. Kohäsion bezeichnet das Mass für die Stabilität einer Gruppe und deren Attraktivität für bisherige und potenzielle Mitglieder. Die erwartete Attraktivität und Kohäsion sind dann hoch, wenn das (potenzielle) Mitglied das Team als Mittel zur Erreichung seiner individuellen Bedürfnisse sieht.[963] Die Anziehungskräfte auf die Teammitglieder lassen sich wie folgt differenzieren[964]:

- Gegenseitige Anziehung der Teammitglieder auf persönlicher Ebene
- Stellenwert der Teamaufgabe für die Teammitglieder
- Stolz auf die Teammitgliedschaft und Glaube an die Leistungsfähigkeit des Teams.

Kohäsion entsteht bereits durch das blosse Zusammenfassen von Menschen in einer Gruppe und wächst mit zunehmender gemeinsam verbrachter Zeit. Sowohl gegenseitige Sympathien der Mitglieder (durch Nähe, Kompetenz, tatsächlicher oder wahrgenommener Ähnlichkeit) als auch deren Einschätzung, dass die Teammitgliedschaft eine Belohnung verspricht, wirken sich verstärkend auf die Kohäsion aus.[965] Besteht das Team aus angenehmen Mitgliedern mit hoher Extraversion und grosser emotionaler Stabilität erhöht sich die Kohäsion ebenso.[966] Homogenität zwischen den Teammitgliedern ist nicht zwingend notwendig, um eine grosse Kohäsion zu erreichen, vielmehr kann diese auch bei stark heterogenen Teammitgliedern entstehen, wenn eine eigenständige Teamkultur geschaffen wird.[967] Die Faktoren, die sich fördernd oder hemmend auf die Kohäsion auswirken lassen sich wie folgt zusammenfassen (vgl. Tabelle 14):

---

961   Vgl. Born und Eiselin (1996), S. 22.
962   Vgl. Schneider (1975), S. 192.
963   Vgl. Staehle (1999), S. 282.
964   Vgl. Mullen und Copper 1994, zit. nach Högl (1998), S. 83.
965   Vgl. Levine und Moreland (1990), S. 604.
966   Vgl. Barrick et al. 1998, zit. nach Ilgen et al. (2005), S. 19.12.
967   Vgl. Earley und Mosakowski 2000 und Polzer et al. 2002, zit. nach Ilgen et al. (2005), S. 19.24-25.

kohäsionsfördernd	kohäsionshemmend
Häufigkeit der Interaktion	gross Anzahl Gruppenmitglieder
Attraktivität, Erfolg und Anerkennung	Einzelkämpfer
Extraversion	Individuelle Leistungsbewertung
Emotionale Stabilität	Intragruppen-Wettbewerb
Homogenität oder grosse Heterogenität	Zielkonflikte
Intergruppen-Wettbewerb	Misserfolge (in Abhängigkeit des Commitments)
Einigkeit über Gruppenziele	

Tabelle 14: Faktoren zur Gruppenkohäsion[968]

Bereits die Erwartung positiver Resultate aus einem Intergruppenkonflikt kann die Kohäsion erhöhen.[969] Daraus lässt sich jedoch nicht der Umkehrschluss ableiten, dass hohe Kohäsion zu einer verstärkten Fremdgruppenabneigung führt.[970] Negative Resultate müssen nicht zwingend eine Reduktion der Kohäsion zur Folge haben, sondern können zu einer Erhöhung der Kohäsion führen, wenn die Teammitglieder eine hohes Commitment zum Teamverhalten resp. zur Teammitgliedschaft aufweisen. Bei tiefem Commitment verringert sich im Falle von Misserfolg auch die Kohäsion.[971]

Die Auswirkung von Kohäsion auf die Leistung wird kontrovers diskutiert. Gewisse Studien postulieren einen allgemeinen positiven Zusammenhang zwischen Kohäsion und Leistung für verschiedene Teams[972], andere stellen diesen nur unter der Bedingung fest, dass die Teamaufgabe Koordination und Kommunikation erfordert[973] oder unter grossem zeitlichen Druck gelöst werden muss[974]. Bei vielen Studien bleibt unklar, ob Kohäsion die Leistung erhöht, Erfolg die Kohäsion verstärkt oder beide Effekte bestehen. Studien mit kausalen Modellen führten zu Resultaten ohne Aussagekraft.[975] Die Widersprüchlichkeit der Aussagen kann einerseits auf die Heterogenität der untersuchten Teams und Gruppenarten, andererseits auf die inkonsistente Verwendung des Konstrukts Heterogenität[976] zurückgeführt werden. Gesichert bleibt jedoch die Erkenntnis, dass die Streuung der Einzelleistungen um den Teamdurchschnitt mit zunehmender Kohäsion deutlich abnimmt.[977] Die Wirkung von Kohäsion auf die Leistung ist stark von der Identifikation des Teams mit den übergeordneten Organisationszielen abhängig (Vgl. Abbildung 14):[978] Teams mit hoher Kohäsion weisen bei hoher Konformität zwischen dem Teamziel und dem Organisationsziel die höchste Produktivität auf, bei tiefer Konformität die tiefste, während

---

968   Ergänzte Darstellung nach Staehle (1999), S. 283.
969   Vgl. Rabbie et al. (1974), S. 54.
970   Vgl. Dion (1973), S. 168.
971   Vgl. Turner et al. (1984), S. 108. Vgl. auch Rabbie et al. (1974), S. 54, die diesen Effekt in kooperativen Gruppen beobachteten, in kompetitiven Gruppen jedoch nicht.
972   Vgl. Keller (1986), S. 719 und Evans und Dion 1991, zit. nach Guzzo und Dickson (1996), S. 310.
973   Vgl. Gully, Devine und Whitney 1995, zit. nach Högl (1998), S. 86.
974   Vgl. Zaccaro et al. 1995, zit. nach Guzzo und Dickson (1996), S. 310.
975   Vgl. Levine und Moreland (1990), S. 605.
976   Vgl. Levine und Moreland (1990), S. 603 und Guzzo und Dickson (1996), S. 310.
977   Vgl. Seashore 1954, zit. nach Staehle (1999), S. 283.
978   Vgl. Staehle (1999), S. 283 und Mullen und Copper 1994, zit. nach Högl (1998), S. 86.

die Konformität bei geringer Kohäsion nur wenig Einfluss auf die Leistung hat. Die Interdependenzen zwischen Kohäsion und Konformität bleiben unberücksichtigt.

		Konformität	
		hoch	tief
Kohäsion	hoch	stark positiven Einfluss auf die Leistung	stark negativen Einfluss auf die Leistung
	tief	wenig positiven Einfluss auf die Leistung	wenig negativen Einfluss auf die Leistung

Abbildung 14: Bedeutung der Kohäsion und Konformität für die Leistung[979]

Kohäsion besitzt noch weitere Auswirkungen, die zumindest indirekt einen Einfluss auf die Leistung der Teammitglieder und damit des Teams aufweisen:

- Hohe Kohäsion führt zu einer Abnahme von Angst und Anspannung bei den Mitgliedern und erhöht die Widerstandskraft des Einzelnen gegenüber Bedrohungen und Beschwerden gruppenexterner Führungskräfte.[980]

- Kohäsion und die Arbeitszufriedenheit der Teammitglieder korrelieren positiv.[981]

- Hohe Kohäsion reduziert die Möglichkeit für Nonkonformisten, sich zu artikulieren.[982]

- Mitglieder kohäsiver Gruppen beteiligen sich stärker an Gruppenaktivitäten, verbleiben in der Gruppe, überzeugen andere, der Gruppe beizutreten und widersetzen sich Versuchen, die Gruppe zu stören.[983]

- Kohäsion erhöht die Konformität zu Gruppennormen.[984]

- Kohäsion ist eine Grundvoraussetzung für Group Think, da die Gruppenmitglieder zu Gunsten der Aufrechterhaltung von Harmonie darauf verzichten, alternative Optionen zur gewählten Entscheidung anzustrengen. Dieser Verzicht ist auf den vorhandenen Druck zurückzuführen, die Gruppe nicht mit Disharmonie zu belasten.[985]

- Kohäsion bietet eine Komplexitätsreduktion und schafft Stabilität und Ordnung auf Kosten der Flexibilität und Offenheit gegenüber Neuem.[986]

- Die Kohäsion, die hauptsächlich auf sozio-emotionalen Bindungen aufbaut, führt zu weniger stabilen Teams als diejenige, die auf dem Bewusstsein einer gemeinsamen Aufgabe und Aufgabenorientierung gründet.[987]

---

979   Vgl. Schachter et al. 1951, zit. nach Staehle (1999), S. 284.
980   Vgl. Seashore 1954, zit. nach Staehle (1999), S. 284.
981   Vgl. Högl (1998), S. 149.
982   Vgl. Seashore 1954, zit. nach Staehle (1999), S. 284.
983   Vgl. Brawley et al. 1988 und Carron et al. 1988, zit. nach Levine und Moreland (1990), S. 604.
984   Vgl. O'Reilly und Caldwell 1985 und Rutkowski et al. 1983, zit. nach Levine und Moreland (1990), S. 604.
985   Vgl. Janis (1972), S. 9 und Levine und Moreland (1990), S. 604.
986   Vgl. Born und Eiselin (1996), S. 23.

3.4.5 Teamkultur

Die qualitativen Auswirkungen der Werte und Normen im Team führen zu einer Teamkultur. „Jede Gemeinschaft von Personen, die in irgendeiner Form zusammengehören und eine Einheit bilden, [...] entwickelt ein gemeinsames Werte- und Normensystem, das ihr Zusammenleben prägt und bestimmte typische Handlungsmuster entstehen lässt."[988] In Teams existiert somit eine kollektives mentales Programm, durch das sich die Mitglieder einer organisatorischen Einheit von einer anderen unterscheiden.[989] Durch die Verschiedenheit der Teammitglieder (und damit der Teams) und der externen Einflüsse auf das Team (Organisation/Kontaktpersonen/Schnittstellen zu anderen Teams) wird in jedem Team eine eigene Teamkultur geschaffen.[990]

Wie bereits angeführt können die Mitglieder eines Teams aus verschiedenen Kulturen (Nationen, Professionen etc.) stammen. Jede Kultur besitzt ein einzigartiges Wertesystem, in dem Werte in einer einmaligen Konstellation (Art der Werte, Reihenfolge, Gewichtung) so kombiniert sind, dass sie sich von allen anderen Kulturen unterscheidet.[991] Man nimmt an, „in [...] Werten verdichte sich die Auffassung von all dem, was für einen einzelnen oder eine Gruppe wünschenswert ist und daher Ziele, aber auch Mittel, Art und Weise des Handelns beeinflusst"[992]. Werte weisen eine von den Mitgliedern der Kultur gemeinsam getragene Richtung, in der die Handlungen vorzunehmen sind.[993] Daraus werden Verhaltensrichtlinien (explizit) oder Normen (implizit) abgeleitet[994], welche die Zielerreichung garantieren sollen.

Die Kultur umfasst die zur Erreichung der Werte benötigten Denk-, Fühl- und Handlungsmuster wie Grüssen, Essen, Zeigen von Gefühlen etc. und ist ein kollektives Phänomen, da sie mit anderen Menschen geteilt wird. Jeder Mensch trägt in seinem Innern Muster des Denkens, Fühlens und potentiellen Handelns, die er während seines Lebens gelernt hat, sogenannte ‚Mentale Programme'[995], die einerseits durch die Kultur geprägt werden, andererseits diese prägen (vgl. Abbildung 15).

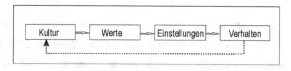

Abbildung 15: Einfluss der Kultur auf das Verhalten[996]

987 Vgl. Allioth, Martin und Ulich 1967, zit. nach Ulich (1994), S. 170.
988 Keller (1991), S. 53, Her. vom Verfasser gestrichen.
989 Vgl. Hofstede (1993). S. 204.
990 Vgl. Gmeiner (1997), S. 178.
991 Vgl. Davis 1971, zit. nach Hentze (1995), S. 225.
992 Stengel (1999), S. 835.
993 Vgl. Deal und Kennedy (1982), S. 21.
994 Vgl. Schneider (1975), S. 20.
995 Vgl. Hofstede (1993), S. 18, Her. des Verfassers.
996 Hentze (1995), S. 225.

Kultur kann als kollektive Programmierung des Geistes verstanden werden, welche die Mitglieder einer Gruppe oder Kategorie von Menschen einer andern unterschiedet. Teamkulturen zeigen sich – abgeleitet von den vorherrschenden Werten – durch Symbole (Redewendungen, Kleidung, Statussymbole), Helden und Riten und Rituale.[997] Diesen (sichtbaren) Kategorien liegen die (unsichtbaren) Werte zugrunde. Darunter wird die allgemeine Neigung verstanden, bestimmte Umstände anderen vorzuziehen. Werte definieren Ziele und bestimmen die Art des Verhaltens.[998] Lediglich aus der Art und Weise, wie Menschen unter verschiedenen Umständen handeln, ist auf die darunter liegenden Werte zu schliessen.[999] Diese Interpretation ist jedoch selbst wieder von den Werten der interpretierenden Person abhängig. Werden kollektive Werte operationalisiert, ergeben sich daraus Normen, also Handlungserwartungen, deren Umsetzung nicht vollständig vorgegeben ist, deren Einhaltung jedoch durch Sanktionen eingefordert wird.

Die Teammitglieder gehören i. d. R. gleichzeitig einer Vielzahl verschiedener Gruppen und Kategorien von Menschen an und tragen somit verschiedene Ebenen mentaler Programmierungen in sich, z.B. der Nationalität, des Geschlechts, der sozialen Klasse in Verbindung mit Bildungsmöglichkeiten, der Ausbildungsart sowie des Berufs oder der Ebene der Organisation. Neben den individuellen kulturellen Einflüssen wird die Teamkultur durch die Organisationskultur beeinflusst. Das Verhältnis von Team- und Organisationskultur kann

- komplementär (das Verhältnis von Team- und Organisationskultur ist konfliktfrei),
- substitutiv (Team- und Organisationskultur sind konfliktär) oder
- indifferent (Team- und Organisationskultur existieren ohne wechselseitige Beeinflussung)[1000]

sein. Dabei stellt sich einerseits die Frage, ob ein konfliktfreies Verhältnis immer anzustreben ist[1001], andererseits, ob ein indifferentes Verhältnis wirklich möglich ist. Sind Werte der Organisation zumindest teilweise in der Teamkultur enthalten, lassen sich die von der Organisation angestrebten Ziele im Team leichter erreichen.[1002] Umgekehrt weisen Teamkulturen Auswirkungen auf die Organisationskultur aus: Sich spezifisch in Teams entwickelnde Werte werden durch eine Erhöhung der Anzahl von Teams inner-

---

997   Vgl. Hofstede (1998), S. 8.
998   Vgl. Schlöder (1993), S. 142.
999   Vgl. Hofstede (1993), S. 23.
1000   Vgl. Bleicher 1986, zit. nach Gmeiner (1997), S. 179.
1001   Vgl. Gmeiner (1997), S. 179.
1002   Vgl. Helmreich et al. (2001), S. 5.

halb der Organisation schneller verbreitet.[1003] Intern beeinflusst die Teamkultur hauptsächlich die Innovations-, Lern- und Risikobereitschaft sowie die Kommunikationsbeziehungen der Teammitglieder.[1004]

Je nach Ausprägung der Kulturen können weitere kulturbedingte Auswirkungen im Arbeitsumfeld ermittelt werden. Eine Differenzierung unterscheidet in individualistische und kollektivistische Kulturen.[1005] Dabei wird das Eigen-Verständnis bezüglich der handelnden Entität, das zur Unterscheidung zwischen der kollektivistischen (wir) Kultur und die individualistischen (ich) Kultur führt, als eine der wichtigsten Kulturdimensionen bezeichnet.[1006] Diese Kulturausprägungen zeigen folgende Merkmale:

- Ein System mit individualistischer Kultur erwartet von seinen Arbeitnehmern, dass sie nach ihren eigenen Interessen handeln. Bei der Arbeitsorganisation wird berücksichtigt, dass dieses Eigeninteresse und das Interesse des Arbeitgebers in Einklang miteinander stehen. Die Grundannahme, dass Menschen als Individuen mit eigenen Bedürfnissen handeln, führt zu deren Gleichbehandlung (Universalismus).[1007]

- In der kollektivistischen Kultur ist das Teammitglied weniger Individuum sondern vielmehr ein Mitglied einer Wir-Gruppe, das sich nach den Interessen dieser Gruppe verhält und somit seinen eigenen Interessen manchmal zuwiderhandelt. Zurückhaltung im Interesse der Wir-Gruppe gehört zu den Erwartungen in einer solchen Gesellschaft, führt zu Partikularismus und dazu, Mitglieder der eigenen Systemeinheit besser zu behandeln und der Eigengruppe gegenüber der Fremdgruppe Vorrang einzuräumen.

Diese unterschiedlichen Ausprägungen führen zu folgenden idealtypischen Aussagen zur Wirkung der jeweiligen Kultur im Arbeitsumfeld (vgl. Tabelle 15):

kollektivistische Kultur	individualistische Kultur
▪ Diplome schaffen Zugang zu Gruppen mit höherem Status. ▪ Die Arbeitgeber-Arbeitnehmer Beziehung wird an moralischen Massstäben gemessen. ▪ Selektion und Beförderung finden unter starker Berücksichtigung der Wir-Gruppe statt. ▪ Das Management umfasst die Gruppe. ▪ Die Beziehung hat Vorrang vor der Aufgabe.	▪ Diplome steigern den wirtschaftlichen Wert und/oder die Selbstachtung. ▪ Die Arbeitgeber-Arbeitnehmer Beziehung ist ein Vertrag mit gegenseitigem Nutzen. ▪ Einstellungen und Berufungen beruhen ausschliesslich auf Fertigkeiten und Regeln. ▪ Das Management konzentriert sich auf das Individuum. ▪ Die Aufgabe hat Vorrang vor der Beziehung.

Tabelle 15: Idealtypische Aussagen zur kollektivistischen und individualistischen Kultur[1008]

1003 Vgl. Fogel und Shephard (2002), S. 44-46.
1004 Vgl. Gmeiner (1997), S. 178.
1005 Vgl. z.B. Wagner III (1995), Cox et al. (1991) und Ramamoorthy und Flood (2004).
1006 Vgl. Hofstede (1993), S. 80.
1007 Vgl. Hofstede (1993), S. 83.
1008 Eigene Darstellung in Anlehnung an Hofstede (1993), S. 84

4 Das Operationsteam

"Surgical teams perform sometimes difficult technical procedures under
often unfavourable circumstances."[1009]

Das OP-Team besitzt die konstituierende Aufgabe, einen Eingriff in einen lebenden menschlichen Organismus zu Heilzwecken vorzunehmen.[1010] Grundlegend sind somit die medizinischen Bedürfnisse eines Patienten zur Wiederherstellung seiner physischen Funktionsfähigkeit, die ab einer bestimmten Komplexität den gleichzeitigen Einsatz (Operation) unterschiedlichen Fachwissens (Operationsteam) in einer spezifischen Umgebung (Operationssaal) erfordern. Das Ziel dieses Kapitels besteht darin, die Verhältnisse der Zusammenarbeit im OPS zu erklären. Dazu wird untersucht, welche Ausprägungen die in Kapitel 3 beschriebenen Einflussfaktoren auf das Teamverhalten im OPS aufweisen. Diese Analyse wird durch Resultate der empirischen Untersuchung ergänzt, wobei neben der Ausprägung einzelner Merkmale vor allem auf deren durch die Mitarbeiter im OPS wahrgenommene Bedeutung für die Zusammenarbeit im OPS hingewiesen wird.

Das OP-Team muss unter besonderen Umständen funktionieren, weil die Folgen fehlerhafter Teamleistung für die Patienten tödlich sein können. Verschiedene Faktoren erschweren Operationen:[1011]

- Patienten und ihre Gebrechen variieren von Fall zu Fall, so dass der Verlauf einer OP nicht mit Bestimmtheit vorhergesagt werden kann.
- Eine OP kann, wenn sie begonnen hat, kaum ohne irreversible Folgen gestoppt werden.
- Hilfe und Unterstützung ist für das OP-Team nicht leicht erhältlich.
- OP finden unter grossem Zeitdruck statt, der einerseits durch die Dringlichkeit des Handelns, andererseits durch die lange Dauer des Eingriffs entstehen kann.
- Sowohl der operative Eingriff selbst als auch die Anästhesie sind mit Risiken behaftet, wobei ein Risiko der Tod des Patienten ist.

Aus diesen Arbeitsbedingungen im OPS ergibt sich, dass die Angehörigen eines OP-Teams oftmals fordernde Perfektionisten sind, die unbeachtet der Gründe wenig Toleranz für zeitliche Verzögerungen besitzen, aus Gründen der Unzweideutigkeit eine direkte sowie offene Kommunikation pflegen und

---

1009   Gabel et al. (1999), S. 2.
1010   Vgl. Kapitel 2.1.3.2.
1011   Vgl. Gabel et al. (1999), S. 2.

kaum Rücksicht auf die Befindlichkeit der Ansprechperson nehmen, was schwerwiegende zwischenmenschliche Konflikte zur Folge haben kann.[1012]

4.1 Stakeholder des OP-Teams als teamexterne, indirekt gestaltbare Einflussfaktoren

Das OP-Team steht in vielfältiger Interaktion mit verschiedenen Stakeholdern sämtlicher Umsysteme. Um die bestehenden Beziehungen in einem Teammanagement berücksichtigen und allenfalls entsprechende Steuerungsmassnahmen ergreifen zu können gilt es zunächst, die sich aus den Interaktionen ergebenden Einflüsse zu erkennen. Durch eine umfassende Analyse der Stakeholderbeziehungen des OP-Teams kann aufzeigt werden, dass die Beziehungen, die das Handeln eines OP-Teams beeinflussen, weit über das Krankenhaus oder die Patienten hinaus reichen.

4.1.1 Organisationsexterne Stakeholder des OP-Teams

Organisationsexterne Stakeholder weisen einen grossen Einfluss auf das Teamverhalten auf, da sich die autonom agierenden Organisationseinheiten des Krankenhauses stark an externen fachlichen Ansprechpartnern orientieren. Dieser Aussenorientierung wird eine grosse Bedeutung für das Krankenhaus als Ganzes zugesprochen.[1013] Das OP-Team besteht einerseits aus Mitgliedern autonom handelnder Kliniken und Abteilungen und kann sich andererseits als Organisationseinheit selbst extern ausrichten. Somit kann von interdependenten Beziehungen des Teams zu externen Interessensgruppen ausgegangen werden. Dabei bestehen Wechselwirkungen in beide Richtungen, die i. d. R. jedoch das Verhalten des OP-Teams stärker beeinflussen als umgekehrt. In Ausnahmefällen kann jedoch auch eine Beeinflussung nach aussen erfolgen, z.B. bei herausragenden positiven (wie OP-Erfolge oder Forschungsresultate) oder negativen (v.a. medizinische, ökonomische oder führungsspezifische Fehler) Leistungen des Teams. Durch die grosse Resonanz von Spitzenleistungen in der Medizin und ihren hohen Status in der Gesellschaft können Ärzte zudem Einfluss auf weitere Stakeholder ausüben. Tabelle 16 zeigt mögliche Beziehungen zwischen einem OP-Team und organisationsexternen Stakeholdern auf. Durch Kenntnis dieser Einflüsse lassen sich Managementmassnahmen zur Steuerung des OP-Teams besser abstimmen. Zudem können mögliche Veränderungen der Organisationsumwelt antizipiert werden.

1012 Vgl. Gabel et al. (1999), S. 2.
1013 Vgl. Grossmann und Scala (2002b), S. 29. Grossmann bezeichnet die Aussenorientierung als das Kapital, das Stationen, Abteilungen und Kliniken ins Gesamtunternehmen einbringen. Für Stakeholder des Krankenhauses vgl. Braun (1999b), S. 9.

System	Stakeholder	beeinflussen OP-Team durch	werden vom Team beeinflusst durch
Wirt-schafts-system	Konkurrenz: bestehende und neue Krankenhäuser und OP-Teams; Alternativ-behandlung	Wettbewerb um Patienten und OP; Setzen Standards und Benchmarks; durch alternative Behandlungsmethoden werden OP-Team oder Teile des Teams überflüssig (z.B. durch Minimal Invasive Chirurgie, neue Therapien); kostengünstigere Behandlungsalternativen, verbesserter Kundenservice, Werbung	OP-Team selbst bietet Leistungen auf dem Markt an; entwickelt neue Techniken und Alternativlösungen
	Zulieferer: niedergelassene Ärzte Medizinaltechnik; Pharmazie	Niedergelassene Ärzte weisen Patienten ein; Lieferanten der Medizinaltechnik beliefern Ärzte und OP-Teams direkt mit spezifischem Verbrauchsmaterial; Lieferanten informieren über Innovationen; z. T. Systemlieferanten; Telemedizin	Ärzte und OP-Teams haben spezifische Wünsche und Vorstellungen bzgl. Verbrauchsmaterial und Investitionsgütern und beeinflussen damit einerseits die Beschaffung, andererseits die Entwicklung spezifischer Produkte.
	Potentielle Mitarbeiter auf dem Arbeitsmarkt	Durch die Existenz potentieller Mitarbeiter besteht für die aktuellen OP-Mitglieder ein Anreiz zur Leistungssteigerung, da sonst ihre Ersetzung drohen kann.	OP-Teams können eine Attraktivität ausstrahlen, die z.B. auf spektakulären Erfolgen, angenehmem Arbeitsklima oder grosser Kohäsion beruht.
	Kapitalgeber: Krankenkassen	Determinieren den Handlungsspielraum des OP-Teams durch Fallpauschalen	Verzicht auf die Durchführung spezifischer Eingriffe
	Kunden: Patienten; Angehörige	Patienten erwarten durch die Operation eine Verbesserung ihres Gesundheitszustandes; evtl. Wahlmöglichkeiten; Angehörige erwarten optimale Betreuung u. Informationen.	Patientenzufriedenheit wird durch die Qualität und die Leistung des OP-Teams beeinflusst.
Gesell-schafts-system	Staat, Kanton (für öffentliche Krankenhäuser)	Finanziell: Globalbudget, determinieren z. T. Art der Eingriffe, verwendete Technik und Medikamente; Kompetenz-entren Rechtlich: stellen den Rechtsrahmen für Vorschriften, Schadenersatzforderungen	Ärzte besitzen aufgrund ihrer Reputation einen Einfluss auf die Legislative, Lobbying
	Medien: Fachmedien; Tagespresse	Tagespresse will Einblick in das OP-Geschehen, Personalprobleme als Politikum; Fachmedien publizieren Erfolge neuer Techniken; Publikation von Misserfolgen	Publikationen in Fachjournalen; Einzelne Teammitglieder sind für Medien tätig (als Experten, Autoren, Herausgeber etc.)
	Öffentliche Meinung	Gesellschaft will kostengünstige hochqualitative Medizin	OP-Team beeinflusst Meinung durch Leistungen
	Standesorganisationen (FMH, VPOD)	Festlegung medizinischer Standards, Verhaltensregeln und -normen, spezifische Interessen einzelner Teamfunktionen	OP-Mitglieder nehmen als Mitglieder direkten Einfluss auf die Standesorganisationen
	Patientenorganisationen	Fordern Qualität bei der OP-Arbeit und Transparenz bei der Fehlersuche	Informationen, transparentes Fehlermanagement
	Bildungsanstalten	Ausbildung im OP-Team	OP-Team erwartet Vorbildung

Tabelle 16: Beziehungen zwischen OP-Team und teamexternen Stakeholdern[1014]

4.1.2 Organisationsinterne Stakeholder

Organisationsintern existieren neben dem Krankenhausmanagement verschiedene weitere Anspruchsgruppen, die sich durch ein beträchtliches Einflusspotenzial auf das Verhalten des OP-Teams auszeichnen. In Tabelle 17 werden mögliche Beziehungen zwischen den krankenhausinternen Stakeholdern und dem OP-Team aufgezeigt.

1014   Vgl. Trill (2000), S. 28, Rühle (2000), S. 142-150 und Gabel et al. (1999) S. 21-31.

Stakeholder	Konflikt	Kooperation	Austausch	Konkurrenz
Eigentümer: Privatspital, öffentliches Krankenhaus (indirekte Beziehungen)	u.U. Zielkonflikte: (z.B. Kosten- vs. Qualitätsorientierung)	Verfolgen gemeinsamer Strategie (z.B. Kostenreduktion, Spezialisierung, medizinisches Schwerpunktzentrum)	OP-Team erhält temporäres Verfügungsrecht an Infrastruktur, Material und Patientenzugang; liefert Beitrag zur Wertschöpfung (OP, Patienten, Reputation)	
Krankenhausmanagement	Zielkonflikte (Kosten- vs. Qualitätsorientierung); Autonomiestreben des OP-Teams; fehlende Partizipation des OP-Teams bei der Entwick-lung von Zielvorgaben	Umsetzung gemeinsam entwickelter Strategien (z.B. Kostenreduktion, Spezialisierung, medizinisches Schwerpunktzentrum)	Management stellt dem Team die organisatorischen Mittel zur Verfügung; Team liefert benötigte Kompetenzen und Arbeit	Wettbewerb um Belohnung, Ansehen und Reputation bei positiven Leistungen; Schuldfrage bei negativen Ereignissen
OP-Management (OPM)	Zielkonflikte: OPM will maximale Flexibilität zur optimalen OPS-Auslastung, Team will Autonomie und Planungssicherheit; fehlende Partizipation bei der Entwicklung der Tagespläne	gemeinsame Planung; Einhaltung der Planvorgaben	OP-Team informiert OPM über den Stand der OP, OPM passt Planung entsprechend an	
andere Teams	strukturelle Konflikte um organisatorische Ressourcen wie Personal, Infrastruktur und OP-Zeiten	gemeinsame (parallele) Zusammenarbeit bei grösseren OP (z.B. Transplantationen), Forschungsprojekten, Umsetzung strategischer Vorgaben (Wissensaustausch, Schwerpunktzentrum)	Leistungsaustausch bei Lebendtransplantationen; Wissensaustausch in Forschungsprojekten und Organisationsentwicklung	Wettbewerb um Prämien, Leistungsaufträge, OP- und Forschungsreputation, organisatorische Ressourcen
Teammitglieder	Zielkonflikt zwischen OP-Team- und Mitgliederzielen (z.B. Kosten vs. Qualität, Flexibilität vs. Planungssicherheit)	OP-Team und Mitglieder verfolgen gemeinsame Zielsetzung; evtl. gemeinsame Zielentscheidung	Team stellt den Mitgliedern die Mittel zur Zielerreichung zur Ver-fügung, die Mitglieder dem Team die benö-tigten Kompetenzen und Arbeit	Wettbewerb um Belohnung, Ansehen und Reputation bei positiven Leistungen; Schuldfrage bei negativen Ereignissen

Tabelle 17: Beziehungen krankenhausinterner Stakeholder zum OP-Team

Aufgrund ihres organisatorischen Gehalts sind die Beziehungen des OP-Teams zum Krankenhaus- und zum OP-Management formell von grösster Bedeutung: Durch deren Direktive erhält das OP-Team Zugang zu Patienten, Mitarbeitern und Infrastruktur. Die Beziehungen zu anderen Teams und den eigenen Teammitgliedern besitzen dagegen informelles Gewicht und können das Verhalten des OP-Teams entsprechend beeinflussen. Die Ansprüche der Eigentümer sind in der Regel indirekt und werden durch das Krankenhausmanagement vertreten.

4.1.3 Aufgabe und Ziele des OP-Teams

Vom übergeordneten Auftrag des Krankenhauses – der gesundheitspolitischen Nutzenstiftung sowie der gesundheitsökonomischen Substanzerhaltung – kann die Aufgabe des OP-Teams abgeleitet wer-

den, eine OP an einem Patienten erfolgreich durchzuführen. Bei der Aufgabenerfüllung lassen sich medizinische und ökonomische Ziele verfolgen, woraus sich die Zielsetzung für das OP-Team ergibt, einen
Eingriff in einen lebenden menschlichen Organismus zu Heilzwecken unter Berücksichtigung ökonomischer Effizienz- und Effektivitätskriterien vorzunehmen.[1015] Dabei kann zwischen dem inhaltlichen Ziel,
die OP bzgl. Prozess und Resultat nach medizinischen Qualitätsstandards durchzuführen und dem formalen Ziel, den Eingriff nach ökonomischen Prinzipien vorzunehmen, unterschieden werden.

Bei einem angenommenen positiven Zusammenhang zwischen Mitteleinsatz (Anzahl und Qualität der
verwendeten Therapiemassnahmen) und Behandlungsresultat wird der Trade Off zwischen den beiden
Zielen offensichtlich: Einerseits besitzt das OP-Team den Auftrag, den Gesundheitszustand der Patienten zu verbessern oder deren Leben zu retten, andererseits hat es bei der Wahl der Mittel zur Aufgabenerfüllung ein möglichst günstiges Kosten-Nutzen-Verhältnis anzustreben. Durch situative Gegebenheiten (z.B. ungenaue Diagnose, Verschlechterung des Gesundheitszustands des Patienten während
der Operation oder alternative Behandlungsoptionen) sowie fehlende Vorgaben durch Gesetzgebung
und Krankenhausleitung[1016], besteht für das OP-Team bei der Wahl der Massnahmen ein Spielraum,
der zugunsten qualitativ höherer und kostenintensiverer Entscheidungen genutzt werden kann.

In Abhängigkeit der Ausrichtung des Krankenhauses können weitere übergeordnete prioritäre Zielsetzungen mit Relevanz für das OP-Team abgeleitet werden: Ein Ausbildungskrankenhaus hat z.B. zum
Ziel, für ein OP-Team Möglichkeiten zu schaffen, in welchen durch Innovation, Entwicklung und Adaption neuer Technologien für die Patienten modernste chirurgische Behandlungen und für die Mitarbeiter
und Studierenden qualitativ hochstehende Aus- und Weiterbildung geboten werden können.[1017]

4.1.3.1.1 Patientenbezogene Ziele

Durch die zunehmende Markt- und somit Kundenorientierung wird die Patientenzufriedenheit – aufgrund
ihrer Bedeutung für die Zahlungsbereitschaft für künftige Leistungen – zum Hauptziel der Krankenhausleistung. Die Zufriedenheit von Patienten wird bisher durch multiattributive Patientenbefragungen (Erhebung der Zufriedenheit der Patienten bzgl. verschiedener Dimensionen der Krankenhausleistung),
durch Analyse mündlicher und schriftlicher Beschwerden sowie durch eine prozessorientierte Qualitätsmessung (Erhebung der Zufriedenheit der Patienten bzgl. verschiedener Prozessschritte und Kon-
taktsituationen) gemessen.[1018] Dabei werden subjektive Verfahren gegenüber den objektiven Verfahren

---

1015   Vgl. Gfrörer und Schüpfer (2004), S. 337.
1016   Vgl. Nadig (2003) und o.A. (2004).
1017   Vgl. Gabel et al. (1999), S. 7-8.
1018   Vgl. Eichhorn (1997), S. 164-177.

bevorzugt, da letztere „den grossen Nachteil [haben], dass aus Patientensicht die Relevanz und Vollständigkeit der herangezogenen Kriterien nicht bestätigt werden können. Von daher gesehen muss sich eine eindeutige patientenorientierte Qualitätsmessung auf Messverfahren nach subjektiven Kriterien konzentrieren."[1019]

Die Leistung des Krankenhauses lässt sich in drei Teilleistungsbereiche unterteilen: den medizinischen, den pflegerischen und den Hotelbereich.[1020] Die Leistung des OP-Teams zählt zum medizinischen Bereich. Die Qualität der Arbeit im OPS lässt sich aus Patientensicht anhand der Qualitätskategorien Struktur-, Prozess- und Ergebnisqualität und den Qualitätsdefinitionen zwischenmenschliche, technische und ökonomische Qualität beurteilen (vgl. Abbildung 16).

| | | Qualitätskategorien | | |
		Strukturqualität	Prozessqualität	Ergebnisqualität
Qualitätsdefinitionen	zwischenmenschliche Qualität	gut qualifiziertes und erfahrenes Personal; saubere Infrastruktur	höfliche und freundliche Behandlung durch das Personal; richtige Menge an Informationen; keine unnötigen Schmerzen	Verminderung von Schmerzen; Heilung von Verletzungen und Krankheiten
	technische Qualität	gut ausgebildete und kooperative Teammitglieder	richtige Wahl der Eingriffe, vorschriftsmässige Durchführung der Verfahren	keine Fehler; gute Genesung
	ökonomische Qualität	adäquate Ressourcenausstattung	keine Fehler, keine Verschwendung, Einhaltung externer Richtlinien	niedrige Kosten pro Patient, tiefer Ressourcenverbrauch

Abbildung 16: Qualität der OP-Dienstleistung[1021]

Nach Fachbereichen differenziert lässt sich die Patientenzufriedenheit bzgl. der Dienstleistungsqualität wie folgt beurteilen:

- Die Qualität der Pflegeleistung lässt sich nach den Wartezeiten bei der Patientenbestellung, bei der Übergabe und beim Ein- und Ausschleusen beurteilen. Zudem können die Patientenlagerung, die Versorgung des Wundgebiets und die postoperative Betreuung des Patienten bewertet werden.[1022]
- Die Qualität der Anästhesieleistung lässt sich nach der Berücksichtigung der Präferenzen der Patienten (Teil- oder Vollnarkose) und den unterschiedlichen Zuständen während und nach der Aufwachphase (z.B. Müdigkeit, Schmerzen, Übelkeit) beurtei-

---

1019 Eichhorn (1997), S. 164.
1020 Vgl. Olandt und Benkenstein (1999), S. 113.
1021 In Anlehnung an Pira (2000), S. 32.
1022 Vgl. Sperl (1996), S. 20 für verschiedene Stufen der Pflegequalität.

len.[1023] Die Anwendung unterschiedlicher Anästhesietechniken führt zu verschiedenen Wahrscheinlichkeiten gewisser peri- und postoperativer Zustände für den Patienten und hat einen direkten Einfluss auf den Operationsprozess des gesamten OP-Teams (z.B. auf die Wartezeit nach dem Einleiten[1024]).

- Die Qualität der chirurgischen Leistung lässt sich anhand der Informationen und Darstellung alternativer Behandlungsmassnahmen, der Berücksichtigung der Patientenpräferenzen, der peri- und postoperativen Befindlichkeit sowie (in zeitlichem Abstand) des Behandlungserfolgs beurteilen.

- Die Qualität der technisch-medizinischen Assistenzfunktionen im OPS (z.B. TOA, Kardiologie etc). lässt sich durch die Patienten nur indirekt beurteilen.

4.1.3.1.2 Organisationsbezogene Ziele

Die OP ist nur ein Teilprozess des gesamten Behandlungsprozesses im Krankenhaus (vgl. Abbildung 17), der OPS nur einer der Orte, die der Patient im Rahmen seiner Behandlung durchläuft. Die Ziele, die das Spital für das OP-Team verfolgt, sind deshalb nur Teile eines Gesamtziels und müssen mit anderen Teilzielen koordiniert werden.

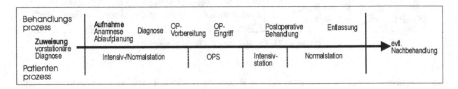

Abbildung 17: Behandlungs- und Patientenprozess

Auf die im Krankenhaus zu erbringenden Leistungen wirken sich die vorherrschenden berufsständischen Strukturen[1025] und die Vielzahl von Schnittstellen[1026] erschwerend aus. Teamstrukturen integrieren verschiedene Bereiche einer Organisation, verringern Koordinationsdefizite und fördern die Mitarbeitermotivation. Mit Teamarbeit können im Krankenhaus bestehende, auf Berufsgruppen- und Abteilungsdenken beruhende strukturelle Qualitätsprobleme gelöst werden.[1027] Das OP-Team kann als interdisziplinäres Team dazu beitragen, Strukturen entlang der Professionsgrenzen aufzubrechen.

1023   Vgl. Macario et al. (1999), S. 652 und 654.
1024   Vgl. Puura et al. (1999), S. 1335 und Williams et al. (2000), S. 530. Zum Pain Management vgl. Larue et al. (1999), S. 659.
1025   Vgl. Kaufmann (1975), S. 102.
1026   Vgl. Knorr et al. (1999), S. 5-7.
1027   Vgl. Gorschlüter (1999), S. 109.

Die Einführung eines OP-Teams kann auch unter dem Aspekt der Motivationssteigerung betrachtet werden.[1028] Zudem besitzt die soziale Integration in einem Team stressabpuffernde Effekte. Die Einführung von Teams beschränkt sich bis anhin in Krankenhäusern hauptsächlich auf funktional homogene Teams wie Pflege- oder Anästhesieteams.

4.1.3.1.3 Teamvorteil im OPS

Das OP-Team besitzt gegenüber der Einzelarbeit folgende Leistungsvorteile:

- Vorteil der Aufgabenlösung: In vielen Fällen kann eine OP nur durch mehrere, gleichzeitig beteiligte Menschen durchgeführt werden, da zu viele Tätigkeiten simultan ausgeführt werden müssen (z.B. Überwachung der Anästhesie und chirurgischer Eingriff), eine Tätigkeit durch zwei Hände nicht durchgeführt werden kann (z.B. Lagerungswechsel) oder die Dringlichkeit des Eingriffs keine serielle Bearbeitung der einzelnen Schritte zulässt (z.B. Sterilisierung von OP-Besteck und die chirurgische Tätigkeit damit).

- Komplettes Skills-Set: Im OP-Team ergänzen sich die unterschiedlichen, für eine spezifischen Eingriff benötigten Fähigkeiten der Pflege, Anästhesie, Chirurgie und weiteren Assistenzfunktionen jeweils mit einem hohen Spezialisierungsgrad.

- Entscheidungsverbesserung: Durch die breitere und stärker spezialisierte Beurteilungsbasis verbessert sich das Entscheidungspotenzial, wenn sämtliche OP-Teammitglieder bei der Entscheidungsfindung involviert sind und nicht z.B. durch Status- oder Hierarchieunterschiede an ihrem Beitrag gehindert werden. Im OPS kann darunter auch die Vermeidung von Fehlern durch gemeinsame Kontrolle verstanden werden.

- Koordination: Durch gegenseitiges Lernen und gemeinsame Erfahrungen können auf Berufsgruppen- und Abteilungsdenken beruhende Koordinationsprobleme gelöst werden.[1029]

- Flexibilität: Durch den Einsatz von Mitgliedern mit gemeinsamem fachlichem Hintergrund, jedoch unterschiedlicher Spezialisierung, erhöht sich die funktionale Flexibilität und ermöglicht dem Team, auf veränderte Umstände zu reagieren. Durch die fachliche Nähe der Teammitglieder können so innerhalb des OP-Teams Assistenzfunktionen in einer Funktion – unter Berücksichtigung zeitlicher und funktionsspezifischer Restriktionen – auch von Trägern anderer Funktionen übernommen werden.[1030]

1028   Vgl. Kaufmann (1975), S. 102-103.
1029   Vgl. Gorschlüter (1999), S. 109.
1030   Vgl. Gfrörer und Schüpfer (2004), S. 335.

- Stressreduktion: Soziale Interaktion während oder nach der Teamarbeit bietet ein Auffangnetz bei starken Arbeitsbelastungen, wie sie im OPS auftreten, und gewährleistet somit die individuelle Performance.[1031]

4.1.3.1.4 Risikofaktoren für den Teamvorteil im OPS

Effektivität und Effizienz der Massnahmen im OPS sind prinzipiell gefährdet, wenn einzelne oder Kombinationen der nachfolgend behandelten Einflussfaktoren auf das Teamverhalten disfunktionale Ausprägungen aufweisen. Auf einer aggregierten Ebene bestehen Risiken für das Teamresultat,

- wenn das Krankenhaus eine Region mit allgemeinen medizinischen Grundleistungen versorgen will, das OP-Team jedoch bemüht ist, hochspezialisierte Spitzenmedizin für eine bestimmte Patientengruppe anzubieten[1032],
- wenn im Selbstverständnis des OP-Teams „etwas nur dann als Leistung für den Patienten akzeptiert wird, wenn es direkt am Patienten erfolgt. Dass schlechte Organisation auch für den Patienten schlecht sein kann, wird oft nicht erkannt und akzeptiert und zuweilen sogar aktiv bestritten"[1033]. Eine Erhöhung des Managementaufwands (z.B. zur Verbesserung der OP-Organisation) kann den Patienten Mehrleistung bringen, auch wenn dieser u.U. zu einer Reduktion medizinischer Handlungen führt,
- wenn die Bedeutung der Expertise in der Leistungserstellung zu einem permanenten Kampf um Kontrolle zwischen dem OP-Team und seiner Umgebung führt und kritische Prozesse (z.B. das Zählen der Instrumente am Schluss eines Eingriffs) vom Krankenhaus gefordert werden, obwohl die Gestaltung der Prozesse und der Organisation des OP-Teams vorgängig jegliches Risiko ausgeschaltet haben kann[1034],
- wenn im Krankenhaus individualisierte Methoden zur Stellenbeschreibung, Leistungsbeurteilung und Anreizgestaltung die Entfaltung des Teamvorteils behindern, statt zu dessen Nutzung beizutragen[1035], und
- wenn die einzelnen Mitglieder des OP-Teams aufgrund der grossen Statusunterschiede in Entscheidungssituationen ihre Meinungen nicht vorurteilsfrei und ohne Rücksicht auf Funktion und Status ihrer Person einbringen können[1036].

1031   Vgl. Morlock und Harris (1998), S. 35.
1032   Vgl. Morlock und Harris (1998), S. 36.
1033   Sertl (2000), S. 17.
1034   Vgl. Morlock und Harris (1998), S. 41.
1035   Vgl. Morlock und Harris (1998), S. 38.
1036   Vgl. Gfrörer et al. (2005), S. 1232.

Die Auswirkungen beziehen sich nicht nur auf die Teamleistung, sondern können darüber hinaus den gesamten OPS-Bereich betreffen und die OP-Teammitglieder emotional belasten.[1037] Allgemein scheinen Beziehungskonflikte zwischen den Berufsgruppen die Zusammenarbeit im OPS zu prägen und auf einer taktischen und operativen Ebene sachbezogene und konsensorientierte Problemlösungen zu blockieren.[1038] Die häufigsten in der Literatur genannten Faktoren, die sich negativ auf die OP-Teamleistung auswirken, lassen sich in Faktoren der Teamebene und solche des Teamumfelds unterscheiden (vgl. Tabelle 18). Dabei werden zwei Faktoren genannt (Abstimmungsprobleme und Zwistigkeiten), welche die Zusammenarbeit direkt thematisieren.

Teamebene	Teamumfeld
lange Wechselzeiten	nicht bedarfsorientierte Personalausstattung
mangelnde Zeitdisziplin (zu spätes Erscheinen)	fehlende Abstimmung der Pausenzeiten
langsam arbeitender Operateur	unsichere OP-Planung durch häufige Änderungen
ungenügende Vorbereitung des Patienten (Verspätung)	schlechte Schätzung von Operationszeiten
Abstimmungsprobleme und unklare Aufgabenteilung zwischen den Berufsgruppen während der OP	willkürliche Definition ‚Notfalloperation'
Zwistigkeiten innerhalb des Personals	Anästhesie-Einsatz ausserhalb des OPS-Traktes

Tabelle 18: Problemfaktoren für die OP-Teamleistung [1039]

4.1.3.1.5 Einschätzung der positiven und negativen Einflussfaktoren auf die Zusammenarbeit im OPS

Tabellen 19 und 20 zeigen die Auswertung der Einschätzung von positiven und negativen Einflussfaktoren auf die Zusammenarbeit im OPS.[1040] Wird die Bedeutung der Faktoren aufgrund der Anzahl der ungestützt gelieferten Antworten ermessen, kann den Faktoren der Teamebene mit 87% der positiven und 77% der negativen Nennungen ein weitaus grösserer Einfluss auf die Zusammenarbeit zugeschrieben werden als denjenigen, die dem Teamumfeld entstammen.

1037   Vgl. Alon und Schüpfer (1999), S. 691.
1038   Vgl. Bornewasser und Schnippe (1998), S. 117.
1039   Vgl. Conrad (1999), S. 579, Manser et al. (2003), S. 373, Martin (1999), S. 19, Morra (1996), S. 260 und Harris und Zitzmann Jr. (1998b), S. 220-224.
1040   Vgl. Anhang 1, Fragen 1.4 und 1.5. Die ungestützt gelieferten Antworten wurden ausgezählt und in Begriffskategorien zusammengefasst. Terminologisch abweichende Nennungen wurden sinngemäss den übergeordneten Begriffskategorien zugeordnet. Eine Darstellung dieser Zuordnung findet sich in Anhang 2 und 3.

Faktoren der Teamebene	Anzahl Nennungen	% am Total	Faktoren im Teamumfeld	Anzahl Nennungen	% am Total
Teamklima	104	17.4	OP-Planung	33	5.6
Fachkompetenz	83	13.9	Arbeitsbedingungen	27	4.5
Kommunikation	72	12.1	Arbeitsinhalte	8	1.3
Beziehungen zwischen Tätigkeits-			Auswahl der Teammitglieder	7	1.2
bereichen	59	9.9	Anreizsystem	2	0.3
Teamkultur	46	7.7			
Persönlichkeitsmerkmale	42	7.0			
Motivation	35	5.9			
Aufgaben/Kompetenzen/ Verant-					
wortung	20	3.4			
Eingespieltheit	20	3.4			
tätigkeitsbezogene Eigenschaften					
Hierarchie	19	3.2			
Teamgrösse	11	1.8			
informelle Aktivitäten	4	0.7			
Teamergebnis	2	0.3			
	2	0.3			
	519	87.1		77	12.9
Total	**596**				

Tabelle 19: Positive Einflussfaktoren auf die Zusammenarbeit im OPS (Frage 1.4)

Faktoren der Teamebene	Anzahl Nennungen	% am Total	Faktoren im Teamumfeld	Anzahl Nennungen	% am Total
Persönlichkeitsmerkmale	67	11.4	OP-Planung	93	15.8
Fachkompetenz	62	10.5	Arbeitsbedingungen	19	3.2
Kommunikation	54	9.2	ständige Neuerungen	11	1.9
Beziehungen zwischen Tätigkeitsbe-			ungenügende Vorleistungen	5	0.8
reichen	52	8.8	Spardruck	4	0.7
Machtgehabe	44	7.5	Anreizsystem	3	0.5
Teamklima	42	7.1	Arbeitsinhalte	2	0.3
Motivation	31	5.3	Auswahl der Teammitglieder	1	0.2
tätigkeitsbezogene Eigenschaften					
Hierarchie	31	5.3			
Teamkultur	26	4.4			
Aufgaben/Kompetenzen/	18	3.1			
Verantwortung					
zwischenmenschliche Probleme	14	2.4			
Teamergebnis					
Teamgrösse	8	1.4			
	2	0.3			
	1	0.2			
	452	76.7		138	23.3
Total	**590**				

Tabelle 20: Negative Einflussfaktoren auf die Zusammenarbeit im OPS (Frage 1.5)

Obschon bei der Interpretation der Resultate sprachliche Ungenauigkeiten, Kongruenzen und Redundan-
zen der gelieferten Antworten berücksichtigt werden müssen, kann festgehalten werden, dass bei den positiven Resultaten die grosse Anzahl der Nennungen zum Teamklima auffällig ist, während der Eingespieltheit nur marginale Bedeutung zugemessen wird. Bei den Faktoren mit negativem Einfluss auf die

Zusammenarbeit im OPS lässt sich vor allem die Anzahl der Nennungen von individuell zuordenbaren Faktoren (Persönlichkeitsmerkmale, Fachkompetenz, Machtgehabe und Motivation) hervorheben.

4.2 Teamexterne, direkt gestaltbare Einflussfaktoren auf das OP-Teamverhalten

Verschiedene Einflussfaktoren auf das Verhalten des OP-Teams lassen sich direkt gestalten. Neben den Merkmalen zur Teamgründung weisen die Gestaltung der Teamaufgabe, die strukturelle Einbindung ins Krankenhaus, die Beziehungen zu anderen Teams und Gruppen sowie die Form des Anreizsystems Auswirkungen auf das Verhalten auf.

4.2.1 Gründung von OP-Teams

Neben den mit der Gründung des OP-Teams verbundenen, über das Organisationsziel hinaus verfolgten Absichten stellt sich auch im OP-Team die Frage nach dem Prozess zur Auswahl der Teammitglieder.

4.2.1.1 Gründungsabsichten

OP-Teams sind in der Regel ad hoc-Teams, die aufgrund von OP-Programmen in erster Linie als Mittel zum Zweck gegründet werden, indem je nach OP-Typ Effektivitäts- und Effizienzüberlegungen fokussiert werden oder Erfordernissen des Arbeitsprozesses entsprochen wird. Das OP-Team wird weniger zur Produktivitäts- durch Motivationssteigerung, zur bewussten Verfolgung individuell unvereinbarer Ziele, zur Einführung demokratischerer Organisationsformen oder zur Befriedigung sozialer Bedürfnisse gesehen. In Krankenhäusern sind folgende Teamformen vorstellbar: [1041]

- Führungsteams: Interdisziplinäre Führungsteams mit einem von berufsspezifischen Funktionen unabhängigen Führungssystem werden für die Krankenhausentwicklung als bedeutend betrachtet. Eine wesentliche Leistung dieser Teams besteht in der Verknüpfungs- und Integrationsarbeit.

- Projektteams: Abteilungsübergreifende Projektteams können zur Behebung von strukturellen Widersprüchen in Krankenhäusern eingesetzt werden. Sie intensivieren die Kooperation zwischen den Berufsgruppen ohne deren grundsätzliche Autonomie aufzuheben und bieten den Mitarbeitern unterschiedlicher Hierarchieebenen und Fachrichtungen die Möglichkeit zu Mitsprache und Mitgestaltung.

- Arbeitsteams: Arbeitsteams lassen sich dort einrichten, wo die Aufgabe Teamarbeit zulässt oder erfordert, wodurch die unterschiedlichen Fachkompetenzen und Erfah-

---

1041 Vgl. Grossmann und Scala (2002b), S. 30-31.

rungen der Mitarbeitenden besser genutzt werden und gegenseitige soziale Unterstützung gegeben werden kann.[1042] Die Teamperspektive erhöht jedoch auch die Verbindlichkeit durch gemeinsam getragene Zielvorstellungen und Standards und reduziert so die Freiheit der Teammitglieder, was bei der Implementierung der Teamarbeit zu ambivalenten Reaktionen führen kann.

Sämtliche der Teamformen sind für das OP-Team denkbar. Je nach Ziel, das neben der erfolgreichen OP verfolgt wird, lässt sich die Verknüpfung und Integration (z.B. bei neuen OP-Techniken, Abteilungen oder personellen Besetzungen), die abteilungsübergreifende Zusammenarbeit (zur Förderung der Kooperation) oder die Nutzung differenzierter Kompetenzen und gegenseitiger sozialer Unterstützung in belastenden Situationen mit dem OP-Team verfolgen. Bei der Zusammenstellung des Teams durch das OP-Management im Rahmen des Tagesmanagements[1043] können je nach verfolgter Absicht hierarchische, soziale und persönliche Aspekte berücksichtigt werden.

4.2.1.2   Auswahl der Teammitglieder

Die Zusammensetzung des Teams ergibt sich aus den für eine spezifische OP benötigten personellen Vorgaben und umfasst Operateure, Pfleger, Anästhesisten und evtl. zusätzliche Mitarbeiter (z.B. Hebamme, Kardiotechniker oder technische Operationsassistenz).[1044] Die Auswahl der Teammitglieder wird einerseits durch die für die geplante therapeutische Massnahme benötigten Fachbereiche bestimmt[1045], andererseits durch die zur Verfügung stehenden Mitarbeiter[1046]. Dabei lässt sich zwischen Eingriffen, die nur von spezifischen Mitarbeitern durchgeführt oder assistiert werden können und solchen Aufgaben, die generell von den zur Verfügung stehenden Mitarbeitern ausgeführt werden können, unterscheiden. Diese Restriktion muss sowohl bei der OP-Planung (parallel-zeitverschobene oder serielle Planung bei spezifischen Operationen[1047]) als auch bei der entsprechenden Auswahl der Mitglieder für die jeweiligen Teams berücksichtigt werden. Die Gestaltung des Kompetenz-Mix im OPS wird als Aufgabe des OP-Managers betrachtet.[1048] Dabei werden hauptsächlich Fach- und weniger Sozialkompetenzen berücksichtigt, wodurch den Resultaten der Umfrage, die das Fachwissen als einen der wichtigsten Einflussfaktoren zur Zusammenarbeit betrachten (13.9% der positiven und 10.3% negativen Faktoren), Rechnung getragen wird. Die Konzentration auf fachliche Fähigkeiten vernachlässigt jedoch,

---

1042   Vgl. Morlock und Harris (1998), S. 35.
1043   Vgl. Greulich und Thiele (1999), S. 592.
1044   Vgl. Busse (2001), S. 60 und Gabel et al. (1999), S. 78.
1045   Vgl. Busse (2001), S. 48.
1046   Vgl. Henderson (1998), S. 125.
1047   Vgl. Busse (2001), S. 50.
1048   Vgl. Harris und Zitzmann Jr. (1998b), S. 217.

dass den Persönlichkeitsmerkmalen ebenfalls eine grosse Bedeutung für die Zusammenarbeit zugesprochen wird (7.0% der positiven und 11.4% der negativen Nennungen). Aufgrund der Resultate zur Frage 2.25 kann das Gewicht, das sich den fachlichen Merkmalen anhand der Anzahl der Nennungen zuschreiben liesse, jedoch in Frage gestellt werden, da die Aussage, dass das fachliche Wissen der anderen Mitglieder für die Zusammenarbeit wichtiger ist als deren Umgangston, eher leicht abgelehnt wird (vgl. Tabelle 21).

Für die Zusammenarbeit ist mir das fachliche Wissen der anderen Mitglieder wichtiger als ihr Umgangston." (2.25)	
Pflege	2.70
Anästhesie	2.62
Operateure	2.78
Gesamt	2.70
Mediane (1= lehne stark ab, 5=stimme stark zu)	

Tabelle 21: Einschätzung fachliches Wissen vs. Umgangston (Frage 2.25)

Neben den individuellen persönlichen Anliegen bestehen fachliche Interessen bei der Teamzusammenstellung: Chirurgen wünschen sich z.B. dasselbe spezialisierte Pflegeteam bei jeder ihrer Operationen, während die Pflegeleitung die Qualität und Flexibilität der OP-Pflege durch eine breite Qualifizierung von sämtlichen Mitarbeitern erhöhen will und deshalb die Rotation der OP-Teilnehmenden bevorzugt.[1049]

Weitere Rahmenbedingungen für die Auswahl der Teammitglieder bestehen in akzeptierten Standards, der Philosophie, dem Ziel des Krankenhauses und finanziellen Überlegungen.[1050] Zur Reduzierung von Personalkosten und Bewahrung einer maximalen Einsatzflexibilität wird in jedem Funktionsbereich die grösstmögliche Anzahl von Generalisten eingestellt.[1051] Durch den Einsatz von Mitarbeitern mit tiefstmöglicher Qualifikation werden weitere Kosteneinsparungen ermöglicht.[1052] Dabei gilt es jedoch zu berücksichtigen, dass Interdependenzen zwischen Mitarbeiterqualität und Personalbindung anderer Berufsgruppen bestehen können:[1053]

- Unerfahrene Assistenten in der Anästhesie erhöhen die Ein- und Ausleitungszeiten und binden somit Operateure und OP-Pflege.
- Unkoordinierte Einarbeitung oder Sprachprobleme verlangsamen die Prozesse.

1049   Vgl. Gabel et al. (1999), S. 75.
1050   Vgl. Henderson (1998), S. 125.
1051   Vgl. Thompson und Harris (1998), S. 109.
1052   Vgl. Henderson (1998), S. 125-128.
1053   Vgl. Busse (2001), S.165.

Die Auswahl der Teammitglieder erhält zusätzlich einen hohen Stellenwert, da der Zusammensetzung des OP-Teams ein relativ hoher Einfluss auf die Dauer einer OP attestiert wird (vgl. Tabelle 22).

„Die Zusammensetzung des OP-Teams hat einen Einfluss auf die Dauer der OP" (2.13)	
Pflege	3.80
Anästhesie	3.94
Operateure	3.78
Gesamt	3.85
Mediane (1= lehne stark ab,5=stimme stark zu)	

Tabelle 22: Einschätzung Zusammenhang Teamzusammensetzung und OP-Dauer (Frage 2.13)

Dies kann die relativ hohe Zustimmung erklären, mit der die Mitarbeitenden der Einschätzung zustimmen, dass sie manchmal ein anderes Team für eine OP zusammenstellen würden (vgl. Tabelle 23).

„Wenn ich wählen könnte, würde ich manchmal ein anderes Team für eine OP zusammenstellen" (2.20)	
Pflege	3.80
Anästhesie	3.94
Operateure	3.78
Gesamt	3.85
Mediane (1= lehne stark ab,5=stimme stark zu)	

Tabelle 23: Einschätzung Teamzusammenstellung (Frage 2.20)

Bei der Auswahl der Teammitglieder kann zusätzlich berücksichtigt werden, dass sich durch die Zusammensetzung im OPS Kernkompetenzen aufbauen und aufrechterhalten lassen. Für den Aufbau von Kernkompetenz in Herzbehandlung werden erfahrene diagnostische und invasive Kardiologen, Herzchirurgen, Anästhesisten, OP-Pflege, Reanimationsärzte und weitere Hilfskräfte benötigt. Dabei sind durch ein kollektives Management die entsprechenden klinischen Kenntnisse mit den operationalen Funktionen zu einer Einheit zu integrieren. „The skills that collectively constitute a core competency usually come from individuals who view their personal roles broadly and who are able to recognize opportunities for blending their personal expertise with that of others in new and interesting ways."[1054]

4.2.2   Teamaufgabe im OPS

Die primäre Aufgabe des OP-Teams besteht darin, die medizinisch adäquaten Massnahmen zu Heilzwecken an einem menschlichen Organismus anzuwenden. Die Rahmenbedingungen zur Aufgabenerfüllung setzt i. d. R. das OP-Management, das versucht, eine optimale Auslastung der verschiedenen

---

1054   Gabel et al. (1999), S. 25.

OP-Säle, einen effizienten Personaleinsatz sowie eine leistungsförderliche Arbeitsatmosphäre zu erreichen. Die Aufgabe im OPS

- kann sinnvoll in Subkomponenten unterteilt werden (Pflege, Anästhesie, Chirurgie und Assistenzfunktionen),
- hat die Optimierung von Therapiemassnahmen und die Verringerung des dafür benötigten Zeitaufwands zum Ziel,
- erfordert den konjunktiven Beitrag der Teammitglieder, wobei jede Funktion eine limitierende Wirkung auf das Teamergebnis besitzt, und
- ist ein kooperativer Aufgabentyp, da die Teammitglieder zur Erbringung der Gesamtleistung voneinander abhängig sind.

Die Aufgabe für das OP-Team weist in Abhängigkeit der Art des Eingriffs unterschiedliche Komplexitätsgrade auf. Dadurch, dass der OP-Verlauf nicht exakt vorhersagbar ist, besteht die Möglichkeit, dass auch vermeintlich einfache Eingriffe zu hoher Aufgabenkomplexität führen. Die Vielzahl von Lösungsmöglichkeiten erfordert einen grossen Handlungsspielraum und entsprechende Autonomie für das OP-Team. Hohe Komplexität erfordert kleine Teams um die Anzahl möglicher Interaktion zu minimieren. Die Grösse von OP-Teams jedoch steigt aus Gründen der Spezialisierung mit zunehmender Komplexität des Eingriffs. Zur Reduktion der Kommunikationsanforderungen können Teil-Teams (z.B. Anästhesie-, Pflege- und Chirurgieteam) mit vorgegebenen Kommunikationskanälen gebildet werden.

Die Annahme, dass Aufgaben unter starkem Zeitdruck eine Tendenz zu autoritärem Führungsverhalten aufweisen, wodurch sich Teamlösungen weniger zu eignen, scheint sich im OPS zu bestätigen. Mit zunehmender Dringlichkeit der Aufgabe reduziert sich jedoch die Möglichkeit, neben der rein sachdienlichen Information status- und hierarchieunterstützende Angaben zu kommunizieren.

4.2.2.1 Das OP-Management

Obwohl das OP-Management kein Bestandteil der Aufgabe im OPS selbst ist, soll es wegen seiner Bedeutung für das Team hier betrachtet werden. Die Aufgaben des OP-Managements umfassen[1055]

- das Tagesmanagement, das den normalen Betrieb und die gleichmässige räumliche, zeitliche und mengenmässige Auslastung der OPS-Kapazitäten zum Ziel hat,
- das Vorhaltungsmanagement, das die längerfristig benötigten Vorbereitungsaufgaben der Personal- und Materialplanung (Aus- und Weiterbildung, Bestellungen) umfasst, und
- das Administrationsmanagement, das neben der Leistungsdokumentation hauptsächlich das Kostencontrolling umfasst und somit die Basis für Vergütungssysteme darstellt.

1055 Vgl. Greulich und Thiele (1999), S. 592.

Die Festlegung des Personal- und medizinischen Sachbedarfs erfolgt nach den Abschätzungen[1056]

- der Dauer der OP (Schnitt-/Nahtzeit und Anästhesiezeit),

- der Zusammensetzung des OP-Teams (Anzahl Operateure, Anästhesisten, OP-Pflege, medizinisch-technische Assistenz etc.) und

- des eingesetzten Materials (Implantate, Medikamente, Narkosemittel, OP-Bedarf, Blut etc.).

Anzahl und Art der Patienten variieren täglich und können nicht exakt vorhergesehen werden. Durch die Einrichtung von Blockzeiten und den Einsatz präoperativer Diagnostik zur exakteren Abschätzung der Operationsdauer wird versucht, Schwankungen bei der Anzahl der anstehenden Operationen (Case Load) aufzufangen. Notfälle, abgesagte Eingriffe und unvorhersehbare Ereignisse während einer Operation führen zu nicht exakt prognostizierbaren Operationsdauern und schwankendem Case Load.[1057]

4.2.2.2 Bedeutung der zeitlichen Planung

Der Einhaltung der geplanten OP-Zeiten wird eine grosse Bedeutung beigemessen, die sich anhand der Auswirkungen von Verspätungen gegenüber den geplanten OP-Zeiten erkennen lässt. Durch Verspätungen werden OPS länger als geplant für eine OP genutzt, die entstehenden Wartezeiten für Patienten und andere OP-Teams sind ein Indikator für mangelnde Ressourcenausnutzung[1058]. Der Beginn der nachfolgend geplanten OP verschiebt sich wobei kumulierte Verspätungen die Verschiebung der zuletzt für den Tag vorgesehenen Eingriffe auf den nächsten Tag zur Folge haben können. Stationäre Patienten müssen somit eine Nacht länger im Krankenhaus verbringen, ambulante zu einem späteren Zeitpunkt wieder anreisen und die Vorbereitungen für die OP (Nüchternheit, Prämedikation für Anästhesie) wiederholt werden. Zudem wird die mentale Belastung verlängert. Für bereits narkotisierte Patienten erhöht sich durch eine Verlängerung der Anästhesie das Risiko negativer gesundheitlicher Folgen.

Verspätungen, entstehend vor Beginn (Schnitt) der OP, können für die OP-Teammitglieder Warten, Langeweile, Frustration, empfundene Geringschätzung durch gewohnheitsmässige Verspätungen anderer Teammitglieder oder die Entwicklung negativer Gefühle den sich Verspätenden gegenüber zur Folge haben. Verzögerungen während (zwischen Schnitt und Naht) der OP führen u. U. zur Verlängerung der Präsenz- und Arbeitszeiten sowie der physischen und psychischen Belastung für die arbeitenden Teammitglieder, zur Verschiebung von Pausen, Arbeitsschluss oder geplantem Schichtwechsel und

---

1056   Vgl. Gorschlüter (1999), S. 127.
1057   Vgl. Gabel et al. (1999), S. 111.
1058   Vgl. Morra (1996), S. 263.

zur Erhöhung des empfundenen Stresses (durch Bewusstsein der gesundheitlichen Risiken für den Patienten, Erschöpfung und die Verschiebung des Arbeitsschlusses). [1059]

Ursachen für verspätete Schnittzeiten sind die fehlende Verfügbarkeit der Chirurgie (44%), der Pflege (29%) und der Anästhesie (25%). Die Anteile der Funktionen an den Verspätungen in der Phase nach dem Einleiten lassen sich wie folgt zuordnen: Pflege 39%, Chirurgie 31% und Anästhesie 30%.[1060]

Mögliche Gründe für Verspätungen im OP-Programm sind:[1061]

- zu spätes Erscheinen der Teammitglieder (O/A/P)[1062]
- Patient ist nicht im Krankenhaus oder nicht vorbereitet (P)
- Verspätungen durch den Patiententransport (P)
- Absage von Operationen (O)
- Verzögerungen in der Patientenregistratur (P)
- Verzögerungen beim Legen von Kathetern und Infusionen (A)
- Änderungen in der OP-Reihenfolge (O)
- Verzögerungen in der Anlieferung von OP-Material (inkl. Röntgenbilder, Blut und Laborberichte) (P)

Die OP-Planung wird in den Fragen 1.4 und 1.5 als wichtigster Faktor des Teamumfelds eingeschätzt. Vor allem als negativer Faktor erhält die Planung ein grosses Gewicht (vgl. Tabelle 24).

OP Planung	als Faktor mit positivem Einfluss		als Faktor mit negativem Einfluss	
	Anzahl Nennungen	Anteil an positiven Faktoren	Anzahl Nennungen	Anteil an negativen Faktoren
Pflege	4	4.9%	15	18.1%
Anästhesie	12	5.3%	47	19.8%
Operateure	15	5.7%	30	11.5%
andere	0	0.0%	1	12.5%
Total	31	5.4%	93	15.8%

Tabelle 24: Bedeutung der OP-Planung (Fragen1.4 und 1.5)

1059   Vgl. Bornewasser und Schnippe (1998), S. 114 und Morra (1996), S. 263.
1060   Vgl. Overdyk et al. (1998), S. 898.
1061   Vgl. Overdyk et al. (1998), S. 901. O/A/P bezeichnet die für die jeweilige Ursache hauptsächlich verantwortliche Berufsgruppe: O=Operateure, A=Anästhesie, P=Pflege.
1062   Dies wird dadurch erklärt, dass die Operateure Verspätungen im OP-Programm antizipieren und bewusst zu spät erscheinen. Vgl. Mango und Shapiro (2001), S. 74.

4.2.3 Strukturelle Einbindung des OP-Teams

Das Krankenhaus zeichnet sich – wie andere Expertenbetriebe auch – durch den Gegensatz zwischen Fach- und Organisationsorientierung aus. Die Entscheidungen der Professionssysteme sind vor allem den Inhalten der Aufgabe und den darauf bezogenen fachlichen Standards, Werten, Erfolgskriterien und Karrieresystemen verpflichtet und beziehen sich weniger auf die Entwicklungsbedürfnisse der Organisation, welche lediglich die Rahmenbedingungen für eine inhaltlich interessante Arbeit bereitzustellen hat.[1063] Verantwortung wird weniger institutionell denn fachspezifisch wahrgenommen, was dazu führt, dass sich die Professionen ihre Autonomie durch Abgrenzung gegenüber der Organisation statt durch deren Mitgestaltung zu sichern versuchen.[1064] Dies hat zur Folge, dass die Organisationsdynamik im Krankenhaus von sehr autonom agierenden Organisationseinheiten (Kliniken, Abteilungen und Instituten) geprägt wird.[1065] Das Bestreben der Einheiten ist darauf ausgerichtet, Entscheidungen autonom zu treffen und gleichzeitig jeden Einfluss der anderen Bereiche frühzeitig abzuwehren.[1066]

Der Autonomieanspruch gegenüber der Organisation kann soweit gehen, dass sich die unterschiedlichen Ärztegruppen bei Differenzen mit der Administration gegenseitig unterstützen, um diese daran zu hindern, über die medizinische Belegschaft Macht auszuüben.[1067]

Die zunehmende Besetzung der Position der OP-Manager durch Ärzte (und nicht durch die Administration oder die Pflege) lässt sich einerseits auf die Schwierigkeiten zurückführen, Operationskapazitäten sinnvoll zwischen den Ärzten zu koordinieren und ökonomisch und medizinisch zu optimieren[1068], ist andererseits aber auch Ausdruck der Wahrung der fachlichen Autonomie.

Das Autonomiestreben von OP-Teams führt aus Sicht der Organisation zu Nachteilen und Gefahren, besitzt jedoch aus der Motivations-Perspektive Vorteile und Chancen: Durch Selbständigkeit und Unabhängigkeit des Teams bzgl. Entscheidung und Handlung erhöht sich die Teamproduktivität.[1069]

Träger der Autonomie im OPS ist hauptsächlich das Team. Innerhalb ihrer Funktionsbereiche handeln die Mitglieder zwar autonom, aufgrund der bedeutenden Interdependenzen sind sie faktisch jedoch an medizinische oder prozessbedingte Restriktionen gebunden. Je nach Typ oder Phase der OP geben Operateure oder Anästhesie den Handlungs- und Entscheidungsrahmen vor. Die Pflege bleibt von der individuellen Autonomie insofern ausgeschlossen, als sie keine medizinischen Kompetenzen besitzt.

1063   Vgl. Grossmann und Scala (2002b), S. 26.
1064   Vgl. Grossmann und Zepke (2002), S. 84-85.
1065   Vgl. Grossmann und Scala (2002b), S. 28 und Gorschlüter (1999), S. 99-100.
1066   Vgl. Rathje (2003), S. 16.
1067   Vgl. Feldman (1998), S. 47.
1068   Vgl. Mühlbauer (1999), S. 795.
1069   Vgl. Heidack und Brinkmann (1987), S. 178 und Ulich (1994), S. 224.

Auch wenn das Team als Ganzes Autonomie aufweist, bleiben die individuellen Motivationswirkungen aufgrund der beschränkten individuellen Autonomie gering. Aus diesem Grunde ist das Team als Autonomieträger stärker in den Vordergrund zu stellen.

OP-Teams können als teilautonom bezeichnet werden, da sie eine vollständige Dienstleistung erstellen. Eine Analyse ergibt jedoch, dass nur knapp mehr als die Hälfte der Merkmale teilautonomer Teams erfüllt werden (vgl. Tabelle 25)

Kennzeichen (teil-) autonomer Teamarbeit	OP-Team	erfüllt
Räumlich-organisatorische Produktionseinheit	OP-Prozess im OPS	ja
Gemeinsame und ganzheitliche Primäraufgabe	OP von Einleitung bis Ausleitung	ja
Interdependenz der Teilaufgaben	Hohe gegenseitige Abhängigkeit	ja
Gemeinsame Verantwortung	Verantwortung individuell zuordenbar	nein
Kollektive Selbstregulation der Rollen- und Funktionsverteilung	Rollen- und Funktionsverteilung ergeben sich aus dem professionellen Selbstverständnis	ja
Kennzeichen (teil-) autonomer Teamarbeit (Fortsetzung)	**OP-Team**	**erfüllt**
Kollektive Selbstregulation des Arbeitsablaufs	Z. T. durch Standards vorgegeben	ja
Grenzregulation durch das OP-Team	Nicht gegeben	nein
Multifunktionalitäts-/Polyvalenzprinzip	Assistenz bei anderen Funktionen	teilweise
Selbstbestimmung der internen Führung	Ergeben sich aus dem professionellen Selbstverständnis	ja
Interne Vertretungskompetenz gegenüber externen Instanzen	Vertretung standes- und nicht teambezogen	nein
Gemeinsamer Einfluss auf die Teammitgliedschaft	Kein Einfluss	nein
Gemeinsamer Einfluss auf die Entlohnung	Kein Einfluss	nein
Teamadäquates Lohnsystem	Keine Teamorientierung	nein
Integration anspruchsvoller Teil-/ Sekundäraufgaben	Keine anspruchsvolle externe Teilaufgaben	teilweise
Job Rotation	Keine	nein
Neudefinition von Arbeitszielen	Vorgegeben	nein

Tabelle 25: Ausprägung der Merkmale der Teilautonomie im OP-Team

Die Analyse macht deutlich, dass das OP-Team eine Mehrzahl der aufgabenbezogenen Kriterien teilautonomer Teams erfüllt. Die Kriterien, die vom Krankenhaus zur Verhaltenssteuerung gestaltet werden können, sind jedoch nicht vorhanden. Aus dieser Erkenntnis lässt sich ableiten, dass das OP-Team bis anhin in Krankenhäusern nicht wirklich als Team betrachtet wurde, da sonst die gestaltbaren Merkmale ausgeprägter vorhanden wären.

Der Grad der Autonomie des OP-Teams ist gering: Die Mitglieder des OP-Teams bestimmen zwar ihre individuellen Arbeitsmethoden, können über Fragen der internen Führung und über die interne Verteilung der Aufgaben entscheiden, jedoch nicht über Neueinstellungen oder den Zeitpunkt der Teamleistung bestimmen.

Die Organisationsform im OPS entspricht derjenigen fremdinitiierter Projektgruppen, die mit entsprechender benötigter Fachkompetenz ausgestattet vom Management vorgegebene Ziele verfolgen und nach Beendigung der Arbeit wieder aufgelöst werden. Die OP-Teammitglieder werden als Angehörige der betreffenden Abteilungen und Kliniken und nicht als Mitglieder bestimmter Teams bezeichnet. Der täglichen Arbeit im OP-Team, die einen Grossteil der Arbeitszeit der Mitarbeiter ausmacht, wird somit organisatorisch nicht Rechnung getragen.

4.2.4 Beziehungen zwischen Teams

OP-Teams besitzen aufgrund ihrer kurzen Lebensdauer kaum eigene Identitäten, so dass Beziehungen zwischen verschiedenen OP-Teams in der Literatur kaum erwähnt werden. Trotz der geringen Institutionalisierung besteht eine Gefahr von Konflikten zwischen OP-Teams. So wurde festgestellt, dass sich das Verhältnis zwischen OP-Teams durch kurzfristige Umstellungen von OP-Plänen verschlechtern kann.[1070] Generell kann aber davon ausgegangen werden, dass ein OP-Team in seinem Verhalten durch seine Beziehungen zu anderen OP-Teams nicht gross beeinflusst wird.

Eine bedeutende Rolle spielt die Tatsache, dass die Teammitglieder ausserhalb des OP-Teams verschiedenen Teams oder Abteilungen angehören. Die Organisationsdynamik im Krankenhaus zeichnet sich durch eine Trennung der Berufsgruppen aus, neben Abteilungs- sind demnach auch Professionsgrenzen zu beachten.[1071] Zwischen den Berufsgruppen besteht ausserhalb des OPS in der Regel eine starke Abgrenzungstendenz, die sich auf die Konkurrenz um Entscheidungskompetenzen und Prestige zurückführen lässt.[1072] Die mehr oder weniger lose gekoppelten medizinischen Abteilungen werden von der Verwaltung und der notwendigen Kooperation in der Patientenversorgung zusammengehalten. Die vertikale und horizontale Verknüpfung wird vor allem von den Leitungskräften geleistet und erfordert einen Aufbau vertrauensvoller Beziehungen über die Grenzen von Hierarchien und Subeinheiten hinweg.[1073] Die Beziehungen zwischen den Tätigkeitsbereichen werden denn auch als bedeutender Einflussfaktor auf die Zusammenarbeit betrachtet: 59 (9.9%) der positiven und 52 (8.8%) der negativen

---

1070   Vgl. Greulich und Thiele (1999), S. 586.
1071   Vgl. Grossmann und Zepke (2002), S. 87.
1072   Vgl. Grahmann (1996), S. 21-22.
1073   Vgl. Grossmann und Zepke (2002), S. 87.

Nennungen zu den Faktoren mit Einfluss auf die Zusammenarbeit im OPS bezogen sich darauf (vgl. Tabelle 26).

Beziehungen zwischen Tätigkeits-bereichen	positive Nennungen		negative Nennungen	
	Anzahl	Anteil	Anzahl	Anteil
Pflege	4	4.9%	5	6.0%
Anästhesie	27	12.0%	27	11.4%
Operateure	26	9.9%	18	6.9%
andere	2	22.2%	2	25.0%
Total	59	9.9%	52	8.8%

Tabelle 26: Bedeutung der Beziehungen zwischen Tätigkeitsbereichen (Frage 1.5)

Die Berufsgruppen im OPS grenzen sich durch starke Kategorisierung voneinander ab. Für die Angehörigen der Pflege sind jedoch neben der Identifikation mit der eigenen Funktion weitere abgrenzende Tendenzen bekannt: Einerseits findet eine Identifikation mit Berufsgruppen statt, die einen geringeren Status aufweisen (z.B. Stationshilfen), andererseits mit solchen, die einen höheren Status besitzen (z.B. Ärzteschaft).[1074]

4.2.5   Anreizsysteme im OPS

Die Gestaltung von Anreizsystemen wird als wichtige Aufgabe des Krankenhausmanagements betrachtet und besitzt im OPS eine grosse Bedeutung für die Durchsetzung von Qualitätszielen und die operative Steuerung der Leistungsprozesse. Bewusste Anreizsetzung kann zudem bei Veränderungsprozessen beschleunigend wirken.[1075] Das System im OPS lässt sich nach nichtmateriellen und materiellen Anreizen analysieren.

4.2.5.1   Nichtmaterielle Anreize im OPS

Im OP-Team bestehen verschiedene Formen nichtmaterieller Anreize:

- Anerkennung kann im OP-Team als Anreiz betrachtet werden, da gute Arbeit von den anderen Teammitgliedern anerkannt wird (vgl. Tabelle 27)

1074   Vgl. Grahmann (1996), S. 19.
1075   Vgl. Morra (1996), S. 279.

"Gute Arbeit im OP wird von den anderen Teammitgliedern anerkannt" (2.5)	
Pflege	3.67
Anästhesie	3.60
Operateure	3.95
Gesamt	3.77
Mediane (1= lehne stark ab,5=stimme stark zu)	

Tabelle 27: Einschätzung Anerkennung von guter Arbeit (Frage 2.5)

- Kritik für ungenügende Leistungen hingegen erfolgt im OPS in der Regel top-down (hierarchie-, status- und senioritätsbezogen), ein Umstand, der mit den Erwartungen der jüngeren Mitarbeiter aller Funktionsstufen kontrastiert.[1076]

- Die Möglichkeit Macht auszuüben scheint für gewisse Mitglieder einen Anreiz darzustellen, der für andere Mitglieder negative Auswirkungen auf die Teamperformance aufweist (7.5% der negativen Nennungen). Das OP-Team bietet einerseits die Möglichkeit zur Machtausübung, kann diese aber durch bewusste Gestaltung von Prozessen und Interaktionen einschränken.

- Der Anreiz, durch Kontakte am sozialen Kapital des Teams – und damit am gesamten Beziehungsnetz sämtlicher Teammitglieder – zu partizipieren[1077] ist im OP-Team von der Zusammensetzung abhängig. Dies kann auch die Anreizwirkung der Zugehörigkeit zu einem angesehenen Team erklären.

- Nichtmaterielle Privilegien (z.B. Umgangston, Nennung von Titeln) lassen sich aus den Statusverhältnissen ableiten und sind dadurch nicht für alle Teammitglieder gleich zugänglich.

- Die von der FMH akkreditierten Weiterbildungskonzepte sehen für die Facharztausbildung eine bestimmte Anzahl spezifischer Eingriffe vor.[1078] Erst durch die Arbeit im OP-Team können die formellen Anforderungen zur Zertifizierung erfüllt werden. Daneben können die Teammitglieder auch voneinander lernen: Einerseits funktionsspezifisch (Assistenzärzte lernen z.B. vom Chefarzt), andererseits funktionsübergreifend (z.B. Anästhesie oder Pflege lernen von der Chirurgie). Der Weiterbildungsaspekt der Zusammenarbeit im OPS stellt einen bedeutenden Anreiz für Teammitglieder in Ausbildung dar.

- Eine Beförderung zur Teamführung lässt sich durch die vorherrschenden Hierarchie- und Statusstrukturen ohne Berücksichtigung der Stellung der betreffenden Mitglieder ausserhalb des OPS nur schwerlich durchsetzen. Für Angehörige der Pflege und der medizinisch-technischen Assistenz sind die Aufstiegsmöglichkeiten begrenzt, was

---

1076 Vgl. Braun (1999a), S. 15.
1077 Vgl. Oh et al. (2004), S. 861.
1078 Vgl. z.B. den Operationskatalog in Schlumpf (2002), § 3.3.

demotivierende Folgen haben kann.[1079] Mediziner besitzen auf der Basis ihres Fachwissens bessere Karrierechancen. Die Fachkarriere der Ärzte ist bislang an straffe Hierarchien gebunden (Assistenz-, Stations-, Ober-, Chefarzt) und somit gleichzeitig an die Führungslaufbahn gekoppelt. Ärzte sehen sich den Führungsanforderungen oft hilflos gegenüber, weil sie dafür weder ausgebildet noch motiviert sind.[1080] „It is interesting to note that experience or interest in OR management is typically not considered during selection process."[1081] Eine neue Form stellen Spitalärzte dar, die als Fachärzte ohne Führungsaufgabe nicht Teil der traditionellen Spitalhierarchie sind und sich auch nicht im Übergangsstadium eines Assistenz- oder Oberarztes befinden. Für Ärzte, die bis anhin nur die Möglichkeit einer Spitalkarriere oder Eröffnung einer eigenen Praxis besassen, bietet die Funktion des Spitalarztes eine neue Karrierealternative und stellt somit ein Anreizelement in Form einer Fachkarriere dar.[1082]

- Als bedeutende nichtmonetäre Anreize können im Krankenhaus Arbeitszeit- und Pausenregelungen betrachtet werden. Hohe Arbeitsbelastungen gehören zum Alltag vieler Krankenhausärzte. Die wöchentliche Arbeitszeit von Kaderärzten beträgt rund 70 Stunden.[1083] Studien am Operationssimulator für minimal invasive Chirurgie ergaben, dass Ärzte nach einer Nacht ohne Schlaf 14% länger und mit einer um 20% höheren Fehlerrate operierten als Ärzte mit ungestörter Nachtruhe.[1084] Die fehlende Leistungsfähigkeit aufgrund von Ermüdung durch lange Arbeitszeiten verursacht jährlich hohe Kosten. Neben der langen Arbeitszeit gelten zudem die Schichtarbeit sowie oft gestörte Pausen als weitere Ermüdungsfaktoren und Fehlerquellen.[1085] Mit der Reduktion auf 50-52 Wochenarbeitsstunden für Assistenzärzte seit 1. Januar 2005[1086] tritt die Arbeitszeit als wesentlicher Belastungsfaktor in den Hintergrund, Dienstleistungs- und Kommunikationsqualität steigen und die Fehlerhäufigkeit wird reduziert.[1087] Emotionale Erschöpfung und Klientenaversion bei Nachwuchsärzte lassen sich zu einem bedeutenden Anteil auf arbeitszeitbezogene Faktoren wie durch die Arbeit beeinträchtigte Freizeit, fehlende Arbeitszeitautonomie und -flexibilität zurückführen.[1088]

1079 Vgl. Gorschlüter (1999), S. 154, Sperl (1996), S. 92 und Weidmann (2001), S. 25.
1080 Vgl. Gorschlüter (1999), S. 155.
1081 Collier (1998), S. 143.
1082 Vgl. Gorschlüter (1999), S. 155 und Merki (2000), S. 12.
1083 Vgl. Angehrn et al. (2004), S. 2755 und Ulich (2001), S. 635.
1084 Vgl. o.A. (2001a), S. 191.
1085 Vgl. Haenggi und Heinzl (2005), S. 1685.
1086 Vgl. Schwöbel (2004), S. 1733.
1087 Vgl. Schneider (2003), S. 28.
1088 Vgl. Peter (2004), S. 186.

4.2.5.2 Monetäre Anreize

Die bestehenden monetären Anreize für OP-Teammitglieder sind hauptsächlich individuell ausgerichtet. Teambasierte Anreize bestehen kaum, von einer Teamprämie wird kaum eine Erhöhung der Kooperationsbereitschaft erwartet, wobei die Anästhesie und die Operateure die Anreizwirkung höher einschätzten als die Pflege (vgl. Tabelle 28, Frage 2.26). Von allen Funktionsbereichen wird jedoch in ähnlichem Masse erwartet, dass der Lohn hauptsächlich von der Qualifikation abhängig ist (vgl. Tabelle 28, Frage 2.27). Diesen Einschätzungen, die eine Leistungssteigerung durch finanzielle Anreize eher verneinen, lässt sich die Tatsache entgegenstellen, dass Kaderärzte im Gegensatz zu den anderen Teammitgliedern über eine leistungsabhängige Einkommenskomponente verfügen.

	„Wenn für eine gelungene OP eine Prämie an alle Team-Mitglieder bezahlt wird, erhöht sich die Bereitschaft zur Zusammenarbeit im OP." (2.26)	„Der Lohn für die OP-Team-Mitglieder sollte hauptsächlich von ihrer Qualifikation abhängig sein." (2.27)
Pflege	2.60*	3.50
Anästhesie	3.12*	3.46
Operateure	3.21	3.28
Gesamt	2.90	3.38
Mediane (1= lehne stark ab,5=stimme stark zu) * signifikanter Unterschied (α<0.05) zwischen Anästhesie und Pflege		

Tabelle 28: Einschätzung Wirkung Teamprämie (Frage 2.26) und Bemessungsgrundlage für Löhne (Frage 2.27)

4.2.5.2.1 Pflege, Assistenz- und Oberärzte

Die Entlohnung der Pflege wird im Bundesratsbeschluss über den Normalarbeitsvertrag für das Pflegepersonal geregelt. „Der Bruttolohn soll dem Aufgabenbereich, dem Ausbildungsstand und den Fähigkeiten des Arbeitnehmers entsprechen. Er wird jährlich wenigstens einmal neu überprüft und den Leistungen und Dienstjahren des Arbeitnehmers sowie einer allfälligen Teuerung angepasst."[1089]

Die Entlöhnung der ärztlichen Teammitglieder ohne Kaderstatus wird in öffentlichen Spitälern anhand statischer Lohnklassen und Erfahrungsstufen ohne grosse Leistungs-Berücksichtigung vollzogen. Die Lohnhöhe wird in kantonalen Gesamtarbeitsverträgen festgehalten. Eine Lohnerhöhung erfolgt durch Stufenanstieg.[1090] Die Lohneinstufung geschieht anhand der allgemeinen Berufserfahrung in ärztlicher Tätigkeit, der spezifischen Facherfahrung, dem Weiterbildungsniveau sowie weiteren Fähigkeiten wie nicht fachbezogenem Zusatzwissen und Betreuungs- oder Pflegeerfahrung.[1091]

In den Krankenhäusern wird vornehmlich ein Zeitlohn angewendet, gewährte Stufenanstiege basieren hauptsächlich auf Senioritäts- und weniger auf Leistungskriterien. Die stärkere Ausrichtung der Kran-

---

1089   o.A. (1971), Art. 13, Abs. 1.
1090   Vgl. o.A. (2005), § 16.
1091   Vgl. (VSAO) (2001).

kenhausziele nach ökonomischen Kriterien erfordert jedoch eine Anpassung der Lohnkriterien an zielunterstützende Bemessungsgrundlagen. Dabei ist die Beteiligung an abteilungsspezifisch ermittelten Gewinnen als Anreizmechanismus für alle Mitarbeiter[1092] oder der vermehrte Einsatz leistungsorientierter Anreize denkbar.[1093]

4.2.5.2.2 Kaderärzte

Die Entlohnung von Kaderärzten weist eine Sonderform auf, die sich darauf zurückführen lässt, dass subventionierte öffentliche Spitäler trotz relativ bescheidenem Salär hochqualifiziertes Personal zu gewinnen versuchen, indem sie den Kaderärzten gestatten, auf eigene Rechnung Privatpatienten zu betreuen. Das Einkommen eines Kaderarztes besteht heute im Wesentlichen aus einem Fixum, Honoraren von stationären und ambulanten Privatpatienten und gelegentlichen Einnahmen aus Gutachten. Bestimmte Anteile des Zusatzeinkommens werden für die Bereitstellung der Infrastruktur und die administrative Abwicklung an das Krankenhaus weitergeleitet oder in einen Pool einbezahlt, der zum Einkommensausgleich unter den Kaderärzten, zur Beteiligung von Assistenz- und Oberärzten oder für Ausbildungszwecke verwendet wird.[1094] Dennoch besteht für Kaderärzte ein Anreiz zur Mengenausweitung im Bereich der Privatpatienten.[1095] Dies kann zu Externalitäten führen, wenn in Knappheitssituationen (beschränkter Personalbestand, fehlende OPS oder patientenfreundlichen OP-Zeiten) Privatpatienten aus anderen als medizinischen Aspekten bevorzugt behandelt werden, die OP-Planung kurzfristig umgestellt wird oder Operationen als ‚Notfälle' deklariert werden, um sie noch in einem bereits ausgebuchten OP-Programm unterbringen zu können.

Neue Lohnsysteme für Kaderärzte versuchen diese Dysfunktionalitäten zu beheben, weisen neue Anreizwirkungen auf und bestehen z.B. aus[1096]

- einem Basislohn, abgestuft nach Verantwortung, bisheriger Erfahrung und Leistung,
- einem Bonus, beruhend auf individueller Leistung, gemessen an vorgängig definierten Zielen und
- einem Bonus, abhängig vom angestrebten Betriebsergebnis des Krankenhauses oder der Abteilung.

1092   Vgl. Schwartz (1997), S. 47, Fussnote 55.
1093   Vgl. Braun (1999b), S. 14.
1094   Vgl. Bürgi und Moser (2001), S. 29.
1095   Vgl. Angehrn et al. (2004), S. 2756 und Bürgi und Moser (2001), S. 29.
1096   Vgl. Bürgi und Moser (2001), S. 29.

4.2.5.2.3 Monetäre Anreize für den OPS-Bereich

Anreizsysteme sind auch für den OPS-Bereich denkbar, dem insgesamt (und nicht dem einzelnen OP-Team oder gar Teammitglied) eine Prämie angeboten wird mit dem Ziel, die gemeinschaftliche Anstrengung zu belohnen. Die Prämienhöhe orientiert sich dabei an der Differenz zwischen den für die Erfüllung spezifischer Aufgaben geleisteten Ist-Arbeitsstunden zu aus Erfahrungswerten abgeleiteten Soll-Werten. Ein Teil der Einsparung wird als Prämie gewährt. Die Einführung des Anreizsystems führt zu einer Verbesserung der Arbeitsmoral, einer Anhebung der Leistungsqualität und einer verbesserten Transparenz des Leistungsgeschehens. Als massgeblich für die Anreizwirkung bei den Mitarbeitern wird die Vergleichbarkeit ihrer Leistungen mit denjenigen anderer Gruppen und die damit verbundene gerechtere Beurteilung der Gruppenleistungsfähigkeit betrachtet.[1097]

Die Einführung und Entwicklung von monetären Anreizsystemen bietet jedoch nicht nur die Möglichkeit zur Motivationssteigerung. Die zur Anreizverteilung notwendige Beurteilung der individuellen oder teambezogenen Leistung ermöglicht zudem[1098]

- zu beurteilen, ob der Team-Ansatz gegenüber anderen Modellen tatsächlich Wettbewerbsvorteile aufweist,
- dem OP-Team wichtiges Feedback zukommen zu lassen und ihm somit zu ermöglichen, sich entsprechend zu verbessern.

4.3   Teaminterne, direkt gestaltbare Einflussfaktoren auf das OP-Teamverhalten

Die internen Einflussfaktoren auf das Verhalten des OP-Teams, deren Form direkt bestimmt werden kann, sind Gegenstand der Teamgestaltung. Neben den spezifischen Eigenschaften der Teammitglieder sind dies die Arbeitsorganisation im Team sowie die Teamgrösse. Folgend wird die Ausprägung dieser Faktoren im OPS analysiert.

4.3.1 Mitglieder des OP-Teams

Die das OP-Team bildenden Menschen besitzen erwartungsgemäss einen grossen Einfluss auf das Teamverhalten. Sie handeln aus Eigenmotivation oder reagieren auf externe Faktoren, die das Verhalten zielgerichtet oder indirekt steuern. Den individuellen Merkmalen und Eigenschaften der OP-Teammitglieder wird – wie z. T. bereits in Kapitel 4.2.1.2 Auswahl der Teammitglieder betrachtet – eine grosse Bedeutung für die Zusammenarbeit zugeschrieben (vgl. Tabelle 29).

1097   Vgl. Gent (1971), zit. nach Eichhorn (1995), S. 61-62.
1098   Vgl. Morlock und Harris (1998), S. 37.

Faktoren, die sich als Eigenschaften von Teammitgliedern bezeichnen lassen	mit positivem Einfluss auf die Zusammenarbeit		mit negativem Einfluss auf die Zusammenarbeit	
	Anzahl Nennungen	% am Total	Anzahl Nennungen	% am Total
Persönlichkeitsmerkmale	42	7.0	67	11.4
Fachkompetenz	83	13.9	62	10.5
Machtgehabe			44	7.5
Motivation	35	5.9	31	5.3
tätigkeitsbezogene Eigenschaften	19	3.2	31	5.3
Total	179	30.0	247	41.9

Tabelle 29: Bedeutung der Eigenschaften von Teammitgliedern für die Zusammenarbeit (Fragen 1.4 und 1.5)

Die Leistungsfähigkeit ist trotz zunehmender Bedeutung der Technologie in hohem Mass von den fachlichen Qualifikationen und der Motivation der Mitarbeiter abhängig.[1099] Messungen der Dauer von Dreifach-Bypass-Operationen ergaben Resultate von 283 bis 368 Minuten für die jeweiligen Eingriffe. Dabei wurde festgestellt, dass die operierenden Chirurgen jeweils ihre eigene Dauer für die OP aufwiesen.[1100] Die Leistung, gemessen an der für eine OP benötigte Zeit, kann also, wie auch in Kapitel 4.2.1.2 und der Auswertung der Frage 2.13 gezeigt, massgeblich durch die Teammitglieder und ihre Eigenschaften, Fähigkeiten und Motivation beeinflusst werden.

4.3.1.1 Individuelles Können: Fähigkeiten

Im OP-Team spielt – wie in allen Expertenteams – das Fachwissen eine grosse Rolle: Durch die Fachkompetenzen erst können die hochspezifischen Aufgaben gelöst werden. Doch auch die sozialen Kompetenzen besitzen im OP-Team eine grosse Bedeutung: Wie bereits gezeigt lehnen die befragten OP-Mitglieder die Aussage eher ab, dass für die Zusammenarbeit das fachliche Wissen der anderen OP-Teamangehörigen wichtiger als deren Umgangston ist (vgl. Tabelle 21 zur Frage 2.25).

4.3.1.1.1 Fachkompetenzen

Die Fachkompetenz wird als bedeutender Einflussfaktor auf die Zusammenarbeit mit sowohl positiven wie negativen Auswirkungen betrachtet. Während die Funktionsbereiche die Fachkompetenz als Faktor mit positiver Wirkung ungefähr gleich häufig nennen, scheinen vor allem die Operateure in mangelnder Fachkompetenz eine bedeutende Behinderung der Zusammenarbeit im OPS zu sehen (vgl. Tabelle 30).

1099   Vgl. Grossmann und Zepke (2002), S. 86.
1100   Vgl. Mango und Shapiro (2001), S. 81-82.

Fachkompetenz	als Faktor mit positivem Einfluss		als Faktor mit negativem Einfluss	
	Anzahl Nennungen	Anteil an positiven Faktoren	Anzahl Nennungen	Anteil an negativen Faktoren
Pflege	10	12.2%	4	4.8%
Anästhesie	31	13.3%	18	7.6%
Operateure	40	14.8%	40	15.3%
andere	2	22.2%	0	0.0%
Total	83	13.9%	62	10.5%

Tabelle 30: Bedeutung der Fachkompetenz für die Zusammenarbeit im OPS (Fragen 1.4 und 1.5)

Die fachlichen Anforderungen an die OP-Mitarbeiter steigen durch den immer schneller wachsenden medizinischen Wissensfortschritt, durch den höheren Spezialisierungsgrad und durch neue Operationstechniken.[1101] Dadurch können Qualitätsengpässe bei den Human Ressourcen entstehen, bestehende Mitarbeiterprofile aufgeweicht werden und sich neue Berufsgruppen bilden (z.B. Techniker und Informatiker). Aufgrund der Bedeutung der Fachkompetenz und der sich verändernden Anforderungen besitzt die Aus- und Weiterbildung einen hohen Stellenwert. Die Weiterbildung geschieht einerseits on-the-job während der Arbeit im OPS, andererseits off-the-job in krankenhausinternen oder -externen Weiterbildungsinstitutionen.[1102] Die Qualifikationsstandards werden gesetzlich (z.B. eidgenössisch anerkannt) oder durch die Standesorganisationen vorgeschrieben. Benötigte Kompetenzen lassen sich auch aus den Anforderungsprofilen zu den jeweiligen Berufen ableiten.

Die Hauptverantwortung der OP-Pflege bezieht sich auf das physische und psychische Wohlbefinden und die Sicherheit der Patienten. Die Angehörigen der Pflege haben den OP-Ablauf aufmerksam zu verfolgen, zu überblicken und die nötigen Prioritäten zu setzen. Neben der menschlichen Pflege bieten sie eine fachliche Pflege, die darin besteht, Massnahmen zur Durchführung des pflegerischen Anteils des Operationsverlaufs zu treffen, bei Eingriffen zuzudienen, zu instrumentieren, für den wirtschaftlich und ökologisch korrekten Einsatz von Instrumenten, Materialien und Apparaten zu sorgen und die Kontinuität des Pflegeverlaufs während des ganzen Eingriffes zu gewährleisten.[1103] Aus diesen Aufgaben lassen sich die benötigten fachlichen Kompetenzen ableiten.

Die in Aus-, Weiter- und Fortbildung zu erlangenden Fachkompetenzen der Ärzteschaft werden durch die FMH Verbindung Schweizer Ärztinnen und Ärzte bestimmt.[1104] Die FMH delegiert den anerkannten Fachgesellschaften die Aufgabe, spezifische fachliche Anforderungskriterien zu erstellen, die zur Erlan-

---

1101   Vgl. Busse (2001), S. 18.
1102   Vgl. Herrler (1999), S. 841-843.
1103   Vgl. SBK/ASI (ohne Jahr), S. 1.
1104   Vgl. Verordnung (2001), Art. 9 und FMH (2005), Art. 2, Abs. 2, Lit. b. Zur Anerkennung ausländischer Diplome und Weiterbildungstitel vgl. Verordnung (2001), Art. 3.

gung jeweiliger Facharzttitel erfüllt werden müssen.[1105] Weiterführende Anforderungen an die Fachkompetenzen können auf Erlass der ärztlichen Direktionen der Krankenhäuser formuliert werden. Die in der Weiterbildungsordnung genannten Ziele umfassen neben der fachlichen Kompetenzen („Vertiefung und Erweiterung der im Studium erworbenen Kenntnisse und Fähigkeiten"[1106]) auch soziale („Einführung in die Regeln der Zusammenarbeit mit Kollegen im In- und Ausland und Angehörigen anderer medizinischer Berufsgruppen sowie mit den im Gesundheitswesen zuständigen Behörden"[1107]).

Die von der Anästhesie benötigten Fachkompetenzen bestehen hauptsächlich aus den notwendigen medizinischen, pharmakologischen und technologischen Kenntnissen[1108], damit „[j]eder Patient [...] seine individuell am besten geeignete Anästhesie, Schmerztherapie und falls nötig, intensivmedizinische Behandlung"[1109] erhält.

Operateure besitzen das Fachwissen für einen Eingriff am Patienten zu therapeutischen Zwecken. Die konkret benötigten medizinischen Kompetenzen unterscheiden sich dabei nach Fachrichtung.[1110] Chirurgen z.B. besitzen nach ihrer Ausbildung zum Facharzt „die Befähigung zur selbständigen sowie eigenverantwortlichen Beurteilung und Versorgung häufiger chirurgischer Erkrankungen, Verletzungen und anderer Notfallsituationen auf der Grundlage wissenschaftlichen, kritischen und ökonomischen Denkens, fundierter Kenntnisse und Fertigkeiten, ständiger Fortbildung sowie dem Einbezug des Patienten und seinem Umfeld"[1111].

Die in den Weiterbildungskonzepten vermittelten Kompetenzen unterscheiden sich nach der Ausbildungsstufe. Unterassistierende – Studierende in den letzten Semestern vor dem Staatsexamen – assistieren bei Bedarf den operierenden Kaderärzten.[1112] Assistenzärzte haben in ihrer Weiterbildung zum Facharzt neben diversen anderen Aufgaben eine bestimmte Anzahl von Eingriffen im OPS durchzuführen. Dabei handelt es sich um Assistenzen erster und zweiter Hand, Operationen unter Anleitung, selbständige Eingriffe und Lehreingriffe für jüngere Kolleginnen und Kollegen.[1113]

1105 Vgl. FMH (2005), Art. 18 und Art. 19, Abs. 1, Lit. a.
1106 FMH (2004), Art. 3, Lit. a.
1107 FMH (2004), Art. 3, Lit. g.
1108 Vgl. FMH (2002a), S. 4-5.
1109 SGAR (2004).
1110 Für eine Übersicht über die anerkannten Fachgesellschaften vgl. FMH (2005), Anhang II.
1111 FMH (2002b), S. 2.
1112 Vgl. Schwöbel (2004), S. 1737.
1113 Vgl. Schwöbel (2004), S. 1734.

Der Akzeptanz der Fachkompetenzen der einzelnen Berufsgruppen wird grosse Bedeutung zugeschrieben: „I have seen surgeons who give directions to the anesthesiologist during the case. If this describes you, you either need to get a more competent anesthesiologist, or you need to adjust your behavior to allow your team members to do their jobs without interference."[1114]

Neben der Kompetenz selbst ist die Erfahrung von grosser Bedeutung. Geübte Ärzte handeln dadurch relevanter, dass sie höhere kognitive Fähigkeiten aufweisen und in praktischen Tätigkeiten effektiver sind. Sie verfügen über eine ausgeprägtere Fähigkeit, klinische Situationen konzis zu beurteilen und sie fällen Entscheidungen basierend auf besserem Wissen und weiterentwickelten Fähigkeiten.[1115]

4.3.1.1.2 Soziale Kompetenzen

„Menschlich sind meine Ärzte nur gegenüber Patienten, nicht gegenüber anderen."[1116] Das Patienten gegenüber aufgebrachte Einfühlungsvermögen wird von Ärzten in der interdisziplinären Zusammenarbeit nicht entsprechend angewendet. Den Sozialkompetenzen werden im OPS jedoch eine grosse Bedeutung beigemessen. Von den in Frage 1.4 und 1.5 genannten Einflussfaktoren auf die Zusammenarbeit lassen sich über 40% der positiven und negativen Nennungen entweder direkt sozialen Kompetenzen zuordnen oder bauen auf deren (Nicht-) Vorhandensein auf (vgl. Tabelle 31).

Sozialkompetenzen					
... mit positivem Einfluss	Anzahl Nennungen	Anteil an pos. Faktoren	... mit negativem Einfluss	Anzahl Nennungen	Anteil an neg. Faktoren
Respekt, Toleranz, Rücksichtnahme[5]	76	12.8%	Kommunikation	54	9.1%
Kommunikation[2]	63	10.6%	Beziehungen zw. Tätigkeitsbereichen	52	8.7%
Umgang[3]	49	8.2%	Machtgehabe	44	7.4%
Teamfähigkeit[1]	43	7.2%	Arroganz[4]	21	3.5%
Zuverlässigkeit, Vertrauen[4] Beziehungen, gutes Verhältnis[3]	14	2.3%	schlechte Manieren[4]	20	3.4%
Pünktlichkeit[4]	10	1.7%	Unpünktlichkeit[4]	15	2.5%
	9	1.5%	fehlender Respekt[5]	12	2.0%
			zwischenm. Probleme	8	1.3%
			Introvertiertheit[1]	7	1.2%
			Aggression[5]	7	1.2%
			Missgunst[5]	6	1.0%
			Schuldzuweisungen[5]	5	0.8%
Total	264	44.3%	Total	251	42.1%
Die markierten Faktoren entstammen folgenden Begriffskategorien: [1)] tätigkeitsbezogene Eigenschaften [2)] Kommunikation [3)] Beziehungen zwischen Tätigkeitsbereichen [4)] Persönlichkeitsmerkmale [5)] Teamklima (vgl. Anhang 2 und 3)					

Tabelle 31: Sozialkompetenzen mit Einfluss auf die Zusammenarbeit im OPS (Fragen 1.4 und 1.5)

1114   Ausman (1999b), S. 577.
1115   Vgl. Schüpfer (1996), S. 283-284.
1116   Chefarzt (anonym) zit. in Sertl (2000), S. 19.

Die Anforderungen an die Sozialkompetenzen der Teammitglieder verändern sich im OPS durch den Abbau von Hierarchie- und Statusstufen, den Wertewandel in ehemals hierarchisch untergeordneten Fachbereichen oder Professionen (z.b. der Pflege), die Internationalisierung der Belegschaft und den Wandel der Geschlechterverhältnisse in den Fachbereichen (z.b. Zunahme der weiblichen Ärztinnen oder der männlichen Mitarbeiter in der Pflege).

Die Bedeutung von Sozialkompetenzen wird von den jeweiligen Professionen unterschiedlich beurteilt. In Ausbildungsprogrammen der OP-Pflege werden explizit soziale Anforderungen genannt wie, dass die Angehörigen selbstbewusst auftreten, mit konstruktiver Kritik umgehen, ihre Unsicherheit eingestehen und im Bedarfsfall Hilfe einholen können[1117] oder dass Kompetenzen zur Führung der eigenen Person sowie Teamkompetenzen benötigt werden[1118]. Diese Fähigkeiten werden vom Pflegepersonal benötigt, da es „[i]n vielen Situationen [...] stressbedingt zu einem barschen Umgangston [kommt], der nicht immer verkraftet wird, obwohl er meist nicht böse gemeint ist. Pflegekräfte in OPs müssen lernen, in welchen Situationen und auf welche Weise sie die Ärzte auf solche problematischen Situationen ansprechen können."[1119]

In der medizinischen Aus- und Weiterbildung sind soziale Anforderungen in geringerem Mass thematisiert. Die durch die FMH publizierten fachgesellschaftsspezifischen Raster für Weiterbildungskonzepte unterscheiden sich bei der Gewichtung der Ausbildung sozialer Kompetenzen.[1120] Über die Vorgaben der Fachgesellschaften hinaus werden kaum soziale Kompetenzen gefördert. In der Anästhesiologie z.B. konzentriert sich ein Grossteil der Konzepte auf die Ausbildung fachlicher Kompetenzen, soziale Kompetenzen werden nur vereinzelt erwähnt. Werden sie gar als Ausbildungsziel angeführt erfolgt dies[1121]

- in Form detaillierter Angaben über die Teamaufgaben der Assistenzärzte im OPS (Kantonsspital Olten),

- im Rahmen der Nennung spezifischer Ausbildungsziele (Führungsaufgaben und Kommunikationsfähigkeit (St. Claraspital Basel, Regionalspital Burgdorf) oder Teamkompetenz (Hirslanden Zürich)) oder

- in Form expliziter Weiterbildung durch Kurse in Team Performance und Human Aspects Development (Kantonsspital Basel).

1117   Vgl. Braun (1999a), S. 15.
1118   Vgl. Fehn und Engels (1999), S. 12.
1119   Braun (1999a), S. 15.
1120   Die Schweiz. Gesellschaft für Chirurgie und die Schweiz. Gesellschaft für Thorax-, Herz- und Gefässchirurgie weisen als einzige Fachgesellschaften der im OPS vertretenen Fachgebiete explizit die Sozialkompetenzen als Ausbildungsziele auf. Vgl. Schlumpf (2002) und Carrel (o.A.).
1121   Von den 33 Weiterbildungskonzepten der Deutschschweiz im Bereich Anästhesiologie betrachten vier soziale Kompetenzen und Teamfähigkeit explizit als Verhaltensanforderung, weitere fünf Konzepte führen ‚Teamfähigkeit' als Ausbildungsziel an.

4.3.1.2   Persönliches Wollen: Motivation der Mitarbeiter

„A fundamental problem in management of the OR suite is, that the goals of the people who inhabit it –
surgeons, anaesthesiologists, nurses, and others – are often not congruent with the goals of the hospital or of the OR suite itself."[1122] Die Ziele der Mitarbeiter bilden die Beweggründe für ihre Handlungen.
Zum Verständnis und Steuern des Verhaltens müssen die vorhandenen Motive erkannt werden. Im
Krankenhaus lassen sich darunter vor allem das Bedürfnis nach Wissen (v.a. bei Assistenzärzten und
der Pflege), der Wunsch nach Unabhängigkeit (Möglichkeit, selbständig zu handeln), die Akzeptanz
durch Kollegen und Patienten, der Wunsch, anderen zu helfen und das Gefühl, eine Verpflichtung zu
besitzen verstehen.[1123] Eine Analyse der arbeitsbezogenen Werte von Ober- und Assistenzärzten ergab, dass deren Motive sowohl arbeitsinhaltlicher wie -kontextueller Art sind (vgl. Tabelle 32).

Rang	Arbeitsbezogener Wert	Defizite (Rang)
1	interessante Aufgabe	
2	gutes Verhältnis zu ArbeitskollegInnen	
3	Möglichkeit, neue Dinge zu lernen	
4	berufliche Zukunftsperspektiven	1
5	eine Kultur der Offenheit und Toleranz	5
6	verständnisvoller Vorgesetzter	
7	Mitsprache bei wichtigen Dingen	3
8	angemessenes Feedback über eigene Leistung	2
9	persönlicher Erfolg	
10	im Team arbeiten	
13	Autonomie über eigene Zeit	4
16	gute Aufstiegsmöglichkeiten	
20	Arbeit, die Freizeit nicht allzu sehr beeinträchtigt	6
25	leistungsorientierte Entlöhnung	

Tabelle 32: Auswahl arbeitsbezogener Werte von Ober- und Assistenzärzten[1124]

Motivationsprobleme in Krankenhäusern gründen jedoch nicht nur in mangelnder Aktivierung bestehender Motivationspotenziale durch nicht-adäquate Anreizsysteme, sondern auch in delegationsunwilligen,
autoritären Führungskräften, die ihre Mitarbeiter fachlich und psychologisch überfordern und gleichzeitig
systematisch – durch fehlendes Vertrauen in deren Fähigkeiten, konzeptionell und problemlösend zu
arbeiten – unterfordern. Die Folgen können u. a. Frustration bis zur inneren Kündigung, Verschlechterung des Umgangs der Mitarbeiter untereinander und der Führungskräfte mit den Mitarbeitern sein.[1125]
Aufstiegswünsche sind bedeutende Motive für die Ärzteschaft. Der Aufstieg vom Assistenz- zum Facharzt ermöglicht grundsätzlich, Funktionsdienste auszuüben, Oberarzt und Chefarzt zu werden oder sich

---

1122   Gabel et al. (1999), S. 75.
1123   Vgl. Rathje (2003), S. 111.
1124   Vgl. Ulich (2001), S. 636-637.
1125   Vgl. von Eiff (2000), S. 60.

alternativ niederzulassen. Restriktionen bzgl. dieser Karriereschritte (z.B. Ärztestopp oder Niederlassungssperre) sorgen für einen Rückstau, der mit einem Motivationsverlust verbunden ist.[1126]

Die Motivation zur Teamarbeit der Teammitglieder lässt sich aus deren Bereitschaft ableiten, anderen zu helfen. So können Operateure z.B. beim Wechsel mithelfen, wodurch sich nicht nur Anfangs- und Prozessleerzeit und Wechselzeiten in grossem Ausmass verringerten, sondern auch das Arbeitsklima stark verbesserte.[1127] Eine weitere Möglichkeit besteht in der Unterstützung der Anästhesie bei der Intubation. Die Problematik bereichsübergreifender Unterstützung besteht darin, dass sie als Einmischung in den eigenen Kompetenzbereich wahrgenommen werden kann.

Die intrinsische Motivation zur Teamarbeit besitzt im OPS eine grosse Bedeutung. Durch den permanenten Weiterbildungsdruck besitzen die Teammitglieder ein Interesse, während der OP von den unterschiedlichen Wissens- und Erfahrungsständen der anderen zu profitieren. Die Bereitschaft, das eigene Wissen weiterzuvermitteln, ist von der (intrinsischen) Motivation dazu abhängig und davon, dass diese Motivation nicht durch Trittbrettfahrerverhalten zerstört wird. Vor allem chirurgische Spezialisten können das ökonomische Interesse besitzen ihr Wissen zu monopolisieren, um ihren Wettbewerbsvorteil in einer spezifischen Fachrichtung oder durch eine innovative OP-Methode abschöpfen zu können. Teammitglieder können zudem von der Reputation einer Mitgliedschaft in hochspezialisierten renommierten OP-Teams profitieren. Durch die Belohnung von einfach zu messenden Zielen besteht die Gefahr, dass die schwieriger messbaren, für das Gelingen der Teamarbeit jedoch notwendigen Faktoren (z.B. Respekt, Umgang miteinander, Teamgeist) in den Hintergrund geraten. Intrinsische Motivation zur Zusammenarbeit reduziert die Gefahr einer Vernachlässigung dieser Faktoren.

4.3.1.3   Professionskulturen im OP-Team

Im OPS arbeiten verschiedene Professionen zusammen, die jeweils starke Kulturen aufweisen.[1128] Den Berufen gemeinsam ist das traditionellerweise sehr distanzierte Verhältnis zur Organisation, die Identifikation gilt vielmehr der fachlichen Seite der Arbeit.[1129] Das Bestreben einzelner operativer Disziplinen nach Autonomie innerhalb zentraler Operationsbereiche wirkt sich kontraproduktiv hinsichtlich Kooperation, Flexibilität und Abstimmung aus.[1130]

1126   Vgl. Rühle (2000), S. 44.
1127   Vgl. Morra (1996), S. 264.
1128   Vgl. Grossmann und Prammer (1995), S. 15, Mühlbauer (1999), S. 793 und Ortega und Willock (1998), S. 32.
1129   Vgl. Grossmann und Zepke (2002), S. 84.
1130   Vgl. Martin (1999), S. 19.

Die berufsständische Ausrichtung des Krankenhauses mit einer funktionalen Bereichslogik und ausge-
prägtem Hierarchie-Denken trägt dazu bei, dass zwischen den Berufsgruppen eher Konfrontation als
Kooperation vorherrscht.[1131] Für eine erfolgreiche Arbeit des OP-Teams wird die gegenseitige Akzeptanz aller im OPS arbeitenden Fachrichtungen und Berufsgruppen als zwingend betrachtet.[1132]

Die Professionskulturen weisen unterschiedliche Anforderungen an Führungskräfte auf. Während die Ärzteschaft Fachkompetenz als wesentliches Kriterium zur Führungsbefähigung versteht, betrachtet die Pflege soziale Kompetenzen als grundlegend.[1133] Zudem zeichnen sich die Berufsgruppen durch unterschiedliche Management-Philosophien aus: Die Angehörigen der Pflege handeln oft politisch, die Chirurgen sind
eher autoritätsgläubig, während die Handlungsgrundsätze der Anästhesie national geprägt sind.[1134]
Die Berufsgruppen im OPS grenzen sich stark voneinander ab. Die durch die dominierende Rolle der
Mediziner bestehende Kluft zwischen den Professionen wird durch die zunehmende Professionalisie-
rung der Pflege vergrössert und führt zu einer Erschwerung der berufsgruppenübergreifenden Zusammenarbeit.[1135]

4.3.2 Arbeitsorganisation im Team

Im OPS wird die intensivste Behandlungsleistung im Krankenhaus erbracht. „Jede Operation ist eine
Arbeitsaufgabe, die von einer Vielzahl von Berufsgruppen zielorientiertes, arbeitsteiliges Verhalten verlangt und in koordinationsorientierter Zusammenarbeit erfüllt wird. Die Zusammenarbeit im OPS-Bereich
ist durch eine enge funktionale und informationale Abhängigkeit, der sequentiell und parallel am Be-
handlungsprozess beteiligten Funktionsbereiche und Berufsgruppen gekennzeichnet."[1136] Richtlinien,
Koordinationsvereinbarungen und Kooperationsstandards leiten das Verhalten auf operativer Ebene an,
ohne die Handlungsspielräume einzuschränken. Im Tagesverlauf wird die Zusammenarbeit durch OP-
Programme, die für den jeweiligen Tag die Patientenabfolge pro OPS festlegen, und durch situative Absprachen zwischen OP-internen und OP-externen Funktionsbereichen koordiniert.[1137] Die Arbeitskoor-
dination wird von „vielen Mitarbeitern als völlig unzureichend und verbesserungswürdig"[1138] erlebt. Dies
führt zu einer Vielzahl von Spannungen und Konflikten in der OP-Organisation, die insbesondere auf die
sozialen Dimensionen der Kooperation und der wahrgenommenen Wertigkeit der eigenen und anderer

---

1131   Vgl. Greulich und Thiele (1999), S. 584.
1132   Vgl. Greulich und Thiele (1999), S. 589 und Martin (1999), S. 20.
1133   Vgl. Szabo (2000), S. 11.
1134   Vgl. Feldman (1998), S. 46-47.
1135   Vgl. Gorschlüter (1999), S. 99.
1136   Manser et al. (2003), S. 363.
1137   Vgl. Manser et al. (2003), S. 363.
1138   Bornewasser und Schnippe (1998), S. 112.

Berufsgruppen zurückzuführen sind.[1139] Der Arbeitsorganisation im OP-Team kommt zunehmende Bedeutung zu: Die Qualität der Arbeit ist davon abhängig, inwiefern es gelingt, fachliche Standards im funktionsübergreifenden OP-Team zu verankern und die Arbeitsabläufe auf diese Standards auszurichten.[1140] Abbildung 18 zeigt beispielhaft die Anordnung der unterschiedlichen Funktionen im OPS während einer Bypass-Operation.

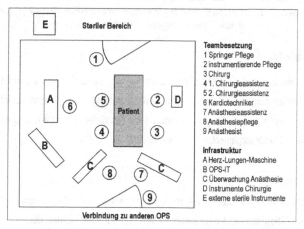

Abbildung 18: Funktionen im Operationssaal

Je nach Art der Verletzung oder Krankheit des Patienten sind unterschiedliche Eingriffe erforderlich, die ihrerseits wiederum durch verschiedene Eingriffsalternativen (z.B. endoskopische oder offene Operationen) durchgeführt werden können.[1141] Diese Alternativen stellen unterschiedliche fachliche und kooperative Ansprüche an die Teammitglieder.

Dem Anspruch nach fachlicher Unabhängigkeit[1142] wird im OP-Team nur soweit entsprochen, als dass die spezifischen Aufgaben von den einzelnen Funktionen grösstenteils autonom erledigt werden können. Aufgrund der Vielzahl von Schnittstellen, überschneidenden Tätigkeiten und den bedeutenden gegenseitigen Abhängigkeiten kann die individuelle Autonomie vielfältig eingeschränkt werden. Die Teammitglieder nehmen während einer OP weniger Einmischung in ihren Tätigkeitsbereich wahr als Uneinigkeit, wer für bestimmte Aufgaben zuständig ist. Dabei schätzen Pflege und Anästhesie die Uneinigkeit signifikant höher ein als die Operateure (vgl. Tabelle 33).

1139   Vgl. Manser et al. (2003), S. 363.
1140   Vgl. Grossmann und Zepke (2002), S. 85.
1141   Vgl. Eichhorn (1997), S. 276-318.
1142   Vgl. Kapitel 4.2.3.

	„Während der OP mischen sich andere Teammitglieder in meinen Arbeits-bereich ein." (2.21)	„Im OP herrscht manchmal Uneinigkeit darüber, wer zuständig ist." (2.19)
Pflege	2.73	3.13*
Anästhesie	2.86	3.27*
Operateure	2.57	2.66*
Gesamt	2.70	2.99
Mediane (1= lehne stark ab,5=stimme stark zu) * signifikante Unterschiede (α<0.05)		

Tabelle 33: Einschätzung Einmischung in eigenen Arbeitsbereich (Frage 2.21) und Uneinigkeit über Zuständigkeitsbereiche (Frage 2.19)

4.3.2.1 Operative Aufgaben

Die operativen Aufgaben tragen unmittelbar zur Zielerreichung bei und umfassen im OPS die eigentlichen fachspezifischen Aufgabeninhalte, die folgend dargestellt werden. Für eine vertiefte Betrachtung der Aufgaben der medizinischen Tätigkeiten wird auf die Richtlinien, Standards und Weiterbildungsinhalte der jeweiligen Standesorganisationen verwiesen.[1143]

4.3.2.1.1 Aufgaben der OP-Pflege

Die Aufgaben der OP-Pflege bestehen aus psychosozial orientierten und zudienenden Tätigkeiten, wobei medizinische Tätigkeiten nicht eigenverantwortlich übernommen werden dürfen.[1144] Die Aufgaben der OP-Pflege umfassen die Begleitung der Patienten und ihrer Angehörigen, den Schutz der Patienten vor Schädigungen, die nicht im Zusammenhang mit der Krankheit stehen, die Gewährleistung des pflegerischen Beitrags zu einem optimalen OP-Verlauf (Instrumentieren, Zudienen), die Zusammenarbeit im OP-Team und die Weiterentwicklung der Pflegequalität. Das instrumentierende OP-Personal beobachtet den Verlauf der Operation und antizipiert die benötigten Instrumente für den jeweiligen Arbeitsschritt. Die Form des Zudienens besitzt dabei Auswirkungen auf die Qualität der Zusammenarbeit, wenn der Operateur der instrumentierenden Person die Gelegenheit gibt, das benötigte Instrument unaufgefordert oder auf Zeichensprache des Operateurs anzureichen. „Dies ist für die gemeinsame Arbeit wichtig, wobei eine gute Teamarbeit nur durch häufige Zusammenarbeit gewährleistet wird."[1145]

Wird die OP-Pflege von mehreren Personen übernommen, lassen sich die Aufgaben nach verschiedenen Trägern differenzieren (vgl. Tabelle 34):

1143   Für eine Übersicht über die möglichen Spezialisierungen vgl. FMH (2005), Anhang II.
1144   Vgl. Weidmann (2001), S. 28.
1145   Beranek und Harmsen (1992), S. 127.

instrumentierende OP-Pflege	erster Springer	zweiter Springer
• Prüfen des bereitgestellten Sterilguts • Überwachen der chirurgischen Händedesinfektion • steriles Ankleiden • standardisiertes Abdecken des Patienten und der Instrumententische • Vorbereitung von sterilen Instrumenten, Ge- und Verbrauchsgütern für die Operation • Überprüfung der Patientenlagerung • Überprüfung div. Geräte • vorbereitende Massnahmen zur Hautdesinfektion • Assistenz beim Ankleiden des OP-Teams • Kenntnis des normalen OP-Verlaufs und operationsspezifischer Besonderheiten • Organisation und Abwicklung des Schmutzbetriebs • korrekte Versorgung entnommener Gewebeproben, Abstrichen und Punktaten • Anlegen von Verbänden und sterilen Konnektieren von Drainagen • korrekte Entsorgung des Instrumentariums nach der Operation • hygienisches Verlassen des kontaminierten OPS	• Überwachung der Asepsis • Kontrolle des Waschraums • Kontrolle der Funktionsfähigkeit und Platzierung der Gerätschaften • systematisches Anreichen von Sterilgut • Kontrolle von Raumtemperatur und elektrischer Beleuchtung • Koordination bei Änderungen des OP-Programms • Aufstellen von Hockern und Trittbänkchen • Einweisung und Beaufsichtigung der Zuschauer	• Übernahme des Patienten • Prüfung der Vorbereitung des Patienten für den operativen Eingriff • Übernahme der Krankengeschichte, Röntgenbilder, Aufklärungsgeschichte und Einwilligungserklärung • Lagerung und Fixation des Patienten auf dem OP-Tisch • Organisation und Koordination des OP-Programms • Dokumentation des Eingriffs im OP-Buch • Vorbereitung von Formularen • Organisation und Koordination der nachfolgenden Arbeitsabläufe • postoperative Patientenbetreuung • Weitergabe von ärztlichen Anweisungen zur Nachsorge des Patienten an das Anästhesie- oder Stationspersonal • fachgerechte Entsorgung kontaminierter Güter und Gerätschaften • Organisation und Vorbereitung der Gebrauchsgüter für nachfolgende Operation

Tabelle 34: Aufgaben der OP-Pflege und deren mögliche Aufteilung[1146]

Aufgrund der Aufgaben bestehen verschiedene Stressfaktoren: Die OP-Pflege trägt eine hohe Verantwortung für die von ihr in hohem Masse abhängigen Patienten, es besteht eine lange Einarbeitungszeit für neue Mitarbeiter ohne Erfolgserlebnisse, die Aufgabe erfordert grosse körperliche Anstrengungen vor allem bei lange andauernden Operationen (z.B. schwere Röntgenschürzen, Unabkömmlichkeit für Pausen zum Essen oder für die Toilette), benötigt ein ständiges Schritthalten mit dem medizinischem Fortschritt ohne entsprechende Weiterbildungszeit und erfolgt z. T. unter einem barschen Umgangston.[1147]

4.3.2.1.2 Anästhesie-Aufgaben

Die Hauptaufgabe der Anästhesie besteht in der Durchführung von Narkosen, und damit in der Herbeiführung eines chirurgischen Toleranzstadiums durch die Aufhebung von Schlüsselfunktionen des zentralen Nervensystems. Die Anästhesie erbringt somit eine doppelte Dienstleistung: Einerseits gegenüber

---

1146   Vgl. Beranek und Harmsen (1992), S. 3-5.
1147   Vgl. Fehn und Engels (1999), S. 12.

dem Patienten, der schmerzfrei operiert wird. Andererseits gegenüber dem Chirurgen, der den jeweiligen Eingriff mit geringem Risiko nur am narkotisierten und relaxierten Patienten vornehmen kann.[1148] Anästhesieärzte können gleichzeitig für mehrere Eingriffe verantwortlich sein. Die Überwachungsfunktion im OPS wird je nach Personal- und OP-Situation durch Assistenzärzte oder Angehörige der spezialisierten Anästhesiepflege übernommen.

Verschiedene Faktoren können die Anästhesie behindern:[1149]

- Umweltbezogene Faktoren stellen Verzögerungen bei der Patientenübergabe, unvollständige Übermittlung von Patientendaten oder das Warten auf parallel arbeitende Berufsgruppen dar und haben ihren Ursprung in der Abhängigkeit der Anästhesie von den umgebenden Arbeitssystemen.

- Prozessbezogene Faktoren umfassen Unregelmässigkeiten, die der Durchführung von Narkosen entstammen können (z.B. Legen venöser Zugänge), mangelhafte Kommunikation im Anästhesieteam selbst oder zwischen Anästhesie und Chirurgie. Diese Faktoren verschärfen sich einerseits durch die enge zeitliche und inhaltliche Kopplung der Arbeitsprozesse verschiedener Berufsgruppen, andererseits durch die unzureichende Perspektivenübernahme der am Prozess beteiligten Berufsgruppen und können zu einem als belastend empfundenen Produktionsdruck führen.

- Strukturbezogene Faktoren stellen die mangelhafte organisatorische Abstimmung zwischen den Berufsgruppen dar, die zu fehlender Integration (z.B. OP-Planung ohne Einbezug der Anästhesie) oder mangelnder Definition der Zuständigkeitsbereiche (z.B. Bestellen von Patienten für OP) der einzelnen Berufsgruppen führt.

4.3.2.1.3 Aufgaben der Operateure

Die Hauptaufgabe der Operateure besteht im Eingriff am Patienten zu therapeutischen Zwecken, wobei sich je nach Art der Erkrankung oder Verletzung andere konkrete medizinische Aufgaben ergeben. Über die Beschreibungen der Aufgabenbereiche der jeweiligen Fachgesellschaften hinaus werden die Aufgaben der Operateure in der Literatur nicht betrachtet.

Die Arbeitsgestaltung im OPS ist eine Aufgabe mit grosser Bedeutung: So spielen bei Assistenzärzten emotionale Erschöpfung und Patientenaversion eine grosse Rolle.[1150] Das Tätigkeitsspektrum dieser Berufsgruppe lässt sich einerseits als ganzheitliche Aufgabe mit durchschaubaren Abläufen und Mög-

---

1148   Vgl. Manser et al. (2003), S. 366.
1149   Vgl. Manser et al. (2003), S. 370.
1150   Vgl. Ulich (2001), S. 637.

lichkeiten zur sozialen Interaktion beschreiben, zeichnet sich andererseits aber auch durch mangelnde Autonomie, mangelnde Gestaltbarkeit der Arbeitsbedingungen und vielfältige Regulationshindernisse aus.[1151] Zudem sind Assistenzärzte lediglich während einer kurzen Zeit in den entsprechenden Abteilungen tätig. Neben dem Erlernen neuer Fachkompetenzen werden sie mit dem Aufbau sozialer Kontakte belastet, wobei ihnen zusätzlich die stressreduzierenden Wirkungen, die eine Teammitgliedschaft aufweisen kann, durch die fehlende Integration verwehrt bleiben.[1152]

4.3.2.2 Informations- und Kommunikationsaufgaben

Allgemein wird von erheblichen Defiziten bei der Kooperation und der Kommunikation der drei Berufsgruppen in den Krankenhäusern gesprochen.[1153] Die Bedeutung der Kommunikation wird jedoch nicht von allen Funktionen gleich beurteilt. Vor allem die Angehörigen der Pflege scheinen unter Kommunikationsmängeln zu leiden (vgl. Tabelle 35).

	Kommunikation als negativer Einflussfaktor		Kommunikation als positiver Einflussfaktor	
	Anzahl Nennungen	Anteil an negativen Faktoren	Anzahl Nennungen	Anteil an positiven Faktoren
Pflege	18	21.7%	12	13.6%
Anästhesie	22	9.3%	37	15.7%
Operateure	14	5.3%	22	8.3%
andere	--	--	1	11.1%
Total	54	9.2%	72	12.1%

Tabelle 35: Bedeutung der Kommunikation für die Zusammenarbeit im OPS (Fragen 1.4 und 1.5)

Allgemein besteht die Einschätzung, dass vor der OP nicht alle Teammitglieder gleich informiert sind, woraus Informationsaufgaben abgeleitet werden können (vgl. Tabelle 36).

	„Die Mitarbeitenden im OP sind vor Beginn der OP alle gleich informiert." (2.24)
Pflege	2.60
Anästhesie	2.31
Operateure	2.57
Gesamt	2.46
Mediane (1= lehne stark ab,5=stimme stark zu)	

Tabelle 36: Informationsstand der Teammitglieder (Frage 2.24)

1151   Vgl. Ulich (2001), S. 638.
1152   Vgl. Sertl (2000), S. 20.
1153   Vgl. Bijkerk (1999), S. 828 und o.A. (2000), S. 85.

Im OPS findet vor allem handlungsorientierte Kommunikation statt, mit der einerseits Informationen über die vorzunehmenden und vorgenommenen Handlungen, andererseits über medizinische Befunde und Daten mitgeteilt werden. Dabei bestehen vielfältige Informationsabhängigkeiten, wie sie in Tabelle 37 beispielhaft dargestellt sind.

Sender	Empfänger	Inhalt	Zweck
Anästhesie (A)	Operateur (O)	Lebensdaten, Puls, Blutdruck	O kennt Zustand des Patienten und kann verbleibende Anästhesiedauer abschätzen
Operateur	Anästhesie	bisher vorgenommene Schritte, geplante (Rest-) Dauer der OP	A kennt benötigte Dauer der Anästhesie
Operateur	Operateur-Assistenz (OAs)	geplante Tätigkeit	OAs weiss, welche Handgriffe als nächstes Folgen
Springer OP-Pflege (SP)	Operateur Anästhesie	Laborberichte	A/O kennen spezifische Befunde für den weiteren OP-Verlauf
Operateur	instrumentierende OP-Pflege (IP)	geplante Tätigkeit	IP weiss, welche Instrumente zu reichen sind
Operateur	Springer OP-Pflege	weitere Wünsche (Schweiss-tupfen/Radio/ Trinken etc.)	SP kennt weitere vorzunehmende Handlungen
instrumentierende OP-Pflege	Springer OP-Pflege	fehlende sterile Instrumente und Verbrauchsmaterial	SP beschafft benötigtes Material ausserhalb des OPS
Kardiotechniker (K)	Operateur	Daten	O kennt Zustand des Patienten für Dauer der Herz-OP
Kardiotechniker/ Operateur	Anästhesie	Zeitpunkt des Abschaltens der HL-Maschine	Überwachung der Lebensdaten bei Reanimation des Herzens durch A

Tabelle 37: Informationsabhängigkeiten im OPS

Die Information übernimmt oftmals auch Koordinationsaufgaben: So wirkt der Informationsaustausch über den Patienten- und Operationszustand während der OP als Koordinationsprozess zwischen Chirurgie und Anästhesie.[1154] Die nonverbale Kommunikation nimmt einen bedeutenden Stellenwert in der Arbeit der OP-Teammitglieder ein, was in Notfallsituationen aufgrund des z. T. notwendigen Interpretationsbedarfs jedoch hinderlich sein kann.[1155]

4.3.2.3   Führungs- und Koordinationsaufgaben

"Leading in the OR is at best difficult and at worst almost impossible."[1156] Die komplexen Managementstrukturen und die stark individualistische Natur der Menschen, die im OPS arbeiten machen die Führungsaufgabe im OPS zur Herausforderung. Der OPS ist aus hygienischen Gründen von den restlichen

---

1154   Vgl. Manser et al. (2003), S. 372.
1155   Vgl. Zala-Mezö et al. (2004), S. 205.
1156   Ortega und Willock (1998), S. 33.

Krankenhauseinrichtungen abgegrenzt und nur über Schleusen zu erreichen. „Diese Isolation schafft eine besondere Führungs- und Kooperationssituation, zumal sie nach innen hin zu einer weniger distanzierten Beziehung zwischen den Angehörigen des ärztlichen und des Pflegedienstes führt [...]."[1157]

Als primäre Aufgabe wird die medizinische Behandlung und Betreuung gesehen. Aufgaben wie Organisation und Führung werden als störend empfunden, die lediglich ablenken.[1158] Die Bedeutung der Expertise in der Leistungserstellung führt zu einem ständigen Kampf um Kontrolle zwischen dem OP-Team und seiner Umgebung. So wird z.B. das Zählen der Instrumente am Schluss einer Operation (vor dem Verschluss der Operationswunde wird eine so genannte Zählkontrolle durchgeführt, in der alle Instrumente, Bauchtücher, Kompressen und Tupfer auf Vollständigkeit überprüft werden[1159]) von der administrativen Leitung des Krankenhauses gefordert, obwohl die Gestaltung der Prozesse und der Organisation des OP-Teams vorgängig jegliches Risiko ausgeschaltet haben können.[1160]

Führungsdefizite im OPS führen zu fehlenden Orientierungen und Zielvorgaben, unklaren Rollen und Zuständigkeiten. Durch die hohe Leistungserwartung und Verantwortung einerseits und den unklaren oder gar widersprüchlichen Erwartungen andererseits können belastende Arbeitssituationen entstehen. Der durch fehlende Führung entstehende Freiraum kann aber durchaus gewollt sein, da er vor „allzu viel Verbindlichkeit im Verhältnis zur Organisation"[1161] schützt. Die geringe Akzeptanz der Führungsaufgabe als Bestandteil der Arbeit wird deutlich, wenn Kaderärzte bei einer wöchentlichen Arbeitszeit von rund 70 Stunden weniger als zehn Stunden für Führung und Management aufwenden.[1162] Eine Befragung bei Kaderärzten ergab, dass nur 12% eine Ausbildung in Führung und Management aufweisen.[1163] Somit erstaunt nicht, dass im Krankenhaus folgende Führungsfehler häufig auftreten: fehlende Loyalität bei Fehlverhalten von Mitarbeitern, Abkanzeln von Mitarbeitern vor anderen, menschliche Respektlosigkeit, Korrigieren in der Öffentlichkeit, Druck durch Intrigen, fehlende Kongruenz von Anspruch an Einsatz der Mitarbeiter und eigenem Einsatz, Inkonsequenz, Launenhaftigkeit, Unfähigkeit zu loben, Ziele nicht konkret zu benennen, Entscheidungsschwäche, Desinteresse an den Problemen der Mitarbeiter, keine Zeit für Mitarbeitergespräche, Abwürgen berechtigter Kritik, keine Information, keine Verantwortung und kein Vertrauen.[1164]

1157   Bornewasser und Schnippe (1998), S. 105.
1158   Vgl. Gorschlüter (1999), S. 99 und Kaufmann (1975), S. 105.
1159   Vgl. Beranek und Harmsen (1992), S. 146.
1160   Vgl. Morlock und Harris (1998), S. 41.
1161   Grossmann und Zepke (2002), S. 86.
1162   Vgl. Angehrn et al. (2004), S. 2755 und o.A. (2001b), S. 14.
1163   Vgl. Angehrn et al. (2004), S. 2757.
1164   Vgl. von Eiff (2000), S. 63.

Das Führungsverständnis unterscheidet sich zwischen dem ärztlichen und dem Pflegebereich. „Während Ärzte das *alleinige* Treffen von Entscheidungen durch eine Führungskraft als ein wichtiges Charakteristikum von guter Führung definieren, sehen Mitglieder des Pflegebereiches das alleinige Treffen von Entscheidungen als nachrangig."[1165] Daraus lassen sich unterschiedliche Ansprüche an das Kompetenzprofil von Führungskräften ableiten: Während die Ärzteschaft – deren Führungspraxis stark hierarchisch ausgeprägt und auf ein Wissensvermittlungs- und Kontrollprinzip weitestgehend ohne Partizipation ausgerichtet ist – die Fachkompetenz als wichtigste Führungskompetenz betrachtet, versteht die Pflege die soziale Kompetenz als bedeutendstes Merkmal guter Führung.[1166]

4.3.2.4 Boundary-Management

Immer wiederkehrende Faktoren an der Schnittstelle zum OPS führen zu Problemen und damit zu Verzögerungen im OP-Ablauf, die weniger durch die Angehörigen des Chirurgie- oder Anästhesieteams, sondern erst durch das Zusammenwirken aller Beteiligten beeinflusst werden können. Häufig auftretende Probleme können sein, dass der Patient mit Schmuck in den OPS kommt oder ohne ordnungsgemässe Rasur, notwendige Befunde und Röntgenbilder fehlen oder zu wenig Personal für den Patiententransport vorhanden ist.[1167] Die Bestellung von Patienten durch andere Berufsgruppen ohne Absprache mit der Anästhesie kann durch die personelle Situation zu Verzögerungen im Arbeitsprozess und zu einer Erhöhung des Zeitdrucks für die Narkoseeinleitung führen, wenn die Anästhesie z.B. noch mit der Narkoseausleitung des vorangegangenen Patienten beschäftigt ist.[1168]

Das Boundary-Management im OPS fokussiert die Beziehungen zur Station, in welcher der Patient zum richtigen Zeitpunkt mit den richtigen Massnahmen für die OP vorbereitet wird, zum Labor, zur Blutbank oder zu anderen spitalinternen Dienstleistungen, die einen während der OP entstehenden Dienstleistungsbedarf möglichst schnell abdecken sollen. Eine spezielle Beachtung erfährt das Management der Teamgrenze bei Mehrfachtransplantationen mit mehreren involvierten OP-Teams.

4.3.2.5 Aufgabensynthese

Die OP lässt sich in eine präoperative, eine operative (oder Durchführungs-) und eine postoperative Phase unterteilen. Dabei arbeiten in den jeweiligen Phasen jeweils Vertreter diverser Berufsgruppen mit unterschiedlichem Status und verschiedenen Entscheidungskompetenzen parallel und seriell miteinander (vgl. Abbildung 19). Dabei wird eine Vielzahl wechselseitig aufeinander bezogener Teilaufgaben er-

---

1165 Szabo (2000), S. 11, kursiv i.O.
1166 Vgl. Szabo (2000), S. 11.
1167 Vgl. Greulich und Thiele (1999), S. 586
1168 Vgl. Manser et al. (2003), S. 371. Als organisatorische Massnahme wird ein Holding Room eingerichtet, in dem die
      Patienten 'stand by' sind und durch dort vorgenommene vorbereitende Massnahmen zur Narkoseeinleitung schnell
      zur Verfügung stehen.

ledigt[1169], womit sich die Frage nach deren optimalem Gefüge stellt[1170]. „In vielen Kliniken ist die Aufgabenverteilung streng reglementiert. Der Operateur operiert, der erste Assistent knotet und schneidet, der zweite Assistent tupft, saugt, koaguliert und hält die Haken. Die Aufgabe des instrumentierenden Operationspersonals ist, dem Operationsteam im richtigen Augenblick das richtige Instrument anzureichen bzw. es abzunehmen."[1171]

Nicht alle operativen Eingriffe weisen eine starke Standardisierung und somit eine ex ante Koordination auf.

Phase	Schritt	Chirurgen	OP-Pflege	Anästhesisten	Anästhesie-pflege
Präoperative Phase		Aufnahme und Patientengespräch			
				Prämedikationsgespräch	
					Betreuung des Patienten im Holding Room
					Vorbereitung der Anästhesie
			Transport des Patienten, Vorbereitung Instrumente und OP		
Operative Phase	Einschleusung			Übernahme des Patienten	Übernahme des Patienten
	Einleitung			Narkoseeinleitung	Assistenz bei der Einleitung
	Schnitt	Durchführung der Operation	Assistenz bei der Operation	Überwachung der Narkose	Überwachung der Narkose
	Naht				
	Ausleitung			Ausleitung der Narkose	Assistenz bei der Ausleitung/ Reinigung und Bestückung des Einleitungsraums
Postoperative Phase	Ausschleusung			Übergabe an nachgelagerte Station	Übergabe an nachgelagerte Station
			Reinigung des OPs		

Abbildung 19: Behandlungsschritte im perioperativen Prozess[1172]

Die Koordination im OPS-Bereich erfolgt[1173]

- vertikal über schriftlich festgehaltene Strategien und taktische Ziele, Führungsrichtlinien, Koordinationsvereinbarungen (Zuordnung von Aufgaben zu Berufsgruppen, Festlegung von Rahmenvorgaben wie Personalausstattung, zeitliche Festlegungen,

---

1169   Vgl. Bornewasser und Schnippe (1998), S. 103.
1170   Vgl. Schreyögg (1999), S. 130.
1171   Beranek und Harmsen (1992), S. 123-134.
1172   Vgl. Manser et al. (2003), S. 367 und Bornewasser und Schnippe (1998), S. 104.
1173   Vgl. Bornewasser und Schnippe (1998), S. 104-105.

OP-Richtlinien) und Kooperationsstandards (Pflegestandards, Visiteregelungen, Do-
kumentationsregelungen, Regelungen der ambulanten und stationären Aufnahme),

- lateral durch kollegiale Absprachen der Ärzte (z.B. Chirurgie, Urologie und Anästhesie)
  und Pflegekräfte (z.B. OP, Anästhesie, Sterilisation) und durch einen Koordinations-
  beauftragten, der die OP-bezogenen Standards, Abläufe und die laterale Koordination
  regelt,

- durch OP-Pläne, die kurzfristige und hochgradig flexible Koordinationsinstrumente
  darstellen, die das OP-Programm in der zeitlichen Abfolge pro Saal festlegen und als
  verbindliche Vorgabe für die Personalorganisation, die Prämedikation, die Bereitstellung der Instrumente und der Kapazitäten im Aufwachraum und der Intensivstation
  gelten.

Verglichen mit anderen Einflussfaktoren scheint die Zuordnung von Aufgaben, Kompetenzen und entsprechender Verantwortung im OPS kein besonderes Problem darzustellen. Von den bedeutenden Faktoren für die Zusammenarbeit betreffen 2.4% der negativen und 3.3% der positiven Nennungen die den
Bereich Aufgaben/Kompetenzen/Verantwortung. Dennoch werden die Zuständigkeiten von OP-Pflege
und Anästhesie nicht immer als geklärt betrachtet. Lediglich die Operateure nehmen signifikant weniger
Uneinigkeit über die Zuständigkeiten wahr (vgl. Tabelle 38).[1174]

	„Im OP herrscht manchmal Uneinigkeit darüber, wer zuständig ist." (2.19)
Pflege	3.13*
Anästhesie	3.27*
Operateure	2.66*
Gesamt	2.99
Mediane (1= lehne stark ab,5=stimme stark zu) * signifikante Unter- schiede (α<0.05)	

Tabelle 38: Uneinigkeit über Zuständigkeitsbereiche (Frage 2.19)

Neben der expliziten Koordination findet im OPS auch eine implizite, auf geteilten mentalen Modellen
beruhende Koordination statt. In komplexen, neuartigen Situationen wird jedoch die explizite Koordination und die Möglichkeit für die einzelnen Teammitglieder, ihre Beobachtungen, Fragen und Bedenken
äussern zu können, als wichtig betrachtet. [1175]

1174 Vgl. den Vergleich mit der Wahrgenommenen Einmischung in den eigenen Aufgabenbereich in Tabelle 25.
1175 Vgl. Edmondson 2003, zit. nach Zala-Mezö et al. (2004), S. 201.

4.3.3 Teamgrösse

Die Teamgrösse wird als Einflussfaktor auf die Zusammenarbeit kaum erwähnt (vgl. Tabellen 19 und 20), von den Berufsgruppen jedoch unterschiedlich wahrgenommen: Während die Pflege die Aussage signifikant deutlicher ablehnt, dass das Team zu gross ist, sind Anästhesie und Operateure diesbezüglich indifferent (vgl. Tabelle 39).

	„Das OP-Team ist manchmal zu gross." (2.08)
Pflege	2.37*
Anästhesie	3.19*
Operateure	2.91*
Gesamt	2.94
Mediane (1= lehne stark ab,5=stimme stark zu)	
* signifikante Unterschiede (α<0.05) zwischen Anästhesie/Operateure und Pflege	

Tabelle 39: Grösse des OP-Teams (Frage 2.08)

Die Grösse des OP-Teams besitzt für das Teammanagement dennoch eine Bedeutung, da sich einerseits bestimmte Vor- oder Nachteile ableiten lassen, andererseits die Anzahl der Teammitglieder und deren Einsatzdauer einen wesentlichen Einfluss auf die entstehenden Kosten aufweisen.

Die Zusammensetzung des Teams ergibt sich aus den für eine spezifische OP benötigten personellen Vorgaben und umfasst Operateure, Pflege, Anästhesie und evtl. zusätzliche Mitarbeiter (z.B. Hebamme, Kardiotechniker).[1176] Die Art der Funktionen, die während einer Operation zu erbringen sind, ist i. d. R. durch die geplante therapeutische Massnahme gegeben. Die Frage nach der Anzahl der benötigten Mitarbeiter, welche diese Funktionen übernehmen, lässt sich hingegen nicht standardmässig beantworten und ist u. a. von folgenden Faktoren abhängig:

- Operateure: „Es gibt Operateure, die für eine Hüftendoprothesen-Operation lediglich zwei Assistenten benötigen, um diesen Eingriff durchzuführen, während es wiederum andere gibt, die in jedem Falle drei Assistenten abfordern. Um eine Arthroskopie durchzuführen ist der eine Operateur in der Lage, diese mit Hilfe der Assistenz der Instrumentierpflege (falls diese wiederum dazu bereit ist!) zu erbringen, während ein anderer Operateur in jedem Fall einen Assistenten bindet."[1177]

- Risiko: Bei den im OPS arbeitenden Anästhesieteams stellt sich zur Reduktion der Personalkosten die Frage nach dem eingesetzten Verhältnis zwischen Ärzten und A-

---

1176 Vgl. Busse (2001), S. 60 und Gabel et al. (1999), S. 78.
1177 Busse (2001), S. 165.

nästhesiepflege. So sind verschiedene Einsatzmodelle in Abhängigkeit des Risikograds der Patienten denkbar. Während bei Hochrisikopatienten der Einsatz von Anästhesieteams bestehend aus Ärzten als angebracht erachtet wird, vergrössert sich das kostenoptimale Verhältnis von Pflege zu Arzt mit abnehmendem Risiko der Patienten bis zu einem Verhältnis von 8:1.[1178]

- Qualität: Die Mitarbeiterqualität (Ausbildungsgrad, Erfahrung, Fähigkeit) kann Auswirkungen auf die Personalbindung anderer Berufsgruppen besitzen[1179]: So erfordern Mitarbeiter in Ausbildung im OP-Team tendenziell zusätzliches Personal. Zudem lassen sich Assistenzfunktionen bestimmter Tätigkeitsgebiete unter Berücksichtigung zeitlicher und fachlicher Restriktionen von Trägern anderer Tätigkeitsbereiche übernehmen, was die Teamgrösse bei gegebener Einsatzflexibilität reduziert.

Aus der Teamgrösse lassen sich für das OP-Team folgende Wirkungen ableiten:

Kleine OP-Teams

- minimieren den Durchgangsverkehr im OPS und vermeiden unnötige Kommunikation[1180],

- besitzen einen geringeren Kommunikations- und Koordinationsaufwand und bilden einfacher effiziente Kommunikations- und Informationsstrukturen und

- können bei überraschenden Änderungen des Patientenzustands zuwenig relevante Informationen oder Spezialisierungen besitzen, was dazu führt, dass die OP nicht erfolgreich oder nicht in der geplanten Zeit abgeschlossen werden kann.

Grosse OP-Teams

- besitzen die Möglichkeit, Spezialisierungsvorteile umzusetzen (z.B. Anästhesieteams, Springer der OP-Pflege resp. Konzentration der Teammitglieder auf spezifische und nicht auf allgemeine Aufgaben),

- weisen bei unvorhergesehenen Ereignissen eine grössere Flexibilität auf,

- reduzieren aus Zeit-, Akzeptanz- und Vorsichtsgründen die Möglichkeiten der einzelnen Teammitglieder, sich in die Problemlösung einzubringen und

- unterliegen der Gefahr der Bildung von Subgruppen (Anästhesieteams, Pflegeteams im OPS), womit sich die Bildung eines umfassenden OP-Teamverständnisses er-

---

1178   Vgl. Glance (2000), S. 584.
1179   Vgl. Busse (2001), S.165.
1180   Vgl. Zimmerli und Graber (2000), S. 579.

schwert. Diese Gefahr der Cliquenbildung wird durch die krankenhausspezifische Sprachregelung, in der nicht von einem alle Mitglieder umfassenden OP-Team sondern von verschiedenen Teams wie dem Arztteam, dem Pflegeteam oder dem Anästhesieteam gesprochen wird[1181] bereits sprachlich institutionalisiert.

4.4 Entwicklung teaminterner, nicht direkt beeinflussbarer Einflussfaktoren auf das Verhalten von OP-Teams

Die internen Merkmale, die nicht direkt gestaltet werden können, können einen grossen Einfluss auf das Verhalten des OP-Teams besitzen. Neben der Teamentwicklung lassen sich Strukturen in OP-Teams sowie die auf Werten und Normen basierende Kohäsion, Attraktion und die vorherrschende Teamkultur analysieren.

4.4.1 Teamentwicklung

Das oft täglich neu formierte OP-Team erhält i. d. R. nicht die zum Durchschreiten der verschiedenen Phasen der Teamentwicklung benötigte Zeit (vgl. Kapitel 3.4.1), weshalb eine Ausdifferenzierung der Teamstrukturen kaum erfolgen kann. Erschwerend wirken sich dazu die allgemein schwach entwickelten Kommunikationsstrukturen für interprofessionelle Teamarbeit im Krankenhaus aus.[1182] Dennoch scheint der (fehlenden) Möglichkeit zur Entwicklung kein besonderer Einfluss beigemessen zu werden: 3.4% der positiven und 1.8% der negativen Nennungen bezeichneten Eingespieltheit resp. ständige Neuerungen als Faktoren mit Auswirkungen auf die Zusammenarbeit (vgl. Tabellen 19 und 20).

Dem mit der Teamentwicklung einhergehenden Lernen kommt in Expertenorganisationen eine grosse Bedeutung zu, Aus- und regelmässige Weiterbildung besitzen im Krankenhaus einen hohen Stellenwert. OP-Teams in Universitätskliniken müssen nicht nur den allgemeinen raschen Technologiewandel mittragen, sondern zusätzlich neue Verfahren entwickeln und testen, was zu einem noch kürzeren Novellierungszyklus führt. Die OP-Mitarbeiter benötigen deshalb eine ständige Motivation, sich mit neuen Verfahren, anderen Geräten und modifizierten Methoden auseinander zu setzen.[1183]

Die Fähigkeit eines OP-Teams, neue Arbeitsprozesse zu adaptieren, wird als einer der Schlüsselfaktoren für dessen Erfolg betrachtet. Neue Eingriffsarten erfordern nicht nur von den einzelnen Mitgliedern sondern vom gesamten Team das Erlernen neuer Aufgaben und können zur Folge haben, dass mehrere bekannte und unbekannter Teilprozesse in einer neuen Reihenfolge zu absolvieren sind. Eine neue

1181   Vgl. Busse (2001), S. 60.
1182   Vgl. Grossmann und Prammer (1995), S. 16.
1183   Vgl. Braun (1999a), S. 14.

Technologie kann z.B. eine verstärkte verbale Kommunikation zwischen den Teammitgliedern erfordern, die Abhängigkeit des Chirurgen von den anderen Teammitgliedern bzgl. bedeutender Informationen erhöhen oder dessen hierarchische Rolle verändern.[1184] Für das OP-Team, in dem oftmals ohne verbale Kommunikation gearbeitet wird, bedeutet dies, alte Routinen abzulegen, bevor die neuen erlernt werden.

Die Geschwindigkeit, mit der sich ein Team diese neuen Prozesse aneignet, ist in grossem Masse davon abhängig, wie aktiv die Teamleader die Lernfortschritte steuern.[1185] Diese Erkenntnis stellt eine Herausforderung dar, wenn die Teamleader wie im Krankenhaus eher nach Fachfähigkeiten als nach Führungskompetenzen ausgewählt werden. Weitere Erfolgsfaktoren bei der Adaption von Neuerungen durch das Team sind die Häufigkeit, mit der neue Eingriffe durchgeführt werden, das Verständnis, mit der die neue Technologie betrachtet wird – als Plug-In Komponente (lediglich neues Element) oder als Team-Innovations-Projekt (Neugestaltung der Arbeitsabläufe um die Technologie) – und die Integration der Ärzteschaft in den Lernprozess, die sich durch ihre Mitbeteiligung in der Auswahl der Teammitglieder, durch ihre Anwesenheit bei Trockenübungen, ihrer Selbstbeurteilung bzgl. des eigenen Lernbedarfs und desjenigen der Teammitglieder und ihrer Bereitschaft und Fähigkeit, ihren Kommunikationsstil anzupassen, ausdrückt.

Keinen signifikanten Einfluss auf die Geschwindigkeit, mit der sich ein OP-Team neue Prozesse aneignet, haben hingegen der Ausbildungshintergrund, die chirurgischen Erfahrungen und der Status der Ärzte, die Unterstützung durch höhere Instanzen sowie Projekt-Audits und Debriefings.[1186]

Neben dem Lernen des Teams besitzt das Lernen im Team einen grossen Stellenwert. Eine Vielzahl von Spitalorganisationen bildet Mediziner aus. Die Forderung, dass der Chefarzt den Ärzten in Ausbildung regelmässig zur Verfügung stehen, mit ihnen einzelne Fälle besprechen, sein Wissen weitergeben und die Ausbildung organisatorisch sicherstellen soll[1187], reicht alleine nicht aus, um Lernerfolge sicherzustellen. Vielmehr sind im OPS selbst optimale Lernbedingungen (Möglichkeiten zum angeleiteten oder selbstständigen Handeln bieten, ein angstfreies[1188] Klima zu schaffen, in denen Fragen gestellt und eigene Standpunkte vertreten werden dürfen.

1184   Vgl. Edmondson et al. (2001), S. 126-127.
1185   Vgl. Edmondson et al. (2001), S. 127-128.
1186   Vgl. Edmondson et al. (2001), S. 129-130.
1187   Vgl. Sertl (2000), S. 18.
1188   Vgl. Gabel et al. (1999), S. 157.

4.4.2 Teamstrukturen

In einer Untersuchung der Zusammenarbeit in Anästhesieteams konnte festgestellt werden, dass die Teammitglieder dem sozialen Gefüge nur ein geringes Gewicht beimessen, was auf die ständig wechselnde Teamzusammensetzung zurückgeführt wird.[1189] Aus der Häufigkeit, mit der in der Erhebung zu dieser Arbeit Kriterien erwähnt wurden, die zur internen Sozialstruktur eines Teams gezählt werden können, kann diesem Faktor jedoch ein höherer Stellenwert zugeschrieben werden (vgl. Tabelle 40).

Strukturmerkmale mit negativem Einfluss	Total		Pflege		Anästhesie		Operateure		Andere
Kommunikation	54	9.2%	18	21.7%	22	9.3%	31	11.7%	0
Beziehungen zwischen Tätigkeitsbereichen	52	8.8%	5	6.0%	27	11.4%	20	7.5%	2
Machtgehabe	44	7.5%	9	10.8%	17	7.2%	23	8.7%	1
Hierarchie	26	4.4%	4	4.8%	11	4.6%	16	6.0%	0
Total	176	29.8%	36	43.4%	77	13.0%	90	15.2%	3
Strukturmerkmale mit positivem Einfluss	Total		Pflege		Anästhesie		Operateure		Andere
Kommunikation	72	12.1%	12	13.6%	37	15.7%	22	8.3%	1
Beziehungen zwischen Tätigkeitsbereichen	59	9.9%	8	9.1%	24	10.2%	26	9.8%	1
Hierarchie	11	0.7%	3	3.4%	3	1.3%	4	1.5%	1
Total	139	23.6%	23	26.1%	64	27.2%	52	19.6%	3

Tabelle 40: Bedeutung der Teamstrukturen für das Ergebnis der Zusammenarbeit (Fragen 1.4 und 1.5)

Diese unterschiedlichen Einschätzungen können u. a. dadurch erklärt werden, dass die Strukturen im OP-Team aufgrund der heterogeneren Zusammensetzung deutlicher ausgeprägt sind als innerhalb des Anästhesieteams. Dabei wird die Statusstruktur von aussen in den OPS hinein getragen: Die akademisch ausgebildeten Funktionen (ärztlicher Dienst der Chirurgie und Anästhesie) weisen ein deutlich höheres Ansehen gegenüber den nicht-akademischen Funktionen (pflegerischer Dienst der Anästhesie, Instrumentierung und medizinisch-technische Assistenz) auf.[1190] Die Rollenstruktur wird durch den Umstand kompliziert, dass sich die Menschen im OPS neben den unterschiedlichen Funktionen durch unterschiedliche Erfahrungsgrade (z.B. unerfahrene Assistenzärzte und erfahrene, hoch qualifizierte OP-Schwestern), durch unterschiedliche hierarchische Stellungen im Krankenhaus ausserhalb des OPS (z.B. Oberschwester, Chef- und Oberarzt) und durch unterschiedliche Nebenfunktionen (z.B. Ausbildnerfunktion) auszeichnen. Ausserhalb des OP-Teams sind dessen Angehörige Mitglieder verschiedener anderer formeller oder informeller Gruppen oder Teams (z.B. Pflegeteam oder Anästhesieteam), in denen wiederum spezifische interne Sozialstrukturen bestehen. Während ihrer Tätigkeit im OPS können

---

1189   Vgl. Zala-Mezö et al. (2004), S. 205.
1190   Vgl. Grahmann und Gutwetter (2002), S. 25-26.

die Teammitglieder mit – verglichen zur Aussenwelt – veränderten Sozialstrukturen konfrontiert werden. Neben den formellen, OP-bezogenen Einflussfaktoren besteht eine Reihe formeller und informeller Einflussfaktoren auf die Rollenerwartung, die zu einer komplexen Rollen- und damit auch Macht- und Autoritätsstruktur im OPS führen. Die Kommunikationsstruktur ist durch die benötigten Informationen im Ablauf der OP sowie die Rollen-, Macht- und Autoritätsstruktur definiert (vgl. Tabelle 41).

Bezeichnung	strukturiert....	im OP
Statusstruktur	Rangordnung und sozial bewertete Stellung	Chirurgie und Anästhesie besitzen einen höheren Status als die Pflege und die medizinisch-technische Assistenz
Rollenstruktur	Verhaltenserwartungen und deren Wahrnehmung	Chirurgie und Anästhesie sind fehlerlose allwissende Profis (Lebensretter) mit Charisma und Launen, i. d. R. männlich. Pflege bietet zudienende, demütige Hilfe, i. d. R. weiblich.
Macht- und Autoritätsstruktur	formelle und faktische Verteilung der Macht	Die Machtverteilung ist formell durch das Operationsstadium legitimiert. Die faktische Machtverteilung ergibt sich anhand der Verfügungsgewalt über Ressourcen (z.B. Instrumentierschwester über Instrumente, Anästhesist über die Kontrolle über den Zustand des Patienten).
Kommunikationsstruktur	Ausmass, Anzahl und Qualität formeller und informeller Kanäle	Die Kommunikation ist oft standardisiert, nonverbal, implizit und vom Operationsstadium abhängig, kann jedoch auch verbalisiert werden. Hauptsächlich werden formelle Kanäle verwendet. Die Qualität ist dabei von unterschiedlichen Einflussfaktoren (z.B. der Distanz, anderen Geräuschen der OP oder von Musik) abhängig.
Affektstruktur	Sympathieverteilung in der Gruppe	Die Affektstruktur ist abhängig von Ereignissen im und vor allem ausserhalb des OPS.

Tabelle 41: Sozialstruktur des OP-Teams[1191]

4.4.2.1 Statusstruktur im OPS

Jede der im OPS tätigen Professionen besitzt ein grosses Statusbewusstsein. Das Verhältnis der verschiedenen Professionen beruht noch immer zum grossen Teil auf Status- und Hierarchieverhältnissen[1192], die jedoch durch verschiedene Faktoren (zunehmende Diffusion traditionell geschlechtsspezifischer Professionen, allgemeiner Wertewandel, zunehmende Spezialisierung der nicht-akademischen Tätigkeiten im OPS) starken Veränderungskräften ausgesetzt sind.

Die dominierende Rolle der Mediziner wird durch ein starkes hierarchisches Gefälle zu den anderen Berufsgruppen gefördert.[1193] Der höhere Status der akademisch ausgebildeten Funktionen gegenüber den nicht-akademischen Funktionen[1194] wird durch die Verwendung von akademischen Titeln aufrechterhalten. Grosse Erfahrung oder Stellung in höheren Hierarchiestufen[1195] vergrössern in Expertenorganisationen das Ansehen zusätzlich. Der höhere Status der jeweiligen Person kann dabei über die Professio-

---

1191   Vgl. Gfrörer und Schüpfer (2004), S. 336.
1192   Vgl. Grahmann und Gutwetter (2002), S. 19.
1193   Vgl. Gorschlüter (1999), S. 99.
1194   Vgl. Grahmann und Gutwetter (2002), S. 25-26.
1195   Vgl. Weidmann (2001), S. 34.

nen hinweg wahrgenommen werden. Der Gebrauch von Statussymbolen (z.B. Stethoskop) wird jedoch zunehmend kritisch betrachtet.[1196]

4.4.2.2 Rollenstruktur

Bisherige Untersuchungen zur Rollenstruktur fokussierten hauptsächlich das Rollenverhalten der Professionen im Krankenhaus. Der OPS wurde kaum explizit betrachtet. Die bestehenden Rollenerwartungen an bestimmte Berufsgruppen im Krankenhaus[1197] lassen sich nicht linear auf das OP-Team übertragen.

Rollen im Krankenhaus sind Gegenstand vielfältiger Untersuchungen. Rollenkonflikte gelten generell als Ursache für Angst und Stress von Mitarbeitern im Gesundheitswesen.[1198] Eine Analyse der Belegschaft im Krankenhaus führt zur Erkenntnis, dass „[i]nsbesondere im Krankenhaus [...] innerhalb bestimmter Berufsgruppen – Schwestern oder Ärzten – ein bestimmtes Rollenverhalten erwartet [wird]. Das jeweils wahrgenommene Rollenverständnis kann dabei mit anderen Rollen kollidieren"[1199]. Etliche Beiträge befassen sich mit den einzelnen Professionen im Krankenhaus. So wird die Rolle des Arztes mit „Gleichgültigkeit für den Reichtum, Arbeitsamkeit, Schamhaftigkeit, Herablassung, Ernsthaftigkeit, Beurteilungskraft, Stille des Geistes, Leutseligkeit, Reinheit der Sitten, Gelehrsamkeit, Religion, Unbestechlichkeit, Entfernung von Aberglauben und eine göttliche Erhabenheit der Seele"[1200] beschrieben und als universalistisch, funktional spezifisch, emotional neutral und kollektivitätsorientiert[1201] analysiert.

Die Rolle der Krankenschwester wird als universalistisch (‚Dienerin der Öffentlichkeit') und als funktional diffus beschrieben oder als ‚Muttersurrogat' bezeichnet.[1202] Rollenkonflikte und -ambiguitäten besitzen eine grosse Bedeutung für die Angehörigen der Pflege.[1203] Eine Analyse der Rolle der Krankenschwester anhand von Arztromanen führte zu vier Grundtypen von typischen Schwestern-Rollen, die anhand verschiedener Attribute charakterisiert werden, welche eine geschlechterspezifische Zuschreibung zur Folge haben, in welcher der Arzt männlich und die Pflegekraft weiblich ist.[1204] In weiteren Rollen werden die Ärzte als ‚unnahbare Experten' und die Pflege als ‚einfühlsame Samariter' bezeichnet.[1205]

1196   Vgl. Bollag (2000), S. 2225.
1197   Vgl. Rathje (2003), S. 107 und S. 110.
1198   Vgl. Lindström et al. (1994) zit. nach Hacker et al. (2003), S. 237.
1199   Rathje (2003), S. 107.
1200   Zehnder (1818) zit. in Romer (1998), S. 44.
1201   Vgl. Parsons (1958), zit. nach Swertz (1968), S. 29-30 und Ferguson (1958), S. 435.
1202   Vgl. Cowin und Taves 1963, zit. nach Swertz (1968), S. 31.
1203   Vgl. Schiesser (1984), S. 193-206.
1204   Brown (1995), S. 17-26.
1205   Vgl. Szabo (2000), S. 13.

Die bisher einzige Untersuchung, die explizit den Operationssaal zum Gegenstand rollenspezifischer Überlegungen hatte, wurde von Goffman 1961 durchgeführt. Dabei charakterisiert er Assistenzarzt und Medizinalpraktikanten als distanziert. Der Chirurg hingegen erfüllt die (formale) Rolle, zieht aber die damit verbundenen Erwartungen ins Lächerliche. Zudem lockert er während kritischen Situationen die Atmosphäre und spricht den Mitarbeiter freundschaftlich mit Vor- oder Spitznamen an, während er ihn kritisiert.[1206]

Die Bedeutung der Rollenstruktur im OPS ergibt sich aus der Annahme der Komplexitätsreduktion durch ausdifferenzierte Rollenerwartungen[1207] sowie dem durch Rolleninkompatibilitäten (Differenzen in Eigen- und Fremdwahrnehmung) entstehenden Potenzial von Rollenkonflikten[1208]. Die Ergebnisse der Umfrage[1209] zeigen auf, dass sich die jeweiligen Berufsgruppen selbst bzgl. allen erfragten Dimensionen (Einfluss, Sympathie, Zielorientierung) höher beurteilen, als sie von den anderen beurteilt werden. Die Angehörigen bescheinigen ihrer Berufsgruppe selbst jedoch nicht in jedem Fall höhere Werte als den anderen. Ein Vergleich der Selbsteinschätzungen zeigt, dass die Pflege ihren Einfluss und ihre Zielorientierung tiefer einschätzt, als die Anästhesie und die Chirurgie, die sich selbst ähnliche Werte zuschreiben. Letztere attestieren sich somit eine grössere Bedeutung im Operationsprozess. Die Operateure beurteilen sich selbst am unsympathischsten, während sich hier die Pflege und Anästhesie nicht signifikant unterscheiden. Die Resultate lassen sich für die einzelnen Professionen wie folgt interpretieren.

Die OP-Pflege nimmt für sich selbst ein signifikant höheres Niveau an Einfluss wahr, als ihr dies die Chirurgie und die Anästhesie attestieren. Da sich Anästhesisten und Chirurgen selbst einen grösseren Einfluss zuschreiben, besteht für die Pflegenden das Problem, dass ihr tatsächlicher Einfluss auf das Operationsgeschehen kleiner ist als sie wahr nehmen.

- Versucht die Pflege ihren Einfluss auf den Verlauf der Operation zu verstärken, kann dies zu Konflikten mit der Chirurgie oder Anästhesie führen.
- Können die Pflegenden den sich selbst attestierten Einfluss nicht ausüben, besteht bei ihnen die Gefahr von Frustration oder Demotivation.
- Beruht die ungleiche Beurteilung des Einflusses darauf, dass die Bedeutung der Leistungen der Pflegenden von den medizinischen Berufen nicht gleichermassen eingeschätzt wird, besteht die Möglichkeit zu mangelnder Anerkennung und Wertschätzung durch die Ärzteschaft.

1206   Vgl. Goffman (1961) zit. nach Dreyer (1989), S. 119-120.
1207   Vgl. Claessens (1995), S. 23 und Zurstiege (1998), S. 33.
1208   Vgl. Wiswede (1977), S. 115.
1209   Vgl. Anhang 3.

Bezüglich der Sympathie sind keine wesentlichen Unterschiede zwischen Selbst- und Fremdeinschätzung fest zu stellen. Die OP-Pflege beansprucht keine besondere soziale Funktion im Team, noch wird ihr von den anderen Berufsgruppen eine solche zugewiesen. Dies steht im Widerspruch zu den bisherigen in der Literatur beschriebenen Rollenerwartungen. Ausgehend von einer tiefen Selbsteinschätzung weist sich die OP-Pflege selbst und in Übereinstimmung mit den anderen Funktionen ein geringeres Mass an Zielorientierung zu. Die medizinischen Professionen nehmen somit für sich in Anspruch, zur Resultaterreichung mehr beizutragen als dies die Pflege tut. Aufgrund der Konvergenz der Wahrnehmungen sind hieraus keine direkten Folgen abzuleiten

Die Vertreter der Anästhesie beurteilen sich bzgl. allen Verhaltensdimensionen signifikant höher als die anderen Berufsgruppen und attestieren sich eine bedeutendere Rolle während der OP. Diese ungleiche Wahrnehmung kann wie bei der Pflege zu Konflikten, Frustration und Demotivation sowie mangelnder Anerkennung und Wertschätzung führen. Die Operateure beurteilen Einfluss und Zielorientierung der Anästhesie höher als die Pflege. Aufgrund der signifikanten Unterschiede von Wahrnehmung und Erwartung kann gefolgert werden, dass die Rolle der Anästhesie Konfliktpotenzial aufweist.

Auch die Eigenwahrnehmung der Operateure ist durchwegs positiver als die Erwartungen der anderen Berufsgruppen. Auffallend sind die sehr tiefen Sympathiewerte der Operateure – sowohl in der Selbst- wie der Fremdeinschätzung. Die Pflege beurteilt die Sympathie höher als die Anästhesie. Die zwischen den Ärztefunktionen verschiedene Wahrnehmung bzgl. der Zielorientierung und dem Einfluss der Operateure kann auf eine unterschiedliche Beurteilung der Bedeutung der Chirurgen während einer OP zurückgeführt werden.

Die Analyse der Selbst- und Fremdbilder führt zum Schluss, dass im OP-Team – zumindest bzgl. der erfragten Kriterien – kein eindeutiges Rollengefüge besteht. Die Unterschiede zwischen Selbst- und Fremdwahrnehmungen sind zu ausgeprägt, als dass im OPS von einer ausdifferenzierten Rollenstruktur gesprochen werden könnte.

4.4.2.3   Hierarchie im OP-Team

Im Krankenhaus herrscht eine stark ausgeprägte, von Traditionen bestimmte Hierarchie mit rigiden Abstufungen von Entscheidungsbefugnissen und historisch begründeten patriarchalischen Strukturen.[1210] Diese Hierarchie zwischen den Professionen lässt sich auch im OP-Team feststellen und wird von Anästhesie und Operateuren signifikant stärker wahrgenommen als von der Pflege (vgl. Tabelle 42).

1210   Vgl. Grahmann (1996), S. 15-16.

	„Im OP spürt man die Hierarchie zwischen den Berufsgruppen." (2.16)
Pflege	3.27*
Anästhesie	3.70*
Operateure	3.77*
Gesamt	3.67
Mediane (1= lehne stark ab,5=stimme stark zu) * signifikanter Unterschied (α<0.05) zwischen Anästhesie/Operateure und Pflege	

Tabelle 42: Wahrnehmung der Hierarchieunterschiede im OPS (Frage 2.16)

Die Mediziner besitzen im Krankenhaus eine wesentlich höhere Macht als die Mitarbeiter ohne akademisch-medizinische Ausbildung.[1211] Obwohl der OPS traditionellerweise als Domäne des Chirurgen bezeichnet wird[1212] gleichen sich die Unterschiede aus:

„[I]n the OR, no one is „captain of the ship". Surgeons, anesthesiologists, and nurses have their own realms of competence."[1213]

Die Teammitglieder entstammen verschiedenen Bereichen, besitzen OP-bezogen teilweise unterschiedliche Interessen und sind ausserhalb des OPS in die Hierarchie ihrer Abteilung eingebunden. Die Befugnis eines Oberarztes der Chirurgie, einer OP-Schwester Anweisungen zur Steuerung des OP-Geschehens zu geben oder eines Anästhesisten, selbständig Operationen abzusetzen „unterliegen keiner allgemeinverbindlichen Regel, sondern können nur von Fall zu Fall und von Person zu Person beantwortet werden"[1214]. Damit lässt sich eine fachlich-funktionale Leitungsstruktur umschreiben, die in ihrer Umsetzung z.B. dazu führt, dass der Chefarzt als fachliche Autoritätsperson eine grundlegende Richtung z.B. bei den zu wählenden OP-Techniken vorgibt. Die Umsetzung der hierarchischen Vorgaben ist dabei abhängig von der Form der Kommunikation im Team (Akzeptanz) oder von den Sanktionen (Zwang).[1215]

Chefärzte besitzen ein normatives Direktionsrecht und sind mit entsprechender Anreiz- und Sanktionsmacht ausgestattet, die entweder materiell (z.B. durch Kürzungen von Leistungs- oder Partizipation an Poolzulagen), immateriell (z.B. durch die ungewollte Versetzung in ein spezifisches Team) oder in Kombination (z.B. durch Zugangsregelungen für Ärzte, die zum Ablegen ihrer Fachprüfung bestimmte Eingriffe benötigen) zur Verhaltenlenkung beitragen kann.[1216]

1211   Vgl. Borkenstein (1993), S. 29-32 und S. 55.
1212   Vgl. Henderson (1998), S. 123.
1213   Gabel et al. (1999), S. 3, Her. i. O.
1214   Busse (2001), S. 120.
1215   Vgl. Rathje (2003), S. 109.
1216   Vgl. Rathje (2003), S. 112.

Die informelle Führung besitzt in Krankenhäusern eine grosse Bedeutung. So können Operateure in langfristig entwickelten Verhältnissen Mitarbeitende beeinflussen. Obwohl nicht ins Management oder in Komitees eingebunden, haben die Träger informeller Macht die Möglichkeit, Veränderungen zu bewirken und besitzen sogar manchmal hinter den Kulissen eine Vetomacht. Die Macht lässt sich auch darauf zurückführen, dass bestimmte personenabhängige Leistungen für das Krankenhaus von grosser Bedeutung sind, sei dies bzgl. des generierten Umsatzes oder einer spezifischen Fachreputation. Operateure können z.b. die OP-Planung beeinflussen und ihre OP-Zeiten bestimmen oder bei der Beschaffung von Verbrauchsmaterial und Infrastruktur massgebend mitentscheiden. Oft werden zudem von der Administration geschaffene offizielle Protokolle und Prozesse den Bedürfnissen der Operateure angepasst.[1217]

Angehörige der Anästhesie besitzen ebenfalls Möglichkeiten, informellen Einfluss auszuüben: Durch ihre Anwesenheit in den Operationssälen während des ganzen Tages können sie Erfahrungen und Wissen über die individuellen Verhaltensweisen der jeweiligen Chirurgen generieren.[1218] Die Anästhesie interagiert als einzige mit allen OP-Mitarbeitern, ist oftmals in sämtliche perioperativen Entscheidungen involviert und besitzt dadurch informelle Macht.[1219]

Die informelle Macht der OP-Pflege beruht u.a. darauf, dass sie mit der Betreuung von Informationssystemen (zur flexiblen situativen Planung der OPS-Belegung oder zur nachträglichen Erfassung von OP-Daten) betraut ist. Die verantwortlichen Chefärzte haben in der Regel weder die Kenntnis noch die Zeit, sich mit diesen Systemen vertieft auseinander zu setzen. Bevorzugte Chirurgen können nun informale Planungssysteme besitzen, welche das offizielle Protokoll umgehen. Diese informalen Systeme werden i. d. R. durch eine Schwester oder einen Pfleger mit guten Beziehungen zum betreffenden Chirurgen betrieben.[1220]

4.4.2.4 Kommunikationsstrukturen im OP-Team

Die Kommunikationsstruktur im OPS kann als Totalstruktur bezeichnet werden, deren einzelne Kommunikationskanäle in verschiedenen Richtungen unterschiedlich stark beansprucht werden (vgl. Abbildung 20). Die formelle Struktur wird dabei durch die handlungsorientierte Kommunikation (Informationen über die vorzunehmenden und vorgenommenen Handlungen und über medizinische Befunde und Daten) bestimmt.

1217   Vgl. Collier (1998), S. 143-144.
1218   Vgl. Collier (1998), S. 145.
1219   Vgl. Yevak und Zitzmann Jr. (1998), S. 159.
1220   Vgl. Collier (1998), S. 145.

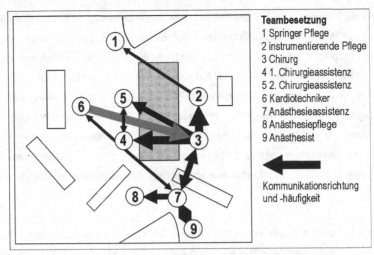

Abbildung 20: Beispiel der Kommunikationsstruktur bei einer Bypass-OP

Neben der formellen besteht auch im OPS eine informelle Struktur, die für nicht aufgabenbezogene Kommunikation verwendet wird. Diese Struktur wird einerseits durch die spezifischen Interessen der Teammitglieder und deren Sympathie gebildet, andererseits durch die Positionierung der Teammitglieder im Raum. Unnötige Kommunikation und Lärm können sich jedoch negativ auf die Zusammenarbeit im Team auswirken.[1221]

4.4.3 Werte und Normen

Versteckte Spielregeln im Krankenhaus sind massgebend für die Arbeitseffizienz, das Betriebsklima, die Patientenorientierung und die Unternehmensentwicklung. Durch wirksame Sanktions- und Belohnungsmechanismen steuern sie das tatsächliche Verhalten der Mitarbeiter, führen zur Entwicklung von sozialen Normen im Betrieb und repräsentieren die gelebte Unternehmenskultur.[1222]

Neben individuellen Werten bestehen spezifische der Professionskulturen, Abteilungen und Gruppen, denen die Teammitglieder jeweils angehören. Für die Zusammenarbeit im durch tradierte Kulturen gekennzeichneten OPS hat der Wertewandel in der Gesellschaft besonders starke Auswirkungen:[1223]

1221   Die Nennungen von Lärm (9) und unnötiger Kommunikation (4) machen 2.2% der negativen Einflussfaktoren aus (Vgl. Anhang 3).
1222   Vgl. von Eiff (2000), S. 62.
1223   Vgl. Fehn und Engels (1999), S. 14-15 und Braun (1999a), S. 15.

- Junge Mitarbeitende (insbesondere Pflegekräfte) sind nicht mehr bereit, ‚einzustecken'.

- Es wird erwartet, dass Kritik in beide hierarchische Richtungen fliessen kann.

- Gleichberechtigter Respekt zwischen ärztlichen Mitarbeitern und OP-Pflege, älteren und jüngeren Mitarbeitern sowie die Anerkennung der wachsenden Zahl männlicher Pflegemitarbeiter ist erforderlich.

Für das OP-Team erschwerend ist die Tatsache, dass sich in ihm Angehörige verschiedener Professionen vereinen, die sich z. T. gerade durch die kulturspezifischen Werte voneinander abgrenzen.

4.4.4 Kohäsion, Attraktion

Die z. T. mystifizierte Betrachtung des Arztes durch Angehörige nicht-akademischer Professionsgruppen oder tiefer gestellter Hierarchiestufen[1224], aber auch objektivere Faktoren wie grosse Erfahrung oder exklusive Fachspezialisierung spezifischer Teammitglieder können die Attraktivität bestimmen, einem spezifischen OP-Team anzugehören. Die Ausprägung der Kohäsionsfaktoren wird folgend zwischen ‚normalen' OP-Teams mit täglich wechselnder Belegschaft und Spezialteams, die zur Hauptsache aus denselben Mitgliedern bestehen, unterschieden (vgl. Tabelle 43). Die Analyse der kohäsionsfördernden oder -hemmenden Faktoren ergibt für Spezialteams eine höhere Kohäsion, während die Ausprägung der Faktoren bei regulären Teams auf eine geringe Kohäsion schliessen lässt.

fördert die Kohäsionsbildung	täglich wechselnde OP-Teams	Spezial-Teams
Häufigkeit der Interaktion	mittel (unregelmässige Interaktion)	hoch (regelmässige Interaktion)
Attraktivität	von Menschen abhängig	mittel-hoch (reputationsbedingt)
Extraversion	gering	hoch (reputationsbedingt)
Emotionale Stabilität	von Zusammensetzung abhängig	hoch (ausdifferenzierte Teamstrukturen)
Homogenität oder grosse Heterogenität	von Zusammensetzung abhängig	von Zusammensetzung abhängig
Intergruppen-Wettbewerb	gering	hoch
Einigkeit über Gruppenziele	mittel (keine Ausdifferenzierung)	hoch (ausdifferenziert)
Erfolg und Anerkennung	Anerkennung gering	Anerkennung bei Erfolg sehr hoch
hemmt die Kohäsionsbildung	täglich wechselnde OP-Teams	Spezial-Teams
Gruppengrösse	gering	je nach Spezialisierung grösseres Team
Einzelkämpfer	von Zusammensetzung abhängig	Reputationskumulation bei Chirurgen
individuelle Leistungsbewertung	keine	keine
Intragruppen-Wettbewerb	mittel	gering
Zielkonflikte	mittel (keine Ausdifferenzierung)	keine (ausdifferenziert)
Misserfolge (in Abhängigkeit des Commitments)	mittel (mässiges Commitment)	gering (hohes Commitment)

Tabelle 43: Ausprägung der Kohäsionsfaktoren im OP-Team

1224 Vgl. Weidmann (2001), S. 175 und Grahmann und Gutwetter (2002), S. 113-115.

Spezialisierte OP-Teams weisen aufgrund der Exklusivität der Aufgabe und der erhöhten Interaktions-häufigkeit eine stärkere Tendenz zu hoher Kohäsion auf als reguläre Teams. Die Gefahr von Group Think, einer Reduktion der Flexibilität und eines Verlusts an Offenheit gegenüber Neuem besteht bei täglich wechselnden OP-Teams weniger. Zusätzlich verringert sich der Druck auf die Teammitglieder, sich konform zu verhalten. Dafür fehlt bei tiefer Kohäsion die angstreduzierende und Arbeitszufrieden-heit steigernde Wirkung.

4.4.5 Teamkultur

Durch die in der Regel ständig wechselnde Teambesetzung und kurze Interaktionsdauer entwickelt sich kaum für jedes OP-Team eine auf individuellen Werten beruhende spezifische und einmalige OP-Teamkultur.[1225] Ein OP-Team besitzt dennoch ein Werte- und Normensystem, das – zumindest bis zu einem bestimmten Grad – als Teamkultur verstanden werden kann. Die einzelnen Teammitglieder prä-gen diese Kultur kurzfristig während ihrer Zusammenarbeit, wobei sich ihr Einfluss im Rahmen der tra-dierten OP-Teamkultur bewegt.

Die greif- und spürbaren Folgen der aktuell vorherrschenden Teamkultur – die eine Mischung aus tra-dierten und mitgliederbezogenen Einflussfaktoren darstellt – weisen für die Teammitglieder eine grosse Bedeutung auf. Ein noch grösserer Einfluss wird dem Teamklima zugesprochen. Aufgrund der schwieri-gen Abgrenzung der Nennungen werden in der Tabelle 44 verschiedene Faktoren aufgeführt, die sich der Teamkultur zuordnen lassen. Auffallend dabei ist, dass der Kultur eher ein positiver als ein negati-ver Einfluss zugeschrieben wird.

Faktoren der Teamkultur					
... mit positivem Einfluss	Anzahl Nennungen	Anteil an pos. Faktoren	... mit negativem Einfluss	Anzahl Nennungen	Anteil an neg. Faktoren
Respekt, Toleranz, Rücksichtnahme[1]	76	12.8%	Schuldzuweisungen[1]	5	0.8%
			fehlender Respekt[1]	12	2.0%
Klima[1]	27	4.5%	Klima[1]	12	2.0%
Fairness[1]	1	0.2%	Missgunst[1]	6	1.0%
Teamgeist[2]	44	2.3%	Aggression[1]	7	1.2%
Fehlerkultur[2]	2	0.3%	fehlender Teamgeist[2]	14	2.4%
Umgang[3]	49	8.2%	Fehlerkultur[2]	4	0.7%
			fehlendes Verständnis für andere Tätigkeitsbereiche[3]	45	7.6%
Total	199	33.4%	Total	105	17.6%
Die markierten Faktoren entstammen folgenden Begriffskategorien: [1] Teamklima [2] Teamkultur [3] Beziehungen zwischen Tätigkeitsbereichen (vgl. Anhang 2 und 3)					

Tabelle 44: Kulturelle Einflussfaktoren auf die Zusammenarbeit (Fragen 1.4 und 1.5)

1225   Vgl. Gmeiner (1997), S. 178.

Folgend werden verschiedene Resultate von Fragen aufgeführt, die sich auf Aspekte beziehen, die der Teamkultur zugeschrieben werden können. Der Umgangston im OPS wird eher als unformell und freundlich wahrgenommen. Hingegen scheint nicht jeder sagen zu können, was er denkt, was u. a. auf die vorherrschende Hierarchie zwischen den Berufsgruppen[1226] zurückgeführt werden kann (vgl. Tabelle 45).

	„Der Umgangston im OP ist freundlich." (2.15)	„Der Umgangston im OP ist immer ein bisschen formell." (2.18)	„Im OP kann jeder sagen, was er denkt." (2.17)
Pflege	3.43	2.37	2.69
Anästhesie	3.38	2.51	2.61
Operateure	3.50	2.55	2.55
Gesamt	3.46	2.51	2.60
Mediane (1= lehne stark ab, 5=stimme stark zu)			

Tabelle 45: Kommunikationskultur im OPS (Fragen 2.15, 2.17 und 2.18)

Konflikte während der Eingriffe sind eher selten, wobei die Angehörigen der Anästhesie noch am ehesten Auseinandersetzungen wahrzunehmen scheinen. Hingegen scheint im OPS keine spezielle Konfliktkultur vorzuherrschen (vgl. Tabelle 46).

	„Während der OP habe ich öfters eine Auseinandersetzung." (2.22)	„Während der OP wird über Konflikte nicht geredet." (2.23)
Pflege	1.90*	3.37
Anästhesie	2.29*	3.13
Operateure	2.03	3.21
Gesamt	2.10	3.21
Mediane (1= lehne stark ab, 5=stimme stark zu) * signifikanter Unterschied (α<0.05) zwischen Anästhesie und Pflege		

Tabelle 46: Konflikte im OPS (Fragen 2.22 und 2.23)

Im OPS scheint eine Art Teamgeist vorzuherrschen, da der Einschätzung, dass die Team-Mitglieder meistens am selben Strang ziehen leicht zugestimmt wird, wobei die Operateure dies signifikant stärker wahrnehmen als die Angehörigen der Anästhesie. Zudem können die Mitglieder zumindest teilweise auf eine gegenseitige Unterstützung bei der Fehlervermeidung zählen. Der Teamgeist geht jedoch nicht so weit, dass die Teammitglieder für Fehler anderer gerade stehen wollen (vgl. Tabelle 47).

1226   Vgl. Tabelle 42.

	„Im OP ziehen die Team-Mitglieder meistens am selben Strang." (2.09)	„Wenn mir mal ein Fehler unterläuft, kann ich darauf hoffen, dass ein Kollege für mich aufpasst." (2.03)	„Ich will nicht für die Fehler der anderen OP-Team-Mitglieder gerade stehen müssen." (2.02)
Pflege	3.37	3.27	3.90
Anästhesie	3.17*	3.53	3.70
Operateure	3.55*	3.29	3.68
Gesamt	3.37	3.39	3.72
Mediane (1= lehne stark ab, 5=stimme stark zu) * signifikanter Unterschied (α<0.05) zwischen Anästhesie und Operateuren			

Tabelle 47: Teamgeist im OPS (Fragen 2.02, 2.03 und 2.09)

Das Arbeitsklima wird tendenziell als gut eingeschätzt. Dies kann u.a. durch das gegenseitige Vertrauen in die Leistungen der anderen Teammitglieder erklärt werden oder dadurch, dass gute Arbeit Anerkennung findet (vgl. Tabelle 48).

	„Im OP ist das Arbeitsklima sehr gut." (2.12)	„Wenn man will, dass im OP etwas richtig gemacht wird, muss man es selbst tun." (2.07)	„Gute Arbeit im OP wird von den anderen Teammitgliedern anerkannt." (2.05)
Pflege	3.53	2.67	3.67
Anästhesie	3.20	2.66	3.60*
Operateure	3.40	2.93	3.95*
Gesamt	3.35	2.78	3.77
Mediane (1= lehne stark ab, 5=stimme stark zu) * signifikanter Unterschied (α<0.05) zwischen Anästhesie und Operateuren			

Tabelle 48: Arbeitsklima im OPS (Fragen 2.05, 2.07 und 2.12)

5 Implikationen für das Management von OP-Teams

Aus der Analyse der Ausprägung der verhaltenssteuernden Merkmale im OP-Team sollen folgend Implikationen für dessen Management abgeleitet werden. Die Massnahmen sollen dazu führen, dass durch die Teamleistung das Teamziel erreicht wird und beruhen auf der Annahme des Frameworks, dass das Verhalten der Teammitglieder durch die Gestaltung von einzelnen Einflussfaktoren beeinflusst werden kann. Eine Zuordnung der genannten Einflussfaktoren soll aufzeigen, wo gemäss der Einschätzung der Teammitglieder die grössten Potenziale zur Steuerung des Teamverhaltens liegen (vgl. Abbildung 21): Aufgrund der Anzahl der Nennungen kann den Massnahmen der Teamgestaltung die grösste Bedeutung zugeschrieben werden, während die Teamentwicklung und die Gestaltung der organisatorischen Rahmenbedingungen ungefähr gleich gewichtet werden können. Kaum Einfluss wird den Stakeholdern zugeschrieben.

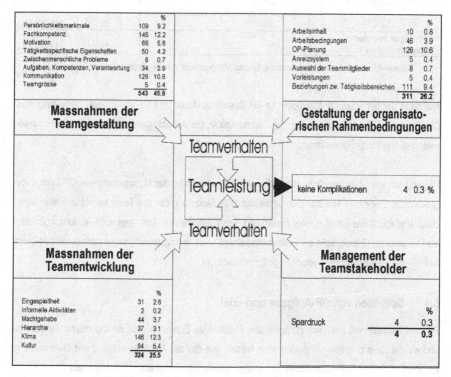

		%
Persönlichkeitsmerkmale	109	9.2
Fachkompetenz	145	12.2
Motivation	66	5.6
Tätigkeitsspezifische Eigenschaften	50	4.2
Zwischenmenschliche Probleme	8	0.7
Aufgaben, Kompetenzen, Verantwortung	34	2.9
Kommunikation	126	10.6
Teamgrösse	5	0.4
	543	**45.8**

Massnahmen der Teamgestaltung

		%
Arbeitsinhalt	10	0.8
Arbeitsbedingungen	46	3.9
OP-Planung	126	10.6
Anreizsystem	5	0.4
Auswahl der Teammitglieder	8	0.7
Vorleistungen	5	0.4
Beziehungen zw. Tätigkeitsbereichen	111	9.4
	311	**26.2**

Gestaltung der organisatorischen Rahmenbedingungen

Teamverhalten

Teamleistung ▶ keine Komplikationen 4 0.3 %

Teamverhalten

Massnahmen der Teamentwicklung

		%
Eingespieltheit	31	2.6
Informelle Aktivitäten	2	0.2
Machtgehabe	44	3.7
Hierarchie	37	3.1
Klima	146	12.3
Kultur	64	5.4
	324	**25.5**

Management der Teamstakeholder

		%
Spardruck	4	0.3
	4	**0.3**

Abbildung 21: Bedeutung der Massnahmen des Teammanagements (Fragen 1.4 und 1.5)[1227]

[1227] Positive und negative Nennungen werden zusammengezählt. Bei der Interpretation bleibt zu berücksichtigen, dass einzelne Faktoren der hier genannten Begriffskategorien auch anderen Massnahmenbereichen zugeordnet werden könnten (vgl. Anhang 2 und 3). In Abbildung 21 sind jedoch keine Mehrfachnennungen aufgeführt.

Werden die in Abbildung 21 aufgeführten Faktoren den verschiedenen Einflussfaktoren des Frameworks zugeordnet, können die bedeutendsten Bereiche für ein Teammanagement abgeleitet werden (vgl. Tabelle 49).

Einflussfaktoren des Frameworks	Nennungen von Einflussfaktoren in der Erhebung	Anzahl	Summe (% am Total)
Teammitglieder	Fachkompetenz	145	
	Persönlichkeitsmerkmale	109	
	Motivation	66	
	tätigkeitsbezogene Eigenschaften	50	
	zwischenmenschliche Probleme	8	378 (31.9%)
Teamkultur	Klima	146	
	Kultur	64	210 (17.7%)
Gestaltung der Teamaufgabe	OP-Planung	126	
	Arbeitsbedingungen	46	
	Arbeitsinhalt	10	182 (15.3%)
Arbeitsorganisation	Kommunikation	126	
	Aufgaben, Kompetenzen, Verantwortung	34	160 (13.5%)
Beziehungen zwischen Tätigkeitsbereichen		111	111 (9.4%)

Tabelle 49: Die bedeutendsten Bereiche für das Management von OP-Teams (Fragen 1.4 und 1.5)

Aus Sicht der befragten OP-Mitarbeiter für die Zusammenarbeit im OPS von grosser Bedeutung sind: Die Teammitglieder, die Teamkultur, die Teamaufgabe, die Arbeitsorganisation und die Beziehungen zwischen den Tätigkeitsbereichen.

Folgend werden für die jeweiligen Aktionsfelder Massnahmen für das Management von OP-Teams vorgeschlagen. Ziel dieser Massnahmen ist die optimale Steuerung der das Team konstituierenden Mitarbeiter und damit das Erzielen einer maximalen Teamperformance. Den folgenden Ausführungen liegt die Prämisse zu Grunde, dass ein Teammanagement – von teamexterner Instanz oder durch das Team selbst – die Einflussfaktoren optimal zu gestalten versucht.

5.1   Definition von OP-Aufgabe und -ziel

Für das Management stellt sich zunächst das Problem zu Erkennen, was die eigentliche Aufgabe ist und welche Ziele zu erfüllen sind. Erst dann lassen sich das zur Aufgabenerfüllung und Zielerreichung benötigte Verhalten und die zu dessen Steuerung erforderlichen Massnahmen bestimmen.

Das Krankenhaus besitzt den grundlegenden Auftrag der gesundheitspolitischen Nutzenstiftung sowie der gesundheitsökonomischen Substanzerhaltung.[1228] Um diesen Auftrag zu erfüllen, kann das Spital anhand einer Analyse seiner internen und externen Erfolgspotenziale eine Strategie formulieren, die z.B. eine (v. a. kostenorientierte) Optimierung der operativen Prozesse zum Ziel haben kann oder eine Steigerung der Ertragskraft durch die Erschliessung substantieller Wachstumspotenziale, die entweder anhand von Markt- oder von Medizin- (oder Ressourcen-)Portfolios ermittelt wurden.[1229] Daraus kann für das OP-Team die Aufgabe abgeleitet werden, eine OP an einem Patienten durchzuführen, mit dem Ziel, den Eingriff in einen lebenden menschlichen Organismus zu Heilzwecken unter Berücksichtigung ökonomischer Effizienz- und Effektivitätskriterien vorzunehmen.[1230] Ein Instrument zur Sicherstellung von Aufgabenerfüllung und Zielerreichung stellen Clinical Guidelines dar, mittels denen versucht wird, zugleich die Behandlungsqualität zu verbessern und die Kosten zu senken.[1231] Die konkreten Kriterien lassen sich aus dem übergeordneten Organisationsziel ableiten (vgl. Tabelle 50).

Ressourcen und Prozessoptimierung (Inputseite)	Zuwachs der Leistungszahlen (Outputseite)
Verbesserung der Prozessabläufe	Patientenzufriedenheit und -bindung
Aufbau teambasierter Ressourcen	Einweiserzufriedenheit und -bindung
Organisationsentwicklung	Schwerpunktbildung
Fehlermanagement	Steigerung des Marktanteils
Kostentransparenz	Mitarbeiterzufriedenheit
Kostenkontrolle	Arbeitsmarktreputation
	Ausbildungsqualität

Tabelle 50: Strategischer Handlungsrahmen[1232]

Neben dem aus dem Auftrag an das Krankenhaus abgeleiteten Ziel bestehen aus der Optik der unterschiedlichen Stakeholder verschiedene Differenzierungen des Teamziels. Das OP-Teammanagement steht vor der Herausforderung, diese Ansprüche zu gewichten, die relevanten Interessen zu befriedigen und neue Formen von Stakeholderbeziehungen zu finden, mit welchen das Team die Organisationsziele besser erfüllen kann. Die Aussenorientierung – die sich bereits auf der Organisationsebene vollziehen lässt[1233] – ist auch für die Teamstufe erforderlich, da sich die im OPS tätigen Professionen durch eine Ablehnung organisatorischer Vorgaben auszeichnen.[1234]

1228   Vgl. Kapitel 4.1.3.
1229   Vgl. Braun von Reinersdorff (2002), S. 166 und S. 255-311.
1230   Vgl. Gfrörer und Schüpfer (2004), S. 337.
1231   Vgl. Heberer (1999), S. 102.
1232   Erweiterte Darstellung nach Brinkmann et al. (2003), S. 948
1233   Vgl. Braun von Reinersdorff (2002), S. 41-43 und S. 103-151.
1234   Vgl. Kapitel 4.2.3.

Die Interessen der externen Stakeholder sind in der Regel gegeben und können durch das Teammanagement kaum verändert werden. Je nach Gewicht der Stakeholder beeinflussen deren Interessen die Teamzielsetzung unterschiedlich (vgl. Tabelle 51).

System	Stakeholder	Einfluss auf Teamaufgabe bzw. -ziel
Organisationssystem	Eigentümer (Kanton, Gemeinde, Aktionäre)	Auftrag an das Krankenhaus, strategische Vorgaben
	Krankenhausmanagement (abteilungsübergreifend)	definiert Teamaufgabe operative Vorgaben: Kosten-, Qualität-, Ausbildungs-, Innovations- und Arbeitszufriedenheitsziele (evtl. MbO)
	OPS-Management	Zeit- und Kostenziele (evtl. Mitsprache bei Zeitzielen)
	andere Teams	Zeitziel
	Teammitglieder	Zeit-, Ausbildungs- und Arbeitszufriedenheitsziele
Wirtschaftssystem	Konkurrenz: Krankenhäuser und OP-Teams; Alternativbehandlung;	geben Qualitäts- Kosten- und Innovationsziele vor oder relativieren diese
	Zulieferer: Hausärzte	beeinflussen Kostenziele durch Patientenstruktur, vorstationäre Diagnose und Dokumentation
	Medizinaltechnik; Pharmazie	beeinflussen Qualitäts-, Kosten- und Innovationsziele
	potentielle Mitarbeiter auf dem internen/externen Arbeitsmarkt	können durch Steigerung des Leistungsniveaus im OP-Team die Aufgabenerfüllung und die Erreichung sämtlicher Ziele verbessern
	Kapitalgeber: Krankenkassen	geben Kosten- und Qualitätsziele vor
	Kunden: Patienten und Angehörige	geben hauptsächlich Qualitätsziele vor
Gesellschaftssystem	Staat, Kanton, Gemeinde	geben Kosten-, Qualitäts- und Innovationsziele vor
	Tagespresse	fordert Qualitäts- und Kostenziele und kommentiert deren Einhaltung
	Fachmedien	fordern Innovationsziele und ermöglichen deren Publikation
	Standesorganisationen	geben vor allem Qualitätsziele und Ausbildungsziele vor
	Patientenorganisationen	geben Qualitäts- und Kostenziele vor
	Bildungsanstalten	geben Ausbildungs- und Innovationsziele vor

Tabelle 51: Einflüsse teamexterner Stakeholder auf Teamaufgabe und –ziel

Werden die Einflüsse der Stakeholderinteressen bei der Ableitung der Teamziele aus den Strategiezielen berücksichtigt, können umfassendere und exaktere Kriterien der Teamleistung definiert werden als beim ausschliesslichen Einbezug der Anspruchsgruppen der Krankenhausebene. Aufgrund der grossen Bedeutung der Aussenorientierung des Krankenhauses[1235] können mit einer Stakeholderanalyse Einflussfaktoren erkannt werden, welche den Organisationszielen zuwiderlaufen können. Mit der Berücksichtigung dieser Faktoren bei der Zielsetzung lassen sich einerseits dysfunktionale Einflüsse auf das Verhalten ausschalten, andererseits die Ziele so gestalten, dass sie für das OP-Team ohne grosse Zielkonflikte erreichbar sind. Aus der Analyse der Beziehungen zu den organisationsinternen Stakeholdern (vgl. Tabelle 17) lassen sich verschiedene begleitende Massnahmen herleiten: So kann z.B. drohenden Konflikten durch partizipative Zielformulierung vorgebeugt, Kooperation durch entsprechende Kommunikation gefördert, bei Austauschbeziehungen auf ein ausgeglichenes Tauschverhältnis geachtet und

---

1235   Vgl. Grossmann und Scala (2002b), S. 29.

bei Konkurrenzbeziehungen der Wettbewerb je nach Situation bewusst gefördert (z.B. Reputation) oder abgewendet (z.B. bei Zugang zu wichtiger Infrastruktur) werden.

Im OP-Team bestehen Risikofaktoren, welche die Qualität von Entscheidungen, die oftmals unter Zeitdruck (z.B. Dringlichkeit der Durchführung von Massnahmen) und unvollständiger Information (z.B. ist der Zustand des Patienten nur teilweise bekannt) gefällt werden müssen, gefährden können. Die Entscheidungsfindung im OP-Team kann von sozialen Kontexten und Gruppenverzerrung beeinflusst werden.[1236] Dieses Risiko lässt sich durch verschiedene Massnahmen reduzieren (vgl. Tabelle 52).[1237]

Verzerrungseffekte und ihre möglichen Folgen	Massnahmen
Falscher Konsenseffekt: Überschätzung des Grades der Übereinstimmung	• Dem Team in neuartigen Entscheidungssituationen genügend Zeit lassen, die jeweiligen Standpunkte zu erfragen. • Die Teammitglieder durch Gesprächsregeln zwingen, ihre jeweiligen Standpunkte zu offenbaren.
Groupthink: Treffen wenig begründeter Entscheidungen	• Eine offene Diskussion über Entscheidungsalternativen fördern. • Durch Neutralität der Diskussionsleitung verhindern, dass diese vorschnell eine Alternative unterstützt. • Ideen durch Advocatus Diaboli prüfen lassen. • Eine grössere Verantwortung der einzelnen Teammitglieder schaffen, den eigenen Standpunkt in den Entscheidungsprozess einzubringen.
Gruppenpolarisierung: Tendenz, in Richtung der von der Mehrheit eingenommenen Position zu entscheiden	• Schaffen individueller Verantwortlichkeiten. • Bewusstsein bezüglich der Polarisierungsgefahr ausbilden.
Eskalation von Gruppen-Commitment: Entscheidung trotz Aussicht auf Misserfolg weiterverfolgen	• Ablaufprozesse gestalten, die verhindern, dass eine Entscheidungskette vom selben Team getragen wird. • Ideen durch Advocatus Diaboli prüfen lassen. • Individuelle Anreizwirkung im Falle eines Scheiterns erhöhen.
Machtbasierte Einflussnahme: Bewusste Beeinflussung anderer Teammitglieder	• Aufbau formeller Strukturen im Team. • Regelmässige Berichterstattung an unabhängige externe Instanzen, die mit Weisungsbefugnis gegenüber sämtlichen Teammitgliedern ausgestattet ist.

Tabelle 52: Massnahmen zur Risikoreduktion bei Entscheidungen im sozialen Kontext

5.2 Massnahmen bzgl. organisatorischer Rahmenbedingungen des OP-Teams

Der Gestaltung der organisatorischen Rahmenbedingungen wird von den befragten Mitarbeitern eine grosse Bedeutung beigemessen (vgl. Abbildung 21). Gegenstand dieser Massnahmen sind die Team-

---

1236   Vgl. Kapitel 3.1.4.2.2.
1237   Vgl. Gfrörer et al. (2005), S. 1233-1234.

gründung, die Gestaltung der Teamaufgabe, die strukturelle Einbindung, die Beziehungen zu anderen Teams sowie das Anreizsystem.

5.2.1 Massnahmen bei der Gründung von OP-Teams

5.2.1.1 Ziele einer OP-Teamgründung

OP-Teams können einerseits aus Effektivitäts- und Effizienzüberlegungen oder bedingt durch arbeitsprozessuale Erfordernisse als Mittel zur Aufgabenerfüllung und Zielerreichung gegründet werden.[1238] Neben den aus den Krankenhauszielen abgeleiteten und unter Berücksichtigung von Stakeholderinteressen formulierten Teamzielen lassen sich mit der Gründung von OP-Teams weitere Ziele verfolgen, die über die eigentliche Erbringung medizinischer Leistungen hinausgehen:

- Ziele der Mitarbeiterentwicklung: Durch ständig wechselnde Teamzusammensetzungen können die OP-Mitarbeiter von Fähigkeiten und Erfahrungen immer anderer Teammitglieder lernen, womit die Einsatzflexibilität und die Breite der Ausbildung vergrössert wird.

- Ziele der Teamentwicklung: In permanenten Teams lassen sich Teamstrukturen etablieren und die damit einhergehenden Vorteile nutzen. Durch die Eingespieltheit der Mitglieder können teambasierte Kernkompetenzen entwickelt werden, die einerseits zu routinierter Hochspezialisierung, andererseits zu Innovation führen kann.

- Ziele der Organisationsentwicklung: OP-Teams überwinden in ihrer täglichen Arbeit Professions- und Abteilungsgrenzen. Eine stärkere Gewichtung des Teams als organisatorische und soziale Einheit kann dazu beitragen, dass sich strukturelle Hindernisse im Krankenhaus überwinden lassen.

Diese weiterführenden Ziele haben einen Einfluss auf die Organisationsform und Lebensdauer des Teams, die Teamzusammensetzung und die Auswahlprozesse (vgl. Tabelle 53).

1238   Vgl. Kapitel 3.2.1.1.

| | Ziele der Teamgründung | | |
	Mitarbeiterentwicklung	Teamentwicklung	Organisationsentwicklung
Absicht	Ausbildung	Spezialisierung und Routine	Überwindung struktureller Hindernisse
Form des Teams	ad hoc zusammengestellt wechselnde Besetzung	permanentes Spezialteam beständige Besetzung	permanentes Team, evtl. wechselnde Besetzung oder Stellvertretungen
Kriterien der Teamzusammen- setzung	Ausbildungsbedarf Kompetenzen und Erfahrungen didaktische Fähigkeiten	Spezialfähigkeiten Motivation für langfristige Teamzugehörigkeit	Funktion und Rolle in den jeweiligen Professionen und Abteilungen
Auswahlprozess	durch Personalabteilung, Fachvorgesetzten oder OP-Management	durch Bewerbungs- und Selektionsverfahren, Optimierung der Teamzusammensetzung Wahl der Neumitglieder durch bestehende Mitglieder	durch Bewerbungsverfahren und vorgesetzte Stelle (Krankenhausleitung oder Personalabteilung) evtl. Selbstwahl

Tabelle 53: Absichten der Teamgründung und ihre Auswirkungen auf die Mitgliederauswahl

5.2.1.2 Auswahl der OP-Teammitglieder

Die Arbeitsprozesse im OPS wurden unter ständiger Berücksichtigung technologischer Innovationen optimiert. In der funktionalen Teamzusammensetzung des OP-Teams bestehen deshalb nur wenige Gestaltungsmöglichkeiten. Die fachlichen Qualifikationen sind durch die Standesorganisationen vorgegeben und durch Aus- und Weiterbildungskonzepte garantiert.[1239]

Dennoch erhält die Auswahl der Teammitglieder in Abhängigkeit des mit der Teamgründung verfolgten Ziels eine grosse Bedeutung. So kann z.B. berücksichtigt werden, dass sich durch die Zusammensetzung im OPS Kernkompetenzen aufbauen und aufrechterhalten lassen. Für den Aufbau von Kernkompetenz in Herzbehandlung werden erfahrene diagnostische und invasive Kardiologen, Herzchirurgen, Anästhesisten, OP-Pflege, Reanimationsärzte und weitere Hilfskräfte benötigt. Dabei sind durch ein kollektives Management die entsprechenden klinischen Kenntnisse mit den operationalen Funktionen zu einer Einheit zu integrieren. „The skills that collectively constitute a core competency usually come from individuals who view their personal roles broadly and who are able to recognize opportunities for blending their personal expertise with that of others in new and interesting ways."[1240]

Aus der relativ hohen Zustimmung zur Frage: „Wenn ich könnte würde ich manchmal ein anderes Team für eine OP zusammenstellen" (Vgl. Tabelle 23) kann für die Auswahl der Teammitglieder ein gewisser Handlungsbedarf abgeleitet werden, zumal die Bereitschaft der Teammitglieder zur weiteren Zusammenarbeit ein Kriterium des Teamerfolgs darstellt. Aufgrund der Bedeutung, die den Teammitgliedern

---

1239 Vgl. Kapitel 4.2.1.2.
1240 Gabel et al. (1999), S. 25.

(v. a. Persönlichkeitsmerkmale und Fachkompetenz, vgl. Tabelle 49) für die Zusammenarbeit im OPS zugesprochen wird, lassen sich die persönlichen Präferenzen zur Zusammenarbeit stärker als bis anhin in die Auswahlprozesse mit einbeziehen. Dies kann soweit führen, dass die Teammitglieder ihre Kollegen selbst bestimmen. Dabei kann davon ausgegangen werden, dass die OP-Teammitglieder eine erfolgsversprechende Teamzusammensetzung präferieren und daher jene Kandidaten auswählen, von denen sie sich den grössten Beitrag zur Zielerreichung versprechen.[1241] Neben den individuellen fachlichen, zur Lösung der Aufgabe benötigten Kompetenzen und tätigkeitsspezifischen Eigenschaften, können die Mitarbeiter bei einer Auswahl der künftigen Teammitglieder auch deren Persönlichkeitsmerkmale (Ähnlichkeit) und die gesammelten Erfahrungen der bisherigen Zusammenarbeit (Vertrautheit) berücksichtigen.[1242]

Für den Fall, dass die Auswahl nicht von den Mitgliedern selbst getroffen wird, lassen sich Präferenzprofile erstellen: Die Teamangehörigen bewerten nach Beendigung der OP ihre Bereitschaft zur weiteren Zusammenarbeit mit jedem der Teammitglieder. Aufgrund der so erstellten Profile lassen sich für ad hoc-Teams optimale Mitarbeiter-Konstellationen unter der Berücksichtigung persönlicher Präferenzen finden. Zudem kann flexibel auf unterschiedliche Personalbestände reagiert werden. Mitarbeiter mit auffallend schlechten Bewertungen können bzgl. der festgestellten Defizite (z.B. mangelnde Teamfähigkeit) gefördert werden.

Die externe Auswahl von Mitgliedern für ein spezifisches Team kann mittels Selektion und Zuteilung nach bestimmten (ermittelbaren) Kompetenzen durch eine übergeordnete Instanz (z.B. OPS-Management, HR-Abteilung, Chefärzte) erfolgen. Bei der Teamzusammensetzung gilt es zu berücksichtigen, dass ausreichend soziale und methodische Kompetenz sowie die Präferenz zur Teamarbeit vorhanden ist. Zusätzlich sollte die Diskrepanz im Wissens- und Fähigkeitsstand der Mitglieder nicht zu gross sein.[1243]

5.2.2 Gestaltung der Teamaufgabe im OPS

Die primäre Teamaufgabe im OPS besteht in der Anwendung medizinisch adäquater Massnahmen zu Heilzwecken an einem menschlichen Organismus. Der Inhalt dieser Aufgabe ermöglicht nur insofern Möglichkeiten zur Gestaltung, als dass mit spezifischen Aufgaben- und Zielformulierungen Zeit-, Kosten-, Qualitäts- und Ausbildungsziele verfolgt werden können.

1241   Vgl. Hinds et al. (2000), S. 227.
1242   Vgl. Kapitel 3.2.1.2.4.
1243   Vgl. Högl und Gemünden (2000), S. 58.

Als eine bereits realisierte Massnahme der Gestaltung der Aufgabe im OPS, nämlich deren übergreifende Koordination und Organisation, kann das OP-Management betrachtet werden.[1244] Dieses organisiert die zeitlichen und örtlichen Rahmenbedingungen für das OP-Team und fokussiert dabei schwergewichtig Zeit-, Ausbildungs- und Kostenziele.[1245] Die Zeitplanung, der im OPS eine grosse Bedeutung beigemessen wird[1246], erfolgt oftmals ohne vorgängige Absprache mit den OP-Teams, was einerseits zu unrealistischen Zeitvorgaben für die Eingriffe führt, andererseits dazu, dass die Teammitglieder sich übergangen fühlen. Die OP- und Personaleinsatzplanung kann durch die Anwendung eines OP-Informationssystems vereinfacht werden, das die jeweiligen Arbeitszeiten der Teammitglieder erfasst, mit der durchschnittlich zu erwartenden Restdauer der OP in Abhängigkeit des OP-Typs sowie des jeweiligen Operateurs[1247] vergleicht und entsprechende Massnahmen (z.b. Schichtwechsel während der OP, Um- oder Zuteilung der Anästhesie zu anderen OP) anordnet.[1248] Durch den Einsatz eines solchen Systems kann flexibel auf veränderte Bedingungen reagiert werden. Fehlbestände durch Mitarbeiter, die bei einer länger als geplant dauernden OP gebunden sind, gemäss Einsatzplanung aber bereits in einem anderen OPS sein müssten, können somit antizipiert werden. Durch entsprechende Massnahmen (z.B. Verschiebung der Bestellung von Patienten, Einsatz von freien Mitarbeitern) lassen sich negative Auswirkungen von Verspätungen abschwächen.

Zu den möglichen Massnahmen der Aufgabengestaltung zählen die Integration oder Auslagerung spezifischer Tätigkeiten oder Funktionen, die ein OP-Team zu erfüllen hat oder die nicht in dessen Aufgabenbereich fallen.

- Implementierung einer perioperativen Betreuungsaufgabe durch Operateur, Anästhesie und/oder Pflege
- Auslagerung von Teilaufgaben (z.B. 2. Springerfunktion) an teamexterne Springer
- Integration der Vorbereitungsaufgaben des Patienten in das OP-Team
- Auslagerung der Einleitung an Einleitungsteam

Die Möglichkeiten zur Gestaltung der Aufgabe sind i. d. R. von den Verhältnissen im OPS-Bereich (Anzahl Säle, Spezialisierung auf spezifischer Eingriffe), den infrastrukturellen und personellen Bedingungen sowie der Art des Eingriffs abhängig. Für eine Vielzahl von Operationen bestehen zudem medizinische Standards und fachspezifische Richtlinien, die den Gestaltungsspielraum einschränken.

1244 Vgl. Kapitel 4.2.2.1.
1245 Vgl. Greulich und Thiele (1999), S. 592.
1246 Vgl. Kapitel 4.2.2.2.
1247 Vgl. Mango und Shapiro (2001), S. 81-82, Dexter et al. (1999), S. 920, Dexter und Traub (2000) und Strum et al. (2000a), S. 1160.
1248 Vgl. Gabel et al. (1999), S. 134-136 und S. 149-150.

Dennoch gilt es zu beachten, dass die Teamaufgabe zusammenhängend und ganzheitlich ist (z.B. perioperative Teamverantwortung) sowie die Teamleistung autark erbracht werden kann und nicht wesentlich durch vorgelagerte (z.B. ungenügende Vorbereitung) oder parallele (z.B. Instrumentierbesteckreinigung) Prozesse beeinträchtigt wird. Durch die Gestaltung der Teamaufgabe, der Bestimmung der integrierten Teilaufgaben und den dazu benötigten Mitarbeitern wird das OP-Team bestimmt. Damit wird die Einheit definiert, die durch das Teammanagement anhand verschiedener Massnahmen gesteuert wird.

5.2.3 Strukturelle Einbindung und Autonomie des OP-Teams

Das OP-Team wird in der Regel als ad hoc-Team ohne besondere strukturelle Einbindung in die Krankenhausorganisation betrachtet. Die fehlende organisatorische Eigenständigkeit führt zu einer Vielzahl von Schnittstellen, die sowohl ausserhalb als auch innerhalb des OP-Teams zu Koordinationsaufwand führen. Zur dessen Reduktion und zur Berücksichtigung der in dieser Arbeit bezeichneten leistungsfördernden Massnahmen für das OP-Team bietet sich dessen Aufwertung als organisatorische Einheit an. Folgende Vorteile bestehen bei einem institutionalisierten Team:

- Zielvereinbarungen und damit verbundene Anreizsysteme können auf Teamebene gestaltet, implementiert und umgesetzt werden.
- Eine spezifische Auswahl von Teammitgliedern für ein bestimmtes Team ist möglich.
- Die Interaktionshäufigkeit kann gesteigert werden.
- Nicht direkt operative Teamaufgaben (z.B. administrative Aufgaben) lassen sich über ad hoc-Lösungen hinaus organisieren.
- Soziale Teamstrukturen können entwickelt und gefestigt werden.
- Es lassen sich allgemeine Massnahmen der Teamentwicklung anwenden.

Das OP-Team erfüllt eine Mehrzahl der aufgabenbezogenen Merkmale teilautonomer Teams (vgl. Tabelle 26). Durch die organisatorische Aufwertung und die Integration oben genannter Massnahmen lassen sich die institutionellen Kennzeichen (z.B. gemeinsame Verantwortung, Grenzverantwortung etc.) soweit verändern, dass dem OP-Team Teilautonomie attestiert werden kann. Damit wird die Anwendung der obengenannten Massnahmen zur Nutzung der Teamvorteile möglich. Zudem wird mit einer Erhöhung der Autonomie für das OP-Team die Forderung erfüllt, dass Aufgaben mit hoher Komplexität einen grossen Handlungsspielraum benötigen.[1249]

1249   Vgl. Nedess und Meyer (2001), S. 7.

Auf Seiten der Teammitglieder wird mit einer Erhöhung der Selbstbestimmungsmöglichkeiten einerseits das Autonomiebedürfnis der im Krankenhaus beschäftigten Menschen[1250] berücksichtigt, andererseits eine Basis geschaffen, um die mit einer Einführung von Autonomie verfolgten Vorteile – u. a. Motivationssteigerungen sowie Zunahme von Selbständigkeit und Initiative[1251] – erreichen zu können.

Welche Organisationsform[1252] für institutionalisierte OP-Teams gewählt wird, ist von den mit der Teamgründung verfolgten Absichten abhängig. Als mögliche Form, die von einer langfristigen Institutionalisierung von OP-Teams ausgeht, bietet sich die Matrixorganisation an. Dabei werden Mitarbeiter aus verschiedenen Abteilungen nach spezifischen Auswahlkriterien fixen OP-Teams zugeteilt. Diese Form der Organisation fördert durch die Erhöhung spezifischer Eingriffe eine Spezialisierung der Teams. Mitarbeiter in Aus- und Weiterbildung, die eine Anzahl bestimmter Eingriffe absolviert haben müssen, können den entsprechenden Teams zugeteilt werden.

Für den Fall, dass die OP-Teams wieder aufgelöst werden, lassen sich Organisationsformen, die das OP-Team als Nebenorganisation (v. a. Fremdinitiierte Projektgruppen[1253]) betrachten, einführen. Dadurch kann der Charakter des OP-Teams als eine organisatorische Einheit unterstrichen und das diesbezügliche Bewusstsein innerhalb und ausserhalb des Teams erhöht werden.

Die Wahl der Organisationsform wirkt sich auf die Anforderungen an die Koordination der OP-Teams aus. Während beim OP-Team als Projektteam bei jeder Neugründung (i. d. R. täglich) die vollständigen Koordinationskosten anfallen, entsteht der Aufwand bei einer Matrixorganisation hauptsächlich zu Beginn und beschränkt sich anschliessend auf Anpassungskosten.

5.2.4 Teambeziehungen

Unter Teambeziehungen im OPS werden bis anhin hauptsächlich die Beziehungen der unterschiedlichen Berufsgruppen im selben Team verstanden. OP-Teams besitzen aufgrund ihrer kurzen Lebensdauer kaum eine eigene Identität, so dass Konflikte weniger zwischen verschiedenen Teams bestehen als zwischen den Abteilungen und Professionsgruppen, denen die Teammitglieder jeweils entstammen.[1254] Die Beziehungen zwischen den Tätigkeitsbereichen werden in der Erhebung mit 9.9% der positiven und 8.8% der negativen Nennungen als wesentliche Einflussfaktoren auf die Zusammenarbeit betrachtet (vgl. Tabelle 27). Die in der Literatur zur Reduktion negativer Auswirkungen von Teambezie-

---

1250   Vgl. Rathje (2003), S. 16.
1251   Vgl. Kapitel 3.2.3.2.1.
1252   Vgl. Kapitel 3.2.3.1.
1253   Vgl. Kapitel 3.2.3.1.2.
1254   Vgl. Grossmann und Zepke (2002), S. 87.

hungen oder der Kategorisierung beschriebenen Massnahmen[1255] lassen sich durch die explizite Institutionalisierung von Teams umsetzen:

- Einführung gemeinsamer Ziele: Ziele, die das OP-Team nur mit gemeinsamer Leistung erreichen kann, sind explizit zu formulieren und werden verstärkt wahrgenommen, wenn mit der Zielerreichung Anreize verbunden sind.

- Kontaktintensivierung: Intensive Zusammenarbeit findet während der OP bereits statt, durch begleitetes Briefing und Debriefing verstärken sich die Kontakte, da sie über die reine Schnitt-Naht-Zeitdauer hinaus gehen und nicht direkt aufgabenrelevante Inhalte aufweisen.

- Dekategorisierung und Personalisierung: Durch wiederholte persönliche Kontakte mit Mitgliedern anderer Professionen lassen sich Stereotypen aufbrechen. Dazu bedarf es jedoch einer Vielzahl von Interaktionen derselben Menschen, die durch eine konstante Besetzung des OP-Teams garantiert werden kann.

- Rekategorisierung: Professionen unterscheiden sich bzgl. der Fachsprache, der Kleidung, der Reihenfolge beim Betreten und Verlassen des OPS, des Stellenwerts ihrer Meinung bei Entscheidungen und der Anordnung der verschiedenen Arbeitsteilprozesse. Durch die Abschaffung institutionalisierter Unterschiede zwischen den Angehörigen der jeweiligen Professionsgruppen und die Verfolgung gemeinsamer übergeordneter Teamziele werden Mitglieder der Fremdgruppe zu Angehörigen der Eigengruppe. Damit schafft sich das OP-Team eine eigene Identität.

Die explizite Einführung von OP-Teams kann somit als Massnahme zur Reduktion negativer Beziehungen zwischen den Berufsgruppen des Krankenhauses betrachtet werden.

Durch die Institutionalisierung von OP-Teams und der damit einhergehenden Erhöhung der Interaktion ihrer Mitglieder bilden sich Teamidentitäten und Zugehörigkeitsgefühle, die einerseits aus Gründen der Leistungssteigerung gewollt sind, andererseits die Entstehung von Konflikten zwischen den verschiedenen OP-Teams fördern können. Ressourcenknappheit (gleichzeitige Nutzung der Infrastruktur und von OPS, Bedarf nach zusätzlichem Personal oder externen Dienstleistungen wie Labor etc.) oder inkompatible und kodependente Aufgaben und Ziele können zu Konfliktsituationen führen. Aufgrund der gleichzeitigen Zugehörigkeit zu Team und Profession resp. Abteilung können diese Konflikte durch bewusste

---

1255   Vgl. Kapitel 3.2.4.3.

organisatorische Massnahmen (z.B. klar geregelter Ressourcenzugang oder Zielharmonisierung) geregelt werden.

5.2.5 Anreizsysteme für das OP-Team

Die aktuellen Anreizsysteme für die Mitarbeiter im OPS beruhen auf deren fachlichen Kompetenzen sowie Erfahrungen und fokussieren weder das Team noch dessen Steuerung. Durch eine bewusste, teambezogene Anreizgestaltung lässt sich das Verhalten der Teammitglieder verstärkt auf das Teamziel ausrichten. So können Anreize in Abhängigkeit von dessen Erreichen gestaltet werden und auf vordefinierten Kriterien (z.B. der Einhaltung der geplanten OP-Dauer in Abhängigkeit der OP-Qualität oder des Materialverbrauchs während eines Eingriffs) beruhen. Die Teamorientierung des Anreizsystems besitzt zusätzlich einen kommunikativen Charakter und führt auch dazu, dass sich die Mitarbeiter der Entität ‚OP-Team' und dessen Wert überhaupt bewusst werden.[1256] Um mit Anreizsystemen eine Wirkung erzielen zu können, müssen die Präferenzen der Mitarbeiter ermittelt werden und können nicht aus tradierten Wertzuschreibungen abgeleitet werden. Folgend werden mögliche Formen von Anreizelementen im OP-Team angeführt, die zum Ziel haben, die individuelle Leistung zu steigern und im Sinne des Teamziels auszurichten.

5.2.5.1 Nichtmonetäre Anreize im OP-Team

Folgende Massnahmen lassen sich zur Gestaltung nichtmonetärer Anreize im OPS anwenden:

- Institutionalisierte Feedbackprozesse[1257] (z.B. nach Abschluss einer OP oder am Ende der täglichen Zusammenarbeit) garantieren, dass Feedback regelmässig erfolgt und nicht nur Tadel sondern auch Anerkennung enthält, konstruktiv und nicht verletzend geäussert wird und von allen Teammitgliedern, ungeachtet deren Funktion, Hierarchie- und Statusposition, in vertikaler, horizontaler und lateraler Richtung erteilt werden kann. Damit wird einerseits für die Anerkennung für gute Arbeit (vgl. Tabelle 28) eine Plattform geschaffen, andererseits der gängigen top-down Kritik[1258] entgegnet.

- Die Anreizwirkung sozialer Kontakte im Team ist davon abhängig, ob diese positiv sind und auf gegenseitiger Sympathie beruhen. Durch wiederholte Interaktion können die Teammitglieder zunächst Sympathie aufbauen[1259], bevor ihnen ermöglicht wird, die Beziehungen in der weiteren Zusammenarbeit zu pflegen.

1256 Vgl. Armstrong (2002), S. 62.
1257 Vgl. Pohl und Witt (2000), S. 65.
1258 Vgl. Braun (1999a), S. 15.
1259 Vgl. Gebert (1992a), Sp. 1139-1140.

- Damit Weiterbildung für die einzelnen Teammitglieder ihre Anreizwirkung entfalten kann, bedarf es eines lernförderlichen Klimas. Dieses kann anhand verschiedener Faktoren ausgestaltet sein:

  o Die Teammitglieder sind sich bewusst, dass alle durch die Teamarbeit lernen wollen. Sie ermöglichen den anderen Mitgliedern Lerneffekte zu erzielen, indem sie transparent Handeln und ihre Handlungen bei Bedarf kommentieren.

  o Fragen dürfen gestellt werden, ohne dass die Fragesteller befürchten müssen, ihr Gesicht vor den anderen Teammitgliedern zu verlieren.

  o Es können Fehler gemacht werden. Aufgrund derer möglichen Bedeutung während der OP lässt sich dies nur indirekt ermöglichen, indem gewährleistet wird, dass durch begangene Fehler keine fatalen Auswirkungen entstehen. Dies wird entweder dadurch erreicht, dass OP-Mitglieder in Aus- oder Weiterbildung nur Handlungen mit geringem Risiko selbständig ausüben können, oder dadurch, dass erfahrene Mitglieder bedeutende Handlungen vor, während oder nach ihrem Vollzug kontrollieren.

- Karriere- und Aufstiegsmöglichkeiten bieten sich bis anhin vor allem den Angehörigen der medizinischen Berufe und auch dies nur ausserhalb von OP-Teams. Die einzige Aufstiegsmöglichkeit innerhalb des Teams besteht in der Übernahme der formellen Teamführung. Die Wirkung dieses Anreizes unterliegt aber folgenden Restriktionen:

  o Pro Team besteht nur eine Aufstiegsmöglichkeit.

  o Die Führungsfunktion beschränkt sich auf die Koordination und Organisation von Abläufen und enthält keine fachliche Weisungsbefugnis.

  o Zur Übernahme der Führungsfunktion sind eine spezifische Ausbildung, die Motivation und die Befähigung zur Führung notwendig.

  o Um die Anreizwirkung auf sämtliche Teammitglieder auszudehnen ist die Führungsfunktion nicht nur auf die Angehörigen der medizinischen Funktionen zu beschränken.

  Die Formalisierung der Führungsrolle innerhalb des Teams beschränkt die Möglichkeit, informelle Macht auszuüben und kann dazu führen, dass das Machtgehabe (7.5% der negativen Nennungen) reduziert wird.

- Durch Massnahmen der Arbeitszeitgestaltung sollen die negativen Auswirkungen hoher Arbeitsbelastung verringert werden. Dazu werden auf überindividueller Ebene Schichtmodelle und auf individueller Ebene Arbeitszeitbeschränkungen und   -flexibilisierung eingeführt. Freizeit, die durch die Arbeit beeinträchtigt wird, sowie fehlende Arbeitszeitautonomie und -flexibilität können bedeutende Auswirkungen auf die emotionale Erschöpfung und Patientenaversion haben. Bei einer Arbeitszeitgestaltung, die zum Ziel hat, Motivationswirkungen zu erreichen, sind neben einer Begrenzung der Arbeitszeit auch deren Individualisierung und Flexibilisierung zu berücksichtigen.[1260] Bei der Wahl der Schichtmodelle sind sowohl die unterschiedlichen Untersuchungsergebnisse zu den Zusammenhängen von Dauer des Arbeitseinsatzes und Arbeitsqualität[1261] sowie der Regenerationsfähigkeit bei Schichtarbeit[1262], als auch eine allfällige mit der Absicht der Teamgründung verbundene Persistenz der Teamzusammensetzung zu berücksichtigen.

5.2.5.2 Monetäre Anreize auf OP-Team-Ebene

Die OP-Mitarbeiter erwarten von einer Teamprämie kaum eine Erhöhung der Kooperationsbereitschaft. Zudem stimmen sie der Aussage eher zu, dass der Lohn hauptsächlich von der Qualifikation abhängig sein soll (vgl. Tabelle 29). Damit stützen sie die aktuell angewandten Formen monetärer Anreize im OP-Team, die hauptsächlich individuell ausgerichtet sind, die Teamleistung vernachlässigen und – mit Ausnahme der Kaderlöhne – kaum leistungsabhängigen Komponenten enthalten.[1263]

Durch die Vereinbarung und Belohnung der Teamperformance kann das Verhalten der Mitglieder stärker auf die Teamziele ausgerichtet werden.[1264] Dazu werden aus den Zielen zunächst die Kriterien zu deren Operationalisierung und damit die Grössen zur Messung der Leistung festgelegt. Danach ist die Form der mit der Beurteilung gewährten Anreize – unter Berücksichtigung individueller Präferenzen und organisationaler Restriktionen – zu bestimmen. Bei der Wahl der Kriterien und der Implementierung des Systems wiederum gilt es, Aspekte der Partizipation und Diskriminierung zu berücksichtigen. Die Wirkung von leistungsabhängigen Anreizen ist von der Definition der relevanten Kriterien und deren Messbarkeit, von der Einschätzung der einzelnen Teammitglieder, tatsächlich einen wesentlichen Beitrag zur Erreichung dieser Kriterien leisten zu können, und vom individuellen Wert der Belohnung für jeden Mitarbeiter abhängig.

1260 Vgl. Peter (2004), S. 186.
1261 Vgl. Krings et al. (1999), S. 141. Die Annahme, dass längere Arbeitszeiten einen Einfluss auf die empfundene Arbeitsbelastung besitzen könnte für die Gruppe von Ärzten auf chirurgischen Intensivstationen nicht bestätigt werden. Daraus wird gefolgert, dass Zwölf-Stunden Schichten keine beanspruchungsbedingt schlechteren Behandlungsergebnisse verursachen als Acht-Stunden Schichten.
1262 Vgl. Stadler (2001), S. 65. Um die negativen Auswirkungen der Schichtarbeit zu minimieren müssten die Ruhepausen zwischen den Schichten 16 Stunden betragen und zwischen den Schichtwechseln 48 Stunden liegen. Bei einer Schichtlänge von zwölf Stunden ist es nicht möglich, die vorgeschlagene Länger der Ruhepause einzuhalten.
1263 Vgl. Kapitel 4.2.5.2.
1264 Vgl. Kapitel 3.2.5.3.1.

Für den OPS-Bereich lässt sich eine Vielzahl möglicher Ziele finden, die durch den Einsatz von überindivi-duellen Anreizsystemen erreicht werden können, wie z.B. die Verbesserung der OP-Nutzungszeiten oder der OPS-Auslastung, die Minimierung der OPS-Inanspruchnahme, die Straffung der OP-Organisation, die Optimierung des Ge- und Verbrauchsverhaltens, die Konsolidierung der OP-Planung oder die Verbesse-rung des Klimas.[1265]

Neben den Kriterien der Teamebene lassen sich auch Bemessungsgrundlagen auf Mitarbeiterebene heranziehen. Diese können einerseits Inputfaktoren wie die Qualifikation, die Flexibilität oder die geleis-teten Arbeitsstunden umfassen, andererseits auch Outputfaktoren wie die Qualität der Leistung oder der Zusammenarbeit, sofern diese individuell zurechenbar sind.

Die Bemessungsgrundlagen für eine leistungsabhängige Entlohnung lassen sich in einem morphologi-schen Kasten (vgl. Abbildung 22) nach verschiedenen Kriterien (abgeleitet aus den beabsichtigten Ziel-wirkungen), Trägern (die Zielpersonen) und Vergleichsgrössen erstellen. Dabei können durch die situa-tive Gestaltung der Bemessungsgrundlagen unterschiedliche Steuerungsziele verfolgt werden.

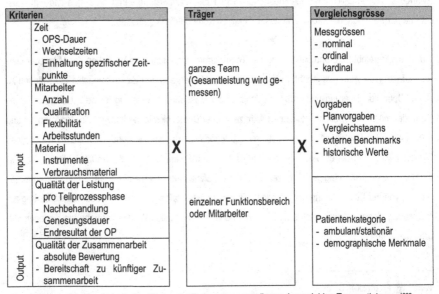

Abbildung 22: Morphologischer Kasten der Bemessungsgrundlagen der variablen Teamentlohnung[1266]

1265   Vgl. Busse (2001), S. 181-182 und Gorschlüter (1999), S. 153.
1266   Eigene Darstellung nach Eichhorn (1997), S. 279 , Donham (1998), S. 18-21 und Morra (1996), S. 261.

Neben den Bemessungsgrundlagen gilt es, Form und Ausschüttung der gewährten Anreize festzulegen. Aufgrund ihrer direkten Steuerwirkung werden in der Regel monetäre oder geldwerte Anreize verwendet. Dabei können Bonus oder Malus zum Festlohn, Prämien (z.B. Qualitätsprämien auf reduzierte Komplikationsraten, Ersparnisprämien für einen reduzierten Ressourceneinsatz durch verbesserte Arbeitsabläufe oder Nutzungsprämien für eine hohe OP-Auslastung[1267]), variabler Lohn oder ein Punktekonto mit Cafeteriasystem eingesetzt werden.[1268]

Die Ausschüttungsform wird zur Gewährleistung einer möglichst hohen Steuerungswirkung entsprechend den gewählten Beurteilungskriterien angepasst. So führen lediglich Kriterien, welche die Leistung des ganzen Teams betreffen, zu Belohnungen, an denen das ganze Team partizipiert. Die Frist zwischen der Leistungserbringung und der Entrichtung der Belohnung sollte möglichst gering gehalten werden.

Aufgrund der fehlenden Kommunikation zwischen Administration, Pflege, Anästhesie und Chirurgie können Missverständnisse über die verschiedenen Leistungskriterien entstehen.[1269] Die Auswahl der Kriterien zur Leistungsbeurteilung ist somit durch eine paritätische Kommission vorzunehmen, die garantiert, dass die aus Sicht sämtlicher Teammitglieder relevanten Kriterien beurteilt werden, dass diese Kriterien diskriminierungsfrei gemessen werden, und dass sämtliche Teammitglieder anteilsmässig an der leistungsabhängigen Vergütung beteiligt werden.

Bei der Einführung des Anreizsystems gilt es, einerseits die logischen Interdependenzen der Anreizsysteme, andererseits die Präferenzen der am Entwicklungsprozess beteiligten Personen zu berücksichtigen. Zur Gewährleistung von Akzeptanz und Wirksamkeit (definiert durch die Erreichbarkeit) der Kriterien bietet sich eine Beteiligung der betroffenen Mitarbeiter bei der Festsetzung der Ziele, Kriterien und Zielgrössen an. Die Formen der Teamentlohnung lassen sich differenzieren nach dem Verhältnis, in dem die Teamleistung zur individuellen Leistung als Bemessungsgrundlage verwendet wird.

Die Grundprobleme einer Teamentlohnung (Zielheterogenität und fehlende Messbarkeit individueller Beiträge der Teammitglieder[1270]) bestehen im OP-Team nur bedingt: Durch eine klare, aus den Organisationszielen abgeleitete Zielsetzung sowie deren konsequente Beurteilung und Belohnung lassen sich störende Einflüsse durch Zieldivergenzen reduzieren. Im OP-Team lassen sich zudem die Beiträge der einzelnen Mitglieder zur Teamleistung relativ klar abgrenzen (vgl. Tabelle 54).

1267 Vgl. Gorschlüter (1999), S. 153
1268 Vgl. auch Morra (1996), S. 279
1269 Vgl. Manser et al. (2003), S. 362.
1270 Vgl. Kapitel 3.2.5.2.

	„Das, was ich im OP leiste, ist ein deutlich sichtbarer Bestandteil der Leistung des OP-Teams." (2.4)
Pflege	4.00
Anästhesie	4.26
Operateure	4.16
Gesamt	4.18
Mediane (1= lehne stark ab,5=stimme stark zu)	

Tabelle 54: Abgrenzbarkeit individueller Leistungsbeiträge (Frage 2.4)

Dadurch kann der durch die konjunktive Aufgabe bestehenden limitierenden Wirkung der einzelnen Leistungsbeiträge entgegnet werden. Anhand grosser Fallzahlen der spezifischen Tätigkeiten im OPS lassen sich statistische Vergleichswerte zur Beurteilung der individuellen Leistung ermitteln. Da die transparente Berechnung einer individuellen variablen Lohnkomponente möglich ist, reduziert sich die Gefahr der Drückebergerei.

Der Einsatz kombinierter Anreizsysteme mit individuellen und teambasierten Elementen kann somit die individuelle Leistungssteigerung sowie deren Ausrichtung auf das Teamziel verfolgen.

5.3   Massnahmen der Teamgestaltung

Die grösste Bedeutung für die Zusammenarbeit im OP-Team weisen nach Angaben der Befragten Merkmale auf, die in den Bereich der Teamgestaltung fallen. Rund 46% der genannten Einflussfaktoren können diesem Massnahmenbereich zugerechnet werden (vgl. Abbildung 21), der die Selektion und Entwicklung der Teammitglieder bzgl. fachlichen und sozialen Kompetenzen, die Arbeitsorganisation im OP-Team und die Bestimmung der Teamgrösse umfasst.

5.3.1   Teammitglieder

Den Fähigkeiten und Eigenschaften der Teammitglieder wird in der Umfrage der grösste Einfluss auf die Zusammenarbeit im OPS attestiert (vgl. Abbildung 21). Dabei wird als bedeutendster Faktor die Fachkompetenz genannt, vor Persönlichkeitsmerkmalen, der Motivation und den tätigkeitsbezogenen Eigenschaften. Zwischenmenschliche Probleme können zumindest teilweise als Folge fehlender Sozialkompetenzen verstanden werden, weshalb sie ebenfalls den Teammitgliedern zugerechnet werden (vgl. Tabelle 55).

Einflussfaktoren des Frameworks	Nennungen von Einflussfaktoren in der Erhebung	Anzahl	Summe (% am Total)
Teammitglieder	Fachkompetenz	145	
	Persönlichkeitsmerkmale	109	
	Motivation	66	
	tätigkeitsbezogene Eigenschaften	50	
	zwischenmenschliche Probleme	8	378 (31.9%)

Tabelle 55: Teammitglieder als Einflussfaktoren auf die Zusammenarbeit (Fragen 1.4 und 1.5)

Die Selektion oder die Entwicklung der Mitglieder des OP-Teams besitzen grosse Bedeutung

- aus fachlicher Sicht (Aufgabenerfolg, Ausbildungserfolg),
- aus finanzieller Sicht (Einsatzflexibilität vs. Personalkosten, Personalbindung anderer Berufsgruppen),
- aus Sicht der Entwicklung teamgebundener Kompetenzen sowie
- aus Sicht der Zusammenarbeitsqualität

und sollte deshalb neben der Verfolgung der Organisationsziele (Ausbildung, Überwindung struktureller Hindernisse und Spezialisierung[1271]) auch die Präferenzen der Teammitglieder (Ähnlichkeit, Reputation für Kompetenz und Vertrautheit[1272]) berücksichtigten. Letzteres kann dadurch gewährleistet werden, dass die Teammitglieder am Auswahlprozess zumindest partizipieren können.

Die Fachkompetenzen werden durch die Qualifizierungsverfahren der unterschiedlichen Standesorganisationen[1273] bis zu einem bestimmten Niveau gewährleistet. Darüber hinaus obliegt es den einzelnen Krankenhäusern und Kliniken, das vorhandene Fachwissen durch interne Weiterbildungskonzepte zu steigern. Dabei gilt es zu berücksichtigen, dass trotz der ausgeprägten Spezialisierung im OP-Team geteiltes Wissen existiert, auf das bei funktionsübergreifenden Aufgaben zurückgegriffen werden kann.[1274] Dies lässt sich u. a. durch fachbereichsübergreifende Weiterbildung ermöglichen. Zusätzlich benötigt das OP-Team methodische Kompetenzen um anstehende Probleme zu erkennen, Lösungsmöglichkeiten zu entwickeln und Entscheidungen zu treffen.[1275] Damit die Mitglieder diese Fähigkeiten auch einsetzen können sind Massnahmen zur Risikoreduktion bei Entscheidungen im sozialen Kontext zu ergreifen (vgl. Tabelle 52)

1271   Vgl. Kapitel 5.2.1.1.
1272   Vgl. Kapitel 5.2.1.2.
1273   Vgl. Kapitel 4.3.1.1.1.
1274   Vgl. Rulke und Galaskiewicz (2000), S. 622.
1275   Vgl. Katzenbach und Smith (1993). S. 47.

Die Ausbildung sozialer Kompetenzen wird hauptsächlich in den Ausbildungsprogrammen der Pflege, weniger jedoch in der medizinischen Aus- und Weiterbildung gefördert. Aus der Vielzahl von Nennungen von Einflussfaktoren, die sich direkt oder indirekt auf Sozialkompetenzen zurückführen lassen (vgl. Tabelle 31) kann von einer grossen Bedeutung dieser Fähigkeiten ausgegangen werden. Für das Krankenhaus besteht die Möglichkeit, den sozialen Kompetenzen (z.B. Teamorientierung, Konflikt- und Kritikfähigkeit oder Empathie[1276]) bei der Rekrutierung und Selektion der Mitarbeiter mehr Gewicht beizumessen oder ermittelte Defizite durch persönliche Entwicklung zu beheben. Diese Defizite lassen sich z.b. aus den Präferenzprofilen, die zur Auswahl von Teammitgliedern erstellt werden, ableiten.[1277]

Die Motivation zur Teamarbeit lässt sich durch Selbstselektion ermitteln: einerseits durch Stellenausschreibungen, in denen Mitglieder für OP-Teams (und nicht für Abteilungen und Kliniken) rekrutiert werden, andererseits dadurch, dass teambasierte Entlohnungsmodelle angeboten werden. Zur Aktivierung vorhandener Motivation bedarf es jedoch der Möglichkeit, diese im Rahmen teilautonomer Teamarbeit und interessanter Aufgaben auch tatsächlich umsetzen zu können. Eine Untersuchung von arbeitsbezogenen Werten von Assistenz- und Oberärzten von Ulich (2001) ergab Defizite bzgl. der beruflichen Zukunftsperspektive, dem angemessenen Feedback über die eigene Leistung und der Mitsprache bei wichtigen Dingen.[1278] Für das OP-Team kann daraus eine Notwendigkeit für institutionalisiertes Feedback sowie partizipative Führung abgeleitet werden.[1279]

Die negativen Auswirkungen unterschiedlicher Professionskulturen im Team lassen sich durch eine Anwendung der Massnahmen zur Verbesserung von Teambeziehungen beheben[1280]: Durch eine Institutionalisierung des OP-Teams werden gemeinsame Ziele geschaffen und kann ein Zugehörigkeitsgefühl zum Team entwickelt werden, das die Berufsidentität mit Fortlauf der Interaktionen überstrahlt. Zur gegenseitigen Perspektivenübernahme und Förderung der Nachvollziehbarkeit von Planungs- und Handlungsweisen anderer Berufsgruppen lassen sich Hospitationen in den jeweiligen anderen Fachbereichen durchführen. Dadurch können Erfahrungen aufeinander abgestimmt, Kenntnisse über die Arbeitsabläufe und Organisationsprozesse in den anderen Bereichen gewonnen, persönliche Kontakte aufgebaut und Kommunikationswege geöffnet werden.[1281]

1276   Vgl. Kapitel 3.3.1.1.3.
1277   Vgl. Kapitel 5.2.1.2.
1278   Vgl. Ulich (2001), S. 636-637.
1279   Vgl. zu Motivationsproblemen durch Führungsverhalten im Krankenhaus von Eiff (2000), S. 60.
1280   Vgl. Kapitel 5.2.4.
1281   Vgl. Manser et al. (2003), S. 378.

5.3.2 Arbeitsorganisation

„Die Zusammenarbeit der verschiedenen Berufsgruppen könnte in zentralen Operationsbereichen optimiert werden, wenn sich die Abgrenzungspolitik hinsichtlich Zuständigkeit aufheben liesse. Die gegenseitige Hilfeleistung kann nicht darin bestehen, erst dann aktiv zu werden, wenn die Zuständigkeit gegeben ist. Das Operationspersonal sollte u.E. multifunktionell einsetzbar und nicht in verschiedene sich
abgrenzende Berufsgruppen aufgeteilt sein."[1282] Während die operativen Aufgaben medizinisch-
technologischen Prozesszwängen folgen und weitgehend gegeben sind, besteht bei der Gestaltung der
Kommunikations- und Führungsaufgaben grösserer Handlungsbedarf. Die handlungsorientierte Kommunikation besitzt im OP-Team eine herausragende Bedeutung: Gut 10% der Nennungen bezeichneten die Kommunikation als bedeutenden Einflussfaktor mit positiven (12.1%) oder negativen (9.2%)
Auswirkungen (vgl. Tabelle 35). Um die richtigen operativen Aufgaben zum richtigen Zeitpunkt vornehmen zu können sind die Teammitglieder darauf angewiesen, über die aktuellsten Informationen zum
Zustand des Patienten und zu den vorgenommenen Schritte zu verfügen. Diesbezügliche nonverbale
Kommunikation oder implizites Wissen über die Reihenfolge der Teilprozessschritte beschleunigt zwar
im Idealfall die Koordination, erfordert jedoch denselben Informationsstand sämtlicher Teammitglieder
und erlaubt keine Not- und Sonderfälle im Behandlungsablauf

Für die Führungsfunktion ergibt sich – durch die fehlende Anerkennung der Bedeutung organisatorischer Ziele vor allem durch die Mediziner, die primär fachspezifische Verantwortung wahrnehmen – die
zentrale Aufgabe, fachliche Arbeit und Organisationsgestaltung zu verknüpfen.[1283]
Die Trennung der Berufsgruppen mit parallelen Hierarchien führt zu einer doppelten Segmentierung
nach fachlichen und hierarchischen Aspekten, welche die Entwicklung von Steuerungsformen wie interdisziplinären Führungsteams oder grenzüberschreitenden Leistungsprozessen erfordert.[1284] Die Führung im OPS steht vor der schwierigen Aufgabe, systematisch bedingte, permanent schwelende oder
bestehende Konflikte zu lösen:[1285]

- Konflikte zwischen verschiedenen Operateuren, bedingt durch knappe Ressourcen
  und subjektives Wertempfinden,

- Konflikte zwischen operierenden Ärzten und Anästhesisten durch subjektives Wertempfinden: Operateure sehen Anästhesisten hauptsächlich als Zudiener bei der Ope-

---

1282   Martin (1999), S. 20
1283   Vgl. Grossmann und Zepke (2002), S. 85.
1284   Vgl. Grossmann und Zepke (2002), S. 87.
1285   Vgl. Bornewasser und Schnippe (1998), S. 108-112.

ration und werfen ihnen unnötige Verzögerungen und mangelnde Flexibilität vor, Anästhesisten versuchen ihr Fachgebiet als eigenständigen Bereich zu profilieren,

- Konflikte zwischen OP-Pflegepersonal und Ärzten betreffen die OP-Planung, die als unrealistisch bezeichnet wird (für den Fall, dass die OP-Pflege nicht an der Planung beteiligt ist).

- Konflikte zwischen OP-Pflegekräften und Stationspflege, die sich gegenseitig Unverständnis über die Abläufe in den jeweils fremden Bereichen vorwerfen. Auch hier spielt subjektives Wertempfinden eine grosse Rolle.

Die Führungsfunktion im OPS beschränkt sich auf die Koordination und Organisation von Abläufen und besitzt keine fachliche Weisungsbefugnis. Damit bleiben die Vorteile der fachlichen Spezialisierungen gewährleistet. Notwendige koordinierende Eingriffe werden jedoch insofern anerkannt, als sie durch die institutionalisierte Funktion der Teamführung veranlasst werden. Wird die Teamführung im OPS auf eine Person übertragen stehen für diese vor allem Organisations- (u. a. Schaffung von Teamstrukturen und Sicherstellen von Ressourcen und Boundary-Management) und Realisierungsaktivitäten im Vordergrund, während die Konzipierungsaktivitäten aus Gründen der Wahrung von Spezialisierungsvorteilen tendenziell vom gesamten Team übernommen werden.[1286] Bei der Zuweisung der formalen Führungsaufgabe an ein spezifisches Mitglied des OP-Teams gilt es zudem zu berücksichtigen, dass[1287]

- Operateure die Tendenz besitzen, sich nur auf ihre spezifischen Operationen zu konzentrieren und diese zum von ihnen gewünschten Zeitpunkt durchzuführen, ohne die anderen Aspekte zu berücksichtigen.

- Anästhesisten eine breitere Sicht besitzen und perioperative Aspekte beachten, aber die spezifischen Aspekte des OPS bzgl. der OP-Pflege und der ganzheitlichen Funktion des OPS vernachlässigen können und

- die Pflege dazu tendieren kann, jeden der Bereiche Holding Room, OPS und Aufwachraum als separates Element zu betrachten und die Prioritäten des entsprechenden Bereiches bevorzugt zu behandeln.

Keine der Tätigkeiten weist in genügendem Umfang sowohl eine perioperative als auch eine spezifische Perspektive auf, die sie für die Führungsaufgabe prädestinieren würde. Der Führungsanspruch, den medi-

---

1286   Vgl. Kapitel 3.3.2.1.3.
1287   Vgl. Ortega und Willock (1998), S. 32-33.

zinische Professionen teilweise erheben, ist aufgrund der geringen Akzeptanz von Führungsaufgaben als Bestandteil der ärztlichen Arbeit und wegen fehlender Führungsausbildung nur wenig begründet.

Werden die Konzipierungsaktivitäten aus dem Inhalt der OP-Führungsaktivitäten ausgeklammert ergibt sich keine fachlich begründete Notwendigkeit, dass Angehörige der Ärzteschaft die Führung von OP-Teams übernehmen. Die Übernahme der Führungsfunktion im OP-Team sollte demnach nicht anhand der Professionszugehörigkeit erfolgen, sondern aufgrund des Vorhandenseins einer spezifischen Ausbildung (evtl. Zusatzausbildung), Motivation und der Befähigung zur Führung. Die Führungskompetenz besitzt dabei nicht nur Bedeutung für die eigentliche Führung des Teams, sondern kann weitere Auswirkungen z.B. auf das Teamlernen aufweisen.[1288]

Die Führung des OP-Teams benötigt Steuerungsformen, welche die fachliche Auseinandersetzung und Selbstreflexion sowie die Verpflichtung durch Eigenentscheidung fördern. Hierarchische Anweisungen werden so durch Kontrakte ergänzt. Mögliche Führungsinstrumente dazu sind[1289]

- gemeinsame Arbeit an den Zielen durch Workshops oder Leitbildprozesse,
- Organisation der Arbeit durch Führungsteams,
- regelmässige Auswertung der Arbeit in Sitzungen und Klausuren,
- systematische Beobachtung und Weiterentwicklung durch Qualitätsmanagement,
- gemeinsam erarbeitete und verbindlich gemachte Erfolgsindikatoren und
- regelmässige, mit Folgemassnahmen verbundene Mitarbeitergespräche.

Bei der Aufgabensynthese sollte berücksichtigt werden, dass gegenseitige und individuelle Verantwortlichkeiten bestehen, damit das Resultat nicht nur auf eine Teamleistung, sondern auch auf die Leistung jedes einzelnen Teammitglieds zurückgeführt werden kann.[1290] Institutionalisierte berufsgruppen- und teamübergreifende Sitzungen zur Optimierung der Gesamtbehandlungsprozesse bieten die Möglichkeit zum breiten Informationsaustausch und zur Lösung von zeitlichen und inhaltlichen Koordinationsproblemen.[1291] Bei der Synthese sind Aufgaben, Kompetenzen und Verantwortlichkeiten zu klären, wobei es das Augenmerk aufgrund der Umfrageresultate auf die Schnittstellen und Abgrenzungen der Bereiche von Anästhesie und Pflege zu richten gilt, da diese eine höhere Uneinigkeit bzgl. den Zuständigkeiten wahrnehmen (vgl. Tabelle 38).

1288 Vgl. Edmondson et al. (2001), S. 126.
1289 Vgl. Grossmann und Zepke (2002), S. 88.
1290 Vgl. Morlock und Harris (1998), S. 37
1291 Vgl. Manser et al. (2003), S. 378

5.3.3 Teamgrösse

Die Grösse der OP-Teams weist insofern Bedeutung auf, als dass die direkten Interaktionen im OPS einen grossen Stellenwert aufweisen, weshalb zu berücksichtigen ist, dass die Anzahl der Teammitglieder (und damit die Anzahl der Interaktionswege) minimal bleibt. Kleine Teams weisen zudem weniger Störquellen (z.B. sich bewegende Mitglieder, Gespräche, Lärm) auf, während grössere OP-Teams Spezialisierungs- und Flexibilitätsvorteile aufweisen.[1292] Idealerweise ist die Wahl der Teamgrösse nicht von finanziellen Überlegungen abhängig sondern von medizinischen und technologischen Erfordernissen. Wird anhand einer Eventualplanung bei einer OP ein möglicher Flexibilitätsbedarf ermittelt, kann dieser – in Abhängigkeit vorhandener Potenziale – durch zusätzliche Mitarbeiter abgedeckt werden. Zusätzliche Ausbildungsziele können sich ebenfalls auf die Teamgrösse auswirken, da Mitarbeiter in Ausbildung tendenziell zusätzliches Personal erfordern.[1293]

Aufgrund der Umfrage stellt sich die Frage, weshalb die Angehörigen der Pflege verglichen mit den anderen Professionen die Aussage, dass das OP-Team manchmal zu gross sei, signifikant stärker ablehnen (vgl. Tabelle 39). In grossen Teams mit einer Vielzahl von Mitgliedern besteht die Gefahr der Bildung von Subgruppen (Anästhesie-, Pflege- und Chirurgenteams).

5.4   Massnahmen zur Entwicklung von OP-Teams

Den teaminternen, jedoch nur indirekt gestaltbaren Einflussfaktoren auf das Teamverhalten wird in der Umfrage ebenfalls eine grosse Bedeutung zugemessen: Rund 26% der Nennungen können diesem Bereich zugeordnet werden (vgl. Abbildung 21). Eine Möglichkeit zur bewussten Gestaltung dieser Faktoren besteht in der Anwendung von Massnahmen zur Teamentwicklung.[1294]

5.4.1   Teamentwicklung als gesteuerter Prozess

5.4.1.1   Grundlagen der Teamentwicklung

„Man kann von Teamentwicklung sprechen, solange einzelne Personen oder Gruppen einer gemeinsamen Zielsetzung verpflichtet sind und in einen gemeinsamen Lernprozess einsteigen, um die Art und Weise der gemeinsamen Zielerreichung zu optimieren.“[1295] Exogene Teamentwicklung lässt sich nicht nur bei neu formierten Teams, sondern auch bei länger bestehenden Teams anwenden mit dem Ziel,

---

1292   Vgl. Kapitel 4.3.3.
1293   Vgl. Busse (2001), S. 165.
1294   Da die Teamentwicklung als gesteuerter Prozess kein Teammerkmal sondern eine Handlungsmassnahme darstellt, erfolgt eine vertiefte Betrachtung erst an dieser Stelle.
1295   Comelli (1994). S. 62.

deren Performance zu verbessern.[1296] Verordnete Teamentwicklung kann sowohl off- als auch on-the-job stattfinden. On-the-job werden die konkreten Probleme, mit denen die Teammitglieder künftig in der täglichen Zusammenarbeit konfrontiert werden, zum Gegenstand des Lernens gemacht.[1297] Teamentwicklungstrainings zielen darauf ab, Teams in ihrer Leistungsfähigkeit zu optimieren. Die Wirkung ist einerseits präventiv, andererseits lassen sich bereits länger bestehende Störungssymptome beheben.[1298] Störungssymptome sind hauptsächlich[1299]

- Störungen in der Zusammenarbeit zwischen den Teammitgliedern oder mit dem Vorgesetzten,

- mangelnde soziale oder kommunikative Fähigkeiten, Methodenkenntnisse oder Arbeitstechniken bei den Teammitgliedern,

- ausser Kontrolle geratene gruppendynamische Prozesse oder

- ineffektive Besprechungen, unzureichende Kommunikation, Häufung von Missverständnissen, ungenügender Einbezug der Mitarbeiter in Entscheidungsprozesse, schwindende Identifikation mit den Zielen, Mangel an Engagement bei den Teammitgliedern, Resignation und Leistungsabfall.

Die Interventionsebenen der exogenen Teamentwicklung sind dabei folgende:[1300]

- Individuelle Ebene (z.B. Managementtraining, Coaching, individuelle Entwicklungs- und Karriereprogramme): Durch geeignete Trainingsmassnahmen[1301] soll die Teamfähigkeit[1302] der einzelnen Teammitglieder dadurch erhöht werden, dass sowohl die soziale Sensibilität für bestimmte Situationen gesteigert und die Fähigkeit, flexibel mit Verhaltensalternativen auf die entsprechenden Situationen zu reagieren, erhöht werden.[1303]

- Interpersonelle und Teamebene (z.B. Teamaufbau und -entwicklung, Strukturentwicklung, gruppendynamische Trainings): Auf der Teamebene lassen sich einerseits Voraussetzungen zur künftigen Leistungserbringung schaffen, andererseits bestehende Störungssymptome beheben.[1304]

1296 Vgl. Dyer (1977), S. 73.
1297 Vgl. Comelli (1994), S. 62.
1298 Vgl. Sonntag (1996), S. 177.
1299 Vgl. Comelli (1994), S. 64 und Sonntag (1996), S. 177.
1300 Vgl. Comelli (1994), S. 62.
1301 Für Beispiele vgl. Sonntag (1996), S. 172-182 und Comelli (1994), S. 69-83.
1302 Vgl. Schneider und Knebel (1995), S. 51-61.
1303 Vgl. Sonntag (1996), S. 172.
1304 Vgl. Sonntag (1996), S. 177.

- Intergruppen- und Organisationsebene (z.B. Kooperationstrainings, Konfliktlöse-Workshops, Selbstbild-/Fremdbildvergleiche): Teamentwicklung kann auch die abteilungs- bzw. bereichsübergreifende Zusammenarbeit umfassen.[1305]

Die Interventionsarten externer Teamentwicklung lassen sich nach verschiedenen Kriterien differenzieren. Nach Inhalten der Entwicklung kann zwischen Training und der Teambildung i.e.S. differenziert werden. Das Training umfasst die systematischen und fokussierten Anstrengungen zur erleichterten Aneignung von arbeitsbezogenem Wissen, Fähigkeiten und Einstellungen auf der individuellen und der Teamebene. Teambildung i.e.S. beinhaltet Prozessinterventionen zur Unterstützung von Teams und ihren Mitgliedern bei der Bildung von Beziehungen und Verhaltensmustern.[1306]

Nach der Art der Beziehung zwischen Team und externer Beratungsinstitution können folgende Formen der Beratung unterschieden werden:[1307]

- Beratung als Beschaffung von Expertenwissen: Das Team weist ein genau bekanntes Defizit auf, die zur Behebung benötigten Ressourcen sind jedoch nicht vorhanden und müssen extern beschafft werden.
- Beratung im Doktor-Patient-Modell: Im Team bestehen Mängel, deren Ursachen nicht genau eruiert werden können. Die externe Beratung kennt die Diagnose und schlägt Massnahmen vor, die vom Team übernommen werden.
- Prozessberatung: Weder das Team noch die Beratungsinstitution kennen die Diagnose. Durch einen gemeinsamen Suchprozess, der bereits als Teil der Lösung gesehen werden kann, wird versucht, die Situation zu verändern.

5.4.1.2   Teamentwicklung im OPS

Dem Prozess der Teamentwicklung wird eine fundamentale Bedeutung für das Management von OP-Teams zugeschrieben[1308]: Teamentwicklung kann dabei nicht nur zur Leistungssteigerung des einzelnen OP-Teams beitragen, sondern auch zur Behebung von auf Berufsgruppen- und Abteilungsdenken beruhenden strukturellen Qualitätsproblemen[1309], wenn das Ziel verfolgt wird, durch hierarchieübergrei-

---

1305   Vgl. Comelli (1994), S. 62.
1306   Vgl. Tannenbaum et al. (1992), S. 126. Der Begriff des Team Building wird z.B. von Dyer (1977) weitergefasst, weshalb hier der Zusatz i.e.S. angefügt wird.
1307   Vgl. Schein (1988), S. 5-11 und Edding (2000), S. 7-8.
1308   Vgl. Gabel et al. (1999), S. 78.
1309   Vgl. Gorschlüter (1999), S. 109.

fende und interprofessionelle Projektarbeit von Ärzten und Pflegenden die Kooperationsbeziehungen nachhaltig zu verbessern[1310]. Die Entwicklung von OP-Teams weist besondere Merkmale auf:

- Das OP-Team erhält i. d. R. nicht die für eine Ausdifferenzierung der Teamstrukturen benötigte Zeit, die verschiedenen Phasen der Gruppenentwicklung können nicht durchschritten werden.

- Die Kommunikationsstrukturen für interprofessionelle Teamarbeit sind im Krankenhaus allgemein schwach entwickelt, woraus sich spezielle Erschwernisse für den OPS ableiten lassen, da hier verschiedene Berufsgruppen gleichzeitig tätig sind, die ihre aktuellen Arbeitsinteressen untereinander abstimmen müssen.[1311]

- Eine anspruchsvolle Aufgabe stellt dabei die Entwicklung einer adäquaten Sprache für Organisationsprobleme dar, da in der medizinischen oder pflegerischen Fachsprache eine Formulierung von Organisationsfragen nicht möglich ist.[1312] Das individuelle Verständnis wird durch den unterschiedlichen fachlichen Hintergrund der jeweiligen Funktionen geprägt.[1313] Neue Kommunikationsrichtlinien oder gar ein neues Vokabular helfen, ein effizientes OP-Team zu entwickeln.[1314]

Eine exogen gesteuerte Entwicklung von OP-Teams findet sich in der Krankenhausrealität kaum. Das fachbereichsspezifische und jedoch teamübergreifende Lernen wird in der Regel durch Rapporte in den jeweiligen Abteilungen sichergestellt. In diesen Sitzungen wird über die erfolgten Eingriffe und dabei aufgetretene Besonderheiten berichtet. Oftmals findet im Rahmen dieser Veranstaltungen zusätzlich fachbereichspezifische Weiterbildung durch Referate zu Schwerpunktthemen statt. Fachbereichsübergreifendes und teamspezifisches Lernen oder gar eine umfassende OP-Teamentwicklung – von Fachpersonen begleitete Teamentwicklungstrainings – sind hingegen in der Regel im Krankenhaus nicht institutionalisiert.

Zur Konsolidierung bereits vollzogener Entwicklungen und als Basis weiterer Entwicklungsschritte kann eine Teamverfassung erstellt werden.[1315] Diese beinhaltet in schriftlicher Form Aussagen über Aufgaben, Kompetenzen und Verantwortungen im Team, beschreibt explizit auf persönlicher Ebene Status,

---

1310 Vgl. Grossmann und Prammer (1995), S. 24.
1311 Vgl. Grossmann und Prammer (1995), S. 16.
1312 Vgl. Grossmann und Prammer (1995), S. 24.
1313 Vgl. Ausman (1999a), S. 347.
1314 Vgl. Gabel et al. (1999), S. 78.
1315 Vgl. Dorando und Grün (1995), S. 377.

Rollen und Positionen der Teammitglieder und legt auf der Teamebene die Spiel- und Konfliktregeln der internen Zusammenarbeit fest.[1316]

Die Wirksamkeit isolierter Massnahmen zur Teamentwicklung mit dem Zweck der Steigerung der Teamleistung wird dadurch limitiert, dass die Teamperformance Resultat vielfältiger Einflussfaktoren ist. Deshalb wird ein mehrdimensionaler Ansatz zur Steigerung der Teamperformance vorgeschlagen.[1317] Untersuchungen zeigen, dass ein Grossteil der Varianz der Teamperformance anderen Faktoren als der Teamentwicklung zugerechnet werden müssen.[1318]

Teamentwicklung im OPS kann bereits dadurch betrieben werden, dass OP-Teams institutionalisiert, ihre Mitarbeiter aufgrund bestimmter Kriterien ausgewählt und deren häufige Zusammenarbeit durch Einsatzpläne gewährleistet werden. Für eine Erhöhung der Interaktionshäufigkeit derselben Teammitglieder sprechen die Eingespieltheit, Effizienzerhöhung und Rollendifferenzierung. Weisen OP-Teams genügend Interaktionen auf, lassen sich die Phasen der endogenen Teamentwicklung[1319] durchschreiten, so dass zum Schluss tragfähige Strukturen mit flexiblen Rollen bestehen. Durch die Differenzbereinigung in der Storming-Phase werden die Konflikte im Team gelöst und nicht nach Beendigung der Zusammenarbeit des OP-Teams nach aussen getragen.

Durch eine Rotation hingegen lässt sich z.B. Wissen über verschiedene Eingriffstechniken besser über den OPS-Bereich verteilen, entstehen kein Teamegoismus und Teamdenken mit negativen Folgen und reduzieren sich der Gruppenabgrenzung inhärente Konfliktpotenziale.[1320] Kann sich das Team aufgrund hohen Zeitdrucks das Durchlaufen der Phasen nicht ‚leisten', hat das Debriefing am Ende der Teamarbeit zum Ziel, dass während der Teamarbeit entstandene Spannungen gelöst und nicht weiter getragen werden.

Einen grossen Stellenwert besitzt das Teamlernen.[1321] Neue Eingriffstechniken oder OP-Technologien erfordern oftmals eine Neugestaltung des gesamten Ablaufprozesses.[1322] Die neuen Prozesse lassen sich zwar in Simulationen üben, ein reiner Lerntransfer in den OPS ist jedoch kaum möglich, da die veränderten Rahmenbedingungen einen Lernprozess im Ernstfall erfordern. Folgende Faktoren erhöhen die Geschwindigkeit, mit der sich ein OP-Team neue Arbeitsprozesse aneignet: [1323]

1316   Vgl. Dorando und Grün (1995), S. 378-382.
1317   Vgl. Tannenbaum et al. (1992), S. 143.
1318   Vgl. Hutton (2001), S. 4.
1319   Vgl. Kapitel 3.4.1.1.
1320   Vgl. Sertl (2000), S. 20-21; vgl. auch Campione (2000), S. 39
1321   Vgl. Kapitel 4.4.1.
1322   Vgl. Edmondson et al. (2001), S. 126.
1323   Vgl. Edmondson et al. (2001), S. 126-130.

- Führungsqualität

- Häufigkeit der Durchführung neuer Eingriffe

- neue Technologie wird als Herausforderung zur Neugestaltung der Arbeitsabläufe betrachtet

- Integration der Ärzteschaft in den Lernprozess

Ein bedeutendes Problem beim Lernen im OPS besteht darin, dass Fehler während der OP zu Strafklagen führen können.[1324] Die Bereitschaft, eigene Fehler einzugestehen – eine der grundlegenden Bedingungen für das Lernen – wird durch diese Bedrohung stark eingeschränkt. Aus dem Stellenwert des Lernens für die Expertenorganisation Krankenhaus lässt sich jedoch der Bedarf nach lernförderlichen Bedingungen ableiten, die sich durch die Gewährleistung ermöglichen lassen, dass begangene Fehler keine fatalen Auswirkungen zur Folge haben können. Dies kann entweder dadurch sichergestellt werden, dass OP-Mitglieder in Aus- oder Weiterbildung selbständig nur Handlungen, die mit einem geringen Risiko verbunden sind ausüben können, oder dadurch, dass erfahrene Mitglieder bedeutende Handlungen vor, während oder nach ihrem Vollzug kontrollieren.

5.4.2 Entwicklung der Teamstrukturen

Soziale Strukturen in Teams geben deren Angehörigen Verhaltenssicherheit. Formale Strukturen wie die Macht- oder Autoritätsstruktur lassen sich explizit festlegen und kommunizieren. So kann vor der OP der OP-Verantwortliche bestimmt werden und mit den notwendigen organisatorisch legitimierten Sanktionsinstrumenten ausgestattet werden. Damit erhalten die Teammitglieder Sicherheit darüber, wer im OPS ,das Sagen' hat, das von etlichen Befragten als störend empfundene Machtgehabe (7.5% aller negativen Nennungen, vgl. Tabelle 40) kann dadurch reduziert werden. Diese Transparenz alleine reicht jedoch nicht aus: Die faktische Machtverteilung wird erst durch implizite Strukturen definitiv. Diese entwickeln und festigen sich erst nach einer bestimmten Anzahl Interaktionen. Häufige Zusammenarbeit unterstützt demnach die Bildung von grösstmöglicher Verhaltenssicherheit und von Vertrauen. Widersprechen die impliziten den formellen Teamstrukturen und erschweren oder verunmöglichen erstere gar eine Durchsetzung der formellen Autorität im Team muss versucht werden, mittels Teamsupervision eine funktionierende Sozialstruktur zu etablieren. Beispielsweise kann dabei die formelle Autorität den impliziten Strukturen angepasst werden.

[1324] Vgl. Cortesi (2001): Kunstfehler sind ein Offizialdelikt.

5.4.2.1   Massnahmen zur Statusstruktur im OPS

Obschon jede der im OPS tätigen Professionen ein grosses Statusbewusstsein aufweist, besteht zwischen den medizinischen und nichtmedizinischen Professionen ein grosses Statusgefälle. Dieses kann u. a. zu folgenden Auswirkungen führen:[1325]

- Team-Mitglieder mit höherem Status erhalten mehr Sprechzeit, die Mitglieder mit tieferem Status können ihre Meinungen nicht im selben Masse einbringen.

- Team-Mitglieder mit höherem Status sind weniger verbalen Angriffen ausgesetzt, was allgemein zu Zurückhaltung bei Feedback führen kann.

- Die Verteidigung eines höheren Status kann zu dysfunktionalem Wettbewerbsverhalten führen.

Statusstrukturen basieren auf Vergleichen von internalisierten Werten der Teammitglieder und können durch gezielte Teamentwicklung nur schwerlich und langsam verändert werden. Die Massnahmen auf einer interpersonellen resp. einer Teamebene versuchen deshalb vielmehr, negative Auswirkungen solcher Strukturen zu beheben. So können für jedes Teammitglied Sprechzeiten definiert und deren Einhaltung kontrolliert werden, lassen sich Feedbackprozesse institutionalisieren oder werden Konflikte gelöst, die durch Statusverteidigung entstehen.

5.4.2.2   Massnahmen zu Rollenstrukturen im OPS

Die Analyse der Selbst- und Fremdbilder führt zum Schluss, dass im OP-Team - zumindest bzgl. der erfragten Kriterien - kein eindeutiges Rollengefüge besteht. Die Unterschiede zwischen Selbst- und Fremdwahrnehmungen sind zu ausgeprägt, als dass im OPS von einer ausdifferenzierten Rollenstruktur gesprochen werden könnte. Daraus lassen sich zwei Folgerungen ableiten:

1. Das OP-Team arbeitet nicht maximal effizient. Es besteht eine Möglichkeit zur Effizienzsteigerung, wenn es gelingt, die gegenseitigen Erwartungen und Wahrnehmungen bzgl. des Verhaltens abzugleichen. Durch eine Steigerung der Zusammenarbeit derselben OP-Teammitglieder werden einerseits die professionsspezifischen Rollen in ihrer individuellen Interpretation der jeweiligen Personen im Team ausdifferenziert, andererseits lassen sich individuelle Eigenschaften in die Verhaltenserwartungen integrieren. Dies führt zu einer Reduktion der Entscheidungskomplexität sowie der Wahrscheinlichkeit von Rollenkonflikten. Aus dieser Hypothese lässt sich die Forderung nach permanenten OP-Teams ableiten.

1325   Vgl. Kapitel 3.4.2.1.2.

2. Die Mitglieder des OP-Teams entwickeln andere Strategien zur Überwindung der Nachteile nicht-ausdifferenzierter Rollenstrukturen. So werden Rollenkonflikte, die während einer Operation aufgrund der Dringlichkeit der Situation nicht gelöst werden können, ausserhalb des OPS ausgetragen. Geringe Interaktion zwischen den verschiedenen Berufsgruppen ausserhalb des OPS kann dazu führen, dass die Konflikte so unter die Angehörigen derselben Profession getragen werden, was weniger zu deren Lösung als zur Verfestigung von Stereotypen bzgl. den anderen Berufsgruppen führen kann. Diese Annahme erfordert den Einsatz konfliktreduzierender Techniken (z.B. Debriefings nach Operationen, Feedbackschlaufen, vor- und nachbereitende Meetings).

Die Analyse der Rollenwahrnehmung zeigt zudem auf, dass sich beide akademischen Professionen selbst grossen Einfluss und Zielorientierung zuschreiben, woraus ein Führungsanspruch abgeleitet werden kann, der zumindest ein Konfliktpotenzial beinhaltet. An die Pflege hingegen werden keine Erwartungen bzgl. der Übernahme von Führungsaufgaben gestellt.

5.4.2.3 Massnahmen zur Hierarchiestruktur im OPS

Obschon der OPS als fachlich hierarchiefrei betrachtet werden kann, da jede Profession ihre eigenen Kompetenzebereiche besitzt[1326], wird zwischen den Berufsgruppen eine Hierarchie wahrgenommen (vgl. Tabelle 42). Dies kann dann zu Problemen führen, wenn unterschiedliche Wahrnehmungen bzgl. dieser Hierarchien bestehen. So nehmen die Angehörigen der Pflege z.B. diese Hierarchie signifikant weniger ausgeprägt wahr als die Anästhesie und die Operateure. Dies kann zu Konflikten führen, da die Hierarchieansprüche nicht von allen Beteiligten anerkannt werden. Folgende Massnahmen können dieses Konfliktpotenzial reduzieren:[1327]

- Die fachlichen Kompetenzen werden nach einer Klärung der spezifischen Aufgaben, Verantwortungen und Kompetenzen den jeweiligen Funktionen zugeordnet.

- Die Organisations- und Realisierungsaktivitäten werden expliziert und an eine geeignete Person delegiert, die sich durch eine entsprechende Befähigung zur Teamführung auszeichnet.

Mit diesen Massnahmen kann einerseits der Vorteil expliziter Hierarchien durch klare Regeln und Kompetenzen verfolgt werden, andererseits lässt sich so der Forderung Rechnung tragen, dass ein Team funktional hierarchiefrei zu halten sei.[1328]

1326 Vgl. Gabel et al. (1999), S. 3.
1327 Vgl. Kapitel 5.3.2.
1328 Vgl. Kapitel 3.4.2.3.4.

Die Alternativen zur hierarchischen Koordination im Team[1329] stossen im OPS auf grundlegende Probleme: Die Selbstabstimmung eignet sich aufgrund der dabei vorherrschenden vollständigen Abhängigkeit des Teams von der Entscheidung jedes einzelnen Mitglieds für das OP-Team ebenso wenig wie die Gruppenabstimmung, die durch einen Miteinbezug sämtlicher Teammitglieder in die Entscheidungsfindung einen aufwändigen Abstimmungsprozess zur Folge hat.

5.4.2.4 Massnahmen zur Kommunikationsstruktur im OPS

Die Kommunikation wird als ein bedeutender Einflussfaktor auf die Zusammenarbeit betrachtet (vgl. Abbildung 21). Daraus kann abgeleitet werden, dass auch die Kommunikationsstruktur eine entsprechende Bedeutung besitzt. Die im OPS vorherrschende Totalstruktur scheint den Anforderungen zu entsprechen.[1330] Als Massnahme kann die Gewährleistung eines permanenten Zugangs zur Kommunikationsstruktur für alle beteiligten Mitglieder betrachtet werden. Störende Einflüsse wie Hindernisse durch Infrastruktur, Lärm oder übermässige Beanspruchung durch einzelne Teammitglieder sollten beseitigt werden. Damit kann der Fluss von wichtigen und aktuellen Informationen über den Gesundheitszustand der Patienten sowie über die geplanten und vollzogenen Handlungen aufrecht erhalten werden.

5.4.2.5 Massnahmen zur Affektstruktur im OPS

Die Intensität der Interaktionen im OPS kann negative Auswirkungen auf die zwischenmenschlichen Beziehungen der Teammitglieder haben. Summieren sich negative Erlebnisse wird der Aufbau von Sympathie erschwert. Eine Möglichkeit, negative Gruppendynamiken zu unterbinden besteht einerseits in der sozialpsychologischen Betreuung zur Gewährleistung der Psychohygiene im OPS, beispielsweise bei lange dauernden Eingriffen mittels begleitenden Interventionen, oder durch ein Debriefing des OP-Teams nach Operationen mit unmittelbaren, intraoperativen Komplikationen (z.B. Exitus in tabula, Konflikte im Team).

5.4.3 Aufbau von und Schutz vor Teamnormen

Verhaltensrichtlinien und Normen sind zur Aufgabenerledigung für ein Team von grosser Bedeutung. Explizite Normen (Standards) schreiben das Verhalten formell vor. Implizite Teamnormen, die sich nur z. T. auf die formellen Vorgaben stützen, haben einen grossen Einfluss auf das konkrete Verhalten im Team. Häufige Zusammenarbeit unterstützt die Bildung von teamspezifischen Normen. Zu beachten bleibt jedoch, dass starke disfunktionale Teamnormen (die auch in einer spezifischen Sozialstruktur ab-

---

1329   Vgl. Kapitel 3.4.2.3.5.
1330   Vgl. Kapitel 4.4.2.4.

gebildet werden können) die Nutzung von Teamvorteilen gefährden können (Group Think, Risk Shift) weshalb folgende Bedingungen zu beachten und durch adäquate Massnahmen sicherzustellen sind (vgl. Tabelle 52):

- Jedes Teammitglied besitzt das Recht auf freie Meinungsäusserung.
- Jedes Teammitglied besitzt die Fähigkeit und den Willen zur Weitergabe seines Wissens.
- Jede Information wird von den anderen Teammitgliedern unabhängig vom Absender angenommen. Die Beurteilung erfolgt ausschliesslich anhand des Inhalts der Information.

5.4.4 Kohäsion und Attraktivität

OP-Teams sind attraktiv, wenn eine gegenseitige Anziehung der Teammitglieder auf persönlicher Ebene besteht, die Teamaufgabe einen hohen Stellenwert für die Teammitglieder besitzt und mit der Teammitgliedschaft Stolz oder Reputationseffekte verbunden sind.[1331] Einerseits lässt sich diese Attraktivität nutzen, um akquisitorische Potenziale zu schaffen und auf dem Arbeitsmarkt im Wettbewerb um die besten Arbeitskräfte Vorteile zu generieren. Andererseits besteht in hochkohäsiven Teams die Gefahr von negativen Auswirkungen auf die Entscheidungsprozesse, die gerade im OPS zu fatalen Folgen führen können. Daraus lässt sich die Notwendigkeit ableiten, in länger zusammen arbeitenden Teams regulierende Massnahmen zu institutionalisieren (vgl. Tabelle 43).

5.4.5 Teamkultur

Die Teamkultur wird in der Umfrage als zweitwichtigster Einflussfaktor auf die Zusammenarbeit im OPS betrachtet (vgl. Tabelle 49). Unter Teamkultur werden in dieser Arbeit verschiedene Faktoren wie Respekt, Toleranz und Rücksichtnahme, Klima, Teamgeist oder Umgang zusammengefasst (vgl. Tabelle 44). Zur Entwicklung der Teamkultur lassen sich verschiedene Massnahmen der Teamentwicklung einsetzen:[1332] Auf der individuellen Ebene kann durch. geeignete Trainingsmassnahmen die Teamfähigkeit der einzelnen Teammitglieder dadurch erhöht werden, dass sowohl die soziale Sensibilität für bestimmte Situationen gesteigert und die Fähigkeit, flexibel mit Verhaltensalternativen auf die entsprechenden Situationen zu reagieren, erhöht werden. Auf der interpersonellen und der Teamebene können Team-

---

1331   Vgl. Mullen und Copper 1994, zit. nach Högl (1998), S. 83.
1332   Vgl. Kapitel 5.4.1.

aufbau und -entwicklung, Strukturentwicklung und gruppendynamische Trainings bestehende Störungssymptome beheben.

Die Fehlerkultur wird kaum als Einflussfaktor auf die Zusammenarbeit genannt. Berücksichtigt man jedoch, dass dieser Faktor unter Umständen in Fachkompetenz, Toleranz, Fairness, Umgang oder Schuldzuweisungen enthalten ist, erhöht sich die mögliche Bedeutung dieses kulturellen Faktors. Eine qualitätsfördernde Fehlerkultur ist im Krankenhaus i. d. R. nicht existent, allgemein wird das Null-Fehler-Prinzip häufig verkürzt oder falsch angewendet. „Da auf die Leistungsprozesse sehr viele interne und externe Einflussfaktoren einwirken, ist es utopisch das Null-Fehler-Ziel generell in einem Krankenhaus zu erreichen."[1333] Fehler werden in Krankenhäusern häufig personifiziert. Schuldzuweisungen und Rechtfertigungen führen dabei zu Reibungsverlusten, die Suche nach den tatsächlichen Fehlerursachen unterbleiben. Durch die Etablierung einer Teamkultur lässt sich eine Fehlerkultur fördern, die dazu beiträgt, Fehlerquellen zu ermitteln und diese auszuschalten.[1334]

1333   Gorschlüter (1999), S. 149
1334   Vgl. Gorschlüter (1999), S. 149-150

6 Schlussbetrachtung

Zum Schluss werden Vorgehen und Resultate der Arbeit noch einmal zusammengefasst, drei Haupt-Kritikpunkte aufgegriffen sowie ein Ausblick auf mögliche theoretische und praktische Konsequenzen der gewonnenen Erkenntnisse gewagt.

6.1 Zusammenfassung

6.1.1 Ausgangslage und Zielsetzung

Krankenhäuser sehen sich durch zunehmende Deregulierung, wachsenden Kostendruck und das Auftreten neuer Akteure auf dem Gesundheitsmarkt einer steigenden Wettbewerbsdynamik ausgesetzt, wodurch für das Krankenhausmanagement der Druck entsteht, sämtliche Leistungsprozesse entsprechend zu optimieren. Der Krankenhaussektor zeichnet sich durch eine hohe Personalintensität aus, die zur Folge hat, dass Personalkosten rund 70% der Gesamtkosten ausmachen. Das Personal stellt auch im Operationssaal – der bedeutendsten Kostenstelle im Krankenhaus – den grössten Anteil der anfallenden Kosten. Vor dem Hintergrund der sich allgemein verändernden Rahmenbedingungen entsteht ein zunehmender Druck zur Steigerung von Effizienz und Effektivität im OPS-Betrieb und damit zu Schaffung von Arbeitsbedingungen, welche die Leistungsfähigkeit und –bereitschaft der Mitarbeiter im OPS erhöhen.

Ganzheitliche betriebswirtschaftliche Analysen des OPS fokussierten bis anhin hauptsächlich das OP-Management und damit den Koordinationsprozess zur Optimierung der Verwendung der Infrastruktur. Daneben wurden verschiedene Teilprobleme hauptsächlich arbeitstechnischer Art betrachtet. Eine vertiefte personalwirtschaftliche Betrachtung des OPS fand nicht statt.

Die personalwirtschaftliche Untersuchung des OPS wird in dieser Arbeit anhand teamtheoretischer Überlegungen vorgenommen. Die Wahl dieses Blickwinkels wird einerseits aufgrund der vielerorts konstatierten Kooperationsdefizite zwischen den unterschiedlichen Berufsgruppen im Krankenhaus allgemein oder speziell im OPS begründet. Da sich die teamtheoretischen Ansätze mit der Zusammenarbeit verschiedener Menschen beschäftigen, wird davon ausgegangen, ein adäquates Instrumentarium zur Analyse der Zusammenarbeit zur Verfügung zu haben. Andererseits lässt sich die Entscheidung dadurch begründen, dass die Arbeitsform im OPS die wesentlichen Merkmale von Teamarbeit besitzt und zudem der Begriff ‚OP-Team' im Krankenhaus und der relevanten Literatur weit verbreitet ist, ohne dass bisher eine nähere Betrachtung dieses Teams stattgefunden hätte.

Das Hauptziel dieser Arbeit besteht darin, durch eine teamtheoretisch fundierte Analyse der Zusammenarbeit im OPS Handlungsempfehlungen zur Steigerung von Effizienz und Effektivität des OP-Teams zu gewinnen. Das Hauptziel gliedert sich in folgende Unterziele:

- Zuerst werden die Einflussfaktoren auf das Teamverhalten und deren Beziehungen in einem Framework beschrieben.
- Anschliessend werden die Verhältnisse der Zusammenarbeit im OPS anhand des Frameworks theoretisch und durch Untersuchungen empirisch erklärt.
- Aus den Ergebnissen der Erklärung werden für das Management von OP-Teams effizienz- und effektivitätssteigernde Handlungsempfehlungen abgeleitet.

6.1.2 Team – Definition und Framework

Der Herleitung des Teamframeworks geht eine Bestimmung des Teambegriffs voraus, die zu einer eigenen Definition führt. Damit soll aufgrund der in der Literatur bestehenden grossen Anzahl unterschiedlicher Teamdefinitionen das in dieser Arbeit verwendete Teamverständnis verdeutlicht werden. Der Teambegriff wird zunächst aus dem Gruppenbegriff abgeleitet und anschliessend von diesem abgegrenzt. Die Gruppe wird in ihren konstituierenden Merkmalen – der Mehrzahl von Mitgliedern, deren Interaktion, der Gruppenstruktur, geteilten Normen und Standards sowie dem Gruppenbewusstsein – betrachtet.

Aus einer Analyse verschiedener Teamdefinitionen ergibt sich folgende, für den weiteren Verlauf dieser Arbeit gültige Teamdefinition:

Ein Team ist eine Kleingruppe, die eine von einer übergeordneten Organisation vorgegebene Aufgabe verfolgt, zu deren Erfüllung von den Mitgliedern fachlich unterschiedliche, sich jedoch ergänzende Interaktionen erfordert werden.

Zur systematischen Analyse der Faktoren, die das Teamverhalten beeinflussen, wird ein Framework entwickelt. Eine vorgängige Betrachtung von Kausalmodellen zum Teamverhalten führt zum Schluss, dass diese zugunsten des Ziels, den Einfluss einzelner Variablen auf die Teamleistung empirisch überprüfen zu können, entweder auf die Berücksichtigung komplexerer Zusammenhänge, auf Modellvariablen oder auf eine exakte Spezifikation der Variablen verzichten. Aufgrund dieser Analyse wird kein weiteres Modell zur Betrachtung von spezifizierten Ursache-Wirkungs-Beziehungen entwickelt, sondern ein Framework, mit dem den Zielen dieser Arbeit gerecht werden soll. Da ein Ziel der Arbeit darin besteht, Handlungsempfehlungen für das OP-Teammanagement abzuleiten, unterscheidet die Systematik zur

Betrachtung der Einflussfaktoren nach dem Ort (teamintern oder teamextern) und der Art (direkt oder nur indirekt) ihrer möglichen Gestaltung.

6.1.3 Teammerkmale

In diesem Kapitel werden die Einflussfaktoren auf das Teamverhalten in der Systematik des vorher entwickelten Frameworks beschrieben. Damit soll eine theoretische Grundlage für die Analyse der Verhältnisse der Zusammenarbeit im OPS geschaffen werden.

Die Betrachtung der indirekt gestaltbaren Einflussfaktoren des Teamumfelds erfolgt anhand einer teamgerechten Modifikation des Stakeholderansatzes. Damit werden mögliche Interessen von organisationsexternen und -internen Anspruchsgruppen am Teamverhalten analysiert. Je nach ihrer Bedeutung können aus den Ansprüchen unterschiedliche Einflüsse auf das Teamverhalten abgeleitet werden. Der Stakeholder ‚Organisation' besitzt den Anspruch, dass das Team durch seinen Beitrag zur Erfüllung übergeordneter Zielsetzungen einen Teamvorteil erzielt, dessen Entstehung und Gefährdung in der Folge vertieft betrachtet werden.

Anschliessend erfolgt die Betrachtung der durch das Teamumfeld direkt gestaltbaren Einflussfaktoren. Darunter fällt die Teamgründung, in deren Rahmen sowohl die möglichen mit der Gründung eines Teams beabsichtigten Ziele der Organisation als auch der Auswahlprozess der Teammitglieder und deren Präferenzen bei der Selektion künftiger Mitarbeiter betrachtet werden. Die Gestaltung der Teamaufgabe fokussiert die Bedingungen, die eine Aufgabe erfüllen muss, damit der Teamvorteil ausgenützt werden kann. Die strukturelle Einbindung betrachtet unterschiedliche teamspezifische Organisationsformen und mögliche Auswirkungen von Autonomie auf die Teamleistung. Aufgrund der identitätsstiftenden Wirkung von Teams und den damit zusammenhängenden Prozessen der Kategorisierung erhält das Management von Teambeziehungen einen besonderen Stellenwert. Eine Analyse möglicher Anreizsysteme für Teams führt zur Erkenntnis, dass ein Dilemma zwischen individuellen Entlohnungsinteressen der Mitglieder und der Absicht, das Team als Ganzes durch variable Anreizsetzung zu steuern, bestehen kann.

Unter den teaminternen, direkt gestaltbaren Merkmalen werden die Teammitglieder, die sich durch Fähigkeiten, Motive und eine professionskulturelle Herkunft auszeichnen, als wesentliche Einflussfaktoren auf das Teamverhalten betrachtet, die es entsprechend zu selektieren, entwickeln oder steuern gilt. Im Rahmen der Arbeitsorganisation werden diverse Aufgabentypen im Team, darunter Informations- und Kommunikationsaufgaben, Führungs- und Koordinationsaufgaben sowie das Boundary Management betrachtet, bevor analysiert wird, welche Auswirkungen unterschiedliche Teamgrössen zur Folgen haben können.

Das letzte Kapitel zur Entwicklung des Frameworks betrachtet die teaminternen Einflussfaktoren auf das Teamverhalten, die nur indirekt gestaltet werden können. Dazu zählen die Phasen der Teamentwicklung, das Teamlernen, die Teamstrukturen, und damit Status-, Rollen-, Hierarchie-, Kommunikations- und Affektstrukturen, die im Team vorhandenen Werte und Normen, Kohäsion und Attraktion sowie die Teamkultur.

6.1.4 Das OP-Team

Durch Literaturanalyse, Handlungs- und Feldforschung werden die Ausprägungen der einzelnen Teammerkmale im OPS ermittelt. Damit wird eine teamtheoretische Analyse der Verhältnisse der Zusammenarbeit vorgenommen, die zu folgenden Erkenntnissen führt:

- Aufgrund der Aussenorientierung der Mediziner und deren Ablehnung organisatorischer Direktiven bestehen vielfältige und bedeutende Interessen von teamexternen Stakeholdern, die das Verhalten der einzelnen Mitglieder im OPS beeinflussen können.

- Die Teamaufgabe besteht grundsätzlich darin, einen Eingriff an einem Menschen erfolgreich durchzuführen. Für diese Aufgabe können inhaltliche (medizinische) und formale (ökonomische) Ziele formuliert werden.

- Mit der Gründung von OP-Teams lassen sich im Krankenhaus neben der Erfüllung der therapeutischen Aufgabe verschiedene Ziele der Organisationsentwicklung verfolgen.

- Die Auswahl der Teammitglieder für das OP-Team hat einen Einfluss auf die Dauer der OP und wird von den Mitarbeitern als suboptimal empfunden.

- Die OP-Aufgabe stellt aufgrund ihrer Merkmale eine eigentliche Teamaufgabe dar, lässt sich im Verbund des OPS-Bereichs organisieren und ist zeitsensitiv.

- Es existieren keine eigentlichen teamspezifischen Organisationsformen für den OPS, obschon die Aufgabe in ihrer Gestalt die Kennzeichen teilautonomer Teamarbeit tragen würde. Es existieren keine OP-Teams im institutionellen, sondern lediglich im funktionellen Sinn.

- Eine grosse Bedeutung für das Verhalten besitzen die Beziehungen zwischen den verschiedenen Tätigkeitsbereichen. Den Verhältnissen zwischen den OP-Teams wird jedoch keine spezielle Beachtung geschenkt.

- Im Krankenhaus existieren mit Ausnahme der Sonderregelungen für Kaderärzte keine Anreizsysteme, die zum Ziel haben, die Leistung der Teammitglieder zu steigern und deren Verhalten auf das Ergebnis des OP-Teams auszurichten.

- Die Teammitglieder besitzen hochspezialisierte Fachkompetenzen, denen von allen Befragten eine grosse Bedeutung für das Gelingen der Zusammenarbeit attestiert wird. Von den im OPS arbeitenden Funktionen besitzt jedoch nur die Pflege explizite Ausbildungsziele bzgl. sozialer Kompetenzen, obschon diese gemäss den Resultaten der Umfrage ebenfalls einen starken Einfluss auf die Zusammenarbeit ausüben. Die stark ausgeprägten Professionskulturen im OPS können sich nachteilig auf die Zusammenarbeit auswirken.

- Die Führungsaufgabe im OP-Team ist weder bzgl. ihres Inhalts noch ihrer Trägerschaft klar definiert. Die Führungsdefizite lassen sich durch die fehlende Akzeptanz der Ärzteschaft, Führung als Bestandteil ihrer Aufgabe zu betrachten, deren fehlende Führungsausbildung und die nach Professionen unterschiedlichen Verständnisse von Führungsinhalten erklären.

- Die Verteilung von Aufgaben, Kompetenzen und Verantwortungen im OPS wird von den Mitarbeitern nicht als grösseres Problem wahrgenommen.

- Der Kommunikation wird ein bedeutender Einfluss auf die Zusammenarbeit zugeschrieben, wobei die Teammitglieder vor Eingriffen unterschiedlich informiert sein können.

- Die Grösse des OP-Teams ist nicht nur von der Art des Eingriffs, sondern auch vom Personalbedarf der jeweiligen Operateure und der Mitarbeiterqualität abhängig.

- Das OP-Team erhält keine Zeit, die Phasen der Teamentwicklung zu durchlaufen. Die Geschwindigkeit, mit der ein OP-Team lernt, ist von der Art und Weise, wie sich die (meist medizinischen) Teamleader in die Prozesse einbringen und nicht von deren Erfahrung oder Status abhängig. Bewusste Teamentwicklung findet im OPS nicht statt.

- Es besteht eine stark ausdifferenzierte Statusstruktur im OP-Team, während in der Erhebung kein eindeutiges Rollengefüge festgestellt werden kann.

- Die oft kurze Zusammenarbeit in ad hoc-Teams führt dazu, dass sich weder eine ausgeprägte Kohäsion noch eine spezifische Teamkultur entwickeln kann.

6.1.5 Implikationen für das Management von OP-Teams

Anhand der Analyse der Ausprägungen der Merkmale des OP-Teams werden verschiedene Massnahmen zu dessen Management entwickelt mit dem Ziel, die Leistung der Teammitglieder zu erhöhen und auf das Teamziel auszurichten. Gemäss den Resultaten der Umfrage sind fünf Teammerkmale für die Zusammenarbeit im OPS von ausnehmend grosser Bedeutung: Die Teammitglieder, die Teamkultur, die Gestaltung der Teamaufgabe, die Arbeitsorganisation und die Beziehungen zwischen den Tätigkeitsbereichen. Insgesamt wird denjenigen Merkmalen das grösste Gewicht beigemessen, die sich durch Massnahmen der Teamgestaltung steuern lassen. Ungefähr gleich gewichtet wurden in der Umfrage die Bereiche der Teamentwicklung und der Gestaltung der organisatorischen Rahmenbedingungen. Kaum Einfluss wird den externen Faktoren (Spardruck) und dem Teamergebnis (keine Komplikationen) attestiert. In der Folge werden verschiedene Massnahmen für das Management von OP-Teams formuliert.

- Es werden verschiedene Stakeholderbeziehungen aufgeführt, die einen Einfluss auf die Teamaufgabe bzw. das Teamziel aufweisen können. Eine Berücksichtigung dieser Interessen kann das Risiko einer dysfunktionalen Formulierung von Aufgaben und Zielen für das OP-Team reduzieren.

- Es werden Massnahmen angegeben, welche die Gefahr von verzerrten Entscheidungen im Rahmen sozialer Kontexte verringern können.

- Mit der Gründung von OP-Teams lassen sich Ziele der Mitarbeiter-, der Team- und der Organisationsentwicklung verfolgen. Es wird aufgezeigt, welche Massnahmen zur Verfolgung der jeweiligen Ziele ergriffen werden können.

- Es werden kurz mögliche Massnahmen der Aufgabengestaltung angeführt.

- Es wird aufgezeigt, wie sich durch die Einführung von OP-Teams motivatorische Vorteile von teilautonomen Teams nutzen und Autonomiebedürfnisse der Beschäftigten im Krankenhaus berücksichtigen lassen.

- Es wird dargelegt, wie sich die Einführung von OP-Teams sich als Massnahme zur Reduktion negativer Beziehungen zwischen den Berufsgruppen des Krankenhauses eignet.

- Das Anreizsystem für das OP-Team beinhaltet vielfältige Gestaltungsmöglichkeiten. Zunächst werden mögliche Ausprägungen nichtmonetärer Anreize betrachtet, bevor ein morphologischer Kasten zur Berechnung der variablen Entlohnung entwickelt wird, mit dem sich sowohl Leistungsziele wie auch Teamziele für den OPS verfolgen lassen.

- Den sozialen Kompetenzen der Teammitglieder lässt sich bei der Selektion mehr Gewicht beimessen, Mitarbeiter mit Defiziten können in den Genuss von Entwicklungsmassnahmen kommen oder werden nicht in Teams eingesetzt.

- Die Führung von OP-Teams muss nicht zwingend von Angehörigen der medizinischen Berufe übernommen werden. Da sich die Führungsfunktion auf die Koordination beschränkt und keine fachliche Weisungsbefugnis besitzt, ist die Motivation und Befähigung zur Führung wesentliches Kriterium bei der Wahl der Person.

- Durch die Institutionalisierung von OP-Teams lassen sich Teamstrukturen entwickeln resp. Massnahmen zur Teamentwicklung anwenden. Debriefings nach Beendigung der Teamarbeit verhindern, dass Konflikte über das Ende der Zusammenarbeit weitergetragen werden.

Die vorgeschlagenen Massnahmen für das Management von OP-Teams lassen sich wie folgt zusammenfassen:

1. OP-Teams sind als eigenständige Organisationseinheiten mit möglichst beständiger Besetzung einzurichten. Die Koordination erfolgt über das OP-Management.

2. Bei der Auswahl der Teammitglieder gilt es, neben dem Fachwissen die vorhandenen Sozialkompetenzen zu berücksichtigen. Diesbezügliche Defizite lassen sich u. U. durch entsprechende Entwicklungsmassnahmen beheben.

3. Die (Teil-)Ziele für die OP-Teams sind klar zu definieren und kommunizieren und führen bei ihrer (Nicht-)Erreichung zu Folgen bzgl. der Belohnung.

4. Das OP-Team – unabhängig in welcher Form es nun besteht – sollte mit Massnahmen der Teamentwicklung begleitet werden.

6.2 Kritik

Das in dieser Arbeit gewählte Vorgehen weist drei hauptsächliche Kritikpunkte auf:

- Die Bildung aufgabenspezifischer Cluster von Teammerkmalen
- Die Methode der Erhebung der Merkmale
- Die Ableitung von Implikationen für das OP-Management

Die Zuordnung von Teammerkmalen in eines der vier Handlungsfelder im Framework ist die Folge des in dieser Arbeit gewählten deduktiven Vorgehens: Aus der Absicht, handlungsleitende Massnahmen zur Gestaltung von Einflussfaktoren auf das Teamverhalten zu ermitteln, wurden zuerst die Dimensionen des Frameworks bestimmt. Erst anschliessend erfolgte die Ermittlung dieser Faktoren. Dieses Vorgehen hatte zur Folge, dass Faktoren mit hoher Interdependenz unterschiedlichen Aufgabenbereichen zugeteilt wurden. Dadurch wurden einerseits nicht alle relevanten Zusammenhänge aufgezeigt, andererseits ist eine eindeutige Einteilung sämtlicher Faktoren zu einem der Aufgabengebiete unmöglich. Dennoch kann festgehalten werden, dass durch das Framework eine systematische Analyse der Einflussfaktoren auf das Teamverhalten möglich ist.

Durch das gemischte Untersuchungsdesign werden nicht alle Merkmale auf derselben Datenbasis ermittelt. Dies führt dazu, dass der Aussagegehalt der Ausprägungen der einzelnen Faktoren unterschiedlich ist. Zudem entsprechen nicht alle Aussagen den Kausalketten der theoretisch deduzierten Merkmale, da deren Erhebung nicht analog dieser Deduktion erfolgte, oder bauen auf Interdependenzen auf,
die im Framework gerade nicht untersucht wurden. Folgende Einschränkungen ergeben sich aus dem
verwendeten Untersuchungsdesign:

- Bei der Literaturanalyse wurden zwei wesentliche Merkmale der systematischen qualitativen Inhaltsanalyse vernachlässigt:[1335] Einerseits wurden die Textquellen nicht ana-
  lytisch, sondern summarisch verwertet, andererseits erfolgte nach der Durchsicht keine Kategorienrevision.

- Neben der Methode der Literaturanalyse limitieren die Dokumente selbst ihre Aussagekraft, da sie nicht auf die spezifische Fragestellung zugeschnitten sind[1336].

- Die offen erhobenen Einschätzungen der Einflussfaktoren auf das Teamverhalten
  wurden zur weiteren Verarbeitung in Kategorien zusammengefasst. Dadurch besteht
  die Möglichkeit, dass einzelne Antworten nicht exakt den von den Befragten gemein-
  ten Sinn repräsentieren.

- Die Verteilung der einzelnen Professionen in der Grundgesamtheit ist nicht bekannt.
  Für die sich aus dem Rücklauf ergebende Verteilung kann deshalb kein Anspruch auf
  Repräsentativität erhoben werden.

- Die Beobachtung erfolgte einmalig. Dadurch erhalten die Abbildungen zur Kommunikationsstruktur lediglich beispielhaften Charakter für eine spezielle Eingriffsart in einem spezifischen Team.

- Die Aussagen zu den Teammerkmalen im OPS könnten an Kraft gewinnen, wenn sie
  in Experteninterviews zusätzlich qualitativ validiert würden.

Die Ableitung der Implikationen für das Management von OP-Teams vernachlässigt wesentliche Besonderheiten des krankenhausspezifischen Personalmanagements sowie fachliche und medizinische Restriktionen. Die hier angeführten Massnahmen sollen nicht als konkrete Umsetzungsempfehlungen verstanden werden, sondern einen Möglichkeitsraum zur Steuerung von Einflussfaktoren auf das Verhalten
von OP-Teams angeben, der situativ umgesetzt werden kann. Aus den Resultaten der Erhebung lassen
zudem die Bereiche ableiten, die für das Management von OP-Teams von primärer Bedeutung sind.

1335   Vgl. Mayring (2002), S. 114-115.
1336   Vgl. Thom (1980), S. 531.

6.3 Ausblick

Aus den Antworten auf die eingehend zu dieser Arbeit gestellten Fragen lassen sich verschiedene weitere Implikationen für Wissenschaft und Praxis ableiten.

Für die Teamforschung kann das Framework und v. a. dessen Anwendung auf den OPS als Beispiel dafür betrachtet werden, wie sich der Forderung nachkommen lässt, wonach die im Allgemeinen bereits sehr ausführlich erfolgte Teamforschung den spezifischen Teamkontext stärker zu berücksichtigen hat.[1337] Gerade das OP-Team mit seinen vielfältigen Besonderheiten stellt einen idealen Untersuchungsgegenstand dar, der veranschaulicht, dass allgemeinen und generalisierten Aussagen zu Teams in ihrer Anwendung auf empirische Sachverhalte der organisationalen Realität schnell Grenzen aufgezeigt werden. Aus dieser Arbeit stellen sich weitere Fragen zur wissenschaftlichen Bearbeitung:

- Wie können die Einflüsse der Stakeholder von exponierten Teams (z.B. OP- oder Führungsteams) identifiziert, abgrenzt und so gesteuert werden, dass kein den Organisationszielen zuwiderlaufendes Verhalten der Teammitglieder entsteht? In diesem Kontext lassen sich evtl. adäquatere Instrumente zur Analyse der Aussenbeziehungen von Teams entwickeln.

- Wodurch lassen sich bei wechselnden Teamzusammensetzungen die Vorteile von ausdifferenzierten Teamstrukturen, die jedoch aufgrund kurzer Interaktionsdauer nicht erreicht werden können, substituieren? Das OP-Team erbringt trotz fehlendem Zeitraum Leistungen, die aufgrund der Theorien zur Teamentwicklung (Phasenmodelle, Cognitive Map und Shared Mental Model) lediglich von eingespielten Teams erwartet werden können. Die dem Kapitel 4.4.2.2 zu Grunde liegende These, dass tradierte (hier: professionsspezifische) Rollenbilder die Entwicklung ersetzen, kann falsifiziert oder präzisiert werden. In dieser Richtung können weitere Fragen gestellt werden wie z.B., welche Faktoren über die Strukturbildung entscheiden oder welcher Einfluss diese tatsächlich aufweist.

- Welchen Einfluss spielen Professionskulturen in der Zusammenarbeit? Welchen Einfluss spielt die Zusammenarbeit auf die Professionskulturen? Die Existenz starker berufsabhängiger Kulturen wird im Krankenhaus festgestellt. Die Zuschreibungen spezifischer Kulturmerkmale enden jedoch in der Regel damit, dass spezifischen Professionen absolute Verhaltensmuster, Symbole, Helden und Rituale zugeschrieben

---

1337 Vgl. Guzzo und Dickson (1996), S. 333.

werden. Gerade das Krankenhaus als Schmelztiegel von unterschiedlichsten Professionen bietet die Möglichkeit, Berufskulturen im Zusammenspiel zu betrachten.

- Die grosse Bedeutung, die in der Umfrage den Persönlichkeitsmerkmalen und dem Klima für den Erfolg der Zusammenarbeit im Team zugeschrieben wurden, steht im Widerspruch zur Häufigkeit, mit der sich die wissenschaftliche Teamliteratur diesen Einflussfaktoren widmet. Aus dieser Diskrepanz lässt sich u. U. ein Forschungsbedarf ableiten.

- Jetzt, nachdem die Verhältnisse der Zusammenarbeit im OPS erklärt sind, können die Auswirkungen der Gestaltung spezifischer Merkmale gemessen werden. Dazu bieten sich Kausalmodelle an, wie sie in Kapitel 2.2.1 vorgestellt wurden.

Für die betriebliche Krankenhaus-Praxis lassen sich aus den Ausführungen in dieser Arbeit folgende Implikationen ableiten:

- Es gilt Strukturen zu schaffen, die eine explizite Institutionalisierung von OP-Teams ermöglichen. Damit können einerseits die dem Einsatz von Teams zugeschriebenen Vorteile erreicht werden, andererseits das vorherrschende Abteilungs- und Professionsdenken aufgebrochen werden. Für das Krankenhaus stellt sich dabei die Herausforderung, eine optimale organisatorische Form zur Integration der Teams zu entwickeln.

- Der zwischenmenschliche Umgang kann verstärkt fokussiert und zum Thema für sämtliche Professionen – nicht nur wie bis anhin für die Pflege – gemacht werden.

- Für das Krankenhausmanagement besteht die Herausforderung, die vielfältigen Aussenbeziehungen auf das OP-Team zu erfassen und ihre Auswirkungen in der Aufgabenformulierung zu berücksichtigen.

- Für das Krankenhaus- oder OP-Management stellt sich die Frage, welche Vorteile der Teamarbeit für den OPS, den OPS-Bereich oder das Krankenhaus als Ganzes genutzt werden sollen. Dies führt weiter zur Frage, wie sich die Vorteile der Teamarbeit im spezifischen Kontext des OPS unter Berücksichtigung exogener Restriktionen medizinisch-technischer und finanzieller Art umsetzen lassen.

- Die Erkenntnisse zur Arbeitsgestaltung und zur Führungsbefähigung der traditionell mit Leitungsfunktionen versehenen medizinischen Berufsgruppen stellen die bis anhin selbstverständlichen Führungsansprüche der Ärzteschaft in Frage. Für das Krankenhaus- oder OP-Management leitet sich daraus die Aufgabe ab, entweder die Führungsdefizite bei den Angehörigen der medizinischen Berufsgruppen durch Weiterbildungsmassnahmen zu fördern oder bei der Besetzung von Führungsfunktionen weniger die fachliche Herkunft der Kandidaten als deren Führungsbefähigung zu berücksichtlgen.

- Dem Arbeitsklima wird in der Umfrage eine grosse Bedeutung attestiert. Für das Krankenhausmanagement stellt sich somit die Aufgabe, entsprechende Instrumente bereitzustellen, die helfen das Klima zu erfassen und zu beurteilen, und Massnahmen, die dazu beitragen sollen, das Klima zu verbessern.

Literaturverzeichnis

Abbott, A. (1988): The System of Professions. An Essay on the Division of Expert Labor. Chicago: University of Chicago Press

Abraham, P./ Abraham, M. (2000): Multikulturelle Teams arbeitsfähig machen. Organisationsentwicklung (4): S. 74-83

Adam, D./ Gorschlüter, P. (1999): Qualitätsmanagement im Krankenhaus. Zeitschrift für Betriebwirtschaft, Ergänzungsheft 5 (5/99): S. 95-109

Alchian, A. A. (1984): Specifity, Specialization, and Coalitions. Zeitschrift für die gesamte Staatswissenschaft, 140: S. 34-49

Alchian, A. A./ Demsetz, H. (1972): Production, Information Costs and Economic Organization. American Economic Review, 62: S. 777-795

Alioth, A. (1980): Entwicklung und Einführung alternativer Arbeitsformen. Bern: Verlag Hans Huber

Allport, G. W. (1954): The Nature of Prejudice. Boston: The Beacon Press

Alon, E./ Schüpfer, G. (1999): Operationssaal-Management. Anaesthesist, 48 (10): S. 689-697

Altmann, G./ Fiebiger, H./ Müller, R. (1999): Mediation: Konfliktmanagement für moderne Unternehmen. Weinheim

Amelung, V. E./ Schumacher, H. (2000): Managed Care - Neue Wege im Gesundheitsmanagement (2. Auflage Aufl.). Wiesbaden: Gabler

Angehrn, A./ Eichenberger, T./ Wyss, F. (2004): Anstellungsbedingungen der Kaderärztinnen und Kaderärzte an öffentlichen und öffentlich subventionierten Spitälern. Schweizerische Ärztezeitung, 85 (51/52): S. 2754-2757

Antoni, C. H. (1994): Gruppenarbeit - Mehr als ein Konzept. In: Antoni, C. H. (Hrsg.): Gruppenarbeit in Unternehmen: S. 19-48. Weinheim: Beltz

Antoni, C. H./ Hofmann, K./ Bungard, W. (1996): Gruppenarbeit. In: Bullinger, H.-J./ Warnecke, H. J. (Hrsg.): Neue Organisationsformen im Unternehmen: S. 489-498. Berlin et. al.: Springer

Antoni, C. H./ Lehnert, E./ Bungard, W. (1994): Auswirkungen von Einzel- und Gruppenarbeit. In: Antoni, C. H. (Hrsg.): Gruppenarbeit in Unternehmen: S. 308-329. Weinheim: Beltz

Armstrong, M. (2002): Employee Reward (3. Auflage). London: CIPD House

Aronson, E. (1984): The Social Animal. New York: W.H. Freeman and Company

Atteslander, P. (2000): Methoden der empirischen Sozialforschung. Berlin: Walter de Gruyter

Ausman, J. I. (1999a): The Business of Surgery: Operations Management and Strategic Planning: Part II: Preoperative Planning. Surg Neurol, 51: S. 347-348.

Ausman, J. I. (1999b): The Business of Surgery: Operations Management and Strategic Planning: Part III: Operating Room Management. Surg Neurol, 51: S. 577-578

Avery, C. M. (2000): How Teamwork can be developed as an individual skill. The Journal for Quality and Participation, 23 (4): S. 5-11

Baarfuss, R. (2001): Teamleistung - das Erfolgskonzept? Interview - Das Schweizer Human Resource Management-Journal (5): S. 18

Bach, O. (1996): Abbau von Hierarchien: mehr Effizienz durch schlankere Strukturen. Heidelberg: Sauer

Bachmann, J. (2002): Teamentlohnung - Ansporn für alle. HR Today (1/2): S. 15

Backes-Gellner, U./ Lazear, E. P./ Wolff, B. (2001): Personalökonomik: Fortgeschrittene Anwendungen für das Management. Stuttgart: Schäffer-Poeschel

Baron, R. S./ Kerr, N. L. (2003): Group Process, Group Decision, Group Action. Buckingham: Open University Press

Battegay, R. (1973): Der Mensch in der Gruppe, Band 1. Bern: Verlag Hans Huber

Bazerman, M. H./ Giuliano, T./ Appelman, A. (1984): Escalation of Commitment in Individual and Group Decision Making. Organizational Behavior and Human Performance, 33: S. 141-152

Beck, U./ Brater, M./ Daheim, H. (1980): Soziologie der Arbeit und der Berufe. Reinbek bei Hamburg: Rowolth

Becker, H. (1984): Effizienz und Macht in Organisationen. Management-Zeitschrift IO, 53 (5): S. 233-240

Behrends, B./ Kuntz, L. (1999): Die strategische Ausrichtung eines Universitäts-Krankenhauses. Zeitschrift für Betriebwirtschaft, Ergänzungsheft 5: S. 11-25

Belbin, R. M. (2002): Management Teams. Oxford: Butterworth Heinemann

Benesch, H. (1989): dtv-Atlas zur Psychologie Band 1. Münschen: Deutscher Taschenbuchverlag

Benesch, H. (1991): dtv-Atlas zur Psychologie, Band 2. München: Deutscher Taschenbuchverlag

Beranek, J./ Harmsen, G. (1992): Arbeitsplatz Operationssaal - Praxisbuch für instrumentierende Schwestern und Pfleger. Berlin: Blackwell Wissenschafts-Verlag

Berthel, J. (1995): Personalmanagement. Stuttgart

Beumer, U./ Sievers, B. (2000): Einzelsupervision als Rollenberatung - Die Organisation als inneres Objekt. Supervision (3): S. 10-17

Bieta, V. (1999): Changemanagement im Krankenhaus: Ein Fall für die Sicht der Spieltheorie. Zeitschrift für öffentliche und gemeinwirtschaftliche Unternehmen, 22 (4): S. 367-385

Bieta, V. (2000): How to Win the Games in Hospital Management: Prozesskostenmanagement als Spielregelsystem der Prozessoptimierung. Betriebswirtschaftliche Forschung und Praxis (4): S. 399-416

Bijkerk, J. A. (1999): Personal- und Organisationsentwicklung - Schlüsselfaktoren beim Veränderungsmanagement. In: Braun, G. E. (Hrsg.): Handbuch Krankenhaus-Management: S. 815-838. Stuttgart

Böcker-Kamradt, S. (2001): Systemische Mediation und Organisationsentwicklung. profile, (1): S. 65-80

Bollag, U. (2000): Warum decken wir schwarze Schafe überhaupt? Schweizerische Ärztezeitung, 81 (39): S. 2225

Boos, L. (2001): Soziales Dilemma und die Organisation des Krankehauses. Zürich: Schweizerische Gesellschaft für Gesundheitspolitik SGGP

Borkenstein, I. (1993): Die kranke Institution Krankenhaus. Frankfurt am Main: Haag + Herchen

Born, M./ Eiselin, S. (1996): Teams - Chancen und Gefahren. Bern: Verlag Hans Huber

Bornewasser, M./ Schnippe, C. (1998): Kooperation im Krankenhaus: Integrationsprobleme im Bereich der OP-Organisation in einem Akkutkrankenhaus. Zeitschrift für Personalforschung, Sonderband 1998: S. 99-120

Bortz, J./ Döring, N. (2003): Forschungsmethoden und Evaluation für Human- und Sozialwissenschaftler. Berlin: Springer

Braun, G. E. (Hrsg.) (1999a): Handbuch Krankenhaus Management. Stuttgart: Schäffer-Poeschel Verlag

Braun, G. E. (1999b): Konzept des integrierten Krankenhausmanagement. In: Braun, G. E. (Hrsg.): Handbuch Krankenhaus-Management: S. 3-18. Stuttgart

Braun, G. E./ Schmutte A. M. (1999c): Krankenhausvergleiche und Benchmarking. In: Braun, G. E. (Hrsg.): Handbuch Krankenhausmanagement: S. 726-741. Stuttgart

Braun von Reinersdorff, A. (2002): Strategische Krankenhausführung: vom Lean Management zum Balanced Hospital Mangement. Bern: Verlag Hans Huber

Braun, W. (1987): Die Organisation ökonomischer Aktivitäten. Wiesbaden: Gabler

Breisig, T./ Kubicek, H. (1987): Hierarchie und Führung. In: Kieser, A. (Hrsg.): Handwörterbuch der Führung. Vol. 1. Auflage: S. Sp. 1064-1078. Stuttgart: Poeschel

Brenzikofer, B. (2002): Reputation an Universitäten. Zürich

Brinkmann, A./ Gebhard, F./ Isenmann, R./ Bothner, U./ Mohl, U./ Schwilk, B. (2003): Balanced Scorecard. Der Anästhesist, 52 (10): S. 947-956

Brodsky, J. B. (1998): Cost Savings in the Operating Room. Anesthesiology, 88 (3): S. 834

Broszkiewicz, A. (2003): Status und Einfluss von Minoritäten in Kleingruppen. Frankfurt am Main: Peter Lang

Brown, C./ Reimer, C. (1995): Belastungen bei Pflegenden und Medizinern. Giessen: Focus Verlag

Brown, R. (2000): Group Processes. Oxford: Blackwell Publishers Ltd.

Brown, R./ Vivian, J./ Hewstone, M. (1999): Changing attitudes through intergroup contact: the effects of group membership salience. European Journal of social Psychology, 29: S. 741-764

Brunner, C. B. (2002): TQM und organisationales Lernen im Krankenhaus. Konstanz: Hartung-Gorre Verlag

Bürgi, H./ Moser, M. (2001): Anstellungsbedingungen für Kaderärzte. NZZ: 6.3.2001: S. 29. Zürich

Busse, T. (2001): OP-Management (2 Aufl.). Heidelberg: R. v. Decker's Verlag

Büth, P. (1994): Erfahrungen mit der Einführung von Produktinseln in der BOGE GmbH. In: Antoni, C. H. (Hrsg.): Gruppenarbeit in Unternehmen: S. 191-208. Weinheim: Beltz

Calvo, G. A. R. (1987): The Economics of Supervision. In: Nalbantian, H. R. (Hrsg.): Incentives, Cooperation and Risk Sharing: S. 87-103. Totowa NJ: Rowman & Littlefield

Calvo, G. A. R./ Wellisz, S. (1978): Supervision, Loss of Control, and the Optimimum Size of the Firm. Journal of Political Economy, 86 (5): S. 943-952

Campell, S. (1998): Evaluating the "emergency room in the chest". Health Care Strategic Management (March 1998): S. 17

Campione, B. (2000): Take on the latest Challengers for OR Directors. Nursing Management (Februar): S. 38-39

Cannon-Bowers, J. A./ Salas, E./ Converse, S. (1993): Shared Mental Models in Expert Team Decision Making. In: Castellan, N. J. J. (Hrsg.): Individuel and Group Decision Making: S. 221-246. Hillsdale: Lawrence Erlbaum Associates

Carletta, J. (2000): The effects of multimedia communication technology on non-collocated teams: A case study. Ergonomics, 43(8) (Aug. 2000): S. 1237-1251

Carrel, T. (o.A.): Weiterbildungskonzept zum Facharzttitel FMH für Herz- und thorakale Gefässchirurgie.

Chatman, J. A./ Flynn, F. J. (2001): The Influence of Dempgraphic Heterogenity on the Emerge and Consequences of cooperative Norms in Work Teams. Academy of Management Journal, 44 (5): S. 956-974

Christiansen, M. (2003): Logistik-Controlling im Krankenhaus. Frankfurt am Main: Peter Lang GmbH

Claessens, D. (1995): Gruppe und Gruppenverbände. Hamburg: Verlag Dr. Kovac

Clark, C. (1987): Sympathy Biography and Sympathy Margin. American Journal of Sociology, 93 (2): S. 290-321

Clarkson, M. B. E. (1992): The Role and Purpose of Business in Society: The Stakeholder Theory of the Firm: S. 12. Toronto: The Centre for Corporate Social Performance and Ethics - Faculty of Management - University of Toronto

Clutterbuck, D. (2002): How Teams learn. T+D Magazine: S. 67-69

Collier, T. A. (1998): Surgical Organization. In: Harris, A. P./ Zitzmann Jr., W. G. (Hrsg.): Operating Room Management - Structure, Strategies, & Economics: S. 141-153. St. Louis: Mosby-Year Book, Inc.

Comelli, G. (1994): Teamentwicklung - Training von "familiy groups". In: Hoffmann, L. M./ Regnet, E. (Hrsg.): Innovative Weiterbildungskonzepte: S. 61-84. Göttingen: Verlag für angewandte Psychologie

Comelli, G. (2003): Anlässe und Ziele von Teamentwicklungsprozessen. In: Stumpf, S./ Thomas, A. (Hrsg.): Teamarbeit und Teamentwicklung: S. 169-190. Göttingen: Hogrefe-Verlag

Conrad, H.-J. (1999): Konzept einer umfassenden Prozessoptimierung im Krankenhaus. In: Braun, G. E. (Hrsg.): Handbuch Krankenhaus-Management: S. 571-582. Stuttgart

Cortesi, A. (2001): Ein Frühwarnsystem für Ärzte. Tages Anzeiger 24.1.2001: S. 34. Zürich

Coser, L. A. (1991): Role-Set Theory and Individual Autonomy. In: Blau, J. R./ Goodman, N. (Hrsg.): Social Roles and social institutions: essays in honor oof Rose Laub: S. 13-20. Boulder: Westview Press

Cox, T. H./ Lobel, S. A./ McLeod, P. L. (1991): Effects of ethnic group cultural differences on cooperative and competitive behavior on a group task. Academy of Management Journal, 34 (4): S. 827-847

Crott, H. (1979): Soziale Interaktion und Gruppenprozesse. Stuttgart: Kolhammer

Dahrendorf, R. (1977): Homo Sociologicus : ein Versuch zur Geschichte, Bedeutung und Kritik der Kategorie der sozialen Rolle: Opladen Westdeutscher Verlag

Daub, D. (1999): Kooperation statt Konfrontation - Allgemeine Modelle der Zusammenarbeit des ambulanten und stationären Sektors und konkrete Modelle der Kontaktpflege des Krankenhauses mit niedergelassenen Ärzten. In: Braun, G. E. (Hrsg.): Handbuch Krankenhaus-Management: S. 270-289. Stuttgart

Deal, T. E./ Kennedy, A. A. (1982): Corporate Cultures. Reading, MA: Addison-Wesley Publishing Company Inc.

DeRiso, B./ Cantees Kimberly/ David, W. W. (1995): The Operating Rooms: Cost Center Management in a Managed Care Environment. Int. Anesthesiologist, 33 (4): S.133-150

Dexter, F. (1996): Flexible Coordination Allows More Cases (Response). Anesth Analg 83: S. 194

Dexter, F. (1999a): Design of Appointment Systems for Preanesthesia Evaluation Clinics to Minimize Patient Wainting Times: A Review of Computer Simulation and Patient Survey Studies. Anesthesia & Analgesia, 89: S. 925-931

Dexter, F./ Macario, A./ O'Neill, L. (1999): A Strategy for Deciding Operating Room Assignments for Second-Shift Anesthetists. Anesthesia & Analgesia, 89: S. 920-924

Dexter, F./ Macario, A./ O'Neill, L. (2000a): Scheduling Surgical Cases into Overflow Block Time - Computer Simulation of the Effects of Scheduling Strategies on Operating Room Labor Costs. Anesthesia & Analgesia, 90: S. 980-988

Dexter, F./ Macario, A./ Traub, R. D. (2000b): Enterprise-wide Patient Scheduling Information Systems to Coordinate Surgical Clinic and Operating Room Scheduling Can Impair operating Room Effiency. Anesth Analg, 91: S. 617-626

Dexter, F., Macario Alex, Traub Rodney D., Hopwood Margaret, Lubarsky David A. (1999b): An Operating Room Scheduling Strategy to Maximize the Use of Operating Room Block Time: Computer Simulation of Patient Scheduling and Survey of Patients' Preferences for Surgical Waiting Time. Economics And Health Systems Research: S. 7

Dexter, F./ Traub, R. D. (2000): Sequencing Cases in the Operating Room: Predicting Whether One Surgical Case will Last Longer than Another. Anesthesia & Analgesia, 90: S. 975-979

Diekmann, A. (2003): Empirische Sozialforschung. Reinbek: Rowohlt

Dion, K. L. (1973): Cohesiveness as a Determination of Ingroup-Outgroup Bias. Journal of Personality and Social Psychology, 28 (2): S. 163-171

Dollard, J./ Doob, L. W./ Miller, N. E./ Mowrer, O. H./ Sears, R. S. (1994): Frustration und Aggression. Weinheim: Psychologie Verlags Union

Donham, R. T. (1998): Defining Measurable OR-PR Scheduling, Efficiency, and Utilization Data Elements: The Association of Anesthesia Clinical Directors Procedural Times Glossary. Int. Anesthesiol Clin, 36 (1): S. 15-29

Dorando, M./ Grün, J. (1995): Teamverfassung: Instrument der Teamentwicklung. Personalführung (5): S. 376-382

Dreyer, W. (1989): Soziologie im kulturwissenschaftlichen Kontext - Ein Beitrag zur Kritik an der Rollentheorie aus der Perspektive der verstehenden Soziologie. Tübingen: Dissertation

Drumm, H. J. (1992): Personalwirtschaftslehre. Heidelberg: Springer-Verlag

Druskat, V. U./ Wheeler, J. V. (2003): Managing from the boundary: The effective Leadership of self-managing work teams. Academy of Management Journal, 46 (4): S. 435-457

Dussler, M./ Michel-Glöckler, R. (1999): Die Einführung des Personalmanagementsystems SAP R/3 HR in der Personalverwaltung des Universitätsklinikums Ulm. Zeitschrift für Betriebswirtschaft, Ergänzungsheft 5: S. 167-186

Dyer, W. G. (1977): Team Building: Issues and Alternatives. Reading, Massachusetts: Addison-Wesley Publishing Company

Edding, C. (2000): Teamberatung. In: Geissler/ Looss/ Orthey (Hrsg.): Handbuch Personalentwicklung. Vol. 64. ergänzte Auflage: Kapitel 6.1.7.2, 1-14. Köln: Fachverlag Deutscher Wirtschaftsdienst GmbH

Edmondson, A./ Bohmer, R./ Pisano, G. (2001): Speeding Up Team Learning. Harvard Business Review, 79 (9): S. 125-132

Eichhorn, P. (1979): Krankenhäuser als Unternehmen. Zeitschrift für öffentliche und gemeinwirtschaftliche Unternehmen, Beiheft 2 (2): S. 1-11

Eichhorn, S. (1995): Mitarbeitermotivation im Krankenhaus. Gerlingen: Robert-Bosch-Stiftung

Eichhorn, S. (1997): Integratives Qualitätsmanagement im Krankenhaus. Stuttgart: Verlag W. Kohlhammer

Eyer, E. (1994): Entlohnung in teilautonomen Arbeitsgruppen. In: Antoni, C. H. (Hrsg.): Gruppenarbeit in Unternehmen: S. 100-114. Weinheim: Betz

Faraj, S./ Sproull, L. (2000): Coordinating Expertise in Software Development Teams. Management Science, 46 (12): S. 1554-1568

Fassheber, P./ Strack, M./ Kordowski, C./ Tita, T. (1995): Über die Entwicklung von Kurzformen zur sozialperspektivischen Imagepositionierung S-I-P. Göttingen

Fehn, B./ Engels, K. G. (1999): Lernen im OP in einer Zeit hohen Werte- und Technikwandels. Qualität in der Gesundheitsversorgung - Newsletter der GQMG, 6 (3): S. 12-16

Fehr, E./ Gächter, S. (1998): Reciprocity and economics: The economic implications of Homo Reciprocans. European Economic Review (42): S. 845-859

Feldman, D. C. (1984): The Develpoment and Enforcement of Group Norms. Academy of Management Review, 9 (1): S. 47-53

Feldman, M. A. (1998): Negotiation. In: Harris, A. P./ Zitzmann Jr., W. G. (Hrsg.): Operating Room Management - Structure, Strategies, & Economics: S. 44-54. St. Louis: Mosby-Year Book, Inc.

Ferguson, R. S. (1958): The Doctor-Patient Relationship and "Functional Illness". In: Jaco, E. G. (Hrsg.): Patients, Physicians and Illness: S. 656-662. Illinois: The Free Press

Festinger, L. (1978): Theorie der kognitiven Dissonanz. Bern: Verlag Hans Huber

Fischer, L. (1992): Rollentheorie. In: Frese, E. (Hrsg.): Handwörterbuch der Organisation. Vol. 3. Auflage: S. 2224-2234. Stuttgart: Poeschel

Fix, D. (1992): Die Hierachie-Falle. Capital (10): S. 256

Fluri, E. (2001): Einzelkämpfer sind nicht gefragt. Interview - Das Schweizer Human Resource Management-Journal (5): S. 17

FMH (2002a): Facharzt für Anästhesiologie: Weiterbildungsprogramm vom 1. Januar 2001

FMH (2002b): Weitbildungsprogramm Facharzt Chirurgie

FMH (2004): Weiterbildungsordnung (WBO)

FMH (2005): Statuten FMH

Fogel, M. S./ Shephard, K. (2002): Enrichment Programs help Leviton manufacturing build teamwork and growth. Journal of Organizational Excellence, 21 (4): S. 43-48

Forster, J. (1978): Teams und Teamarbeit in der Unternehmung. Bern: Haupt

Forster, J. (1981): Teamarbeit - Sachliche, personelle und strukturelle Aspekte einer Kooperationsform. In: Grunwald, W./ Lilge, H.-G. (Hrsg.): Kooperation und Konkurrenz in Organisationen: S. 143-168. Bern/Stuttgart: Verlag Paul Haupt

Foushee, H. C./ Helmreich, R. L. (1988): Group Interaction and Flight Crew Performance. In: Wiener, E. L./ Nagel, D. C. (Hrsg.): Human Factors in Aviation: S. 189-227. San Diego: Academic Press Inc.

Franck, E./ Jungwirth, C. (1999): Das Konzept der Gruppenarbeit neu aufgerollt. Zeitschrift Führung und Organisation (3): S. 156-161

Frank, G. P. (1996): Rolle und Bedeutung der Vorgesetzten beim Transfer. Personalführung (11): S. 942-947

Frey, B. S./ Osterloh, M. (2000): Motivation - der zwiespältige Produktionsfaktor. In: Frey, B. S./ Osterloh, M. (Hrsg.): Managing Motivation: S. 19-40. Wiesbaden: Gabler Verlag

Frieling, E. (1980): Verfahren und Nutzen der Klassifikation von Berufen. Stuttgart: C.E. Poeschel Verlag Stuttgart

Frooman, J. (1999): Stakeholder Influence Strategies. Academy of Management Review, 24 (2): S. 191-205

Furst, S. A./ Reeves, M./ Rosen, B./ Blackburn, R. S. (2004): Managing the life cycle of virtual teams. Academy of Management Executive, 18 (2): S. 6-20

Gabel, R. A./ Kulli, J. C./ Lee, B. S./ Spratt, D. G./ Ward, D. S. (Hrsg.) (1999): Operating Room Management. Woburn: Butterworth-Heinemann

Gaertner, S. L./ Dovidio, J. F. (2000): Reducing Intergroup Bias: The Common Ingroup Identity Model. Ann Arbor, MI: Sheridan Books

Garfield, C. (1992): Team Management - Funktionale Führung statt Hierarchie. München: Langen Müller Hebig

Geare, A. J. (1976): Productivity Froom Scanlon-type Plans. Academy of Management Review, 1 (3): S. 99-108

Gebert, D. (1992a): Gruppengrösse und Führung. In: Frese, E. (Hrsg.): Handwörterbuch der Führung. Vol. 3. Auflage: Spalten 1138-1146. Stuttgart: Poeschel

Gebert, D. (1992b): Kommunikation. In: Frese, E. (Hrsg.): Handwörterbuch der Organisation: Spalten 1110-1121. Stuttgart: Poeschel

Gebert, D. (2004): Durch diversity zu mehr Teaminnovativität? Die Betriebswirtschaft, 64 (4): S. 412-430

Gebert, D./ von Rosenstiel, L. (1996): Organisationspsychologie: Person und Organisation. Stuttgart: Kohlhammer

Geller, H. (1994): Position Rolle Situation. Opladen: Leske + Budrich

Gemünden, H. G./ Högl, M. (2000a): Management von Teams. Wiesbaden: Gabler

Gemünden, H. G./ Högl, M. (2000b): Teamarbeit in innovativen Projekten. In: Gemünden, H. G./ Högl, M. (Hrsg.): Management von Teams: S. 1-31. Wiesbaden: Gabler Verlag

Gerber, M./ Gruner, H. (1999): FlowTeams - Selbstorganisation in Arbeitsgruppen. Zürich

Gernold, F. P. (1996): Rolle und Bedeutung der Vorgesetzten beim Transfer. Personalführung (11): S. 942-948

Gersick, C. J. G. (1988): Time and Transition in Work Teams: Toward a new Model of Group Development. Academy of Management Journal, 31 (1): S. 9-41

Gfrörer, R./ Schüpfer, G. (2004): Das Operationssaal-Team. Zeitschrift Führung und Organisation, 72 (6): S. 333-339

Gfrörer, R./ Schüpfer, G./ Schmidt, C. E./ Bauer, M. (2005): Teambildung im Operationssaal - Auswirkungen auf die Entscheidungsqualität. Der Anästhesist, 54 (12): S. 1229-1234

Gladstein, D. L. (1984): Groups in Context: A model of Task Group Effectiveness. Administrative Science Quaterly, 29 (4): S. 499-517

Glance, L. G. (2000): The Cost Effectiveness of Anesthesia Workforce Models: A simulation Approach Using Decision-Analysis Modeling. Anesthesia & Analgesia, 90: S. 584-592

Glasl, F. (2004): Konfliktmanagement. Bern: Haupt

Gmeiner, T. (1997): Innovationsmanagement mit Teamstrukturen: Führung und Organisation interdisziplinärer Teams bei techonlogieorientierten Produktinnovationen. Aachen: Shaker

Goedereis, K. (1999): Finanzierung, Planung und Steuerung des Krankenhaussektors: Dualistik und Monistik im Struktirvergleich. Köln: Josef Eul Verlag GmbH

Goleman, D./ Boyatzis, R./ McKee, A. (2002): The Emotional Reality of Teams. Journal of Organizational Excellence, 21 (2): S. 55-65

Göransson, A. (1998): Systemorientierte Erfassung der Virtuellen Fabrik. Bamberg: Difo-Druck GmbH

Gorschlüter, P. (1999): Das Krankenhaus der Zukunft: integriertes Qualitätsmanagement zur Verbesserung von Effektivität und Effizienz. Stuttgart: Kolhammer

Grahmann, R. (1996): Konflikte im Krankenhaus: ihre Ursachen und ihre Bewältigung im pflegerischen und ärztlichen Bereich. Bern: Verlag Hans Huber

Grahmann, R./ Gutwetter, A. (2002): Konflikte im Krankenhaus. Bern: Verlag Hans Huber

Gregory, K. L. (1983): Native-View Paradigms: Multiple Cultures and Culture Conflicts in Organizations. Admininstrative Science Quaterly, 28: S. 359-376

Greiling, M./ Jücker, C. (2003): Strategisches Management im Krankenhaus. Stuttgart: W. Kohlhammer

Greulich, A./ Thiele, G. (1999): Moderne OP-Ablauforganisation. In: Braun, G. E. (Hrsg.): Handbuch Krankenhaus-Management: S. 584-599. Stuttgart

Griffin, D. W./ Ross, L. (1991): Subjective construal, social inference, and human misunderstanding. In: Zanna, M. P. (Hrsg.): Advances in Experimental Social Psychology. Vol. 24: S. 319-359. New York: Academic Press

Grossmann, R./ Prammer, K. (1995): Die Reorganisation eines "OP-Betriebs". Organisationsentwicklung, 95 (3): S. 14-26

Grossmann, R./ Scala, K. (2002a): Intelligentes Krankenhaus. Wien: Springer

Grossmann, R./ Scala, K. (2002b): Krankenhäuser als Organisationen entwickeln und steuern. In: Grossmann, R./ Scala, K. (Hrsg.): intelligentes Krankenhaus: S. 12-31. Wien: Springer

Grossmann, R./ Zepke, G. (2002): Das Mitarbeitergespräch als Führungsinstrument: intelligentes Krankenhaus: S. 84-105. Wien: Springer

Grunwald, W. (1996): Psychologische Gesetzmässigkeiten der Gruppenarbeit. Personalführung, 29 (9): S. 740-750

Guetzkow, H. (1959): Differentiation of Roles in Task-oriented Groups. In: Cartwright, D./ Zander, A. (Hrsg.): Group Dynamics - Research and Theory. Vol. 2: S. 683-704. London: Tavistock Publications Limited

Gürkan, I. (1999): Profit-Center im Krankenhaus am Beispiel des Universitätsklinikums Frankfurt/Main. In: Braun, G. E. (Hrsg.): Handbuch Krankenhaus Management: S. 525-551. Stuttgart

Guzzo, R. A./ Dickson, M. W. (1996): Teams in Organizations: Recent Research on Performance and Effectiveness. Annual Review of Psychology, 47: S. 307-338

Hacker, W./ Böger, S./ Merboth, H. (2003): Beanspruchungsoptimierung als Beitrag zur Qualitätssicherung in der Krankenpflege. In: Ulich, E. (Hrsg.): Arbeitspsychologie in Krankenhaus und Arztpraxis: S. 235-249. Bern: Verlag Hans Huber

Haenggi, D./ Heinzl, S. (2005): Fehlermanagement im Spital - ein Beispiel aus unserer Frauenklinik. Schweizerische Ärztezeitung, 86 (27): S. 1680-1689

Hager, G. (2001): Konflikt und Konsens: Überlegungen zu Sinn, Erscheinung und Ordnung der alternativen Streitschlichtung. Tübingen: Mohr Siebeck

Hare, P. A. (1992): Groups, teams, and social interaction: theories and apllications. New York: Praeger

Harris, A. P./ Zitzmann Jr., W. G. (Hrsg.) (1998a): Operating Room Management - Structure, Strategies, & Economics. St. Louis: Mosby-Year Book, Inc.

Harris, A. P./ Zitzmann Jr., W. G. (1998b): Reengineering Operating Room - Management and Function. In: Harris, A. P./ Zitzmann Jr., W. G. (Hrsg.): Operating Room Management - Structure, Strategies, & Economics: S. 211-226. St. Louis: Mosby-Year Book, Inc.

Harrison, D. A./ Price, K. H./ Bell, M. P. (1998): Beyond relational Demography: Time and the Effects of Surface- and deep Level Diversity on Work Group Cohesion. Academy of Management Journal, 41 (1): S. 96-107

Haubrock, M./ Schär, W. (2002): Betriebswirtschaft und Management im Krankenhaus. Bern: Verlag Hans Huber

Haug, C. V. (1998): Erfolgreich im Team. München: Verlag C.H. Beck

Heberer, M. (1999): Management Herausforderungen und -Lösungen in Kliniken in der Schweiz. In: Braun, G. E. (Hrsg.): Handbuch Krankenhaus-Management: S. 81-106. Stuttgart

Heckhausen, H. (1989): Motivation und Handeln. Berlin: Springer Verlag

Heidack, C./ Brinkmann, E. P. (1987): Unternehmenssicherung durch Ideenmanagement. Freiburg im Breisgau: Rudolf Haufe Verlag

Helg, M. (2000): Katastrophale Fehler wegen katastrophaler Kommunikation. NZZ, 18.10.2001: S. 85. Zürich

Helmreich, R. L./ Merrit, A. C. (2001): Culture at Work in Aviation and Medicine. Aldershot: Ashgate Publishing Limited

Helmreich, R. L./ Wilhelm, J. A./ Klinect, J. R./ Merrit, A. C. (2001): Culture, Error, and Crew Resource Management. In: Salas, E./ Bowers, C. A./ Edens, E. (Hrsg.): Applying resource Management in organizations: A guide for professionals: S. 1-21. Hillsdale: Erlbaum

Henderson, J. W. (1998): Nursing Groups in the Operating Room. In: Harris, A. P./ Zitzmann Jr., W. G. (Hrsg.): Operating Room Management - Structure, Strategies, & Economics: S. 112-140. St. Louis: Mosby-Year Book, Inc.

Hendrick, H. W. (1979): Differences in Group Problem-Solving Behavior and Effectiveness as a Function of Abstractness. Journal of Applied Psychology, 64 (5): S. 517-525

Hentze, J. (1994): Personalwirtschaftslehre 1. Bern: Haupt

Hentze, J. (1995): Personalwirtschaftslehre 2. Bern: Paul Haupt

Hentze, J./ Brose, P. (1986): Personalführungslehre: Grundlagen, Führungsstile. Bern: Paul Haupt

Herrler, M. (1999): Interne und externe Fort- und Weiterbildung für Krankenhausmitarbeiter. In: Braun, G. E. (Hrsg.): Handbuch Krankenhaus-Management: S. 839-853. Stuttgart

Hinds, P. J./ Carley, K. M./ Krackhardt, D./ Wholey, D. (2000): Choosing Work Group Members: Balancing Similarity, Competence, and Familiarity. Organizational Behavior and Human Decision Processes, 81 (2): S. 226-251

Hoffmann, F. (1980): Führungsorganisation. Tübingen: J. C. B. Mohr (Paul Siebeck)

Höflich, J. R. (1984): Kommunikation im Krankenhaus. Augsburg

Hofstätter, P. R. (1993): Gruppendynamik: Kritik der Massenpsychologie. Reinbek bei Hamburg: Rowolth Taschenbuch

Hofstede, G. (1993): Interkulturelle Zusammenarbeit: Kulturen - Organisationen - Management. Wiesbaden: Gabler

Hofstede, G. (1998): Think Locally, Act Globally: Cultural Constraints in Personnel Management. Management International Review (Special Issue 2): S. 7-26

Hogg, M. A. (1996): Social Identity, Self-Categorization, and the Small Group. In: Witte, E. H./ Davis, J. H. (Hrsg.): Understanding Group Behavior: S. 227-253. Mahwah, New Jersey: Lawrence Erlbaum Associates, Inc.

Högl, M. (1998): Teamarbeit in innovativen Projekten. Wiesbaden: Gabler Verlag

Högl, M./ Gemünden, H. G. (2000): Determinanten und Wirkungen der Teamarbeit in innovativen Projekten. In: Gemünden, H. G./ Högl, M. (Hrsg.): Management von Teams: S. 33-66. Wiesbaden: Gabler

Homans, G. C. (1965): Theorie der sozialen Gruppe. Köln: Westdeutscher Verlag

Humburg, S. (2001): Mitarbeitermotivation im Krankenhaus - Das Organisationsklima und seine Bedeutung für das Qualitätsmanagement. Köln: Deutscher Instituts-Verlag

Hunt, J. W. (2001): The tactics of team building. Financial Times: 5.1.2001: S. 10

Huth, P./ Longchamp, C. (1999): Kostendruck bewirkt wachsendes Leistungsbewusstsein. Basel: Interpharma

Hutton, C. (2001): Team building is not enough! Organisations & People, 8 (1): S. 9-18

Ilgen, D. R./ Hollenbeck, J. R./ Johnson, M./ Jundt, D. (2005): Teams in Organizations: From Input-Process-Output Models to IMOI Models. Annual Reviews in Advance, 56: S. 19.11-19.27

Isenberg, D. J. (1986): Group Polarization: A Critical Review and Meta-Analysis. Journal of Personality and Social Psychology, 50 (6): S. 1141-1151

Itoh, H. (2001): Job Design and Incentives in Hierachies with Team Production. Hitotsubashi Journal of Commerce and Management, 36: S. 1-17

Janis, I. L. (1972): Victims of Grouphink. Boston: Houghton Mifflin Company

Jaques, E. (1990): Plädoyer für die Hierarchie. Harvardmanager (3): S. 102-109

Jasso, G. (2001): Studying Status: An integrated Framework. American Sociological Review, 66 (1): S. 96-124

Joas, H. (1998): Rollen- und Interaktionstheorien in der Sozialisationsforschung. In: Hurrelmann, K./ Ulich, D. (Hrsg.): Handbuch der Sozialisationsforschung: S. 137-152. Weinheim/Basel: Beltz-Verlag

Johnstone, R. E. (1996): Flexible Coordination Allows More Cases. Anesth Analg (83): S. 194

Jones, P. E./ Roelofsma, P. H. M. P. (2000): The potential for social contextual and group biases in team decision-making: biases, conditions and psychological mechanisms. Ergonomics, 43 (8): S. 1129-1152

Jost, P.-J. (2000): Organisation und Koordination. Wiesbaden: Gabler

Julian, J. W./ Bishop, D. W./ Fiedler, F. E. (1966): Quasi-Therapeutic Effects of Intergroup Competition. Journal of Personality and Social Psychology, 3 (3): S. 321-327

Jung, H. (2001): Personalwirtschaft. München: R. Oldenbourg Verlag

Kabanoff, B./ Brien, G. E. (1979): Cooperation Structure and the Relationship of Leader and Member Ability to Group Performance. Journal of Applied Psychology, 64 (5): S. 526-532

Kandaouroff, A. (1998): Erfolgreiche Implementierung von Gruppenarbeit. Wiesbaden: Gabler Verlag

Katz, R. (1982): The Effects of Group Longevity on Project Communication and Performance. Admininstrative Science Quaterly, 27: S. 81-104

Katz, R. I./ Lagasse, R. S. (2000): Factors Influencing the Reporting of Adverse Perioperative Outcomes to a Quality Management Program. Anesthesia & Analgesia, 90: S. 344-350

Katzenbach, J. R./ Smith, D. K. (1993): The Wisdom of Teams. Boston: Harvard Business School Press

Katzenbach, J. R./ Smith, D. K. (1998): Teams - Der Schlüssel zur Hochleistungsorganisation. München: Wilhelm Heyne Verlag

Kauffeld, S./ Grote, S. (2001): Teams in Organisationen: Diagnose und Entwicklung. Personalführung (1): S. 26 -33

Kaufmann, E. R. (1975): Pflegepersonalknappheit und Kostenexpansion im Gesundheitswesen. St. Gallen

Kehr, H. M. (2001): Volition und Motivation: Zwischen impliziten Motiven und expliziten Zielen. Personalführung (5): S. 62-67

Kehrer, A. (1992): Zur Gehorsamsbereitschaft in Organisationen. In: Sandner, K. (Hrsg.): Politische Prozesse in Unternehmen: S. 103-131. Heidelberg: Physica Verlag

Keller, A. (1991): Unternehmungskultur - Entwicklungen in Theorie und Praxis. In: Rühli, E./ Keller, A. (Hrsg.): Kulturmanagement in schweizerischen Industrieunternehmungen: S. 53-77. Bern/Stuttgart

Keller, R. T. (1986): Predictors of the Performance of Project Groups in R & D Organizations. Academy of Management Journal, 29 (4): S. 715-726

Kendrick, J. W. (1987): Group Financial Incentives: An Evaluation. In: Nalbantian, H. R. (Hrsg.): Incentives, Cooperation and Risk Sharing: S. 120-136. Totowa NJ: Rowman & Littlefield

Keun, F./ Prott, R. (2004): Einführung in die Krankenhaus-Kostenrechnung. Wiesbaden: Gabler Verlag

Kiechl, R. (1985): Macht im kooperativen Führungsstil. Bern; Stuttgart: Haupt

Kiechl, R. (2001): Renaissance der Rollentheorie. IO Management (5): S. 63-68

Kirchner, H./ Kirchner, W. (2001): Change-Management im Krankenhaus. Stuttgart: Kolhammer

Kirchner, H./ Kirchner, W. (2002): Investitions-Controlling im Krankenhaus. Stuttgart: Kolhammer

Knorr, K./ Calzo, P./ Röhrig, S./ Teufel, S. (1999): Prozessmodellierung im Krankenhaus. In: Scheer, A.-W./ Nüttgens, M. (Hrsg.): Electronic Business Engineering. 4. Internationale Tagung Wirtschaftsinformatik 1999: S. 1-18. Heidelberg: Physica Verlag

Köhler, K. (1988): Das Erlanger Modell für ein modernes Klinikmanagement. Erlangen

König, O. (2002): Macht in Gruppen. Stuttgart: Pfeiffer bei Klett-Cotta

Kossbiel, H. (1994): Überlegungen zur Effizienz betrieblicher Anreizsysteme. Die Betriebswirtschaft, 54 (1): S. 75-93

Kossbiel, H. (2001): Die Strukturierung von Arbeitsgruppen als Thema der Personalpolitik im Verständnis von Karl Hax und als Problem der aktuellen Personalwirtschaftslehre. Zeitschrift für betriebswirtschaftliche Forschung, Sonderheft 47§: S. 149-175

Krappmann, L. (1971): Soziologische Dimensionen der Identität. Stuttgart: Ernst Klett Verlag

Krappmann, L. (1976): Neuere Rollenkonzepte als Erklärungsmöglichkeit für Sozialisationsprozesse. In: Auwärter, M./ Kirsch, E./ Schröter, K. (Hrsg.): Seminar: Kommunikation, Interaktion, Identität: S. 307-331. Frankfurt am Main: Suhrkamp Verlag

Krings, A./ Backes-Gellner, U./ Bollschwwiler, E./ Hölscher, A. H. (1999): Alternative Arbeitszeitmodelle und die Qualität der Patientenversorgung - eine empirische Studie auf chirurgischen Intensivstationen. Zeitschrift für Betriebwirtschaft, Ergänzungsheft 5 (5/99): S. 125-146

Kromrey, H. (2002): Empirische Sozialforschung. Opladen: Leske + Budrich

Krüger, W. (1976): Macht in der Unternehmung - Elemente und Strukturen. Stuttgart: C.E. Poeschel Verlag

Krüger, W. (1977): Organisationsstruktur und Macht. Zeitschrift Führung und Organisation, 46: S. 126-132

Krüger, W. (1985): Bedeutung und Formen der Hierarchie. Die Betriebswirtschaft, 45 (3): S. 292-307

Krüger, W. (1992): Macht. In: Gaugler, E./ Weber, W. (Hrsg.): Handwörterbuch des Personalwesens. 2. Aufl.: S. Spalten 1313-1324. Stuttgart: Poeschel

Kuck, H. (1999): Neue Rolle der Ärzte im Krankenhaus, insbesondere der leitenden Ärzte. In: Braun, G. E. (Hrsg.): Handbuch Krankenhaus-Management: S. 760-779. Stuttgart

Kuo, P. C./ Schroeder, R. A./ Mahaffey, S./ Bollinger, R. R. (2003): Optimization of Operating Room Allocation Using Linear Programming Techniques. J Am Coll Surg, 197 (6): S. 889-895

Larue, F./ Fontainte, A./ Brasseur, L. (1999): Evolution of the French Public's Knowledge and Attitudes Regarding Postoperative Pain, Cancer Pain and Their Treatments. Anesthesia & Analgesia, 89: S. 659-664

Laske, S./ Weiskopf, R. (1992): Hierarchie. In: Frese, E. (Hrsg.): Handwörterbuch der Organisation. Bd. 2 Aufl. Vol. 3. Auflage:. Spalten 791-806. Stuttgart: Poeschel

Lattmann, C. (1972): Das norwegische Modell der selbstgesteuerten Arbeitsgruppe. Bern: Haupt

Lattmann, C. (1982): Die verhaltenswissenschaftlichen Grundlagen der Führung des Mitarbeiters. Bern: Haupt

Laux, H./ Liermann, F. (1987): Grundformen der Koordination in der Unternehmung: Die Tendenz zur Hiearchie. Zeitschrift für betriebswirtschaftliche Forschung, 39 (9): S. 807-828

Lawler III, E. E. (1987): Pay for Performance: A Motivational Analysis. In: Nalbantian, H. R. (Hrsg.): Incentives, Cooperation and Risk Sharing: S. 69-86. Totowa, NJ: Rowman & Littlefield

Lazear, E. P. (1979): Why Is There Mandatory Retirement? Journal of Political Economy, 87 (6): S. 1261-1284

Lechner, H. (2001): Die Erklärung von Gruppenprozessen. Frankfurt am Main: Peter Lang GmbH

Lersch, P. (1964): Der Mensch als soziales Wesen. München: Johann Ambrosius Barth

Leuzinger, A./ Luterbacher, T. (1994): Mitarbeiterführung im Krankenhaus. Bern

Levine, J. M./ Moreland, R. L. (1990): Progress in Small Group Research. Annual Review of Psychology, 41: S. 585-634

Lewicki, R. J./ Benedict Bunker, B. (1995): Trust in Relationships. In: Benedict Bunker, B./ Rubin, J. Z. (Hrsg.): Conflict, cooperation and justice: essays inspired by the work of Morton Deutsch: S. 133-173. San Francisco: Jossey-Bass Inc.

Liden, R. C./ Wayne, S. J./ Kraimer, M. L. (2001): Managing individual performance in Work Groups. Human Resource Management, 40 (1): S. 63-72

Lipnack, J./ Stamps, J. (1998): Virtuelle Teams - Projekte ohne Grenzen. Wien/Frankfurt: Carl Ueberreuter

Lipshitz, R./ Popper, M. (2000): Organizational learning in a hospital. Journal of Applied Behavioral Science, 36(3) (Sept 2000): S. 345-361

Lummer, C. (2001): Praxisanleitung und Einarbeitung in die Altenpflege. Hannover: Schlütersche GmbH & Co. KG

Maanen, V./ Barley (1984): Occupational Communities: Culture and Control in Organizations. In: Staw, B. M. (Hrsg.): Research in organizational behavior : an annual series of analytical essays and critical reviews: S. 287-365. Greenwich: Jai Press

Macario, A./ Weinger, M./ Carney, S./ Kim, A. (1999): Which Clinical Anesthesia Outcomes Are Important ti Avoid? The Perspective of Patients. Anesthesia & Analgesia, 89: S. 652-658

Malik, F. (1998): Der Mythos vom Team. managerSeminare (33): S. 44-45

Mango, P. D./ Shapiro, L. A. (2001): Hospitals get serious about operations. McKinsey Quarterly (2): S. 74-85

Manser, T./ Thiel, K./ Wehner, T. (2003): Soziotechnische Systemanalyse im Krankenhaus - Eine arbeitspsychologische Fallstudie in der Anästhesiologie. In: Ulich, E. (Hrsg.): Arbeitspsychologie in Krankenhaus und Arztpraxis: S. 361-380. Bern: Verlag Hans Huber

Marks, G./ Duval, S. (1991): Availability of alternative positions and estimates of consensus. British Journal of Social Psychology, 30: S. 179-183

Martin, E., Motsch, J. (1999): Perioperative Organisationsabläufe aus der Sicht des Anaesthesisten. Der Chirurg, 70: S. 18-22

Marx, C. (2000): Das Beobachtungsverfahren SYMLOG in der Praxis. Wiesbaden: Deutscher Universitäts-Verlag GmbH

Mayring, P. (2002): Einführung in die qualitative Sozialforschung. Weinheim: Beltz

Meier, C./ Herrmann, D./ Hüneke, K. (2001): Medien- und Kommunikationskompetenz - Schlüsselqualifikation für die Zusammenarbeit auf Distanz. Wirtschaftspsychologie (4): S. 12-20

Mellewigt, T./ Späth, J. F. (2002): Entrepreneurial Teams - A Survey of German and US Empirical Studies. ZFb - Ergänzungsheft (5): S. 107-125

Merki, M. (2000): Spitalärzte in Luzern als nationale Premiere. NZZ 20.12.2000: S. 12. Zürich

Milgram, S. (1974): Das Milgram-Experiment: Zur Gehorsamsbereitschaft gegenüber Autoritäten. Reinbeck bei Hamburg: Rowohlt

Mitchell, R. K./ Agle, B. R./ Wood, D. J. (1997): Toward a Theory of Stakeholder Identification and Salience: Defining the Principle of Who and What really counts. Academy of Management Review, 22 (4): S. 853-886

Morlock, L. L./ Harris, A. P. (1998): Power, Influence, and Team Dynamics. In: Harris, A. P./ Zitzmann Jr., W. G. (Hrsg.): Operating Room Management - Structure, Strategies, & Economics: S. 22-43. St. Louis: Mosby-Year Book, Inc.

Morra, F. (1996): Wirkungsorientiertes Krankenhausmanagement: ein Führungshandbuch. Bern: Paul Haupt Berne

Mühlbauer, B. H. (1999): Die neue Rolle der leitenden Pflegekräfte im Krankenhaus - Eine Anleitung zur qualitätsorientierten Organisationsentwicklung für entwicklungsfähige Pflegedienstleistungen. In: Braun, G. E. (Hrsg.): Handbuch Krankenhaus-Management: S. 781-813. Stuttgart

Nadig, J. (2003): Rationierung in der Medizin - eine Aufgabe der Ärzte? Schweizerische Ärztezeitung, 84 (41): S. 2152-2153

Naujoks, H. (1994): Autonomie in Organisationen (Diss HSG Aufl.). München: Hieronymus-Druck

Naylor, J. C./ Dickinson, T. L. (1969): Task Structure, Work Structure, and Team Performance. Journal of Applied Psychology, 53 (3): S. 167-177

Nedess, C./ Meyer, S. (2001): Quo vadis Gruppenarbeit? angewandte Arbeitswissenschaft, 167: S. 1-15

Neuberger, O. (1976): Führungsverhalten und Führungserfolg. Berlin: Duncker & Humblot

Newton McClurg, L. (2001): Team Rewards: How far have we come? Human Resource Management, 40 (1): S. 73-86

o.A. (1971): Bundesratsbeschluss über den Normalarbeitsvertrag für das Pflegepersonal

o.A. (2000): Das Krankenhaus im Change-Prozess. Personalführung (9): S. 85-86

o.A. (2001a): Krankenhausärzte klagen für Neuregelung der Arbeitszeit. Personalführung (8): S. 9-11

o.A. (2001b): Krankenhausärzte mit Führungsdefiziten. Personalführung, 34 (12): S. 14

o.A. (2004): Wenn schon rationieren, dann auf der Basis eines breiten Konsenses. Pulsus, Oktober: S. 1-2

o.A. (2005): Gesamtarbeitsvertrag für Assistenzärztinnen und -ärzte zwischen dem Kanton Zürich, vertreten durch den Regierungsrat und dem Verband Zürcher SpitalärztInnen VSAO (VSAO)

Oh, H./ Chung, M.-H./ Labianca, G. (2004): Group Social Capital and Group Effectiveness: The Role of Informal Socializing Ties. Academy of Management Journal, 47 (6): S. 860-875

Olandt, H./ Benkenstein, M. (1999): Modelle der Dienstleistungsqualität in Kliniken. Zeitschrift für Betriebwirtschaft, Ergänzungsheft 5 (5/99): S. 111-124

Ortega, R./ Willock, M. (1998): Management Concepts in the Operating Room Suite. Int. Anesthesiol Clin, 36 (1): S. 31-40

Osterloh, M./ Grand, S. (1994): Modelling oder Mapping? Die Unternehmung, 48 (4): S. 277-294

Overdyk, F. J./ Harvey, S. C./ Fishman, R. L./ Shippey, F. (1998): Successful Strategies for Improving Operating Room Efficiency at Academic Institutions. Anesthesia & Analgesia, 86: S. 896-906

Pagès, M. (1974): Das affektive Leben der Gruppen: Eine Theorie der menschlichen Beziehungen. Stuttgart: Ernst Klett Verlag

Palme, K. (1996): Einsatz der Moderationstechnik für die Stärken- und Schwächenanalyse in einem kommunalen Krankenhaus - Erfahrungsbericht. In: Mayer, E./ Walter, B. (Hrsg.): Management und Controlling im Krankenhaus: S. 59-71. Stuttgart

Paris, R. C./ Salas, E./ Cannon-Bowers, J. A. (2000): Teamwork in multi-person systems: a review and analysis. Ergonomics, 43 (8): S. 1052-1075

Partecke, E./ Sandtner, H./ Wurbs, D. (1999): Das Leitbild am Beispiel des Allgemeinen Krankenhaus Barmbek. In: Braun, G. E. (Hrsg.): Handbuch Krankenhaus-Management: S. 174-197. Stuttgart

Paulhus, D. L./ Martin, C. L. (1988): Functional Flexibility: A New Conception of Interpersonal Flexibility. Journal of Personality and Social Psychology, 55 (1988): S. 88-101

Paulus, P. B. (2000): Groups, Teams, and Creativity: The Creative Potential of Idea-generating Groups. Applied Psychology: An International Review, 49(2): S. 237-262

Peter, S. (2004): Nicht-erfüllte Werte, emotional erschöpfte Ärztinnen und Ärzte: Kann differentielle Arbeitsgestaltung zur Minderung der Arbeitszeitproblematik beitragen? Zeitschrift für Arbeitswissenschaft, 58 (3): S. 178-187

Pettigrew, T. F. (1998): Intergroup Contact Theory. Annual Review of Psychology, 49: S. 65-85

Pfaffenberger, P. (1999): Moderne Patientendurchlauf Organisation. In: Braun, G. E. (Hrsg.): Handbuch Krankenhaus-Management: S. Stuttgart

Pira, A. (2000): Umfassendes Qualitätsmanagement im Spital: Das EFQM-Modell als Basis. Zürich: Hochschulverlag an der ETH

Pohl, M./ Witt, J. (2000): Innovative Teamarbeit zwischen Konflikt und Kooperation. Heidelberg: Sauer Verlag

Pollard, J. B./ Olson, L. (1999): Early Outpatient Preoperative Anesthesia Assessment: Does It Help to Reduce Operating Room Cancellations? Anesthesia & Analgesia, 89: S. 502-505

Post, J. E./ Preston, L. E./ Sachs, S. (2002): Redefining the Corporation. Stanford: Stanford University Press

Preuss, O. F. (1996): Kosten- und Deckungsbeitragsmanagement im Krankenhaus unter besonderer Berücksichtigung von Fallpauschalen und Sonderentgelten. Frankfurt am Main: Peter Lang GmbH

Prochazka, D. (2002): Behandlungspfade als Grundlage eines Krankenhauscontrolling. Bern

Puura, A. I./ Rorarius, M. G. F./ Manninen, P./ Hopput, S./ Baer, G. A. (1999): The Costs of Intense Neuromuscular Block for Anesthesia During Endolaryngeal Procedures Due to Waiting Time. Anesthesia & Analgesia, 88: S. 1335-1339

Rabbie, J. M./ Benoist, F./ Oosterbaan, H./ Visser, L. (1974): Differential Power and Effects of Expected Competitive and Cooperative Intergroup Interaction on Intragroup and Outgroup Attitudes. Journal of Personality and Social Psychology, 30 (1): S. 46-56

Raiden, A. B./ Dainty, A. R. J./ Neale, R. H. (2004): Current Barriers and possible soluitions to effective project team formation and deployment within a large construction organisation. International Journal of Project Management, 22: S. 309-316

Ramamoorthy, N./ Flood, P. C. (2004): Individualism/collectivism, preceived task interdependence and teamwork attitudes among Irish blue-collar employees: A test of the main and moderating effects. Human Relations, 57 (3): S. 347-366

Rasker, P. C./ Post, W. M./ Schraagen, J. M. C. (2000): Effects of two types of intra-team feedback on developing a shared model in Command & Control teams. Ergonomics, 43 (8): S. 1167-1189

Rathje, E. (2003): Personalführung im Krankenhaus. Stuttgart: W. Kohlhammer

Reck Roulet, M. (2001): Garantieschein nicht einbegriffen. Interview - Das Schweizer Human Resource Management-Journal (5): S. 14-15

Regnet, E. (2001): Konflikte in Organisationen. Göttingen: Verlag für Angewandte Psychologie

Remer, A. (1992): Macht, organisatorische Aspekte der. In: Frese, E. (Hrsg.): Handwörterbuch der Organisation: S. Spalte 1271-1286. Stuttgart: Poeschel

Ridder, H.-G. (1999): Personalwirtschaftslehre. Köln: Kohlhammer

Romer, D. R. V. (1998): "Der Arzt": Ein Jugendtext des Zürcher Regierungspräsidenten Dr. med. Ulrich Zehnder von 1818. Zürich: Inaugural-Dissertation

Romme, A. G. L. (1996): Research Notes and Communications - A Note on the Hierarchy-Team Debate. Strategic Management Journal, 17: S. 411-417

Rossel, R. (1999): Kosten des Gesundheitswesens, Detaillierte Ergebnisse 1997 und Entwicklung seit 1960. Neuchâtel: Bundesamt für Statistik

Rossel, R. (2003): Kosten des Gesundheitswesens: Detaillierte Ergebnisse 2001 und Entwicklung seit 1996: Bundesamt für Statistik

Rossel, R. (2004): Beschäftigungssituation im Gesundheitswesen 1995-2001: Bundesamt für Statistik

Rühle, J. (2000): Wertmanagement im Krankenhaus. Köln: Josef Eul Verlag GmbH

Rühli, E. (1996): Unternehmungsführung und Unternehmungspolitik I. Bern: Haupt

Rulke, D. L./ Galaskiewicz, J. (2000): Distribution of Knowledge, Group Network Structure, and Group Performance. Management Science, 46 (5): S. 612-625

Sader, M. (2002): Psychologie der Gruppe. Weinheim; München: Juventa Verlag

Saure, C. (2004): Akquisitionsmanagement im Krankenhauswesen. Frankfurt am Main: Peter Lang

Sauter-Sachs, S. (1992a): Die unternehmerische Umwelt. Die Unternehmung, 46 (3): S. 183-204

Sauter-Sachs, S. (1992b): Organisatorische Probleme einer vermehrten Umweltorientierung. In: Rühli, E./ Sauter-Sachs, S. (Hrsg.): Strukturmanagement in schweizerischen Industrieunternehmungen: S. 61-83. Bern: Haupt

SBK/ASI (ohne Jahr): Berufsbild Operationsschwester Operationspfleger. Informationsblatt der Schweizerischen Interessengruppe OP-Pflege

Schachtner, K. (1999): Kommunikations- und Informationsstrukturen für die Planung marktgerechter Produktinnovationen. Information Management & Consulting, 14 (2): S. 81-89

Schein, E. H. (1988): Process Consultation Volume I. Reading: Addison-Wesley Publishing Company

Schein, E. H. (2004): Learning when and how to lie: A neglected aspect of organizational socialization. Human Relations, 57 (3): S. 260-273

Scherrer, E. (1996): Koordinierte Autonomie und flexible Werkstattsteuerung. Zürich: vdf Hochschulverlag AG

Schiesser, A. (1984): Personalprobleme im Pflegebereich von Spitälern: Analyse und Empfehlungen mit Hilfe eines rollentheoretischen Ansatzes. Basel

Schlicksupp, H. (1976): Kreative Ideenfindung in der Unternehmung. Berlin

Schlöder, B. (1993): Soziale Werte und Werthaltungen: eine sozialpsychologische Untersuchung des Konzepts sozialer Werte und des Wertwandels. Opladen: Leske + Budrich

Schlumpf, R. (2002): Facharzt für Chirurgie - Weiterbildungskonzept

Schmidt, W. (1999): Praktische Personalführung und Führungstechnik: Ein Handbuch für die Übernahme von Führungsverantwortung. Heidelberg: Sauer

Schneider, H./ Knebel, H. (1995): Team und Teambeurteilung: Neue Trends in der Arbeitsorganisation. Köln: Wirtschaftsverlag Bachem

Schneider, H.-D. (1975): Kleingruppenforschung. Stuttgart: B.G. Teubner

Schneider, S. (2003): Senkung der Arbeitszeiten: Das Inselspital Bern macht den nächsten Schritt. VSAO Journal (1/2): S. 28

Schnell, R./ Hill, P. B./ Esser, E. (2005): Methoden der empirischen Sozialforschung. München Wien: R. Oldenbourg

Schnelle, E. (1966): Entscheidung im Management. Quickborn: Verlag Schnelle

Scholl, W. (1992): Philosophische Grundfragen der Führung. In: Frese, E. (Hrsg.): Handwörterbuch der Führung. Vol. 2. Auflage: S. Sp. 1749-1757. Stuttgart: Poeschel

Schreyögg, G. (1998): Organisation - Grundlagen moderner Organisationsgestaltung. Wiesbaden: Gabler Verlag

Schreyögg, G. (1999): Organisation - Grundlagen moderner Organisationsgestaltung. Wiesbaden: Gabler Verlag

Schuldt-Baumgart, N. (2004): Von der Sprachenfalle bei Hochrisiko-Arbeitsplätzen. NZZ 23.6.2004: S. 67. Zürich

Schulz von Thun, F. (2001): Miteinander Reden 3: Das "innere Team" und situationsgerechte Kommunikation (8. Auflage Aufl.). Reinbek bei Hamburg: Rowohlt Taschenbuch Verlag GmbH

Schüpfer, G./ Konrad, C./ Staffelbach, B. (2000): Privatisierung von öffentlichen Spitälern in der Schweiz - Gedanken aus ärztlicher Sicht. In: Hürlimann, B., Poledna, T., Rübel, M. (Hrsg.): Privatisierung und Wettbewerb im Gesundheitsrecht: S. 65-73. Zürich: Schulthess

Schüpfer, G./ Konrad, C./ Durrer, S./ Wietlisbach, M./ Staffelbach, B. (1996): Lernkurven bei Anästhesieärzten - Empirische Analyse und Konsequenzen am Beispiel von Assistenzärzten der Anästhesie am Kantonsspital Luzern. Die Unternehmung (4/96): S. 279-288

Schüpfer, G./ Konrad, C./ Staffelbach, B./ Schmeck, J./ Poortmans, G./ Jöhr, M. (2000): Generating a Learning Curve for Pedriatic Caudal Epidural Blocks: An Empirical Evaluation of Technical Skills in Novice and Experienced Anesthetists. Regional Anesthesia and Pain Medicine, 25 (Number 4): S. 385-388

Schuppisser, S. W. (2002): Stakeholder Management. Bern: Haupt Verlag

Schwartz, A. (1997): Informations- und Anreizprobleme im Krankenhaussektor. Wiesbaden: Gabler Verlag

Schwöbel, M. G. (2004): Sind 50-Stunden-Woche und zeitgerechte Weiterbildung miteinander vereinbar? Schweizerische Ärztezeitung, 85 (34): S. 1733-1737

Sertl, K. (2000): Vom Superarzt zum Supermanager. Organisationsentwicklung (4): S. 14-21

SGAR (2004): Verhaltenskodex der Schweizerischen Gesellschaft für Anästhesiologie und Reanimation SGAR

Shaw, J./ Duffy, D./ Michelle K./ Stark, E. M. (2000): Interdependence and Preference for Group Work: Main and Congruence Effects on the Satisfaction and Performance of Group Members. Journal of Management, 26 (Number 2): S. 259-279

Shaw, M. E. (1976): Group Dynamics: The Psychology of Small Group Behavior. New York: McGraw-Hill

Shelly, R. K./ Troyer, L. (2001): Emergence and Completion of Structure in Initially Undefined and Partially Defined Groups. Social Psychology Quarterly, 64 (4): S. 318-332

Sonntag, K. (1996): Lernen im Unternehmen - Effiziente Organisation durch Lernkultur. München: C.H. Becksche Verlagsbuchhandlung

Sperl, D. (1996): Qualitätssicherung in der Pflege. Hannover: Schlütersche Verlagsgesellschaft

Spitznagel, A. (1977): Rolle und Status. In: Herrmann, T./ Hofstätter, P. R./ Huber, H. P./ Weinert, F. E. (Hrsg.): Handbuch psychologischer Grundbegriffe: S. 401-409. München: Kösel

Stadler, L. (2001): Übermüdung führt oft zu medizinischen Fehlern. NZZ 12.9.2001: S. 65. Zürich

Staehle, W. H. (1990): Management: Eine verhaltenswissenschaftliche Perspektive (5. Auflage). München: Verlag Franz Vahlen

Staehle, W. H. (1999): Management: Eine verhaltenswissenschaftliche Perspektive (8. Auflage). München: Verlag Franz Vahlen

Staffelbach, B. (1999): Make-or-Buy-Entscheidungen im HRM. Persorama (3): S. 20-21

Staffelbach, B. (2004): Ethik und Betriebswirtschaft - ein Widerspruch? In: Ulrich, P./ Breuer, M. (Hrsg.): Was bewegt die St. Galler Wirtschaftsethik? Vol. 100: S. 31-32. St. Gallen: Institut für Wirtschaftsethik der Universität St. Gallen

Stagner, R./ Eflal, B. (1982): Internal Union Dynamics During a Strike: A Quasi-Experimental Study. Journal of Applied Psychology, 67 (1): S. 37-44

Stanton, N. A./ Ashleigh, M. J. (2000): A field study of team working in a new human supervisory control system. Ergonomics, 43 (8): S. 1190-1209

Steiner, A./ Wyss, P./ Zemp, R. (1998): Wettbewerbsorientierung im Gesundheitswesen: Ansätze zur Kostensenkung. Zürich: Haupt Verlag

Steinmann, H./ Schreyögg, G. (1990): Management - Grundlagen der Unternehmensführung. Wiesbaden: Gabler

Steinmann, H./ Schreyögg, G. (1997): Management: Grundlagen der Unternehmensführung (4. Auflage). Wiesbaden: Gabler

Steinmann, H./ Schreyögg, G. (2005): Management: Grundlagen der Unternehmensführung (6. Auflage). Wiesbaden: Gabler

Stengel, M. (1999): Wertewandel. In: von Rosenstiel, L./ Regnet, E./ Domsch, M. E. (Hrsg.): Führung von Mitarbeitern - Handbuch für erfolgreiches Personalmanagement: S. 833-857. Stuttgart: Schäffer-Poeschel

Stock, R. (2005): Erfolgsfaktoren von Teams: Eine Analyse direkter und indirekter Effekte. Zeitschrift für Betriebswirtschaft, 75 (10): S. 971-1004

Streibert, S. (1998): Die interkulturelle Teamarbeit im Sozialbereich. Bern

Strum, D. P./ May, J. H./ Vargas, L. G. (2000a): Modeling the Uncertainty of Surgical Procedure Times. Anesthesiology, 92 (4): S. 1160-1167

Strum, D. P./ Sampson, A. R./ May, J. H./ Vargas, L. G. (2000b): Surgeon and Type of Anesthesia Predict Variability in Surgical Procedure Times. Anesthesiology, 92 (5): S. 1454-1466

Stürzl, W. (1992): Lean Production in der Praxis: Spitzenleistungen durch Gruppenarbeit. Paderborn: Junfermann

Sundstrom, E./ De Meuse, K. P./ Futrell, D. (1990): Work Teams - Applications and Effectiveness. American Psychologist, 45 (2): S. 120-133

Swertz, P. (1968): Rollenanalyse im Krankenhaus. Köln: Universität Köln

Szabo, E. (2000): Ethnographie. Organisationsentwicklung, 3: S. 7-13

Tannenbaum, S. I./ Beard, R. L./ Salas, E. (1992): Team Building and its Influence on Team Effectiveness: An Examination of Conceptual and Empirical Developments. In: Kelley, K. (Hrsg.): Issues, Theory, and Research in Industrial/Organizational Psychology: S. 117-153. Amsterdam: Elsevier Science Publishers B.V.

Terberger, E. (1994): Neo-instutionalistische Ansätze. Wiesbaden: Gabler-Verlag

Theisen, M. R. (1997): Wissenschaftliches Arbeiten. München: Vahlen

Thom, N. (1980): Grundlagen des betrieblichen Innovationsmanagements (2. Auflage). Königstein: Peter Hanstein Verlag

Thomas, D. C./ Ravlin, E. C./ Barry, D. (2000): Creating Effective Multicultural Teams. University of Auckland Business Review, 2 (1): S. 11-24

Thompson, S. J./ Harris, A. P. (1998): Economics of the Operating Room. In: Harris, A. P./ Zitzmann Jr., W. G. (Hrsg.): Operating Room Management - Structure, Strategies, & Economics: S. 99-111. St. Louis: Mosby-Year Book, Inc.

Tiggelers, K.-H. (1989): Kreativität und Flexibilität - Qualifikationen für die Arbeitswelt von morgen. Köln: Wirtschaftsverlag Bachem

Trice, H. M./ Beyer, J. M. (1993): The Cultures of Work Organizations. Englewood Cliffs, New Jersey: Prentice Hall

Trill, R. (2000): Krankenhaus-Management: Aktionsfelder und Potentiale (2. Auflage Aufl.). Neuwied: Luchterhand

Tsui, A. S. (1984): A Role Set Analysis of Managerial Reputation. Organizational Behavior and Human Performance, 34 (1): S. 64-96

Tsui, A. S./ O'Reilly III, C. A. (1989): Beyond Simple Demographic Effect: The importance of Relational Demography in Superior-Suobordinate Dyads. Academy of Management Journal, 32 (2): S. 402-423

Tuckman, B. W. (1965): Developmental Sequence in Small Groups. Psychological Bulletin, 63 (6): S. 384-399

Tuckman, B. W./ Jensen, M. A. C. (1977): Stages of Small-Group Development Revisted. Group & Organization Studies, 4 (2): S. 419-427

Turner, J. C./ Hogg, M. A./ Turner, P. J./ Smith, P. M. (1984): Failure and defeat as determinants of group cohesiveness. British Journal of Social Psychology, 23: S. 97-111

Turner, R. H. (1976): Rollenübernahme: Prozess versus Konformität. In: Auwärter, M./ Kirsch, E./ Schröter, K. (Hrsg.): Seminar: Kommunikation, Interaktion, Identität: S. 115-139. Frankfurt am Main: Suhrkamp Verlag

Tushman, M. L. (1979): Work Characteristics and Subunit Communication Structure: A Contingency Analysis. Admininstrative Science Quaterly, 24: S. 82-98

Ulich, E. (1994): Arbeitspsychologie (3. Auflage). Stuttgart: Schäffer-Poeschel

Ulich, E. (2001): Arbeitspsychologie (5. Auflage). Stuttgart: Schäffer-Poeschel

Ulich, E. (2003): Arbeitspsychologie in Krankenhaus und Arztpraxis. Bern: Verlag Hans Huber

Ulrich, H. (1981): Die Betriebswirtschaftslehre als anwendungsorientierte Sozialwissenschaft. In: Geist, M. N./ Köhler, R. (Hrsg.): Die Führung des Betriebes: S. 1-25. Stuttgart: Poeschel

Ulrich, P. (1992): Führungsethik. In: Frese, E. (Hrsg.): Handwörterbuch der Führung. (2. Auflage): Spalten 562-573. Stuttgart: Poeschel

Vanchieri, C. (1998): An emergent Merger. Hospital & Health Networks, 72 (9): S. 38-39

Verordnung (2001): Verordnung über die Weiterbildung und die Anerkennung der Diplome und Weiterbildungstitel der medizinischen Berufe. 811.113

Vogt, M. (2003): Visite als Planungs- und Steuerungsinstrument in der Pflege und Therapie im Krankenhaus. Hamburg: Verlag Dr. Kovac

von Eiff, W. (2000): Führung und Motivation in deutschen Krankenhäusern. Personalführung (12): S. 60-66

von Rosenstiel, L. (1988): Motivationsmanagement. In: Hoffmann, M./ von Rosenstiel, L. (Hrsg.): Funktionale Managementlehre: S. 214-264. Berlin: Springer Verlag

(VSAO), (2001): Lohneinstufungsmodell 2001 für Assistenzärztinnen und Assistenzärzte

Wagner, F., Hansert, J. (1994): Designing an anaesthesia data management system for a medium size country hospital. International Journal of Clinical Monitoring and Computing (11): S. 117-121

Wagner III, J. A. (1995): Studies of Individualism-Collectivism: Effect on Cooperation in Groups. Academy of Management Journal, 38 (1): S. 152-172

Wahren, H.-K. E. (1994): Gruppen- und Teamarbeit in Unternehmen. Berlin: Dde-Gruyter

Wälchli, A. (1995): Strategische Anreizgestaltung. Bern: Haupt

Wanous, J. P./ Youtz, M. A. (1986): Solution Diversity and the Quality of Group Decisions. Academy of Management Journal, 29 (1): S. 149-159

Weber, W. G. (1997): Analyse von Gruppenarbeit. Bern: Verlag Hans Huber

Wegge, J. (2001): Gruppenarbeit. In: Schuler, H. (Hrsg.): Lehrbuch der Personalpsychologie: S. 484-507. Göttingen: Hogrefe

Wegge, J. (2003): Heterogenität und Homogenität in Gruppen als Chance und Risiko für die Gruppeneffektivität. In: Stumpf, S./ Thomas, A. (Hrsg.): Teamarbeit und Teamentwicklung: S. 119-141. Göttingen: Hogrefe

Weidmann, R. (2001): Rituale im Krankenhaus. München: Urban & Fischer

Weinbroum, A. A./ Ekstein, P./ Ezri, T. (2003): Effiency of the operating room suite. The American Journal of Surgery, 185: S. 244-250

Weinert, A. B. (1987): Lehrbuch der Organisationspsychologie. München: Psychologie Verlags Union

Weiss, A. (1987): Incentives and Worker Behavior: Some Evidence. In: Nalbantian, H. R. (Hrsg.): Incentives, Cooperation and Risk Sharing: S. 137-150. Totowa NJ: Rowman & Littlefield

Weiss, Y. G./ Cotev S./ Drenger B./ Katzenelson R. (1995): Patient data management systems in anaesthesia: an emerging technology. Can J Anaesth (42:10): S. 914-921

Weldon, E./ Yun, S. (2000): The effects of proximal and distal goals on goal level, strategy development, and group performance. Journal of Applied Behavioral Science, 36(3) (Sept 2000): S. 336-344

Wettlauffer, I./ Schimmelpfeng, L./ Pfaff-Schley, H. (1999): Krankenhaus Management für Qualität und Umwelt. Taunusstein

Wiendick, G. (1992): Teamarbeit. In: Frese, E. (Hrsg.): Handwörterbuch der Organisation. Vol. 3. Auflage: Spalten 2375-2384. Stuttgart: Poeschel

Wigger, P. (2001): Modernes Management der Operationsabteilung am Kantonsspital Winterthur. Schweizerische Ärztezeitung, 82 (Nummer 4): S. 109-112

Wildenmann, B. (2000): Teambildung. In: Geissler/ Looss/ Orthey (Hrsg.): Handbuch Personalentwicklung. Vol. 64. ergänzte Auflage: Kapitel 6.18.11.26. Köln: Fachverlag Deutscher Wirtschaftsdienst GmbH

Wilke, H. A. M./ Van Knippenberg, A. (1997): Gruppenleistung. In: Stroebe, W./ Hewstone, M./ Stephenson, G. M. (Hrsg.): Sozialpsychologie: S. 455-502. Berlin: Springer Verlag

Williams, B. A./ Kentor, M. L./ Williams, J. P./ Figallo, C. M. (2000): Process Analysis in Outpatient Knee Surgery. Anesthesiology, 93 (2): S. 529-538

Williamson, O. E. (1990): Die ökonomischen Institutionen des Kapitalismus. Tübingen: Mohr

Windolf, P. (1981): Berufliche Sozialisation. Stuttgart: Ferdinand Enke Verlag

Wiswede, G. (1977): Rollentheorie. Stuttgart: Kolhammer

Wiswede, G. (1992): Gruppen und Gruppenstrukturen. In: Frese, E. (Hrsg.): Handwörterbuch der Organisation. 2. Auflage Aufl.: S. Stuttgart: Poeschel

Wolf, J. (2003): Organisation, Management, Unternehmensführung. Wiesbaden: Gabler

Worchel, S./ Andreoli, V. A./ Folger, R. (1977): Intergroup Cooperation and Intergroup Attraction: The Effect of the Previous Interaction and Outcome of Combined Effort. Journal of Experimental Social Psychology, 13: S. 131-140

Wright, I. H./ Kooperberg C./ Bonar B. A./ Bashein G. (1996): Statistical Modeling to Predict Elective Surgery Time Comparison with a Computer Scheduling System and Surgeon-provided Estimates. Anesthesiology, 85 (6): S. 1235-1245

Wunderer, R. (1997): Führung und Zusammenarbeit. Stuttgart: Schäffer-Poeschel Verlag

Wurst, K./ Högl, M. (2000): Führungsaktivitäten in Teams. In: Gemünden, H. G./ Högl, M. (Hrsg.): Management von Teams: S. 157-185. Wiesbaden: Gabler Verlag

Yetton, P./ Bottger, P. (1983): The Relationships among Group Size, Member Ability, Social Decision Schemes, and Performance. Organizational Behavior and Human Performance, 32: S. 145-159

Yevak, R. J./ Zitzmann Jr., W. G. (1998): Anesthesia Group Organization. In: Harris, A. P./ Zitzmann Jr., W. G. (Hrsg.): Operating Room Management-Structure, Strategies, & Economics: S. 154-171. St. Louis: Mosby-Year Book, Inc.

Zala-Mezö, E./ Künzle, B./ Wacker, J./ Grote, G. (2004): Zusammenarbeit in Anästhesieteams aus Sicht der Teammitglieder. Zeitschrift für Arbeitswissenschaft, 58 (3): S. 199-207

Zaleznik, A./ Moment, D. (1964): The Dynamics of Interpersonal Behavior. New York: John Wiley & Sons, Inc.

Zenger, T. R./ Marshall, C. R. (2000): Determinants of Incentive Intensity in Group-Based Rewards. Academy of Management Journal, 43 (2): S. 149-163

Zhou Jinshi, D. F. (1998): Method to Assist in the Scheduling of Add-on Surgical Cases-Upper Prediction Bounds for Surgical Case Durations Based on the Log-normal Distribution. Anesthesiology, 89 (5, Nov. 1998): S. 1228-1232

Zimmerli, W./ Graber, P. (2000): Replik zu: Die Asepsis nicht vergessen! Schweizerische Ärztezeitung, 81 (11): S. 579

Zurstiege, G. (1998): Mannsbilder - Männlichkeit in der Werbung: zur Darstellung von Männern in der Anzeigenwerbung der 50er, 70er und 90er Jahre. Opladen: Westdeutscher Verlag

2. Mündliche Quelle

Höchner H.-J., Controller der Kantonsspitäler Aarau, Luzern und St. Gallen, 28.8.2001

Anhang

Anhang 1: Fragebogen

	Universität Zürich - Lehrstuhl HRM	Fragebogen OP-Team

1 Persönliche Angaben.

Bitte kreuzen Sie die entsprechenden Antworten an.

1,1 Ihr Jahrgang?

zwischen 1930 und 1939 ☐	zwischen 1960 und 1969 ☐
zwischen 1940 und 1949 ☐	zwischen 1970 und 1979 ☐
zwischen 1950 und 1959 ☐	jünger als 1979 ☐

1,2 Ihr Geschlecht? weiblich ☐ männlich ☐

1,3 Ihr Tätigkeitsbereich im OP?

Bitte kreuzen Sie bei folgenden Tätigkeiten diejenige an, welche Ihrer Tätigkeit am nächsten kommt.

OP-Pflege (Instrumentierung) ☐

Anästhesie ☐

OperateurIn (Chirurgie) ☐

TechnikerIn ☐

1,4 Nennen Sie bitte die 3 Faktoren, die Ihrer Meinung nach die Zusammenarbeit im OP am stärksten *positiv* beeinflussen:

_____
_____
_____

1,5 Nennen Sie bitte die 3 Faktoren, die Ihrer Meinung nach die Zusammenarbeit im OP am stärksten *behindern*:

_____
_____
_____

2 Ihre Einschätzungen

Nachfolgend sind verschiedene Aussagen zur Zusammenarbeit im OP aufgeführt. Kreuzen Sie bitte in der Skala rechts an, mit welchem Mass Sie die Aussagen ablehnen oder ihnen zustimmen. (Mit OP-Team wird der Einfachheit halber die während einer Operation im OP arbeitende Belegschaft bezeichnet.)

	lehne stark ab	lehne ab	unentschieden	stimme zu	stimme stark zu
2,1 Im OP werden unangenehme Aufgaben wenn möglich an andere Teammitglieder weiter gegeben, damit man sie nicht selber erledigen muss.	☐	☐	☐	☐	☐
2,2 Ich will nicht für die Fehler der anderen OP-Team-Mitglieder geradestehen müssen.	☐	☐	☐	☐	☐
2,3 Wenn mir einmal ein Fehler unterläuft, kann ich darauf hoffen, dass ein Kollege für mich aufpasst.	☐	☐	☐	☐	☐
2,4 Das, was ich im OP leiste, ist ein deutlich sichtbarer Bestandteil der Leistung des OP-Teams.	☐	☐	☐	☐	☐

	Fortsetzung	lehne stark ab	lehne ab	unentschieden	stimme zu	stimme stark zu
2,5	Gute Arbeit im OP wird von den anderen Teammitgliedern anerkannt.	☐	☐	☐	☐	☐
2,6	Im OP-Team sollen die leistungsfähigeren Mitglieder mehr zu sagen haben als die leistungsschwächeren Mitglieder.	☐	☐	☐	☐	☐
2,7	Wenn man will, dass im OP etwas richtig gemacht wird, muss man es selbst tun.	☐	☐	☐	☐	☐
2,8	Das OP-Team ist manchmal zu gross.	☐	☐	☐	☐	☐
2,9	Im OP ziehen die Team-Mitglieder meistens am selben Strang	☐	☐	☐	☐	☐
2,10	Im OP können Probleme besprochen werden.	☐	☐	☐	☐	☐
2,11	Im OP bereden die Team-Mitglieder nur die nötigsten Dinge miteinander.	☐	☐	☐	☐	☐
2,12	Im OP ist das Arbeitsklima sehr gut.	☐	☐	☐	☐	☐
2,13	Die Zusammensetzung des OP-Teams hat einen Einfluss auf die Dauer der OP.	☐	☐	☐	☐	☐
2,14	Im OP kommt es vor, dass Team-Mitglieder nicht einig sind, was zu tun ist.	☐	☐	☐	☐	☐
2,15	Der Umgangston im OP ist freundlich.	☐	☐	☐	☐	☐
2,16	Im OP spürt man die Hierarchie zwischen den Berufsgruppen.	☐	☐	☐	☐	☐
2,17	Im OP kann jeder sagen, was er denkt.	☐	☐	☐	☐	☐
2,18	Der Umgangston im OP ist immer ein bisschen formell.	☐	☐	☐	☐	☐
2,19	Im OP herrscht manchmal Uneinigkeit darüber, wer zuständig ist.	☐	☐	☐	☐	☐
2,20	Wenn ich wählen könnte, würde ich manchmal ein anderes Team für eine OP zusammenstellen.	☐	☐	☐	☐	☐
2,21	Während der OP mischen sich andere Teammitglieder in meinen Arbeitsbereich ein.	☐	☐	☐	☐	☐
2,22	Während der OP habe ich öfters eine Auseinandersetzung.	☐	☐	☐	☐	☐
2,23	Während der OP wird über Konflikte nicht geredet.	☐	☐	☐	☐	☐
2,24	Die Mitarbeitenden im OP sind vor Beginn der OP alle gleich informiert.	☐	☐	☐	☐	☐
2,25	Für die Zusammenarbeit ist mir das fachliche Wissen der anderen Mitglieder wichtiger als ihr Umgangston.	☐	☐	☐	☐	☐
2,26	Wenn für eine gelungene OP eine Prämie an alle Team-Mitglieder bezahlt wird, erhöht sich die Bereitschaft zur Zusammenarbeit im OP.	☐	☐	☐	☐	☐
2,27	Der Lohn für die OP-Team-Mitglieder sollte hauptsächlich von ihrer Qualifikation abhängig sein.	☐	☐	☐	☐	☐

3   Verhalten im OP

Bitte bezeichnen Sie für jede Mitarbeitergruppe im OP - auch für Ihre eigene - die Ihrer Meinung nach typischen Verhaltensmerkmale im OP. Kreuzen Sie bitte in der Skala rechts an, wie oft Sie die Verhaltensmerkmale bei der genannten Mitarbeitergruppe während einer Operation erleben.

3,1   OP-Pflege

Wie häufig zeichnen sich Mitarbeitende der OP-Pflege während einer OP durch folgende Merkmale aus?

		nie	selten	manchmal	häufig	immer
3,11	durchsetzungsfreudig	☐	☐	☐	☐	☐
3,12	verständnisvoll	☐	☐	☐	☐	☐
3,13	sachlich	☐	☐	☐	☐	☐
3,14	tatkräftig	☐	☐	☐	☐	☐
3,15	lösungsorientiert	☐	☐	☐	☐	☐
3,16	tolerant	☐	☐	☐	☐	☐
3,17	fleissig	☐	☐	☐	☐	☐
3,18	zielbewusst	☐	☐	☐	☐	☐
3,19	rücksichtnehmend	☐	☐	☐	☐	☐

3,2   Anästhesie

Wie oft zeichnen sich die Mitarbeitenden der Anästhesie während einer OP durch folgende Merkmale aus?

		nie	selten	manchmal	häufig	immer
3,21	durchsetzungsfreudig	☐	☐	☐	☐	☐
3,22	verständnisvoll	☐	☐	☐	☐	☐
3,23	sachlich	☐	☐	☐	☐	☐
3,24	tatkräftig	☐	☐	☐	☐	☐
3,25	lösungsorientiert	☐	☐	☐	☐	☐
3,26	tolerant	☐	☐	☐	☐	☐
3,27	fleissig	☐	☐	☐	☐	☐
3,28	zielbewusst	☐	☐	☐	☐	☐
3,29	rücksichtnehmend	☐	☐	☐	☐	☐

3,3   Operierende

Wie häufig zeichnen sich Operierende während einer OP durch folgende Merkmale aus?

		nie	selten	manchmal	häufig	immer
3,31	durchsetzungsfreudig	☐	☐	☐	☐	☐
3,32	verständnisvoll	☐	☐	☐	☐	☐
3,33	sachlich	☐	☐	☐	☐	☐
3,34	tatkräftig	☐	☐	☐	☐	☐
3,35	lösungsorientiert	☐	☐	☐	☐	☐
3,36	tolerant	☐	☐	☐	☐	☐
3,37	fleissig	☐	☐	☐	☐	☐
3,38	zielbewusst	☐	☐	☐	☐	☐
3,39	rücksichtnehmend	☐	☐	☐	☐	☐

3,4   Technische Assistenz

Wie häufig zeichnen sich die Mitarbeitenden der technischen Assistenz während einer OP durch folgende Merkmale aus?

		nie	selten	manchmal	häufig	immer
3,41	durchsetzungsfreudig	☐	☐	☐	☐	☐
3,42	verständnisvoll	☐	☐	☐	☐	☐
3,43	sachlich	☐	☐	☐	☐	☐
3,44	tatkräftig	☐	☐	☐	☐	☐
3,45	lösungsorientiert	☐	☐	☐	☐	☐
3,46	tolerant	☐	☐	☐	☐	☐
3,47	fleissig	☐	☐	☐	☐	☐
3,48	zielbewusst	☐	☐	☐	☐	☐
3,49	rücksichtnehmend	☐	☐	☐	☐	☐

Bitte benutzen Sie zur Rücksendung des ausgefüllten Fragebogens das beigelegte, frankierte Antwortcouvert.

Herzlichen Dank für Ihre Teilnahme!

Weitere Bemerkungen:

Anhang 2: Nennungen positiver Einflussfaktoren (Frage 1.4)

Nennungen positive Faktoren	Anzahl	%	Begriffskategorie	Anzahl	%
Anerkennung	2	0.3	Anreizsysteme	2	0.3
unterschiedlicher Erfahrungsstand	1	0.2	Auswahl der Teammitglieder		
multikulturelle Zusammensetzung	1	0.2			
gute Teamzusammensetzung	4	0.7			
oft wechselnde Teammitglieder	1	0.2		7	1.2
genügend Personal	6	1.0	OP-Planung		
OP-Planung, Zeitmgmt, Koordination	18	3.0			
kein Zeitdruck	9	1.5		33	5.5
technische Gründe; Arbeitsplatz	8	1.3	Arbeitsbedingungen		
Uniform (Kleidung)	1	0.2			
Möglichkeiten zur Entspannung	1	0.2			
ruhige Athmosphäre, Konzentration	14	2.3			
Musik	3	0.5		27	4.5
Stress im positiven Sinn	3	0.5	Arbeitsinhalte		
Erfolgsdruck	1	0.2			
Arbeitsinhalt	4	0.7		8	1.3
Operateur	2	0.3	Fachkompetenz		
Pflege	3	0.5			
Kompetenz, Fachwissen, Professionalität	51	8.6			
Arbeitsstil	16	2.7			
Antizipation	1	0.2			
klinischer Sinn/medizinischer	2	0.3			
gute Anästhesie	3	0.5			
Erfahrung	5	0.8		83	13.9
Patientenorientierung	11	1.8	Motivation		
Freude an Arbeit, Interesse, Motivation	13	2.2			
Leistungsbereitschaft. -wille	3	0.5			
Prozessorientierung	3	0.5			
Ziele	5	0.8		35	5.9
psychische Belastbarkeit	2	0.3	tätigkeitsbezogene Eigenschaften		
Flexibilität	10	1.7			
Eigenverantwortung	3	0.5			
Teamfähigkeit	4	0.7		19	3.2
vorhandene verbindliche Regeln	3	0.5	AKV		
Einhaltung der Standards und Abläufe	12	2.0			
Stellenplan	2	0.3			
AKV	3	0.5		20	3.4
kleines überschaubares Team	3	0.5	Teamgrösse		
Übersicht	1	0.2		4	0.7
Kommunikation	63	10.6	Kommunikation		
Information	8	1.3			
Transparenz	1	0.2		72	12.1
Umgang mit Angehörigen anderer Tätigkeiten	49	8.2	Beziehungen zwischen Tätigkeitsbereichen		
Beziehungen	10	1.7		59	9.9

Nennungen positive Faktoren (Fortsetzung)	Anzahl	%	Begriffskategorie	Anzahl	%
Ausführen der Anweisungen des Operateurs	1	0.2	Hierarchie		
Führung	7	1.2			
Hierarchie	1	0.2			
wenig Hierarchie	2	0.3		11	1.8
Eingespieltheit des Teams	16	2.7	Eingespieltheit		
aktive Mitarbeit aller	3	0.5			
Teamentwicklung	1	0.2		20	3.4
gemeinsame Freizeitaktivitäten, Pausen	2	0.3	informelle Aktivitäten	2	0.3
Verständnis	2	0.3	Persönlichkeitsmerkmale		
Ehrlichkeit	4	0.7			
Zuverlässigkeit, Vertrauen	14	2.3			
Persönlichkeiten	8	1.3			
Pünktlichkeit	9	1.5			
Humor	3	0.5			
Geduld	2	0.3		42	7.0
Klima	27	4.5	Teamklima		
Respekt, Toleranz, Rücksichtnahme	76	12.8			
Fairness	1	0.2		104	17.4
Teamgeist	44	7.4	Teamkultur		
Fehlerkultur	2	0.3		46	7.7
keine Komplikationen	2	0.3	Teamergebnis	2	0.3
Total	596	100.0		596	100.0

Anhang 3: Nennungen negativer Einflussfaktoren (Frage 1.5)

Nennungen negative Faktoren	Anzahl	%	Begriffskategorie	Anzahl	%
Spardruck	4	0.7	Spardruck	4	0.7
schlechter Lohn	3	0.5	Anreizsystem	3	0.5
viele Lernende im Team	1	0.2	Auswahl der Teammitglieder	1	0.2
schlechte Planung	11	1.9	OP-Planung		
zuviel Organisation	3	0.5			
Schichtwechsel	1	0.2			
früher Arbeitsbeginn	1	0.2			
Stress	55	9.3			
Personalmangel	15	2.5			
zu grosses OP-Programm	7	1.2		93	15.8
fehlendes Verständnis für andere Tätigkeitsbereiche	45	7.6	Beziehungen zwischen Tätigkeitsbereichen		
unterschiedliche Tätigkeitsbereiche aufeinander	7	1.2		52	8.8
technische Gründe	7	1.2	Arbeitsbedingungen		
Durst, Hunger	1	0.2			
fehlende Möglichkeiten zur Entspannung	2	0.3			
Lärm	9	1.5		19	3.2
Notfälle	1	0.2	Arbeitsinhalte		
Verantwortung der Aufgabe	1	0.2		2	0.3
Inkompetenz	31	5.3	Fachkompetenz		
fehlendes Organisationstalent	15	2.5			
Unverständnis für Bedürfnisse des Operateurs	2	0.3			
Verzögerungen durch Anästhesie	4	0.7			
ineffizient, unseriös	6	1.0			
falsches Instrumentarium	1	0.2			
Pflegepersonal	2	0.3		62	10.5
fehlende Patientenorientierung	1	0.2	Motivation		
fehlendes Interesse an Arbeit	9	1.5			
Faulheit	7	1.2			
Motivation	6	1.0			
unterschiedliche Zielsetzungen	8	1.4		31	5.3
fehlende Erfahrung	3	0.5	tätigkeitsbezogene Eigenschaften		
Unachtsamkeit	4	0.7			
Introvertiertheit/Teamunfähigkeit	7	1.2			
fehlende Flexibilität	5	0.8			
Müdigkeit	4	0.7			
Nervosität, Unsicherheit	8	1.4		31	5.3
schlechte Kompetenzzuteilung	8	1.4	AKV		
fehlende Spielregeln	5	0.8			
Abläufe	1	0.2		14	2.4
Schlechte Vorbereitung	3	0.5	ungenügende Vorleistungen		
Schlechte Wechsel	2	0.3		5	0.8

Nennungen negative Faktoren (Fortsetzung)	Anzahl	%	Begriffskategorie	Anzahl	%
zu grosse Teams	1	0.2	Teamgrösse	1	0.2
Kommunikation schlecht	39	6.6	Kommunikation		
Kommunikation zuviel	4	0.7			
fehlende Information	11	1.9		54	9.2
Mobbing	5	0.8	Machtgehabe		
persönliche Profilierung, Machtspiele	39	6.6		44	7.5
Hierarchie	24	4.1	Hierarchie		
dezentrale Hierarchie (pro Funktion)	2	0.3		26	4.4
zuviele Änderungen/Neuerungen	4	0.7	ständige Neuerungen		
fehlende Eingespieltheit, ständige Personalwechsel	7	1.2		11	1.9
schlechte Manieren	20	3.4	Persönlichkeitsmerkmale		
Arroganz	21	3.6			
Unpünktlichkeit	15	2.5			
Frustration	3	0.5			
Humorlosigkeit	1	0.2			
Persönlichkeit	3	0.5			
Ungeduld	3	0.5			
Unehrlichkeit	1	0.2		67	11.4
private Differenzen	4	0.7	zwischenmenschliche Probleme		
Streit	4	0.7		8	1.4
Schuldzuweisungen	5	0.8	Teamklima		
fehlender Respekt	12	2.0			
Klima	12	2.0			
Missgunst	6	1.0			
Aggression	7	1.2		42	7.1
fehlender Teamgeist	14	2.4	Teamkultur		
Fehlerkultur	4	0.7		18	3.1
hohe Komplikationsraten	2	0.3	Teamergebnis	2	0.3
Total	590	100.0		590	100.0

Anhang 4: Auswertung der Einschätzungen (Fragen 2.01 – 2.27)

2 Ihre Einschätzungen

Nachfolgend sind verschiedene Aussagen zur Zusammenarbeit im OP aufgeführt. Kreuzen Sie bitte in der Skala rechts an, mit welchem Mass Sie die Aussagen ablehnen oder ihnen zustimmen. (Mit OP-Team wird der Einfachheit halber die während einer Operation im OP arbeitende Belegschaft bezeichnet.)

		Median gesamt	Median Pflege	Median Anästhesie	Median Operateur
2.01	Im OP werden unangenehme Aufgaben wenn möglich an andere Teammitglieder weiter gegeben, damit man sie nicht selber erledigen muss.	2.42	2.59	2.46	2.3
2.02	Ich will nicht für die Fehler der anderen OP-Team-Mitglieder gerade stehen müssen.	3.72	3.9	3.7	3.68
2.03	Wenn mir einmal ein Fehler unterläuft, kann ich darauf hoffen, dass ein Kollege für mich aufpasst.	3.39	3.27	3.53	3.29
2.04	Das, was ich im OP leiste, ist ein deutlich sichtbarer Bestandteil der Leistung des OP-Teams.	4.18	4	4.26	4.16
2.05	Gute Arbeit im OP wird von den anderen Teammitgliedern anerkannt.	3.77	3.67	3.6	3.95
2.06	Im OP-Team sollen die leistungsfähigeren Mitglieder mehr zu sagen haben als die leistungsschwächeren Mitglieder.	3.17	2.43	2.9	3.65
2.07	Wenn man will, dass im OP etwas richtig gemacht wird, muss man es selbst tun.	2.78	2.67	2.66	2.93
2.08	Das OP-Team ist manchmal zu gross.	2.94	2.37	3.19	2.91
2.09	Im OP ziehen die Team-Mitglieder meistens am selben Strang	3.37	3.37	3.17	3.55
2.10	Im OP können Probleme besprochen werden.	3.14	3.2	3.01	3.2
2.11	Im OP bereden die Team-Mitglieder nur die nötigsten Dinge miteinander.	2.88	2.83	2.92	2.88
2.12	Im OP ist das Arbeitsklima sehr gut.	3.35	3.53	3.2	3.4
2.13	Die Zusammensetzung des OP-Teams hat einen Einfluss auf die Dauer der OP.	4.24	4.03	4.16	4.39
2.14	Im OP kommt es vor, dass Team-Mitglieder nicht einig sind, was zu tun ist.	3.39	3.2	3.6	3.26
2.15	Der Umgangston im OP ist freundlich.	3.46	3.43	3.38	3.5
2.16	Im OP spürt man die Hierarchie zwischen den Berufsgruppen.	3.67	3.27	3.7	3.77
2.17	Im OP kann jeder sagen, was er denkt.	2.6	2.69	2.61	2.55
2.18	Der Umgangston im OP ist immer ein bisschen formell.	2.51	2.37	2.51	2.55
2.19	Im OP herrscht manchmal Uneinigkeit darüber, wer zuständig ist.	2.99	3.13	3.27	2.66
2.20	Wenn ich wählen könnte, würde ich manchmal ein anderes Team für eine OP zusammenstellen.	3.85	3.8	3.94	3.78
2.21	Während der OP mischen sich andere Teammitglieder in meinen Arbeitsbereich ein.	2.7	2.73	2.86	2.57
2.22	Während der OP habe ich öfters eine Auseinandersetzung.	2.1	1.9	2.29	2.03

2.23	Während der OP wird über Konflikte nicht geredet.	3.21	3.37	3.13	3.21
2.24	Die Mitarbeitenden im OP sind vor Beginn der OP alle gleich informiert.	2.46	2.6	2.31	2.57
2.25	Für die Zusammenarbeit ist mir das fachliche Wissen der anderen Mitglieder wichtiger als ihr Umgangston.	2.7	2.7	2.62	2.78
2.26	Wenn für eine gelungene OP eine Prämie an alle Team-Mitglieder bezahlt wird, erhöht sich die Bereitschaft zur Zusammenarbeit im OP.	2.9	**2.6**	**3.12**	3.21
2.27	Der Lohn für die OP-Team-Mitglieder sollte hauptsächlich von ihrer Qualifikation abhängig sein.	3.38	3.5	3.46	3.28

1 = lehne stark ab 2 = lehne ab 3 = unentschieden 4 = stimme zu 5 =stimme stark zu

signifikante Unterschiede (α<0.05)

zwischen Pflege und Anästhesie

zwischen Pflege und Operateuren

zwischen Anästhesie und Operateuren

Anhang 5: Erhebung der Rollensets

1 Rollenset Pflege

Tabelle 1: Deskriptive Werte OP-Pflege		N	Mittelwert	Standardabweichung	Standardfehler	95%-Konfidenzintervall für den Mittelwert		Minimum	Maximum
						Untergrenze	Obergrenze		
Einfluss Pflege	Pflege	20	3.8000	.51185	.11445	3.5604	4.0396	2.33	4.67
	Anästhesie	68	3.4902	.53243	.06457	3.3613	3.6191	2.67	5.00
	Operateur	63	3.4180	.46747	.05890	3.3003	3.5357	2.33	4.33
	Gesamt	151	3.5011	.51478	.04189	3.4183	3.5839	2.33	5.00
Sympathie Pflege	Pflege	22	3.4394	.69302	.14775	3.1321	3.7467	1.67	4.67
	Anästhesie	72	3.2963	.67496	.07954	3.1377	3.4549	1.67	5.00
	Operateur	74	3.4234	.64649	.07515	3.2736	3.5732	1.67	4.67
	Gesamt	168	3.3710	.66409	.05124	3.2699	3.4722	1.67	5.00
Zielorientierung Pflege	Pflege	22	3.6667	.63413	.13520	3.3855	3.9478	1.67	4.67
	Anästhesie	72	3.5833	.61476	.07245	3.4389	3.7278	2.00	5.00
	Operateur	74	3.5991	.49343	.05736	3.4848	3.7134	1.67	4.67
	Gesamt	168	3.6012	.56425	.04353	3.5152	3.6871	1.67	5.00

Tabelle 56: T-Test OP-Pflege-Anästhesie		Levene-Test der Varianzgleichheit		T-Test für die Mittelwertgleichheit					
		F	Signifikanz	Sig. (2-seitig)	Mittlere Diff.	Standardfehler der Diff.	95% Konfidenzintervall der Diff.		
								Untere	Obere
Einfluss Pflege	Varianzen sind gleich	1.090	.299	.023	.30980	.13430	.04283	.57678
	Varianzen sind nicht gleich			.025	.30980	.13141	.04216	.57744
Sympathie Pflege	Varianzen sind gleich	.048	.827	.389	.14310	.16544	-.18548	.47167
	Varianzen sind nicht gleich			.400	.14310	.16780	-.19789	.48408
Zielorientierung Pflege	Varianzen sind gleich	.198	.658	.582	.08333	.15085	-.21627	.38293
	Varianzen sind nicht gleich			.590	.08333	.15339	-.22840	.39506

Tabelle 57: T-Test OP-Pflege- Operateure		Levene-Test der Varianzgleichheit		T-Test für die Mittelwertgleichheit					
		F	Signifikanz	Sig. (2-seitig)	Mittlere Diff.	Standardfehler der Diff.	95% Konfidenzintervall der Diff.		
								Untere	Obere
Einfluss Pflege	Varianzen sind gleich	.015	.902	.003	.38201	.12275	.13779	.62624
	Varianzen sind nicht gleich			.006	.38201	.12872	.11904	.64498
Sympathie Pflege	Varianzen sind gleich	.001	.981	.920	.01597	.15958	-.30089	.33283
	Varianzen sind nicht gleich			.924	.01597	.16577	-.32143	.35337
Zielorientierung Pflege	Varianzen sind gleich	.784	.378	.600	.06757	.12825	-.18707	.32220
	Varianzen sind nicht gleich			.649	.06757	.14686	-.23281	.36795

2 Rollenset Anästhesie

Tabelle 58: Deskriptive Werte Anästhesie

		N	Mittelwert	Standardabweichung	Standardfehler	95%-Konfidenzintervall für den Mittelwert Untergrenze	Obergrenze	Minimum	Maximum
Einfluss Anästhesie	Pflege	23	3.6232	.59717	.12452	3.3650	3.8814	2.33	4.67
	Anästhesie	73	4.0685	.45798	.05360	3.9616	4.1753	2.67	5.00
	Operateur	74	3.7838	.58503	.06801	3.6482	3.9193	1.67	5.00
	Gesamt	170	3.8843	.55855	.04284	3.7997	3.9689	1.67	5.00
Sympathie Anästhesie	Pflege	23	3.2029	.65705	.13700	2.9188	3.4870	1.67	4.00
	Anästhesie	72	3.6944	.43605	.05139	3.5920	3.7969	2.67	4.67
	Operateur	74	3.3694	.70994	.08253	3.2049	3.5338	1.00	4.67
	Gesamt	169	3.4852	.62568	.04813	3.3902	3.5802	1.00	4.67
Zielorientierung Anästhesie	Pflege	23	3.6377	.52139	.10872	3.4122	3.8631	2.33	4.67
	Anästhesie	73	4.0776	.49229	.05762	3.9628	4.1925	2.67	5.00
	Operateur	73	3.8265	.59346	.06946	3.6880	3.9649	2.00	5.00
	Gesamt	169	3.9093	.56195	.04323	3.8239	3.9946	2.00	5.00

Tabelle 59: T-Test Anästhesie - OP-Pflege

		Levene-Test der Varianzgleichheit F	Signifikanz	T-Test für die Mittelwertgleichheit Sig. (2-seitig)	Mittlere Diff..	Standardfehler der Diff.	95% Konfidenzintervall der Diff. Untere	Obere
Einfluss Anästhesie	Varianzen sind gleich	2.162	.145	.000	.44530	.11814	.21073	.67988
	Varianzen sind nicht gleich			.003	.44530	.13557	.16867	.72194
Sympathie Anästhesie	Varianzen sind gleich	5.137	.026	.000	.49155	.11911	.25503	.72807
	Varianzen sind nicht gleich			.002	.49155	.14632	.19203	.79106
Zielorient. Anästhesie	Varianzen sind gleich	.309	.580	.000	.43994	.11938	.20291	.67698
	Varianzen sind nicht gleich			.001	.43994	.12304	.19022	.68967

Tabelle 60: T-Test Anästhesie - Operateure

		Levene-Test der Varianzgleichheit F	Signifikanz	T-Test für die Mittelwertgleichheit Sig. (2-seitig)	Mittlere Diff.	Standardfehler der Diff.	95% Konfidenzintervall der Diff. Untere	Obere
Einfluss Anästhesie	Varianzen sind gleich	1.581	.211	.001	.28471	.08674	.11328	.45614
	Varianzen sind nicht gleich			.001	.28471	.08659	.11349	.45593
Sympathie Anästhesie	Varianzen sind gleich	11.003	.001	.001	.32508	.09783	.13171	.51844
	Varianzen sind nicht gleich			.001	.32508	.09722	.13261	.51754
Zielorient. Anästhesie	Varianzen sind gleich	.196	.659	.006	.25114	.09025	.07276	.42952
	Varianzen sind nicht gleich			.006	.25114	.09025	.07271	.42957

3 Rollenset Operateure

Tabelle 7: Deskriptive Werte Operateure

		N	Mittelwert	Standard-abweichung	Standard-fehler	95%-Konfidenzintervall für den Mittelwert Untergrenze	Obergrenze	Minimum	Maximum
Einfluss	Pflege	23	4.0145	.49725	.10368	3.7995	4.2295	3.00	5.00
Operateure	Anästhesie	71	4.0329	.53201	.06314	3.9069	4.1588	2.33	5.00
	Operateur	72	4.1944	.42145	.04967	4.0954	4.2935	3.00	5.00
	Gesamt	166	4.1004	.48613	.03773	4.0259	4.1749	2.33	5.00
Sympathie	Pflege	23	2.9855	.69252	.14440	2.6860	3.2850	1.33	4.33
Operateure	Anästhesie	71	2.7089	.65932	.07825	2.5529	2.8650	1.33	4.00
	Operateur	72	3.1157	.65281	.07693	2.9623	3.2691	1.67	4.33
	Gesamt	166	2.9237	.68426	.05311	2.8188	3.0286	1.33	4.33
Zielorientierung	Pflege	23	3.8696	.54808	.11428	3.6326	4.1066	2.67	5.00
Operateure	Anästhesie	72	3.6435	.53464	.06301	3.5179	3.7692	2.33	5.00
	Operateur	73	4.1370	.37612	.04402	4.0492	4.2247	3.00	5.00
	Gesamt	168	3.8889	.52441	.04046	3.8090	3.9688	2.33	5.00

Tabelle 8: T-Test Operateure – OP-Pflege

		Levene-Test der Varianzgleichheit F	Signifikanz	T-Test für die Mittelwertgleichheit Sig. (2-seitig)	Mittlere Diffe-	Standardfehler der Differenz	95% Konfidenzintervall der Differenz Untere	Obere
Einfluss	Varianzen sind gleich	.424	.517	.091	.17995	.10552	-	.38949
Operateure	Varianzen sind nicht gleich			.127	.17995	.11497	.02959	.41393
Sympathie	Varianzen sind gleich	.424	.516	.414	.13023	.15866	.05402	.44530
Operateure	Varianzen sind nicht gleich			.431			-.18483	
					.13023	.16362	-.20180	.46226
Zielorient.	Varianzen sind gleich	4.010	.048	.010	.26742	.10107	.06674	.46810
Operateure	Varianzen sind nicht gleich			.037	.26742	.12247	.01688	.51797

Tabelle 9: T-Test Operateure – OP-Anästhesie

		Levene-Test der Varianzgleichheit F	Signifikanz	T-Test für die Mittelwertgleichheit Sig. (2-seitig)	Mittlere Diff.	Standardfehler der Diff.	95% Konfidenzintervall der Diff. Untere	Obere
Einfluss	Varianzen sind gleich	1.952	.165	.046	.16158	.08020	.00302	.32014
Operateure	Varianzen sind nicht gleich			.046	.16158	.08033	.00269	.32047
Sympathie	Varianzen sind gleich	.039	.843	.000	.40682	.10973	.18990	.62374
Operateure	Varianzen sind nicht gleich			.000	.40682	.10973	.18988	.62376
Zielorientierung	Varianzen sind gleich	7.879	.006	.000	.49347	.07668	.34189	.64505
Operateure	Varianzen sind nicht gleich			.000	.49347	.07686	.34137	.64556